es 1781

edition suhrkamp

Neue Folge Band 781

Das schöne, vielleicht ein wenig zu deutsch klingende Wort Weltfremdheit benennt eine so ursprüngliche wie unvermeidliche Stellung antiker Minderheiten und neuzeitlicher Mehrheiten zu einem Ganzen, dessen Liebenswürdigkeit den Test der Geschichte nicht unbeschädigt übersteht. Folglich könnte man das Buch *Weltfremdheit* als eine Expertise zur Strukturreform im Weltaufenthaltsraum bezeichnen. Seinem Grundzug nach gehört es nicht zur Kulturkritik, zur Moralphilosophie noch weniger. Seine Wissenschaft ist gewiß keine traurige, als fröhliche ist sie aber eine verhaltene. Worum es in ihm geht, ist eine Phänomenologie des weltlosen oder weltabgewandten Geistes. Diese entfaltet gleichsam ein großes Welttheater unter dem Aspekt des Fernseins von der Bühne. Wird das Interesse dieser Studien als ein anthropologisches beschrieben, so ist dies nur mit einer Einschränkung korrekt. Nicht die Menschen sind die Helden der Geschichte, sondern die Rhythmen und Gewalten des Weltaufgangs und -untergangs, in denen Menschen vorkommen.

Peter Sloterdijk
Weltfremdheit

Suhrkamp

13. Auflage 2025

Erste Auflage 1993
edition suhrkamp 1781
Neue Folge Band 781
Originalausgabe
© 1993, Suhrkamp Verlag AG, Berlin
Alle Rechte vorbehalten. Wir behalten uns auch
eine Nutzung des Werks für Text und Data Mining
im Sinne von § 44b UrhG vor.
Umschlag gestaltet nach einem Konzept
von Willy Fleckhaus: Rolf Staudt
Druck: Libri Plureos GmbH, Hamburg
Printed in Germany
ISBN 978-3-518-11781-1

Suhrkamp Verlag AG
Torstraße 44, 10119 Berlin
info@suhrkamp.de
www.suhrkamp.de

Inhalt

IV. Wie wurde der »Todestrieb« entdeckt?

Zu einer Theorie der seelischen Endabsichten mit ständiger Rücksicht auf Sokrates, Jesus und Freud

V. Ist die Welt verneinbar?
Über den Geist Indiens und die abendländische Gnosis

VI. Was heißt: sich übernehmen?
Versuch über die Bejahung

Auch ich, mein Bester, habe so etwas wie Verwandte. Auch für mich gilt das Wort Homers: *»Ich stamme nicht von der Eiche ab oder vom Felsen, sondern von Menschen«* ...

Apologie des Sokrates, 34 d

Vorbemerkung

> Wenn es möglich wäre, daß jemand seinen Standort außerhalb der Welt haben könnte, dann wäre die Welt für ihn unsichtbar wie ein ausdehnungsloser Punkt.
>
> Nikolaus Cusanus, *De ludo globi*

Mit dem Titel Weltfremdheit überschreibe ich eine Serie von Versuchen, ein altes gnostisches Motiv für eine moderne Theorie des Menschen fruchtbar zu machen. Insofern sind die folgenden Überlegungen freie Variationen zu den Fragen, die Thomas H. Macho und ich in dem 1991 erschienenen Arbeits- und Lesebuch zur Gnosis unter dem Titel *Weltrevolution der Seele* behandelt haben. Leser können sich davon überzeugen, daß es dort wie hier nicht um theologische oder spiritualistische Restaurationen geht, sondern um Versuche zu einer historischen Ontologie der menschlichen Tatsachen. Es wäre wohl nicht leicht zu entscheiden, ob das, was auf den folgenden Seiten zählt, die Ansätze zu einer Theorie diskreter Nichtse sind – Versuche zu einer nicht-parmenideischen Rede vom Sein – oder die anthropologischen Sätze über den bewegten Menschen – kinetische Umspielungen des augustinischen Motivs, daß unser Herz unruhig ist. Sollte ich sagen, wo die Autorenmotive sich am meisten verraten, so würde ich auf drei Passagen in dem vorliegenden Buch deuten: im ersten Kapitel auf die Abschnitte, die von den Selbstfindlingen und vom begeisterten Menschen handeln; im fünften Kapitel den Abschnitt, der gnostische, brahmanische und buddhistische

Antworten auf die Frage, wie Menschen in die Welt geraten, kommentiert; und im achten Kapitel die einleitenden Meditationen über Stadien des Wachseins und den Urkommunismus der Aufmerksamkeit in seinen weltgeschichtlichen Metamorphosen.

Das schöne, vielleicht ein wenig zu deutsch klingende Wort Weltfremdheit benennt eine so ursprüngliche wie unvermeidliche Stellung antiker Minderheiten und neuzeitlicher Mehrheiten zu einem Ganzen, dessen Liebenswürdigkeit den Test der Geschichte nicht unbeschädigt übersteht. Wie leicht war die Welt zu lieben, als man wenig von ihr wußte. Wie einfach war es, ein Weltkind zu sein in einer Epoche, als der Kosmos kaum mehr war als die größere Hütte – allenfalls der gestirnte Himmel über der Stadt. Wie weltfremd kommen uns heute, den welt- und geschichtserfahrenen Zeitgenossen des späten 20. Jahrhunderts, unsere kosmophilen und weltkindlichen Ahnen vor. Die Ära der Hochkulturen, auf die wir zurückblicken, erscheint uns als der Zeitraum, in dem ein immer noch strittiges Scheidungsverfahren zwischen Mensch und Welt begann – eine Epoche der Entfremdungen und der Zerwürfnisse. Man könnte die klassischen Philosophen als Anwälte verstehen, die im Prozeß zwischen Mensch und Welt auf diverse Formeln des Vergleichs hinarbeiteten – nicht zuletzt mit Hilfe Gottes, jenes Dritten, der sich als gemeinsame Ursache der ersten zwei portraitieren ließ. Inzwischen scheint das metaphysische Weltalter abgelaufen, und an die Stelle der Philosophen sind die Psychoanalytiker getreten, die die Welt als Klinik und den Menschen als providentiellen Patienten deuten. Damit sind die Beziehungen zwischen den Parteien auf eine neue nicht-harmonistische Basis gestellt – denn wer hätte je gehört, daß Patienten ihre

Klinik lieben sollen? Den Aufenthalt so angenehm wie möglich und nur so lange wie nötig gestalten – so lautet das Gebot der Stunde. Im Horizont der neuen Verhältnisse droht freilich schon heute die Erkenntnis, daß sich Klinikaufenthalte im gegenwärtigen Stil bald nicht mehr finanzieren lassen. Man könnte die folgenden Untersuchungen lesen als eine Expertise zur Strukturreform im Weltaufenthaltswesen.

Seinem Grundzug nach gehört das Buch *Weltfremdheit* nicht zur Kulturkritik, zur Moralphilosophie noch weniger. Seine Wissenschaft ist gewiß keine traurige, als fröhliche ist sie aber eine verhaltene. Worum es in ihm geht, ist eine Phänomenologie des weltlosen oder weltabgewandten Geistes. Diese entfaltet gleichsam ein großes Welttheater unter dem Aspekt des Fernseins von der Bühne. Wird das Interesse dieser Studien als ein anthropologisches beschrieben, so ist dies nur mit einer Einschränkung korrekt. Nicht die Menschen sind die Helden der Geschichte, sondern die Rhythmen und Gewalten des Weltaufgangs und -untergangs, in denen Menschen vorkommen.

I

Warum trifft es mich?

Mutmaßungen über das Tier,
das auf sich stößt, das sich Großes vornimmt,
das oft nicht von der Stelle kommt
und das manchmal von allem genug hat

> Anthropologie ist jene Deutung des Menschen, die im
> Grunde schon weiß, was der Mensch ist und daher nie
> fragen kann, wer er sei. Denn mit dieser Frage müßte sie
> sich selbst als erschüttert und überwunden bekennen.
> Wie soll dies der Anthropologie zugemutet werden, wo
> sie doch eigens und nur die nachträgliche Sicherung der
> Selbstsicherheit des Subjekts zu leisten hat?
>
> Martin Heidegger, *Die Zeit des Weltbilds*

1. Selbstfindlinge

Am nördlichen Rand der Alpen und am Südrand der
skandinavischen Gletscherzonen lagern inmitten von
sanft hügeligen oder flachen Graslandschaften große
Felsbrocken, deren Herkunft seit jeher rätselhaft anmu-
tete. Der Volksmund nennt diese zusammenhanglos da-
liegenden Riesensteine Findlinge, vielleicht um auszudrücken, daß kaum jemand sich beim Anblick eines
solchen Objektes des Gefühls erwehren kann, vor einem
bemerkenswerten Fund zu stehen. Wer einen Findling
vor sich hat, steht einem Objekt gegenüber, in dessen
Natur oder Vorkommensweise es liegt, aufzufallen. Auf-

fällig ist, was sich aus seiner Umgebung nicht versteht. Vielleicht klingt in dem Namen auch die Empfindung mit, daß die großen Steine von einem fernen stiefmütterlichen Gebirge ausgesetzt wurden, gewissermaßen wie mineralische Findelkinder, deren menschliche Gegenstücke untreue Eltern auf den Stufen von Kirchen oder an Hospitaleingängen niederzulegen pflegten.

Aufklärung macht vor Steinen nicht halt; natürlich hat die geologische Forschung unseres Jahrhunderts das Geheimnis der Findlinge gelüftet und uns ihr Herkommen im Detail erklärt. Wir wissen, daß die Felsbrocken während der letzten Eiszeit aus den Bergen in die Ebenen transportiert wurden, wo sie nach der Gletscherschmelze erratisch liegenblieben, als Zeugen einer Geschichte, die in kein menschliches Gedächtnis zurückreicht.

Wozu über Steine reden, wenn der Mensch das Thema ist? Von der Seinsweise der Steine führt, so scheint es, kein Weg zu der der Menschen. Zwar haben die Ägypter, sofern der Eindruck, den sie hinterließen, nicht trügt, sich um den Übertritt des Menschen zu den Steinen bemüht; auch hat man Menschen nach Steinen benannt; die Kirche soll sogar auf einen menschlichen Felsen gebaut worden sein. Aber es bleibt doch dabei, daß der Stein »ist«, während vom Menschen, und nur von ihm gesagt werden kann, er »existiere«. Ovids Hinweis am Ende seines Weltaltergedichts, daß die gegenwärtige Menschheit von den Steinen abstamme, die die Ureltern Deukalion und Pyrrha nach dem Untergang des eisernen Geschlechts ausgesät hatten, kann auf kein zeitgenössisches Verständnis mehr rechnen. Wer Steine sät, wird Menschen ernten – das ist kein möglicher Satz einer modernen Anthropologie.

Der einzige Grund, von Steinen auf Menschen zu kommen, ergibt sich aus dem Findlingseffekt, der unleugbar auch an menschlichen Subjekten auftritt. Es geschieht vielleicht nicht häufig, aber es kommt vor, daß Menschen mitten in der Landschaft der Dinge innehalten und auf ihr Ich aufmerksam werden. Plötzlich stoßen sie sich an dem unvergleichlichen Sachverhalt, daß sie »da« sind – ein Umstand, der wohl das Gegenteil eines dinglichen Fundes ist und der doch auch wie ein jäh auftauchender Anlaß zum Finden im Selbstbewußtsein einschlägt. Leider ist das Wort Existenz vom Palaver des Jahrhunderts so sehr abgeschliffen worden, daß es sich nicht mehr recht eignet, dieses abgründige Auffälligwerden des eigenen Daseins für ein Menschenwesen zu bezeichnen. Der Existenzbegriff ist längst zur akademischen Spielmarke geworden – wo er auftaucht, wirkt er nostalgisch wie eine Postkarte aus dem Paris der fünfziger Jahre. Kaum noch deutet er auf das Unvermutete, Illegitime und Unheimliche, das dem ekstatischen Selbstfund eigentümlich sein kann. Was von ihm bleibt, ist philosophisch pasteurisierte Angst und Andersheit. Worum bei dem Wort in Wahrheit gespielt wird, hat – um ein Beispiel zu nennen – Ernst Bloch in einer mündlichen autobiographischen Bemerkung festgehalten, die mir so wertvoll erscheint wie sein gesamtes System; er habe eines Tages, als Kind von zehn Jahren vielleicht, aus heiterem Himmel sein Ich gespürt; ja, es sei wie ein Blitz in ihn gefahren, daß er wirklich und unwiderruflich er selbst sei und daß er lebend aus sich selbst und seinem Körper nicht mehr herauskomme. Solche schreckhaften Erleuchtungen treten nur episodisch auf – kein Diskurs, keine Übung führt hin zu der panischen Selbsterfahrung des Daseins. Das Ich stößt unvorbereitet auf sich selbst als voraussetzungslosen Fund. Der Selbstfindling erfährt sich in diesem Moment als das unheimliche Wesen, das schlechterdings kein Ding ist und das auch nicht im Widerschein der Dinge verstanden werden kann. Ich bin keines der Dinge – das bedeutet: ich finde keine Zuflucht beim Unmenschlichen mehr; ich bin, und weiß es jetzt, kein Stein, keine Pflanze, kein Tier, keine Maschine, kein Geist, kein Gott. Mit dieser sechsfachen Verneinung umzirkle ich den unheimlichsten aller Räume. Wer Mensch ist, lebt an einer Stelle, die sich selbst absolut auffällt. Ich bin von da an nur noch Schauplatz einer Frage. Mein Leben ist ein Theater des Zitterns darüber, daß ich anders zu sein habe als alles, was den Komfort genießt, Ding unter Dingen, Wesen unter Wesen zu sein. Warum trifft es mich?

Zu den Kennzeichen dieser Erfahrung des Seins im Ichsein gehört ihre Plötzlichkeit. Ein Riß im Gehirnkino, das sich für Denken hält, und die jähe Gegenwart der Grundfraglichkeit klafft auf, für die sogar die reichsten Begriffe: Sein, Grund oder Gott nur konventionelle Vorstellungen sind. Man könnte vom unvorhergesehenen Aufklaffen einer Falltür sprechen, durch die ich stürze – wenn ich nur sagen könnte wohin. Nicht selten deutet man, um die Fallrichtung zu markieren, auf sich und sagt: ins eigene Selbst, während es richtiger wäre, zuzugeben, daß die Richtung des Falls undeutlich bleibt – man fällt ins innere Unding, in die subjektive Galaxie. Wer könnte sagen, wohin das führt? Wäre der Mensch ein Wesen, das sich von Natur aus selber sucht, so wäre das Sichfinden weniger befremdlich. Doch der Skandal des Menschen besteht darin, daß er sich finden kann, ohne sich gesucht zu haben. Man ist dreiundzwanzig Jahre alt, oder einunddreißig, oder älter, und entdeckt beim Überqueren der Straße oder während ein

Schlüsselbund zu Boden fällt, daß man wirklich existiert. Davor gibt es keinen sicheren Schutz. Weder Theorie noch Alkohol können eine lückenlose Daseinsverhütung garantieren. *Safer thinking, safer drinking* – das hilft nicht in allen Fällen. Auch wer regelmäßig Waldläufe macht und ab dreißig zur Vorsorgeuntersuchung geht, kann nicht ausschließen, daß bei ihm über Nacht der Existenzfall eintritt. Wem es passiert, der gesellt sich zu den vom Staunen aufgebrochenen Individuen – zu den Selbstfindlingen »in einer ungeheuren Landschaft, in der sie sich unmöglich auskennen können« – ich transponiere eine bekannte Formulierung Wittgensteins aus dem Kontext der Sprachuntersuchungen in den der Daseinsauslegung. Auch unter den Selbstfindlingen sind die Gletscher weggeschmolzen. Für sich selbst rätselhaft, liegt jeder einzelne unruhig und zusammenhanglos in der Landschaft – ein atmendes Monument einer Urgeschichte, die dem eigenen Gedächtnis entgeht. Ich sitze am Tisch und existiere; ich erblicke eine Kastanienwurzel und fühle das Würgen im Hals: Existenz. Zum Glück ist das »Ich existiere« kein Gedanke, der alle meine Vorstellungen muß begleiten können. Wann ist es vorüber? Die Selbstfindlinge stehen in der Landschaft der Mitmenschen herum wie Geschwister der Megalithköpfe auf den Osterinseln, scheinbar für immer willens, das Geheimnis ihres Vorkommens keiner Nachforschung preiszugeben. Womit wir es jedoch zu tun haben, sind keine positiven Plastiken – eher die Negative von solchen, Aussparungen aus dem Band der Dinge, Lücken im Kontinuum des Seienden, Löcher im Sein, grundlos aufklaffend – für sich selbst und ihresgleichen so auffällig wie unverständlich. Man ist auf sich selbst gestoßen und kann sich nicht brauchen.

Dies alles scheint nach Psychoanalyse zu rufen. Für die neuzeitliche Vernunft ist es unannehmbar, daß ausgerechnet das Zentralorgan der Aufklärung, das erwachsene projektemachende Ich, in sich selbst von einer unvernünftigen Unheimlichkeit berührt sein sollte. War der psychoanalytische Ich-Begriff nicht zuletzt dazu geschaffen worden, das Unheimliche an die äußeren Ränder des selbstmächtigen Lebens zu verbannen und ihm alle Ansprüche auf einen Platz im Zentrum streitig zu machen? Der psychoanalytischen Auffassung des Menschen ist es eigentümlich, daß sie dem Selbstfindling die Grundlosigkeit seines Fundes nicht abnehmen kann. Für sie muß auch das Phänomen, oder die Episode, des plötzlichen Selbstfundes einen Grund in der Sache haben – wobei die Sache selbst hier die Geschichte der Ich-Bildung des Subjekts mitsamt ihren Stadien und Krisen bedeuten soll. Auf diese Geschichte beziehen sich die Individuationsbegriffe der Psychoanalyse – ich denke jetzt eher an den von Margaret S. Mahler als den von C. G. Jung, eher an die Wechselfälle der zweiten Geburt bei der extrauterinen »Abnabelung« des Kindes von der Mutter als an die archetypischen Tauchfahrten des Jungschen Analysanden, der seinen »Schatten« durchmessen und integrieren soll. Die bedeutendsten Hinweise auf einen realen Grund des grundlosen Sichfindens von Individuen auf halbem Lebenswege entdecken wir bei Otto Rank, jenem Freudschüler, der die psychoanalytische Mytheninterpretation zuerst zu einer realen Archäologie des Subjekts entwickelt hat. In der Meinung, nichts als ein treuer Schüler des Meisters zu sein, hob er schon früh den Schematismus der klassischen Analyse aus den Angeln. Bereits im Jahr 1909 hat Rank damit begonnen, die Urgeschichte der Subjektivität weit vor die spezifisch

Freudschen ödipalen Dramen zurückzutreiben. Ranks
Paläontologie des Ich geht zurück bis an die Grenze, die
das intrauterine Leben des Menschenwesens vom nachgeburtlichen Welt- und Tageslicht trennt. Was Rank damals zu entdecken begann, bedeutete nicht weniger als
die Geburt der heroischen Subjektivität aus dem Geist
des verheimlichten Kindermordversuchs. Dies macht
uns aufhorchen, denn sofern Helden in kulturgeschicht-
licher Sicht die Prototypen von Subjektivität repräsentieren, gehören ihre Geschichten in die Vorgeschichte von
jedem noch so prosaischen Leben, das heute Ich sagt.

Bei Ranks kleiner Schrift über den *Mythos von der
Geburt des Helden* handelt es sich für den ersten Blick
nur um eine der zahllosen psychoanalytischen Mythen-
deutungen, die im Niemandsland zwischen Tiefsinn und
Fahrlässigkeit dahintreiben – und die im übrigen seit langem niemanden mehr stören. In Wahrheit beginnt bei
Rank der Durchbruch der mythologischen Analyse
durch die Schicht der sekundären Symptome und ihrer
Deutung. Er stößt erstmals zur Realgeschichte des erst
schwach strukturierten Selbst vor und legt Inhalte des
Primärprozesses[1] offen. Das sind noch nicht die später
bekannt gewordenen Dramen der begabten Kinder;
Rank spricht auch nicht direkt über die unsichtbare Kin-
dersterblichkeit, die heute in der Ersten Welt um vieles
höher ist als in der Dritten Welt die sichtbare. Ranks
große Entdeckung umkreist das Drama des beinahe zu
Tode gebrachten Kindes, das einem archaischen Attentat
auf sein Leben wie durch ein Wunder entging und das
sich später auf den Weg macht, um aus einem überleben-
den Findelkind zu einem lebendigen Subjekt im Voll-

---

1 Zu einer näheren Bestimmung von »Primärprozeß« vgl. in Abschnitt 2 dieses
   Kapitels die Bemerkungen über Bestimmung und Passion, S. 25 f.

besitz seiner Herkunftswahrheit zu werden. Die von Rank zusammengetragenen Heldengeschichten sind ausnahmslos die von Selbstfindlingen im buchstäblichen Sinn des Wortes. Ihr gemeinsames Muster ist die Aussetzung von Neugeborenen in wilde Berge oder gefährliche Flüsse. Meistens sind die späteren Helden Objekte mörderischer Absichten seitens des Vaters und der Mutter – gelegentlich sind es fremde politische Gewalten, die die Mütter zur Preisgabe der Kinder zwingen – man denke an die Moses- und Ödipuslegenden. Gemeinsam ist diesen Geschichten auch die Schicksalsfigur »Glück im Unglück«. Durch eine wundersame Fügung schreitet ein hilfreiches Wesen ein – es findet sich eine opferwillige Leihmutter, eine Ziege, eine Wölfin, eine Amme, ein Wasserträger, ein Hirte, ein kinderloses Paar. Diese providentiellen Helfer retten die Findlinge vor dem sicheren Untergang, sie bringen sie in ihre Höhlen, ihre Häuser, ihre Paläste, geben ihnen Nahrung, Kleidung und Namen und ziehen sie »an Kindes Statt« bis ins Mannesalter auf. Nach diesem *holding* – jenseits der Blutsverwandtschaft samt ihrer schrecklichen Wahrheit – erst beginnt der dritte Akt des Heldenlebens, der die heroische Individuation offen vorantreibt. Aus irgendeinem Anlaß gerät das künftige Subjekt auf die Spur seiner »wahren Herkunft« und des mörderischen und fernen »eigenen Bluts«. Der Held nimmt die Fährte auf, die ihn an den Ort des ursprünglichen Verbrechens führt. Er findet so zu dem Schauplatz seiner Aussetzung, seiner gewaltsamen Entfremdung zurück. Dort aber entdeckt er, dem mythischen Text zufolge, seine wirkliche Bestimmung. Er wird zum exemplarischen Inhaber der Titel, die ihm am Anfang verweigert wurden. Er steigt zum Nachfolger des Vaters oder des Herrschers in allen Funktionen

auf, in einem berühmten Fall sogar bis hin zum ge-
schlechtlichen Besitz der Mutter – worauf Sigmund
Freud so großes Gewicht legte, daß er von allen Helden
den Ödipus an die erste Stelle rückte, obwohl dessen
Beilager mit der Mutter die Ausnahme bildet, während
die verräterische Aussetzung durch die Mutter – oder
zumindest die beinahe tödliche gewaltsame Trennung
von ihr – die Regel darstellt.

Nun scheint es, als ob die frühe Lebensgefahr das Heldenleben erst verdichtet und ihm den Drang zur Steigerung mit auf den Weg gibt. Der Findling, der in seine
Rechte zurückkehrt, wird zum charismatischen Herr-
scher, zum Führer und Vorkämpfer in der Gemeinschaft
der Menschen, ja zum Erlöser. Man ist versucht, hierin
eine kausale Beziehung zu sehen: eben weil der Held am
Anfang ein ausgesetztes Opfer war, besitzt er die motivationale Begabung, nachträglich zum selbstmächtigen Täter aufzusteigen. Wer seine Geschichte liest, hört die
Prophezeiung eines späteren Handelns, das aus dem
frühen Leid geboren wird. In diesem Sinn sind auch die
Mythen nicht selten prophetisch. Als Selbstfindungsge-
schichten der Helden sagen sie voraus, daß aus den Opfern Täter werden und daß sich unter den Ausgesetzten
jene rekrutieren, die sich zuletzt selbst finden und in ihre
Rechte einsetzen.

Im Kern der heroischen Subjektivierung entdecken
wir somit, Otto Ranks Hinweisen folgend, das Drama
einer sehr frühen, allesdurchdringenden Kränkung. Was
die Helden, die Charismatiker, die Propheten zu sich
treibt, ist die stumm erlittene, weiterhin wirkungsmäch-
tige Erinnerung an eine umfassende Verdinglichung. Vor
jeder Reflexion ist bei ihnen das Leben als undistanzier-
barer Gesamtschmerz auf sich gestoßen. Dem Helden

tut kein Teil seines Wesens besonders weh – außer: alles.
Da ist keine Stelle, die nicht verzweifelt wäre. Der Motor
der heroischen Ichwerdung ist die völlige Selbsterhebung
aus dem völligen Versinken in den Ozean der Hilflosigkeit. Der Held ist der Mann, der aus dem Meer der
Verzweiflung an Land geht. In ihm beginnt das Abenteuer der Zivilisation als Kolonisierung des ichhaften
Festlands – das Wohnen und Thronen auf neuem Kontinent: Eigenmacht, Können, Wollen, Wissen. Darum
sind die Helden die psychologischen Pioniere der Kultur; sie roden den Dschungel der Ohnmacht und der
Konfusion. In der Nachhut der frühen Helden erst werden Menschen möglich, die sich selber sichern, indem sie
routinemäßig lernen, zu können, was in ihrer Zeit zum
Menschenmöglichen gehört. Aus dieser Sicht sind die
Helden also nicht einfach Kraftsubjekte mit klingendem
Namen; ihr Ich ist nicht nur ein Anhängsel ihrer Energie.
Vielmehr sind Helden mit all ihrer Kraft nichts anderes
als Helden des Ich-Seins, Vorkämpfer der Selbsterhebung zum Können und zur Eroberung des eigenen Namens. Insofern ist mythisches Heldentum immer schon
protagonistisch – sein Wesen ist der Erste Kampf gegen
eine Erste Niederlage. Das aber bleibt, wenngleich gedämpft, auch Mein, Dein, Sein, Unser, Eurer, Ihr
Kampf. Der Kampf ist ein so allgemeiner, weil die Erfahrung der Verzweiflung in der auferlegten Verdinglichung
sehr viel mehr umfaßt als die Fälle von unverhohlener
mörderischer Aussetzung der Säuglinge in feindliche
Elemente. Es gibt, seit Menschen zahlreich zu werden
begannen, auch viele Formen von beiläufigen Attenta-
ten auf das Kinderleben und ebenso viele Formen des
Sich-Erholens und Sich-Findens auf nicht-heroischen
Lebensbahnen. Unzählige einzelne blicken in diffuser

Weise auf tiefste und früheste Aussetzungen zurück, ohne daß es bei ihnen zum heroischen Gegenangriff kommt.[1] Ein in Spurenelementen allgegenwärtiges Überlebenssyndrom bildet den nervösen Unterbau der höheren Zivilisation. Zu ihm gehören die Anlehnungs-bedürftigen und die Süchtigen, die Lenkbaren und die Gereizten, die Abwartenden und die Verweigerer, die Aufgebrachten und die Mißgelaunten, die Erlösungs-hungrigen und die Träumer. Sie alle weisen in verschiede-nen Graden Spuren archaischer Selbstverdinglichungen auf. Ihretwegen, und weil sie viele wurden, konnte, wie Nietzsche so scharf erkannte, das Ressentiment zur Großmacht werden – denn Ressentiment ist das Senti-ment der Subjekte, die unter die Dinge geraten sind. Gegeben sind diese Individuen sich selbst wie schwierige Mitgifte; für sie bleibt das Geschenk des Lebens in eine diffuse Katastrophe eingewickelt. Im Ressentiment re-flektiert sich die Unleidlichkeit einer Existenz, die im-mer wieder auf die Folgen ihrer anfänglichen gewaltsa-men Aussetzung stößt. Derentwegen ist auch das Ich der Helden und Propheten mit dem der migränischen und hypochondrischen Subjekte ursprungsverwandt. Sind denn die Hypochonder nicht Athleten der Übellaunig-keit oder Helden des Entsetzens vor sich selbst? Was sind die Taten des Herakles anderes als das offizielle Pendant zum hypochondrischen Zwölfkampf gegen die Tücken des Lebens? Muß nicht in der heroischen wie in der hy-pochondrischen Serie von Taten immer wieder der Tod besiegt werden? Während der positive monolithische Held seine Kraft im Gegenangriff auf die anfangs un-freundliche Welt entfaltet, bleiben die neurasthenischen

---

1 Vgl. Otto Ranks Überlegungen zur heroischen Kompensation in: *Das Trauma der Geburt*, Frankfurt a. M. 1988, S. 118 ff.

Subjekte in ihr verstimmtes Leben wie in ein unaufhörliches unentschiedenes Gefecht verstrickt. Das hypochondrische Ich haftet an sich selbst wie die Anachoreten in der Wüste an ihrer widersacherischen Natürlichkeit. In einer Legende aus dem sechsten Jahrhundert heißt es über Johannes Climax, den christlichen Psychagogen, der sich vierzig Jahre in seiner Wüstenklause bei Tola in der Askese verzehrte, er habe die Zelle mit einem Seeungeheuer geteilt, »diesen schweren und wilden Leib«.[1] Die Subjekte der Gegenwart, ob Helden oder Hypochonder, teilen ihre vier Wände mit einem wilderen Monstrum, diesem hemmungslosen und zukunftsschwangeren Gehirn.

2. Das bestimmte, das berufene, das begeisterte Selbst

Eine einflußreiche Überlieferung erklärt den Ursprung des menschlichen Selbstbewußtseins aus der Scham. Seit dem biblischen Mythos vom Sündenfall und von der Vertreibung aus dem Paradies wird die Subjektwerdung mit der Gewahrwerdung des Nacktseins in Zusammenhang gebracht; aus ihr entsteht »wie von selbst« der Drang, die Genitalien, das heißt die Monumente der schmerzlichen Unterschiedenheit, zu verbergen. Durch die Schande, nackt und verschieden zu sein, wird Sexualität für das Subjekt selbst zu etwas Auffälligem und Bewußtem. Bei den Wesen, die sich selbst aufgefallen sind, ist Scham die Regung, sich selbst ins Unauffällige, Unsichtbare zurückzunehmen. Der Beschämte will fort sein von der Bühne, auf der seine Vertreibung aus der Fülle des Seins zuerst an den Tag kam. Demnach wäre die Scham – zu

---

1 Hugo Ball, *Byzantinisches Christentum*, Frankfurt a. M. 1979, S. 19.

sammen mit dem Schuld- und dem Trennungsgefühl –
die älteste und mächtigste Instanz des Selbstbezugs,
durch den sich Individuen von sich selbst »ein Bild machen«. In diesem Bild sind die tiefsten Züge des Daseins
als existierender Mangel eingezeichnet. Noch für Kant
besteht die Probe auf die Freiheit des Menschen in seiner
Fähigkeit, sich zu schämen. Daher brauchen die nackten
Abbildungen des Menschenkörpers, Kant zufolge, un-
bedingt jenes Feigenblatt[1], um dem sittlichen Subjekt die
Erinnerung an die Werkzeuge zu ersparen, durch die es
ungefragt und mit unbürgerlichem Keuchen fabriziert
wurde.[2]

Indem er sich schuldig fühlt oder sich schämt, vollzieht der Mensch eine Wendung gegen sich selbst als
Objekt einer umfassenden Negation. Weil jede Bestimmung Verneinung impliziert, finden wir den sich schä-
menden Menschen in einer Urszene der Selbstverneinung vor; diese schließt eine erste, und wenn nicht erste
so doch frühe Selbstbestimmung ein. Bestimmungen, so
verstanden, sind also nicht nur logische Operationen,
sondern Passionen – Prägungen, Tätowierungen und Ur-
programmierungen der Seele. Vom ersten Anfang ihres
Bestimmungsprozesses an beginnen Subjekte damit, sich
selbst als Objekte des Leidens und der Verneinung zu
erfassen. Wer nie unter den Erdboden versinken wollte,
dem fehlt eine der wesentlichsten Erfahrungen der Subjektivität. Nur eine Theorie der Selbstzerstörung und des
Selbstmords könnte Aufschlüsse liefern über das allge-
meinmenschliche Schicksal, für sich selbst ein Gegen-

---

1 Vgl. Manfred Sommer, *Identität im Übergang: Kant*, Frankfurt a.M. 1988,
  S. 75 ff., »Feigenblatt, Blendwerk und Selbstdarstellung«.
2 Vgl. in diesem Band das Kapitel »Was heißt: sich übernehmen?«, 1. Abschnitt
  S. 267 ff.

stand partieller oder globaler Verneinung zu sein. Der Selbstmörder schämt sich von eigener Hand zu Tode, er vollstreckt an sich eine Bestimmung, indem er sich umfassend negiert. In der japanischen Selbsttötungskultur wird die *negatio* ausdrücklich zu einer extremen Leistung der *determinatio* entwickelt – Harakiri oder Seppuku ist der Messerstoß aus dem Zentrum ins Zentrum, aus dem Neinsager in den Verneinten. Damit feiert die bestimmend bestimmte Subjektivität einen prekären Triumph; sie eignet sich die Scham als eigene Tat an und überläßt die totale Selbstverneinung keiner äußeren Gewalt. Am Extremfall wird erkennbar, daß hochkulturelle Subjektivierungen nicht möglich sind ohne die Aufrichtung eines Gewaltverhältnisses im Innern des Subjekts. Was für die Scham und die alten Wendungen gegen sich selbst gilt, trifft freilich in noch höherem Maß für die Wendungen zur Welt und für die heroischen Ausfahrten und Missionen zu. Die Gewalt im Subjekt tritt als die Leidenschaft der Bestimmung und der Selbstbestimmung auf offener Weltbühne zutage. Auf dieser Linie reimt Menschwerdung sich ganz auf Aggression und Selbstentwurf. Deswegen können solche leidenschaftlich einer Bestimmung folgenden Individuen für sich selbst und andere zu einer *höheren Gewalt* werden.

Wie bringt eine historische Anthropologie es fertig, von den heroischen, den prophetischen, den begeisterten Individuen zu handeln? Gibt es nicht eine methodisch unüberbrückbare Kluft zwischen einer vulgären Theorie und einem noblen Gegenstand? Kann eine leidlose, unheroische und unbegeisterte Theorie an die Hochebene der heroischen Leidenschaften und der prophetischen Begeisterungen, die unleugbar zu den menschlichen Tatsachen rechnen, heranreichen? Sollte es eine Leiden-

schaft der Menschenbeobachtung geben, die es an
Spannkraft mit den Selbstbestimmungen der Individuen
aufnimmt, die von sich selbst das Äußerste verlangt haben? Ich möchte mit diesen Fragen suggerieren, daß eine
noble Anthropologie vielleicht möglich wird, wenn das
methodisch vulgäre Studium des Menschen einen Weg
findet, sich im Hinblick auf die nobelsten Exemplare der
menschlichen Gattung selbst zu übertreffen. Anthropologen müßten sich in ihrer Fähigkeit, Menschen zu beschreiben, soweit steigern, daß sie von den heroischen
und den prophetischen Subjekten sprechen können,
ohne die Perspektive des Kammerdieners oder des Repu-
blikaners einzunehmen. Eine geschichtliche Theorie
des Menschen, die die menschliche Tatsache nicht un-
terbieten will, steht also vor der Aufgabe, eine kon-
tra-heroische Beobachtung des Heroismus und eine
kontra-prophetische Beschreibung des Prophetismus
zustande zu bringen – wobei der Theoretiker des Menschen, ohne Held und ohne Prophet zu sein, sich als der
dritte im Bunde derer qualifiziert, die das hohe Extrem
im Spektrum der menschlichen Phänomene zu verstehen
und darzustellen versuchen. In der Tradition heißt dieser
dritte der Philosoph. Ohne eine Philosophie, die den
Menschen auf seiner Höhe – oder seiner Überspannung –
wahrnimmt, bleiben wir dazu verurteilt, nur Zaungäste
der Menschlichkeit zu sein, und das heißt Anthropologen in dem verächtlichen Sinn, den Heidegger diesem
Wort beigelegt hat. Darum *muß* die Anthropologie eine
philosophische werden – oder sie versteift sich darauf,
vulgär, das heißt im Hinblick auf noble und eminente
Gegenstände nichtig zu bleiben.[1]

---

1 Die sogenannte Philosophische Anthropologie unseres Jahrhunderts (die Max
Schelers etc.) blieb ein aufs Ganze gesehen vergeblicher Versuch, bei der Be-

Im Kern einer noblen Anthropologie finden wir eine sprachtheoretische Disziplin, die es für den vulgären Intellekt *ipso facto* nicht geben kann: eine Linguistik der Begeisterung. Ausgehend von dem Lehrsatz, daß der Mensch das sich vorhersagende Tier sei, handelt diese von den Sprechakten, mit denen Menschen kommende Menschen ankündigen. Diese Formel macht deutlich, daß die Selbstvorhersage des Menschenwesens nicht solipsistisch, wie in einem Selbstgespräch geschieht, sondern als *fait social* verstanden werden muß; was Menschen sein können, davon erfahren sie aus einem ständigen Strom von Ankündigungen, Ernennungen und Aufrufungen. Menschen kündigen Menschen an, indem sie – auch in den höchsten Tönen – vom Menschenmöglichen reden. Es ist die Sprache als Melos, als Mythos und als Logos, in der Menschen ihresgleichen darauf einstimmen, Menschen zu werden. Wer den Einladungen der Rede von den höheren Menschenmöglichkeiten folgt, gerät ins Zentrum des Menschenbildungsprozesses. Indem sie von solchen Reden durchdrungen werden, erfahren Individuen den Impuls, nicht nur Hörer des Worts zu bleiben, sondern seine Täter zu werden. Seit jeher war Menschwerdung ein Geschehen, in dem eminente Sprecher ihren Mitmenschen Modelle des Menschseins vorsagten – exemplarische Geschichten von den Ahnen, den Helden, den Heiligen, den Künstlern. Ich nenne diese demiurgische Kraft der Sprache das Versprechen.[1] Der

schreibung des Menschen die Höhe des Menschlichen wiederzugewinnen. Schöngeistig beschränkt, verharrte sie in patrizischen Abstraktionen.
1 In zwei früheren Publikationen habe ich begrenzte Exposés einer Theorie der wesentlichen Sprache als Versprechen vorgelegt: *Zur Welt kommen – Zur Sprache kommen. Frankfurter Vorlesungen*, Frankfurt a. M. 1988, 5. Teil »Die Welt als Poesie und Versprechen«; sowie *Versprechen auf Deutsch – Rede über das eigene Land*, Frankfurt a. M. 1990.

Mensch muß dem Menschen versprochen werden, bevor
er an sich selbst erprobt, was er werden kann. Wer nie die
Geschichten von Göttern, Helden, Heiligen, Propheten
und Künstlern gehört hat, wird kaum ein Gott, ein Held,
ein Heiliger, ein Prophet, ein Künstler werden wollen
oder können. Es muß von »großen Menschen« in der
dritten Person die Rede gewesen sein, bevor ein Individuum auf den Gedanken kommen kann, selber ein solches Subjekt zu werden.

Von diesen Übergängen handelt die Linguistik der Begeisterung. Man erkennt leicht, daß die manischen Sub-
jektwerdungen ihren kritischen Punkt am Übergang
zwischen Er und Ich haben – oder, sofern es um weib-
liche Begeisterungen geht, zwischen Sie und Ich. Wie es
scheint, sind die maßgeblichen Prozesse der Menschwerdung an ein grammatisches Rätsel gebunden. Die Aufla-
dung des Subjekts durch das manische Antriebssystem
setzt ein Herunterzählen von drei auf eins voraus; eine
dritte Person muß die erste begeistern. Wie ist dies möglich? Der manische Countdown kommt in der Regel nur
zustande, wenn ich das Du eines Dichters, eines Propheten oder eines Stifters war, der mich mit seiner Anrede
bewegt, absondert und auszeichnet. In die begeisterte
Position falle ich nur als Hörer einer Stimme, die mich zu
mir ernennt, mich mir vorhersagt und mir meinen Weg
des eigensten Seinkönnens verheißt.[1] Seit jeher waren die
exzellenten Menschen die großen Angesprochenen –
Hörer, die das Vorhergesagte und Versprochene ernst
nahmen, in manchen Fällen ernster, als ihre Erzähler und

---

[1] Eine solche Linguistik des Du, fundiert in einer Metaphysik des Appellativs,
entfaltet in größtem Stil: Eugen Rosenstock-Huessy, *Die Sprache des Menschengeschlechts. Eine leibhaftige Grammatik in vier Teilen*, 2 Bände, Heidelberg 1963, 1964².

Erzieher es gemeint hatten. Wäre Alexander der Große geworden, was er war, wenn er nie von den Helden Homers gehört hätte? Wäre Karl XII. von Schweden ohne die Lektüre Plutarchs mit der Versuchung bekannt geworden, in moderner Zeit ein mythisches Heldenleben zu führen? Wäre Franziskus von Assisi in die Legende eingegangen, wäre er nicht enthusiastischer Nachahmer eines Mannes gewesen, den er für den Größeren, ja für den größten aller Menschen, den Gottmenschen gehalten hatte? Ja wäre dieser Gottmensch möglich geworden, hätte nicht zwölfhundert Jahre zuvor ein gewisser Jesus sein Ich bis zum äußersten investiert in die rabbinischen Geschichten von einem kommenden Messias, der dem Volk der Juden Befreiung brächte? Wie die heroische Subjektivierung eine ihrer Bedingungen hat in der als Heldenankündigung wirksamen Heldengeschichte, so haben auch prophetische und messianische Subjektivierungen eine ihrer Voraussetzungen in Geschichten von Propheten und Heilanden, von denen die Rede war, bevor sich Individuen mit ihrem eigenen Ich in deren Rolle fallen lassen konnten. Man muß im Blick auf solche Effekte die Frage zulassen, ob nicht die Geistesgeschichte der Menschheit dadurch vorangetragen wird, daß Individuen immer von neuem das Risiko suchen, in die Rolle der angekündigten, der in Aussicht gestellten, der für möglich erklärten Großen zu fallen?[1] Der Kern des Pro-

---

1 Dieses In-die-Rolle-Fallen ist ein weitgehend unerforschtes Prinzip der Geistes- oder besser Geister-Geschichte; in der gegenwärtigen Epoche steuert es unter anderem die theosophisch-pseudoindisch motivierte Einführung des Reinkarnationsgedankens in den westlichen Ideenhaushalt; es erlaubt zahllosen obskuren und prominenten Individuen, sich selbst als Wiederkehrer großer Persönlichkeiten von einst zu interpretieren. »Rollen« sind in dieser Sicht identisch mit bedeutenden Namen und Kräften, von denen wir dank unserer Kulturgeschichtsschreibung informiert sind: wir lesen sie quasi als manische Musterkataloge, aus denen wir unsere Sendungen bestellen.

phetismus ist nicht die Zukunftsvorhersage, auch nicht
die moralische Ermahnung, sondern die Ankündigung,
daß eines Tages, vielleicht bald, wieder ein Prophet oder
Messias auftreten wird – vielleicht du.

Das Wagnis, sich entschlossen begeistern zu lassen,
kann nur dort übernommen werden, wo eine aktuelle
Erregung zur Ausschaltung der mentalen Reserven
führt; dann fällt seitens des Erzählers die Ironie und seitens der Zuhörer die bewundernde Skepsis dahin. Nun
treten Sprecher auf, die keine Erzähler und Mythologen
mehr sind, sondern Täufer und Ernenner. Durch sie wird
das Angebot der manischen Subjektivierung in direkter
Rede scharf gemacht. *Tua res agitur.* Jetzt geht es nicht
um Kunst, sondern um das Heil, nicht um Unterhaltung
und Kontemplation, sondern um Entscheidung und Erlösung. Die ernsten Reden in der Krise erneuern die
Versprechen, die an das begeisterte Leben mit seinen Opfern und Seligkeiten geknüpft sind. Während Literatur
nur blüht, wenn es nicht um alles oder nichts geht, setzt
die Manie in ihren heiligen wie profanen Versionen ein
Klima voraus, in dem die Subjekte bereit sind, sich bis
zum äußersten zu belasten. Am Ernst scheiden sich nicht
nur die Geister, sondern auch die Begeisterungen. Wir
wissen: die Ironie gibt alles billig, und das Ästhetisch-
nehmen des Lebens wettet auf die These, daß letztlich
nichts ganz ernst und schwer sein kann. Die Manie hingegen ist erst im Ernstfall in ihrem Element; ihre Leucht-
feuer sind das Harte, das Schwere, das Eine, das not tut.
Bei diesem Stand der Dinge nimmt es nicht wunder, daß
Helden und Propheten ständig in der selbstgesuchten
Gefahr schweben, vom Sog der Selbstüberforderung verschlungen zu werden. Wer den Ernstfall sucht, kommt
darin um. Aber wovon handeln die großen Erzählungen,

wenn nicht vom erfolgreichen Widerstand der eminenten
Subjekte gegen dergleichen Gefahren? Es ist der Sinn des
Erzählens von großen Menschen, es für erwiesen hinzu-
stellen, daß gewisse Individuen unter äußerstem Druck
imstande waren, den drohenden Untergang des Ich in
den übermächtigen Konflikten der Selbstbestimmung zu
überstehen. In einem gewissen Sinne sind alle erzählten
Helden, wie Odysseus, göttliche Dulder. Ohne Patienz
keine Erzählung. Die Heldengeschichten erzählen von
Subjekten, denen kein Widerstand der äußeren Welt ihre
Zielstrebigkeit hat rauben können; weil sich der Held
sein Ziel bis zuletzt merkt, behält auch der Erzähler den
Weg und die Taten auf ihm bis ans Ende in Erinnerung.
So verteidigen der Held und sein Dichter gemeinsam die
Ehre der unbedingten Anstrengung gegen die Indolenz,
die ihre Absichten auf halbem Wege ändert oder ver-
gißt. – Die Heiligengeschichte hingegen berichtet von
Individuen, die der frivolen, sinnlichen, zweideutigen
Mitwelt den Rücken kehrten, um in einem »Zeitalter der
vollendeten Sündhaftigkeit« sich aller selbstzufriedenen
Weltlichkeit zum Trotz nur noch am Göttlichen zu orientieren; gemeinsam verteidigen der Heilige und sein Ha-
giograph die Ehre der radikalen Innerlichkeit gegen das
Dahindriften im äußeren Betrieb. Schließlich erinnern
die Prophetengeschichten an Individuen, die sich von
den fremden, zynischen und ambivalenten Sprachen ihrer Umgebung nicht an ihrer Mission irremachen ließen,
zu sagen, was ihnen als Wahrheit diktiert wurde. Der
Prophet und sein Schriftführer verteidigen die Ehre der
nicht-beliebigen entscheidenden Sprache gegen das halt-
lose Gerede der unentschiedenen Vielen.

Wenn die Krise die Bewußtseine erhitzt, erzeugen die
Geschichten bei ihren Hörern einen Sog, ihr Ich in die

Position des Subjekts, von dem die Rede ist, einzuset-
zen. Im Drama der Aktualisierung soll das erzählte Subjekt zum real anwesenden Täter werden; quasi von innen
her springt das Subjekt auf die Seinsbühne – das Theater
der größten Taten und Bedeutungen. Wo Er war, soll Ich
werden. Aber auch die Umkehrung dieses Satzes wäre
treffend: wo mein bisheriges triviales Ich war, soll Er
glänzend auf die Bühne treten. Die Krise ist die Garde-
robe, wo die begeisterte Umkleidung stattfindet.[1] Tau-
sche Ego gegen höheres Selbst – so lautet die immerwährende Annonce manischer Sinnsuche; die manische
Subjektivität entsteht quasi durch Besessenheit von
oben. »Nicht ich lebe, sondern Christus lebt in mir«,
schreibt exemplarisch Paulus im Galaterbrief 2,20. Doch
wer von Saulus zum Paulus wird, vom Unberufenen zum
Berufenen, vom Unbestimmten oder falsch Bestimmten
zum Menschen mit wahrer Bestimmung – von dem kann
nicht einfach gesagt werden, er sei verdreht oder verge-
waltigt worden; ihre Missionen werden von den Subjekten als erhöhtes Leben erfahren, mag der Preis der
Passionen ein noch so hoher sein. Man müßte also, um
ein gerechteres, wenn auch gewagteres Bild zu wählen,
sagen: der Berufene springt mit seinem ganzen Sein
durch den brennenden Reifen der Gelegenheit, selbst
Held, Heiliger oder Prophet zu werden. Ein solches
Subjekt existiert nur als Sprung; ja man muß erkennen,
daß seine Begeisterung ganz Eigentum des Sprungs
bleibt.

Oswald Spengler hat den kritischen Augenblick der

---

1 Daß die Kleidermetaphorik hier nicht nur eine herangetragene ist, erweist sich
anhand von Untersuchungen zum neutestamentlichen und gnostischen
Sprachgebrauch, wo häufig mit einer Äquivalenz von Gewand und Selbst operiert wird.

messianischen Individuation Jesu inmitten des apoka-
lyptisch erregten Palästina vor zweitausend Jahren mit
intensiver Einfühlung rekonstruiert. Er erinnert daran,
daß Jesus dreißig Jahre alt war, »als die Erweckung über
ihn kam«. Zu diesem Zeitpunkt ging Jesus zu Johannes
dem Täufer, ließ sich von ihm im Jordan taufen, »und
wurde einer seiner Jünger«. Sein Bewußtsein, behauptet
Spengler, sei damals kein anderes gewesen als das der
mandäischen Apokalyptik, die das Kommen des Bar-
nasha, des Menschensohnes, verhieß; dieser freilich sei
nicht als der nationale Messias der Juden zu verstehen,
sondern als der endzeitliche Bringer des Weltbrandes
und des Paradieses.

> »Daß ›er‹ jetzt kommen und dieser so unwirklichen
> Wirklichkeit ein Ende machen werde, war seine große
> Gewißheit, und für sie trat er wie sein Meister Johan-
> nes als Verkünder auf. Noch lassen die ältesten ins
> Neue Testament aufgenommenen Evangelien diese
> Zeit hindurchschimmern, in dem er in seinem Be-
> wußtsein nichts war als ein Prophet. – Aber es gibt
> einen Augenblick in seinem Leben, wo die Ahnung,
> dann die Gewißheit über ihn kommt: Du bist es selbst.
> Es war ein Geheimnis, das er zuerst kaum sich selbst,
> dann seinen nächsten Freunden und Begleitern einge-
> stand, die nun die selige Botschaft in aller Stille mit
> ihm teilten, bis sie die Wahrheit endlich durch den
> verhängnisvollen Zug nach Jerusalem vor aller Welt zu
> offenbaren wagten.«[1]

Spengler hätte hier zwei zum Verständnis des kritischen
Augenblicks unentbehrliche Elemente anführen können.

---

1 Oswald Spengler, *Der Untergang des Abendlandes*, München 1972, S. 818-
819.

Zunächst die Tatsache, daß Jesus nach der Enthauptung
Johannes des Täufers ohne Zweifel innerlich unter Suk-
zessionsdruck geraten war – sofern die Jordantaufe zwischen ihm und dem Täufer ein unauflöslich inniges Band
gestiftet haben muß. Sodann jene beunruhigende Selbst-
offenbarungsszene von Cäsarea Philippi, in der das Geheimnis offen zutage tritt, daß der Messias nicht zuletzt
durch das Bekenntnis der Jünger zu ihm im vollsten Sinn
des Wortes zu dem »bestimmt« wurde, was er werden
sollte. Ich zitiere aus dem 16. Kapitel des Evangeliums
nach Matthäus in der Übersetzung von Jörg Zink:

> »Auf seinem Weg durch den äußersten Norden des
> Landes kam Jesus in die Gegend von Cäsarea Philippi.
> Dort fragte er einmal seine Jünger: Was sagen die
> Leute, wer ich sei? Einige meinen, so antworteten sie,
> du seiest Johannes der Täufer, andere, in dir sei Elia
> wiedergekommen, wieder andere Jeremia oder ein an-
> derer von den Propheten sei in dir aus dem Totenreich
> wiedergekehrt. Was sagt ihr denn selbst, wer ich sei?
> Da nahm Petrus das Wort: Du bist Christus, der Be-
> auftragte Gottes, und des lebendigen Gottes Sohn.
> Und Jesus bestätigte ihn: Glücklich bist du Simon,
> Sohn des Jona, denn das haben dir nicht Menschen
> gesagt, das hat dir mein Vater im Himmel ins Herz
> gegeben. Und nun sage ich dir, wer du bist: Du bist
> Petrus, das heißt Fels. Auf diesen Felsen will ich meine
> Kirche bauen, und die Mächte der Hölle werden sie
> nicht überwältigen... Den Jüngern aber befahl er
> streng, keinem Menschen zu sagen, daß er der... Be-
> vollmächtigte Gottes sei...«

Der Dialog hat in fast zweitausend Jahren nichts von
seiner Gewalt eingebüßt. Trotz der offenkundigen mat-

thäischen Fälschungstendenzen zugunsten der Jerusale-
mer Petrus-Linie im Streit um die Legitimität in der
Nachfolge Jesu zeigt sich die Struktur des Dramas deutlich: von einem Wink des Meisters aufgeweckt, spielt
Petrus, der bezauberte Zauberer, den Schicksalspartner
im Spiel der Messiaswerdung; er hält den brennenden
Reifen in die Höhe – »du bist der Beauftragte Gottes« –,
und Jesus springt auf der Suche nach seinem Schicksal
hindurch, indem er die Identifizierung annimmt und Ich
sagt. Das ist die eigentliche Urszene des »Christentums«. Hier übernimmt das Wort das Fleisch, um es in
die heilige Katastrophe zu führen. Es ernennt den latenten Täter zum manifesten Opfer und unterwirft ihn der
sakralen Identifikation. *Omnis determinatio est negatio.*
Der Rest steht zur Hälfte in den Passionsgeschichten der
kanonischen Evangelien, zur anderen in der Missions-
und Kriminalgeschichte des Christentums.

Man hat es sich angewöhnt, die Ideenbewegung der
Neuzeit als Ablösung der christlichen Bestimmung des
Menschen durch weltliche oder humanistische Selbstbe-
stimmungsprogramme zu charakterisieren. Dies findet
einen Anhalt in der Tatsache, daß seit dem 18. Jahrhundert die Disziplin der Anthropologie als eine neue Form
der Anthropodizee entsteht. In ihr beginnt »der«
Mensch, sich selbst empirisch zu nehmen und sein Wesen
anhand der »eigenen« Erscheinung zu erforschen. Darin
drückt sich zugleich ein neues Ethos aus, das nichts anderes möchte, als daß sich der Mensch nun auch durchaus menschlich nehme. Gottebenbildlichkeit wird mehr
und mehr zu einer peinlichen Idee aus der theologischen
Kinderstube der Gattung. Von nun an begnügt sich der
Erwachsene der Neuzeit damit, den besten Exemplaren
seiner eigenen Spezies gleichen zu wollen – auch und

gerade wenn diese keine Ebenbilder Gottes, sondern *nur*
Menschen gewesen sein sollten. Die Anthropologie ist
die Wissenschaft der Herablassung des Menschen zur
Nurmenschlichkeit – einer selbstsicheren Herablassung
freilich, die im Grunde schon weiß, wie der Mensch den
Menschen zu nehmen habe. So ist die Anthropologie von
vornehereim darauf angelegt, selbst menschlich, allzu-
menschlich zu werden. Sie begleitet und bewirkt eine
Entwicklung, an deren Ende Nietzsche wird sagen können, daß wir – die mit dem Menschen erfahrenen Menschen – des Menschen müde sind.

Was Nietzsche in seiner Vision vom anbrechenden
Zeitalter der letzten Menschen vor Augen hatte, ist der
scheinbar unaufhaltsame Abstieg des Menschen von den
alten manischen Höhen zur universellen selbstzufriedenen, semidepressiven Mittelmäßigkeit. Die letzten Menschen sind jene, die die Unterbietung des Menschen
durch den Menschen als dessen Erfüllung feiern. Wer
könnte leugnen, daß das Medienzeitalter zu einem Triumph der entgeisterten Vitalität geführt hat – orientiert
am Leitbild sportlich-musikalischer Grenzdebilität? Der
letzte Mensch: der Passant vor einem Mikrophon. Dennoch ist der Prozeß der Zivilisation keine lineare Dekadenz; noch immer umfaßt die Dynamik des Lebens mehr
als nur das Ausbrennen manischer Initialkräfte bis zur
finalen Entgeisterung. Zwar springt jedem wachen Europäer die absteigende Linie ins Auge, auf der zuerst Gott
zum Menschen wird und dann der Mensch zum
Schlumpf. Aber auch moderne Menschen können einen
manischen Aszendenten haben, der aufsteigt, wenn der
Zeitgeist fällt. Für Nietzsche signalisiert der Satz »Gott
ist tot« die Wette darauf, daß Menschen nach *Ecce homo*
es lernen können, ihre Begeisterungen in eigener Regie

herzustellen. Das Wort Übermensch ist eine Chiffre für den Übergang der Manie ins Zeitalter ihrer künstlichen Reproduzierbarkeit.[1]

Ich möchte nun in Kürze andeuten, daß die aufschluß-reichste Form der Ankündigung großer Menschen im Zeitalter des Menschenbildes nicht auf die gewiß bedeut-samen Entwürfe Herders und Kants zurückgeht, son-dern auf Johann Gottlieb Fichte. Er ist der einzige unter den großen Autoren der anthropologischen Gründerzeit vor und um 1800, der die Herablassung zum empirischen Menschen schon im Ansatz bekämpft hat. Während Kant und Herder aus gutem Grund als Väter der deskrip-tiven Anthropologie bekannt sind, ist Fichte als Urheber einer modernen prophetischen – man könnte auch sagen manischen oder spornenden – Anthropologie zu Un-recht unbekannt. Seine wenig gelesene Schrift *Die Be-stimmung des Menschen* aus dem Jahr 1800 – man achte auf den Doppelsinn von »Bestimmung« – enthält einen kaum gewürdigten Entwurf zu einer Theorie des begei-sterten Menschen.

Fichte mutet dem empirischen, von Natur und Au-

---

1 Es ist vielleicht nicht überflüssig, anzumerken, daß der Ausdruck Manie in diesem gesamten Abschnitt keinen psychiatrischen Sinn hat, sondern auf die Lehren des platonischen *Phaidros* anspielt, in dem von den Wohltaten der Begeisterung für die Menschen im allgemeinen und die Philosophen im beson-deren die Rede ist. – Was den Ausdruck Übermensch angeht, so sollte deutlich werden, daß darunter keine aparte Idee des Megalomanen Friedrich N. zu verstehen ist. Überall, wo in der Geschichte der Menschheit die Idee der The-andrie – d.h. des Gottmenschentums – auftrat, liegt *de facto* ein Über-menschgedanke vor – im alten Brahmanismus nicht anders als im Lamaismus und in den katholischen und orthodoxen Lehren von den Heiligen. Auch das Judentum kommt nicht ganz ohne Übermenschgedanken aus, sofern sich nach der Lehre mancher Radikaler, etwa der Lubawitscher Chassidisten, die Ange-hörigen des auserwählten Volkes vom Rest der Menschheit *toto genere* um ebenso vieles abheben wie der gewöhnliche Mensch vom Tier; vgl. Gilles Ke-pel, *La revanche de Dieu. Chrétiens, juifs et musulmans à la reconquête du monde*, Paris, 1991, S. 251 f.

ßenwelt sich abhängig glaubenden Ich zunächst die Höllenfahrt in den völligen Selbstverlust zu, indem er zeigt,
wie jeder meiner Zustände durch die Fremdherrschaft
einer unendlichen Kette von natürlichen und sozialen
Determinanten erzeugt wird. Was auch immer ich bisher
zu sein mir eingebildet habe, zerfällt in einen bloßen
Spuk. In jeder Sekunde meines Daseins, so begreife ich
jetzt, bin nicht ich es, der wirklich da ist, sondern die
Natur in mir – das Nicht-Ich, das Äußere, das Tote an
meiner Stelle. Auf dem Wege der Selbstsuche in der Natur löse ich mich auf in einen Abgrund von Illusion und
Fremdbestimmung; ich bin nichts, die Energie ist alles;
Energie ist hier nicht ein Synonym von Leben, sondern
meint lediglich Totes in Bewegung im Unterschied von
ruhendem Toten. Und dieses Tote bin ich, sofern ich
mich unter die Natur stelle und ein Sein vor mir setze und
herrschen lasse.

   Nun schreitet die sogenannte Wissenschaftslehre ein.
Sie interveniert gegen den Selbstverlust in den äußeren
Bestimmungen; sie setzt es sich zum Ziel, auch den
letzten Anschein von Objektivismus und Determinis-
mus zu zerschlagen, so daß ich mich nicht länger als ein
bestimmtes Ding unter bestimmten Dingen mißverste-
hen kann. Denn hätte ich mich als ein bestimmtes Etwas
vorgestellt, ohne den Bestimmungsvorgang als meine eigene Tat zu durchschauen, so hätte ich mich selbst ver-
dinglicht, vergessen, verneint und dem Toten ausgeliefert. Ich hätte mein Leben an ein Scheinleben verraten.
Fichte wird zeitlebens nicht müde, seinen Lesern diese
fatale Diagnose zuzurufen: daß sie sich durch undurch-
schaute Selbstobjektivierungen bereits totgedacht haben. Die penetrante Zurufstruktur von Fichtes Vorträ-
gen – er denkt wie ein gnostischer Rufer durchweg im

Appellativ – hat ihren Grund in dem Drang, die Sklavenweltanschauung der schwermütigen Mehrheiten und die Träumerweltanschauung der schöngeistigen Eliten aufzusprengen. Beide Gruppen, die Materialisten wie die Idealisten, driften in einer hier unbequemen, dort bequemen Unwirklichkeit dahin. Gegen diese Unwirklichkeiten wendet sich die »Bestimmung des Menschen« wie eine apokalyptische Predigt an den Willen zur Verwirklichung; sie stöbert Materialisten wie Idealisten in ihren jeweiligen Unwirklichkeiten auf und treibt sie an den Rand der Entscheidung zum Leben; das einzige Thema dieser Philosophie ist die Auferstehung des Menschen von dem Toten, der er schon ist. Demnach heißt Dasein Selbstaufrufung zum radikal tätigen Leben. Dies aber ist keine Ursprungshandlung, die in irgendeinen uraltheiligen Schoß zurückstrebt oder sich von einem vorgegebenen Sein überwältigen ließe – sie ist vielmehr nichts anderes als der Sprung in den begeisterten Aufschwung des reinen Willens. Die Quelle dieses Ursprungs sprudelt immer jetzt – und was aus ihr hervorgeht, ist ein Strahl unbedingter gütiger Lebendigkeit.

Auch für Fichte scheint der Satz zu gelten, wo Er war, soll Ich werden. »Er« aber ist nicht mehr bloß der Held von mythischen Erzählungen oder messianischen Reden. Alles, was ich bisher über mich selbst – also über »Ihn« (oder »Sie«) als den (oder die) ich mich vorstelle – gedacht habe, verfällt der Forderung, daß es zugunsten des lebendigen, handelnden, in Güte sich verausgabenden absoluten Lebens sich aufhebe und verzehre. Das Ich, zu dem ich werden soll, ist nicht das, das ich bisher unter mir selbst mir vorstellte, sondern das göttliche Leben an meiner Stelle. Fichte hat sich als Religionsphilosoph ohne Umschweife zur Linken Gottes installiert, da die Rechte aus den bekannten Gründen schon besetzt war. Bei ihm wollte jedoch die Linke durchaus wissen, was die Rechte tut. Für den selbstbewußten Philosophen ist Jesus nicht so sehr als Heiland interessant, sondern als naiver Kollege, der sich zwar spontan richtig verhalten hatte, aber unmöglich imstande gewesen wäre, über die Gründe der Richtigkeit seines Verhaltens reflektierte Rechenschaft abzulegen. So gibt es bei Fichte eine durchaus kollegiale Christologie – mit stark johannistischen Tönen, aus der entsetzte Zeitgenossen den atheistischen Pferdefuß herausschauen sahen. Kollegen sind der naive und der reflektierte Akosmiker in der Tat, sofern sie es beide für ihre Mission halten, Mitmenschen aus der Selbstverdinglichung zurückzurufen, um sie hineinzutreiben in den Abgrund des Reiches Gottes im Innern – gewiß kein dankbarer Beruf. Beide bekommen die sarkastische Trägheit der Weltkinder zu spüren, die lieber ein Stück weit mit dem liberalen Teufel gehen, als sich rückhaltlos einem guten Gott zu überantworten, der alles nimmt.

Fichte, so könnte man sagen, hat die Manie in den Rang einer Wissenschaft und einer Technik erhoben; seinem eigenen Anspruch zufolge hätte er das Verfahren entdeckt, wie sich jedes konsequent denkende Ich in den begeisternden Weltgrund, das heißt in ein absolutes weltsehendes Leben fallen lassen kann, um sich sodann als göttliches Medium in Taten der spontanen Güte nach vorne zu werfen. Die Fichtesche Denkkunst enthält zusammen mit einer Anweisung zum glückseligen Leben auch die Anleitung zur Vernichtung des eigensinnigen, trägen Ego zugunsten einer gottartigen, dynamischen, willensmächtigen Einbildungskraft von kosmogonischer Spontaneität – ein Gedanke, der Nietzsches immoralistischen Voluntarismus vorausahnen läßt. Freilich kann Fichtes »Gott durch mich« nicht anders, als sich immerfort überaus edel und anständig zu benehmen, während der von Nietzsche beschworene Dionysos als gottgewordene Hemmungslosigkeit unangenehm auffällt. Man kann im übrigen am Gegensatz Nietzsches zu Fichte ablesen, daß auch die modernisierten, selbstreflexiv freigegebenen Manien in der Mehrzahl auftreten und daß der Kampf der Götter weitergeht, auch wenn es keine Götter alten Stils mehr gibt. Aus dem Kampf der Götter und Titanen ist der Kampf der Manien und Moralen geworden. Fichte scheint bereits zu ahnen, daß auch die amoralischen Begeisterungen theoretisch nachrüsten werden, und so schleudert er seine Kampfansage gegen den »Fanatismus der Verkehrtheit« mit großer Hellsicht in die Zukunft; man könnte sagen, daß hier ein Vorspiel zu der als Kritik des Zynismus erkannten Aufgabenstellung[1] stattfindet – zunächst als Kritik am Stolz der falschen Propheten und der narzißtischen *self-made*-Götter.

> »So wie ... der von Gott Begeisterte will ... dass ihm ... nur Gott entgegenstrahle, wie er ist in ihm selber: so will umgekehrt der von sich selbst Begeisterte, dass ihm ... von allen Seiten ... nur das Bild seiner eigenen Nichtswürdigkeit entgegenstrahle.« (*Die Anweisung zum seligen Leben, Werke* V, 547)

Für Fichte, den großen Logiker der gutartigen Manie, hat die »Welt« nur die Aufgabe, Entgegenstrahlung oder affirmative Spiegelung dessen zu sein, was das Subjekt in

---

1 Zynismus markiert, zumindest begleitend, seit dem 18. Jahrhundert das moralische Profil der Handelnden, die den blinden Fleck des zur Noblesse verdammten Heldenselbstbewußtseins bei sich selbst aufgehellt haben und wissen, daß sie nur tätig bleiben können, wenn sie sich, ohne Hemmung durch die Evidenz der eigenen niederen Motive, reflektierend gehenlassen.

sie hineinstrahlt. Immerhin hat Fichte, so tiefsinnig wie
zweideutig, zu verstehen gegeben, daß das erste Strahlen
rechtens nicht aus dem Eigenen des Individuums stammen könne. Das Ich kann nur durchleuchtet leuchten
kraft eines durch es hindurchscheinenden älteren, tieferen, produktiveren Lichts; ein wohlgeratenes Ich ist im
Grunde nichts anderes als ein Glitzern im Auge Gottes.

Fichtes Überlegungen münden aus in eine Technik der
autogenen Himmelfahrt; mit deren Hilfe soll sich das
Subjekt von den Illusionen der Erdenschwere lösen.
Nach dem verzweifelten Durchgang durch den Selbstverlust in der äußeren Naturkausalität und dem ebenso
verzweifelten Versuch, sich in der Reflexion auf das absolut gewisse, aber völlig inhaltlose Wissen Sinn und
Halt zu verschaffen, ist das Subjekt endlich reif für den
Sprung in die moralische Selbstaufrufung, mit der die
Selbsterschaffung einsetzt. Für diesen brisanten Vorgang
benutzt Fichte den enttäuschend konventionellen Ausdruck Glauben. Ein »Glaube« soll es sein, der, wenn er
schon nicht Berge versetzt, so doch das Selbst von der
Schwerkraft entbindet und es erstmals zu einem realen
Sein befördert. Am Ende sollen die am Autor entzünde-
ten Leser den Gipfel der Selbstbegeisterung erreichen
und mit dem Buch-Ich sagen können:

> »Ich bin durchaus mein eigenes Geschöpf... ich
> wollte nicht Natur sondern mein eigenes Werk sein;
> und ich bin es geworden, dadurch dass ich es wollte.«
> (*Werke*, II, 256)

> »Es verschwindet vor meinem Blicke und versinkt
> die Welt, die ich soeben noch bewunderte. In aller
> Fülle des Lebens, der Ordnung und des Gedeihens,
> welche ich in ihr schaue, ist sie doch nur der Vorhang,

durch den eine unendlich vollkommenere mir verdeckt wird... mein Glaube tritt hinter diesen Vorhang... Er sieht nichts Bestimmtes, aber er erwartet
mehr... als er je in der Zeit wird fassen können. –

So lebe ich und so bin ich, und so bin ich unabänder-
lich und vollendet für alle Ewigkeit; denn dieses Seyn
ist kein von außen angenommenes, es ist mein eigenes
einiges wahres Seyn und Wesen.« (*Werke* II, 319)

Im Rückblick auf das Ereignis Fichte läßt sich die Behauptung wagen, daß eine Schöne Neue Welt der aufgeklärten Begeisterungen begonnen habe. Ist es auch Manie, so hat es doch Methode. Das Sichfallenlassen in Gott
oder in einen aktiven Triebgrund ist seither als das Geheimnis des unternehmerischen Lebens ausgeplaudert.
Seit dem Jahre 1800 lebt die moderne Menschheit, ohne
es offiziell zur Kenntnis zu nehmen, unter dem Gesetz
durchreflektierter Manien; damit sind im Prinzip post-
kritische Verhältnisse geschaffen. Die neo-manischen
oder neo-mediumistischen Ich-Verfassungen der letzten
zweihundert Jahre bleiben unverständlich, solange man
nichts weiß von den neuen Enthemmungen des Ich auf
Gott oder Macht oder Entschiedenheit hin.[1] Wer auch
immer auf höherer Ebene ins Weltspiel eingreifen wollte,
mußte teilhaben an den jetzt halb gelüfteten manischen
Geheimnissen der menschlichen Geschichte: demnach
sind Ambition, Wille und Erfolg nur oberflächliche Ausdrücke für das Grundverhältnis, daß es »ein Gott« ist,

---

1 Ein weiterer Explikationsschritt in Richtung auf autogene Manien vollzieht
sich bei Williams James mit seiner pragmatischen Lehre über den »Willen zum
Glauben« (*The Will to Belief*, 1886); auf der Linie von James' Anregungen
überrollt seit den sechziger Jahren unseres Jahrhunderts, von den USA ausgehend, ein postpsychoanalytischer Neo-Autohypnotismus das gesamte psychologische Feld.

der sich in mir gehen läßt, und daß es ebenfalls »ein Gott« ist, man könnte auch sagen ein anonymer Energiegrund oder mit Richard Wagner gesprochen ein Wahn, der in mir bis zur Verwirklichung reichende Willens- und Wissenskräfte aufbaut. Nimmt man Fichtes und Nietzsches Grundeinsichten zusammen, so wird deutlich, wie sich die Welt der aktuellen Begeisterungen selbst erzeugt; die Kraft zur Realisation entspringt am Indifferenzpunkt zwischen Vision und Skrupellosigkeit. Im manischen Elan werden dunkles Wagnis und Wissensklarheit zu einer Tateinheit von quasi unwiderstehlicher Energie verschmolzen.

Die Moderne ist in keiner Angelegenheit so blind wie in der Frage nach den Antriebskräften der eminenten Menschen. Im Zeitalter der größten Kraftentfesselungen herrscht das größte Nichtwissenwollen hinsichtlich der Quellen subjektiver Kraft. Die Größe des Spiels, so scheint es, treibt Unzählige in mutwillige Zerstreuungen und in eine freiwillige Verdummung, die sich für Aufklärung halten läßt. Auch das neureligiöse Augenschließen und Sichtragenlassen von dunklen Gründen bewirkt in dieser Hinsicht dasselbe.

Für den Philosophen, der sich als Mitwisser des Menschen auf der Höhe der menschlichen Tatsachen halten möchte, stellt sich die Aufgabe, der Dritte im manischen Bunde zu sein – und zugleich der skeptische Zeuge. Angesichts einer vielfältig und widersprüchlich begeisterten Menschheit fällt ihm die Rolle zu, sich als Komparatist manischer Feldzüge zu betätigen. Dies wird um so deutlicher in einer Zeit, die geprägt ist von einer für viele immer noch unfaßbaren Renaissance der monotheistischen Energien – um von den synthetischen Manien des kalifornischen und neo-orientalischen Typs vorerst zu schweigen. Umringt von Propheten, Wahrsagern und Verkündigern aller Art wird die Philosophie *nolens volens* zu einer Expertenschule für »vergleichenden Fanatismus« – um Amos Oz' geistesgegenwärtige Bemerkung zu zitieren. Im Blick auf den manischen Flügel der Menschheit stehen der Philosophie exorzistische Aufgaben ins Haus – heute mehr denn je. Noch immer muß man Zwangsgeister vertreiben, um für den freien Geist Platz zu schaffen. Die Scheidung der Begeisterungen ist der Ernstfall der Intelligenz. Diese weiß kraft ihres Amtes, daß sie weder der nihilistischen Entgeisterung noch der Überwältigung durch selbstermächtigte Energiegötter das Wort reden darf. Ohne selbst der Manie zu erliegen, muß die Philosophie das gefährliche Wissen hegen, daß die geschichtlich bewegte Welt nur von den Zentren der manischen Zyklone aus begriffen werden kann. Die Begeisterungen haben die Welt bisher nur verschieden überflogen; es kommt darauf an, zur Welt zu kommen.

3. Das umzingelte, das harte, das deprimierte Selbst

> Der Mensch hat es satt, oft genug, es giebt ganze Epidemien dieses Satthabens...; aber selbst noch dieser Ekel, diese Müdigkeit, dieser Verdruß an sich selbst – Alles tritt an ihm so mächtig heraus, dass es sofort wieder zu einer neuen Fessel wird. Sein Nein, das er zum Leben spricht, bringt wie durch einen Zauber eine Fülle zärterer Ja's ans Licht...
>
> F. Nietzsche,
> *Zur Genealogie der Moral*, Dritte Abhandlung, 13

Es ist ein markanter Teil der menschlichen Tatsache, daß die Erfahrungen manischer Subjektivität Esoterica sind, die nur einer numerisch unbedeutenden Gruppe von In-

dividuen offenstehen, während die populären Alltags-
kenntnisse über die Verlegenheit, ein Ich zu sein, von
grauen Zuständen handeln, in denen man mit Lasten
seine Erfahrungen macht. Nach einem langen Leben
bleibt den meisten, biblischer Weisheit gemäß, nur das
Zugeständnis, daß es Mühe und Arbeit gewesen ist. Das
Sichfallenlassenkönnen in Aufschwungkräfte gehört zu
den Erfahrungen der wenigsten; das Umzingeltsein von
Verhältnissen, die den Horizont verstellen, zu denen der
meisten. In historischen Zeiten hat die große Mehrheit
der Menschen Gründe zu glauben, sie gehöre einer Gattung schwerbelasteter vermaledeiter Tiere an. *Animal
laborans* – das ist der Gattungsbegriff, der den meisten
wie eine schmerzliche Mitwisserschaft in den Knochen
steckt. Darum muß für die vielen eine Geschichte von
der Menschwerdung des Affen mehr persönlichen Sinn
machen als eine von der Menschwerdung Gottes.[1]

In Kafkas Erzählung *Ein Bericht für eine Akademie*
legt ein vor nicht langer Zeit zur Zivilisation konvertier-
ter Affe vor bildungsbürgerlichem Publikum Rechenschaft ab über die Geschichte seiner Hominisation. Als
Gattungsneuling vermag der Affe das Besondere an der
menschlichen Lage schärfer zu erkennen als irgendeines
der Gewohnheitsmitglieder des menschlichen Geschlechts. Auf sein tierisches Leben, sein freies »Affen-
tum« zurückblickend, macht sich das vermenschte Tier
bewußt, was es im Käfig des Hagenbeckschen Fangschif-
fes auf der Fahrt von den afrikanischen Urwäldern in die
europäischen Städte gewann und verlor.

---

1 Nietzsche wählt vielleicht einen zu hohen Ton, wenn er in *Jenseits von Gut und
Böse*, Viertes Hauptstück No. 101 sagt: »Heute möchte sich ein Erkennender
leicht als Thierwerdung Gottes fühlen.«

»...ich war zum ersten Mal in meinem Leben ohne Ausweg... Ich hatte doch so viele Auswege bisher gehabt und nun keinen mehr. Ich war festgerannt. Hätte man mich angenagelt, meine Freizügigkeit wäre dadurch nicht kleiner geworden... ich hatte keinen Ausweg, mußte ihn mir aber verschaffen, denn ohne ihn konnte ich nicht leben... – nun so hörte ich auf, Affe zu sein...

Ich habe Angst, daß man nicht genau versteht, was ich unter Ausweg verstehe. Ich gebrauche das Wort in seinem gewöhnlichsten und vollsten Sinne. Ich meine nicht dieses große Gefühl der Freiheit nach allen Seiten. Als Affe kannte ich es vielleicht, und ich habe Menschen kennengelernt, die sich danach sehnen...

Nein, Freiheit, wollte ich nicht. Nur einen Ausweg; rechts, links, wohin immer; ich stellte keine anderen Forderungen; sollte der Ausweg auch nur eine Täuschung sein; die Forderung war klein, die Täuschung würde nicht größer sein. Weiterkommen, weiterkommen!... Von heute aus gesehen scheint es mir, als hätte ich zumindest geahnt, daß ich einen Ausweg finden müsse, wenn ich leben wolle, daß dieser Ausweg aber nicht durch Flucht zu erreichen sei. Ich weiß nicht mehr, ob Flucht möglich war, aber ich glaube es; einem Affen sollte Flucht immer möglich sein...

...Ein hohes Ziel dämmerte mir auf. Niemand versprach mir, daß, wenn ich so wie sie werden würde, das Gitter aufgezogen werde... Ich wiederhole es: es verlockte mich nicht, die Menschen nachzuahmen; ich ahmte nach, weil ich eben einen Ausweg suchte, aus keinem anderen Grunde.

...Ach, man lernt, wenn man muß; man lernt, wenn man einen Ausweg will; man lernt rücksichts-

los... Durch eine Anstrengung, die sich bisher auf
der Erde nicht wiederholt hat, habe ich die Durch-
schnittsbildung eines Europäers erreicht. Das wäre
an sich vielleicht gar nichts, ist aber insofern doch
etwas, als es mir aus dem Käfig verhalf und mir diesen besonderen Ausweg, diesen Menschenausweg ver-
schaffte...«[1]

Wie ein sprechender Spiegel, ein Bote von der Tierseite,
trägt der Affe seinem Publikum die neue, die wahre Bestimmung des Menschen vor: der Mensch ist das Tier, das
nicht weg konnte. Was wir den Menschen nennen, ist in
Wahrheit das aporetische, das ausweglose Lebewesen. Er
ist das Wesen, das aus sich selbst etwas anderes machen
muß, als es ist, um seine Ausweglosigkeit zu ertragen.
Die Menschwerdung selbst ist nur als der Ausweg zu
begreifen, den sich das ausweglose Tier auf seiner Flucht
nach vorn gebahnt hat. Insofern sind Menschen von
Grund auf Geschöpfe der Flucht nach vorn, Kinder der
Metapher, der Metamorphose. Solange sie, um einen
Ausweg zu finden, jede Anstrengung auf sich nehmen,
andere zu werden, halten sie die Gattungsgeschichte als
Arbeit am Ausweg weiter im Gang. Vielleicht täte man
gut daran, die Kafkaschen Einsichten wie eine späte jüdische Replik auf die Wahrheiten der griechischen Tragödie
zu lesen. Hier wie dort wird die Lage des Menschen als
eine erkannt, die ernst wird durch das Dilemma, die
Aporie, die Gefangenschaft in Bedürfnissen und Loyali-
täten, die sich gegenseitig ausschließen und doch den
Raum miteinander teilen müssen. Wenn Dasein in die
Falle gehen heißt, so heißt es auch, die Falle als Welt
bewohnen.

1 Franz Kafka, *Sämtliche Erzählungen*, hg. von Paul Raabe, Frankfurt a. M.,
   1970, S. 149-154.

Tatsächlich gehorcht die Entwicklung der Gattung einem Prinzip des Fortschritts im Bewußtsein des Nichtdavonkommens. Überblicken wir den Prozeß der Zivilisation von seinen neuzeitlichen Resultaten her, so erweckt dieser den Eindruck, daß die Einkreisung des Menschen durch den Menschen allmählich zu einem systematischen Abschluß kommt. Vom Beginn der Hochkulturen an erweist sich der Gattungsprozeß in zunehmendem Maß als Geschichte der Umzingelung des Menschen durch den Menschen. Die Marxsche These, daß alle Geschichte die von Klassenkämpfen sei, verliert ihre falsche Betonung, sobald wir in Erwägung ziehen, daß »Klassenkampf« vielleicht nur ein provisorischer Titel für einen grundlegenderen Vorgang ist: für die Umzingelungsbewegungen komplexer hierarchischer Gesellschaften, in denen sogenannte herrschende Klassen den Belagerungszustand über die beherrschten verhängen. Von der absehbaren Abschließung dieses Prozesses her fällt heute Licht auf die bisherige Entwicklung. Seit Menschen in der »neolithischen Revolution« seßhaft wurden, hat es kein Großereignis mehr gegeben, das an Tragweite mit dem vergleichbar wäre, das vor unseren Augen zur mehr und mehr vollendeten Tatsache zu werden im Begriff ist. In neolithischer Zeit setzte die Selbstumzingelung des Menschen ein, der sich zum Standhalten auf einem nunmehr heiligen und verfluchten Boden gezwungen sieht; in dem Maß, wie menschliches Leben »bodenständig« wird, gerät es unter den Terror einer neuen Logik; die Besessenheit durch Begriffe der Genealogie, der Verwandtschaft und des Eigentums nimmt überhand; von hier an gleicht die Ideengeschichte der Menschheit über weite Strecken einem Inventar von Besessenheitssystemen; die unausweichliche Folge der

frühen bodenständigen Selbstumzingelung war die An-
kettung der Menschen an die Galeere von Herkunft und
Ursprung; auf dieser führen die Prinzipien des genealogischen Denkens das Ruder – an erster Stelle der Ursatz,
daß es Prinzipien, logische Fürsten und deren Vorherr-
schaft über die zweiten Dinge, die logischen Vasallen,
geben müsse, verbunden mit Kausalität und Vergeltung,
Ahnenreihe und karmischer Kette, Nichtwegkönnen
von der Vergangenheit und von den Toten, Übergewicht
der Verwandtschaft und der Territorialität über Sympathie und Bewegungsfreiheit. Wollte man das Wesen der
traditionalen Gesellschaften aus einer Grundgeste charakterisieren, so fände man diese in der Unterwerfung
aller Lebenden unter Totenworte: Testamente.

Der mit der neolithischen Revolution in Gang gesetzte
Prozeß schritt fort mit unerbittlicher Fruchtbarkeit zu
den Klassengesellschaften der Hochkulturen, die bis
zum Anbruch der Neuzeit unter einer Art von Selbst-
zentrierung oder Einkreisung in sich selbst auf den verschiedenen Kontinenten zu bestehen vermochten. Von
1492 an eröffnen die europäischen Expansionen das Zeitalter der Globalisierung. Ein halbes Jahrtausend nach der
Kolumbusfahrt ahnen wir, wohin die aufs Ganze gehende strategische, informatische und demographische
Selbsteinkreisung der Menschheit im planetarischen
Maßstab führen könnte. Zum ersten Mal entspricht dem
rhetorischen Singular »die Menschheit« ein tendenziell
wirklicher, wenn auch extrem unheimlicher Tatbestand.
Was sich in der Tiefenstruktur des Zivilisationsprozesses
durchzusetzen scheint, läuft auf nicht weniger hinaus als
darauf, daß die aktuelle Menschheit, zumindest in ihrer
hochmodernisierten Fraktion, das vom genealogischen

Prinzip dominierte Weltalter insgesamt hinter sich läßt.[1]
Sie tastet sich unter ungeheuren Krisen vorwärts in eine
synchronische Seinsweise, in der die gleichzeitig lebenden Fremden auf der Erde füreinander wichtiger werden
als die bisher identitätsverleihenden eigenen toten Vorfahren. Wohin das Dasein einer horizontal vernetzten Menschheit in einer realisierten planetarischen Synchronie die
Menschen führen wird – das kann auch mit der größten
anthropologischen Phantasie niemand vorhersagen.

Offensichtlich steht das Nichtausweichenkönnen, das
infolge von agrarischen Bodenständigkeitszwängen und
frühstädtischen Nachbarschaftsbeengungen aufkam, mit
der Entwicklung eines neuartigen inneren Zeitbewußt-
seins in engem Zusammenhang. In dessen Gefolge können Tendenzen zu einer radikalen Verinnerlichung des
Lebens an »Boden« gewinnen: jetzt muß die Weiträumigkeit der Kontemplation Entschädigung bieten für die
bedrückende Enge, die die Weltverhältnisse – in der Stadt
wie auf dem Land – über das Leben der meisten verhängen. Wenn Oswald Spengler einst bemerkte:

>»Es gehört zu den letzten Geheimnissen des Menschen
>und des freibeweglichen Lebens überhaupt, daß die
>Geburt des Ich und der Weltangst ein und dasselbe
>sind«[2],

so setzt er den Akzent etwas zu einseitig auf die ichbildende Entdeckung der Unermeßlichkeit der Welt. In
historischer Sicht ist Weltangst auch eine klaustrophobi-
sche Antwort auf den steigenden Umzingelungsdruck,
dem Individuen in alten Klassengesellschaften und frü-

---

1 Vgl. hierzu Thomas H. Macho, *So viele Menschen – jenseits des genealogischen
Prinzips*, in: *Vor der Jahrtausendwende – Berichte zur Lage der Zukunft*, hg. v.
P. Sloterdijk, Frankfurt a. M. 1989, S. 29-64.

2 Oswald Spengler, *Der Untergang des Abendlandes*, München 1972, S. 815.

hen Städten ausgesetzt waren. Darum ist es plausibel,
wenn die Erlösungsidee zuerst die Städter anspricht,
während das bäuerliche Land es seit jeher mit dem Wie-
dergeburtsglauben hält. Seit Städte und Staaten für viele
zum unübersteigbaren Horizont des Lebens geworden
sind, läßt sich ein Interesse von Menschen an dem nachweisen, was die Religionsgeschichte unter den Begriffen
metakosmische Metaphysik oder apokalyptisches Denken kennt; damit sinnverwandt sind die ineinander über-
gehenden Phänomene Erlösungsreligion und Nihilis-
mus. Erst unter dem »Terror der Geschichte« beginnen
Vorstellungen von einer Aufhebung des Weltzustandes
überhaupt für radikale Gemüter attraktiv zu werden; ein
neuer Typus von weltfremden, weltflüchtigen, weltüber-
fliegenden Menschen tritt auf den Plan. Sie denken mit
einem Mal über große Negationen und Umwandlungen
aller Dinge nach; eine unbekannte Leidenschaft für das
Nichtseiende, Andere, Jenseitige und Weltferne ergreift
von diesen Pioniergruppen der Geschichte Besitz. Nun
werden Erlösung, Befreiung, Erleuchtung zu den Leit-
wörtern revolutionär neuer überkosmischer und anti-
kosmischer Orientierungen. Wie anders wäre es möglich, daß der von Apokalyptikern erwartete Weltbrand
die Abschaffung des Gesamtverhängnisses Welt für die
nächste Zukunft mit fiebriger Erwartung in Aussicht
stellen durfte? Auch die idealistischen Zweiweltenlehren
platonischen Typs hoben den Weltdruck auf, indem sie
ihren Adepten den Rückzug aus der kosmischen Umzingelung in metaphorische und innere Himmel nahelegten.
Aus der Gesinnung messianischer Umschöpfung alles
Geschaffenen entsprangen die Verheißungen eines neuen
Himmels und einer neuen Erde. Noch der moderne mar-
xistische Chiliasmus wollte sich mit weniger nicht zu-

friedengeben als mit einem großtechnischen Umbau des Sterns Erde zur Heimat einer von Weltangst endgültig befreiten Menschheit. All diese Ideen bezeugen durch ihr Alter und ihre beharrliche Wiederkehr ein Kontinuum revolutionärer Spannungen: seit mehr als zweitausend Jahren erzeugt die Umzingelung des Menschen durch den Menschen heftige Brüche mit den Zwangssystemen mythischen Herkunftsdenkens. Der Sprung in die Modernität ereignet sich irgendwann vor zwei-, dreitausend Jahren in dem Augenblick, da ein Mensch den Kopf hebt zu dem protoblasphemischen Gedanken, daß nicht alles gut sei, was aus dem Alten, von den Ahnen und von Gott oder Göttern kommt. Da beginnt die lange Agonie des guten Grundes. Wo der Druck des Unbehagens an der gegebenen Welt am höchsten stieg, bildete sich zuerst das geschichtemachende manische Futur. Ein geschichtsmächtiger Teil der Menschheit ist seither auf dem Weg – oder sollte man Ausweg sagen? – in die Zukunft als dem Raum aller Verbesserungen. In diesem Sinn wäre der futurische Utopismus das manische Gegenstück zu den depressiven Formen des beschädigten Lebens in der Zeit.

Die Auswege nach innen und vorwärts in die Zeit sind nicht die einzigen, ja nicht einmal die mehrheitlichen Antworten der hochkulturellen Menschen auf den Umzingelungsdruck ihrer Welten. Vielleicht sollte man die Formel *omne animal triste* nicht auf den postkoitalen Blues beziehen, sondern auf den unvermeidlichen Zustand der meisten intelligenten Wesen in der Hochkultur, wenn sie ihre Lage ohne Illusionen betrachten. Um zu verstehen, wie Menschen mit dem Nachteil, umzingelt zu sein, von alters her zurechtkommen, muß man sich mit der Entstehung von resignierten, verhärteten und aufschwunglosen Lebenshaltungen befassen. Wenn Menschen Stile des Überlebens im chronischen Elend ausbilden, so gehorchen sie dem Zwang, ihre Sicht von sich selbst dem Anblick einer aussichtslosen Welt anzugleichen. Es scheint dann in ihrem Interesse zu liegen, das Risiko, eine Seele zu haben, so gering wie möglich zu halten. Sie weichen in der Folge ihrer eigenen Intelligenz, ihrer eigenen Sensibilität und ihrer gemeinsamen Wachheit wie einer inneren Gefahrenquelle aus. Daß der Mensch den Menschen unendlich unterbietet[1], mag zwar eine moderne Formulierung sein, beschreibt aber einen schon archaischen oder zumindest antiken Tatbestand.

Sollte man Shakespeares Weisheit trauen, so ist der Mensch kraft seiner Feigheit das Wesen, bei dem das Unglück zu hohen Jahren kommt. Die »Rücksicht«, welche dergleichen bewirkt, wäre die Todesfurcht, die macht, »daß wir die Übel, die wir haben, lieber halten, als zu unbekannten fliehn«. Man sollte nicht soweit gehen, den Bedrückten im allgemeinen eine Liebe zu ihrer Misere anzudichten; dennoch ist Miserabilismus eine der anthropologischen Konstanten auf der Schattenseite der Hochkulturen. Wo diese überwiegt, muß davon ausgegangen werden, daß Unzählige jederzeit ein bekanntes Unglück einer unbekannten Glückschance vorziehen. Der Mensch in der Revolte bleibt die Ausnahme, der *homo patiens* die Regel. Wohin man sieht, erscheinen Menschen mehr als Patienten denn als Rebellen, mehr als Untertanen denn als Subjekte, mehr als Eingeschlossene denn als Ausbrechende. Dies könnte sich nicht so verhalten, wenn es dafür nicht entwicklungsgeschichtlich tief

---

1 Dieser Gedanke ist in Nietzsches Kritik der letzten Menschen angelegt, wenn auch nicht explizit ausgesprochen; sein Gegensatz ist Pascals These aus den *Pensées*, Fragment 434, daß der Mensch den Menschen unendlich übersteigt.

verankerte Ursachen gäbe. Bei der Einhausung in die faktische Welt lernen Menschen – vor allem in Kulturen mit hohem Herrschafts- und Einkreisungsfaktor – von frühester Jugend auf, mehr auszuhalten und hinzunehmen, als für sie gut ist; gleichwohl ist es für sie im Sinne des Überlebens gut, wenn sie mehr auszuhalten lernen, als im Sinne eines Lebens aus Freiheit hinzunehmen wäre. Die Aushaltestrukturen gehören zum eingekreisten Dasein wie die Selbstkontrollzwänge zur fortgeschrittenen Zivilisation. So ist neben der Flucht ins künftige Werden auch die Flucht ins Dulden und Aushalten eine prototypische Antwort von Menschen auf steigende Unfreundlichkeiten der Weltverhältnisse. Wenn Individuen in kämpfenden und kargen Populationen sich mit einem hohen Faktor von Freiwilligkeit der Abhärtung verschreiben, bringen sie offenkundig eine Spur von Freiheit ins Spiel, da der Wille zur Härte dem Schicksal, hart werden zu müssen, dem Anschein nach um einen Schritt voraus ist. Gewollte und bejahte Härte fängt das Schwerwerden ab, das auf die Überlasteten wartet, und nur bei mißlungener Selbstverhärtung treten die Depressionen offen hervor; dies geschieht meistens dann, wenn die Subjekte insgeheim sich nach Leben in einem milderen Klima sehnen. Depressiv wird, wer Gewichte trägt, ohne zu wissen wozu. Dann wird das Leben für sich selbst zu schwer, weil es nicht länger auf seiner anonymen Grundhärte aufbauen kann. Der Depressive begegnet den Lasten nicht mit fröhlichem Positivismus, sondern mit einem Aufgebot an ruinöser Anstrengung. In dieser fügen sich Angestrengte die Härten des Lebens noch einmal selber zu und schaffen somit die Ausgangslage zu depressiven Schwächungen. Wo solche in Gang gekommen sind, will das Subjekt im Grunde

nicht, was es muß, sondern widerspricht mit einem Teil
seines Wesens dem Daseinspensum. Es ist dadurch au-
ßerstande, den *amor fati* zu entwickeln, der alle Wechselfälle des Schicksals auf einer inneren Linie anordnet
und keinen völlig äußeren Zwang, kein gänzlich selbst-
fremdes Fatum gelten läßt. In der Depression hingegen
verbraucht sich das Subjekt in dem aussichtslosen Versuch, Nichtgewolltes doch zu wollen. Depressive sind
klinische Stoiker, in denen sich mißlungene Revolutio-
näre verbergen.

Offenkundig sehen sich in der Frühphase hochkultureller Subjektbildung vor allem die jüngeren Männer
dazu gedrängt, ihre unentbehrliche Grundhärte in eigener Regie herzustellen. Dieser Zwang tritt unausweich-
lich auf, weil in Hochkulturen der Widerspruch zwischen der Kindheit, die im Zeichen der Mütter steht, und
den Jünglingsjahren, in denen Männlichkeitsdressuren
Gesetz werden, mit großer Heftigkeit aufklaffen muß.[1]
Für immer wird Sparta als Monument einer Männerkul-
tur in Erinnerung bleiben, die ihre Verhärtungen systematisch übertrieb, obwohl oder vielmehr weil es für
solche Härtegrade viel mehr innere als äußere Gründe
gab. Man hat sich den »dorischen Staat« wohl als eine
soldatische Lederszene vorzustellen; er funktionierte
wie eine generationenübergreifende Schwulengruppe,
deren Mitglieder sich gegenseitig dazu anhielten, nicht
unter dem zusammenzubrechen, was sie sich gegenseitig
zumuteten. Der homoerotische Primitividealismus garantierte ein Klima, in dem der Mann den kalten Rausch

---

1 Für die indische Kultur hat der an Erikson orientierte Psychoanalytiker Sudhir
  Kakar den Konflikt zwischen Kindheit und Jungmannesjahren eindrucksvoll
  herausgearbeitet; vgl. *Kindheit und Gesellschaft in Indien, Eine psychoanalytische Studie*, Frankfurt a. M. 1988.

seiner Angleichung ans leidlose Bild des Kriegers genießen konnte; dank der Verbindung von Idealisierung und
Verhärtung ließ sich die Desensibilisierung der Männer
als deren eigene Tat erleben und aneignen. In gewissen
athletischen Subkulturen sind diese Mechanismen bis
heute nicht ausgestorben – mit dem Unterschied, daß
heute auch Frauen offen um Härteprämien kämpfen.
Michel Foucaults Rückbesinnung auf die sogenannten
Selbstsorgetechniken der griechischen und römischen
Spätantike dürfte selbst nicht ganz ohne innere Anteilnahme an den geschilderten Mechanismen zustandege-
kommen sein. Foucault deckt den psychohistorisch
wichtigen Tatbestand auf, daß von Kulturen antiken Ni-
veaus an die Verhärtungen zu einer Sache der einzelnen
zu werden begannen. Was seit den Griechen Askese
heißt, ist im wesentlichen explizit gemachte Arbeit an
der Grundhärte; sie gründet in dem Versuch, mit freiwilligen Anstrengungen die unfreiwilligen Belastungen zu
überholen, um einen Willens- und Hochgefühlsspiel-
raum offenzuhalten. Darin steckt die psychologische
Erkenntnis, daß Leben ohne Kraftreserven zum Vegetie-
ren an der Erschöpfungsgrenze abzusinken tendiert. Der
Verlust der Grundhärte und des *amor fati* müßte mit De-
pressionsrisiken bezahlt werden. Die Härteprämien des
homosexuellen Primitividealismus waren in solcher
Sicht nichts anderes als gegenseitige Versicherungen antiker Männer gegen die Gefahren der sogenannten Ver-
weichlichung und des erotischen Schmelzens. Wie in der
Selbsttötungstradition Japans wird in der westlichen antiken *askesis* die Kraft der Selbstverneinung – die sich als
Liebe zur Mühe, *ponos*, darstellt – zugleich als Selbstbe-
stimmungsvermögen mobilisiert. Wer sich selbst bis zum
äußersten anstrengt, wird nicht Opfer, sondern Täter der

Mühe sein. Hierin liegt – neben den unleugbaren Einflüssen des griechischen Ästhetizismus – eine psychologische Basis der antiken Gymnastik wie auch des modernen Sports. Es gibt im 20. Jahrhundert einen athletischen
Modernismus, der sich ohne Umschweife auf griechische Lebenskunstregeln berufen könnte: »mehr ist weniger«, »schwerer ist leichter«. Man muß das unvermeidliche Leiden gesteigert inszenieren, um das reale Pensum
tragbar zu machen.

Im Rückblick auf solche Überlegungen wird deutlich,
wie fragwürdig die häufig zu hörende These ist, daß
hohe Individualisierung ein typisch neuzeitlicher Sachverhalt sei. Denkt man Individuation mit der aktiven
Herstellung von Grundhärte zusammen, so herrscht im
Zivilisationsprozeß auf die Neuzeit hin eher eine fallende
Tendenz. Die Ich-Grenzen zwischen neuzeitlichen Individuen sind unter vielen Aspekten schwächer ausgebildet als bei Mitgliedern traditionaler Gesellschaften.[1] Der
Sinn von Individuation in modernen Zeiten ist es eher,
sich auf die Vieldeutigkeit des Selbst einzulassen. Wir
empfinden es als einen Fortschritt, wenn es uns gelingt,
das unwillkommen gewordene Erbe von Selbst-Verhärtungen und Selbstdefinitionen aus primitiven Kampfzeiten in einer elastischen Selbstform zu überwinden. Wie
sehr dies von antiken Stellungen wegführt, zeigt sich besonders klar an der Figur des antiken Helden Prometheus. Dieser mag zwar in seiner Eigenschaft als Rebell,
Feuerdieb und Menscheningenieur zu einem Emblem
moderner Subjektivität geworden sein.[2] Als Held des

---

1 Ähnliches hat Hans-Peter Duerr im Hinblick auf die Senkung der Scham-
   Schwellen in modernen Gesellschaften nachgewiesen.
2 Ein Beispiel unter zahllosen: Hans Urs von Balthasar, *Prometheus, Apokalypse
   der deutschen Seele*, 1947, Bd. 1.

Nichtausweichenkönnens, der an den Felsen geschmiedet, vom Geier zerfressen, das Unerträgliche erträgt, ist er den Individuen der Gegenwart von Grund auf fremd geworden. Von seinem heroischen Leiden führt kein Weg zum modernen Unbehagen in der Kultur. Auch Sisyphos gehört, trotz Camus, zu einer versunkenen Welt. Was zwischen den antiken Leidensheroen und der Moderne liegt, sind die Stoa und die Psychoanalyse – die beiden Lebensphilosophien der gedämpften Resignation, die den Kompromiß mit der unvermeidlichen Härte der Welt, neuzeitlich-subjektivierend Frustration genannt, geschlossen haben. Die Stoa hat die Leidenden ins Haus geholt und eine leise Unlust in Permanenz zur Grundlage des gesellschaftlichen Lebens erklärt. Stoisch aufgeklärt ist das Individuum, das einsieht, daß es nicht weg kann und besser auch nicht weg will von den Verhältnissen, die nicht verändert, sondern nur ertragen werden können. Ob freilich der populäre Stoizismus *in puncto* Lebenshärten das letzte Wort haben wird, bleibt eine offene Frage. Vielleicht erleben wir heute die letzten Generationen von Erwachsenen, deren Selbstbild noch von stoischen Motiven geprägt ist. Eine stoische Konstante nahm immerhin auch Sigmund Freud für die Patienten des 20. Jahrhunderts in Anspruch, als er 1915 angesichts des Ersten Weltkriegs schrieb: »Das Leben zu ertragen bleibt ja doch die erste Pflicht aller Lebenden.«[1]

---

1 Sigmund Freud, *Zeitgemäßes über Krieg und Tod*, Studienausgabe, Band IX, Frankfurt a. M. 1974, S. 60. Unverkennbar kommt hinter dem Profil des Therapeuten die Silhouette des antikisierenden Moralisten zum Vorschein – wie denn die Moralphilosophie älter ist als die Seelenheilkunde. In den Chor derer, die begriffen haben, daß der Mensch ein Wesen ist, das zur Zufriedenheit mit dem Weltlauf überredet werden muß, fällt auch I. Kant energisch eingestimmt: »Es ist aber von der größten Wichtigkeit: *mit der Vorsehung zufrieden zu sein* (ob sie uns gleich auf unserer Erdenwelt eine so mühsame Bahn vorgezeichnet

4. Das tauchende, das atmende,
das pneumatische Selbst

Sofern nach Plato und Aristoteles das Staunen zu den
Ursprungsmotiven der Philosophie gehört, sollte eine
Theorie des Menschen, sobald sie philosophisch wird,
von dem dreifachen Staunen Kenntnis nehmen, das den
hier erörterten Hauptverfassungen des Selbstseins entspricht. Aus dem manischen und von Erfolgen erhöhten
Leben bricht ein Staunen darüber auf, daß gerade Ich der
Träger solcher Erwählungen und Erhellungen werden
sollte. »Nie steigt ein Mann höher, als wenn er nicht
weiß, wohin er geht«, soll Oliver Cromwell einmal
gesagt haben; wann hätte sich die Verwunderung des her-
vorgehobenen Menschen über seine exzentrische Stellung klarer ausgedrückt? – Dem bedrückten und entgeisterten Dasein hingegen wird sich das Staunen in Form
der Frage aufdrängen, ob dieses graue Ganze tatsächlich
alles gewesen sein kann. Dem entspricht der populäre
Sarkasmus: gibt es ein Leben vor dem Tode? Für das
mystische Weltgefühl wiederum ist es charakteristisch,
gleichsam von der Grenze der Welt aus ein Staunen darüber zu empfinden, daß diese Welt überhaupt da ist.
»Nicht wie die Welt ist, ist das Mystische, sondern daß
sie ist.«[1]

hat): theils um unter den Mühseligkeiten immer noch Muth zu fassen, theils
um, indem wir die Schuld davon aufs Schicksal schieben, nicht unsere eigene,
die vielleicht die einzige Ursache aller dieser Übel sein mag, darüber aus dem
Auge setzen und in der Selbstbesserung die Hülfe dagegen zu versäumen.«
(I. Kant, *Muthmaßlicher Anfang der Menschengeschichte*, Schluß-Bemer-
kung.)

1 Ludwig Wittgenstein, *Tractatus logico-philosophicus*, Frankfurt a. M. 1984,
S. 64.

Eine noch so geraffte Erörterung der menschlichen Tatsachen läßt sich nicht zu Ende bringen, solange nicht von sogenannten Grenzerfahrungen die Rede war. Die Anthropologie, ob nobel oder trivial gesinnt, kommt nicht umhin, auch psychopathische Varianten und mystische Hybridbildungen menschlicher Subjektivität in ihren Blick zu nehmen. Beide Grenzfälle sind für eine Übersicht über das Feld des Menschlichen unentbehrlich. Es gibt kein Wirklichkeitsbewußtsein, das sich nicht gegen den Wahnsinn und gegen die Verklärung absetzt. In gewisser Weise hat jedes Mitglied der Menschengattung auch schon normative Vorstellungen über den Bereich des Menschlichen und von dem, was ihn übersteigt. Erst recht kann eine anthropologische Sicht auf das menschliche Feld ihre Augen nicht von dem abwenden, was an den Grenzen und jenseits derselben geschieht. Eine Theorie der »anderen Zustände« jedoch, die eine philosophische sein will, wird sich nicht damit zufriedengeben, das Feld der Grenzerfahrungen den Psychiatern, den Ethnologen und den Mystikern zu überlassen.

Die gängigen psychologischen Theorien des Menschen haben mit dem Alltagsbewußtsein von der menschlichen Kondition das eine gemeinsam, daß sie immer vom fertigen Individuum in seiner getauften Vereinzelung ausgehen müssen. Das reicht so weit, daß auch die Phasenlehren der Entwicklungspsychologien in der Regel erst mit dem Einzelwesen im Zustand der physiologischen Abnabelung von der Mutter beginnen. Um theoretisch beachtlich zu werden, muß sich der Mensch zumindest die Mühe gegeben haben, als Säugling »in Erscheinung getreten« zu sein; er muß sich somit als geborenes und individuiertes Sonder- und Eigenwesen sicht-

bar und bemerkbar gemacht haben. *De facto* aber »gibt
es«, für die Psychologie wie für das Alltagsbewußtsein,
»den Menschen« tendenziell erst vom Moment der zweiten Geburt an, wenn die Auflösung der nachgeburtlichen
Symbiose mit der Mutter von einer effektiven Individuierung zu sprechen erlaubt.

Für mystische Welt- und Selbsterfahrung hingegen ist
es typisch, Zustände zu bezeugen, in denen von Geburt,
Abnabelung, Eigenheit und Individuierung schlechterdings nichts gewußt wird. Insofern scheint Mystik überhaupt nur als Symbiotik möglich zu sein – allerdings
nicht eine solche, die *in actu* auf ein In-der-Mutter-Sein
abzielt, sondern auf ein In-Sein in etwas Offenem überhaupt[1]. Zwischen den Standpunkten der Ich-Vereinze-
lung und der Symbiotik geht die spezifisch philosophische Untersuchung hin und her. Sie bleibt gegen beide
Pole so lange selbständig, wie es ihr gelingt, beim Hin-
und Hergehen den Unterschied zwischen Abnabelung
und Nicht-Abnabelung ins Thema zu heben. Die Selbständigkeit der Philosophie ist somit Folge einer doppelten Mitwisserschaft: sie verschließt nicht die Augen vor
dem wirklichen Vorkommen von Mystik; aber sie kann
auch nicht umhin, von den vollendeten Tatsachen der
Trennung, der Ich-Werdung und der Individuierung
Kenntnis zu nehmen. Sogar eine mysteriophile Philosophie muß den Standpunkt der Abnabelung fürs erste
vorbehaltlos bestätigen. Denn auch ein Philosoph, sollte
er gelegentlich auf seiner Vorderseite an sich hinunter-
schauen, wird am eigenen Leib die Trennungsnarbe fest-
stellen, die an das »Ereignis« erinnert – sofern ihn nicht
eine berufsbedingte Weitsichtigkeit davon abhält. Also

---

1 Ansätze, wenn auch unzulängliche, zu einer Analytik des In-Seins überhaupt,
skizziert Martin Heidegger in den Paragraphen 12 und 13 von *Sein und Zeit*.

ist es für ihn wie für den Rest der Sterblichen zu spät, den
»Standpunkt« der Nicht-Abnabelung ins Spiel zu bringen. Die Geschichte der Trennung erweist sich als eine,
die immer schon im Gang ist. Der bloße Versuch, Nicht-
Abnabelung zu denken, führt von vorneherein in die
Absurdität – denn er setzte voraus, was nicht vorauszu-
setzen ist: nämlich daß nichts geschehen wäre, was Individuation bewirkt. Zugleich müssen gerade Philosophen
sich dazu bekennen, daß der größte oder vielleicht auch
wichtigste Teil ihres Metiers bis vor kurzem darin bestanden hat, die Allheit oder Ganzheit zu denken, in der
auch jedes Ich oder Sonderwesen als ein Ungetrenntes
und Enthaltenes sich wissen können soll. Wo die klassische Philosophie am meisten sie selbst war, das heißt in
ihren Theorien der Gesamtwirklichkeit oder des Absoluten, dort kam sie nicht umhin, den Standpunkt des
Enthaltenseins und somit den einer gewissen Nicht-Abnabelung einzunehmen. Indem sie Theorie des Ganzen
zu sein versucht, denkt sie auch schon recht oder
schlecht das absolute Gefäß oder das Universum, das
weltsehende Iche sowohl produziert als auch umgreift.
Wo sich das Denken nicht klein macht, wird es vom
Schatten des All-Einheitsgedankens verfolgt und zuweilen eingeholt. Obwohl das physische und psychische
Leben der Menschen zur Voraussetzung hat, daß es den
Schoß hinter sich verliert, ist die Existenz zugleich darauf gerichtet, auch im Wachzustand ein In-Sein, somit
ein Schoßverhältnis zu einem Umgreifenden zu finden
und zu behalten.[1] Die Bewegung des Zur-Welt-Kom-

---

[1] Was hier als Schoßverhältnis charakterisiert wird, hat die Philosophie in ihrer
klassischen Zeit als ein Hausverhältnis interpretiert; der menschliche Geist kann
der Welt ohne Grauen einwohnen, weil er seit den Griechen die »Welt sich zur
Heimat gemacht« hat; von Parmenides bis Hegel wissen sich die Einwohner des
europäischen Seins-Hauses in einem »gemeinschaftlichen Geist der Heimatlich-

mens überhaupt ist ihrem Wesen nach die Metaphorisie-
rung oder Umsetzung des Selbst vom Mutterschoß zum
Weltschoß – wobei letzterer die Unheimlichkeit besitzt,
ein »Gefäß« zu sein, das seiner Unermeßlichkeit wegen
die Individuen nicht so sehr hält als fallen läßt. Vom
Weltschoß läßt sich darum, trotz aller holistischen Tröstungen, niemals sagen, daß er ganz »zu«, ganz rund und
dunkel und bergend sei. Der absolute Behälter – man
sollte besser sagen: das Umgreifende, das die Sphäre allen In-Seins bildet – ist eben kein Mutterschoß mehr.[1]
Weil Menschen im buchstäblichen Wortsinn Existierende
sind, das heißt Hinausstehende und Hinausgehaltene,
bedeutet Zur-Welt-Kommen für sie: dasein in einem
Übergang, einer Aussetzung, einer Passion. Über die
Schärfe der Passion entscheidet das Ausmaß der Schoß-
differenz, die milder oder strenger ausfallen kann. Hiervon hätten eine Klimatologie und eine Umgebungs- und
Stimmungslehre in ontologischer Absicht zu handeln.[2]

keit« verbunden. Vgl. Hegel, *Vorlesungen über die Geschichte der Philosophie*,
Theorie Werkausgabe, Band 18, Frankfurt a. M., S. 174. Nach der Katastrophe
der ontologischen Häuslichkeit erst kann die Ambivalenz des In-Seins als Ge-
borgenheit *und* Gefangenschaft in schlechter Unendlichkeit ermessen werden;
nun kann Nietzsche von dem Dasein im entzauberten Kosmos sagen: »Die
Welt – ein Tor/Zu tausend Wüsten stumm und kalt...« Daß die Aufklärung
zugleich dem Versuch verpflichtet bleibt, das politische Chaos zu beenden und
eine kosmopolitische Heimatlichkeit für alle Mitglieder der Gattung aufzurich-
ten, verrät sich nicht zuletzt in Kants Idee der Naturabsicht: »ein allgemeiner
weltbürgerlicher Zustand, als der Schoß, worin alle ursprünglichen Anlagen
der Menschengattung entwickelt werden« (vgl. I. Kant, *Ideen zu einer allgemeinen Geschichte in weltbürgerlicher Absicht*, Achter Satz, Ende). Demnach
ist der Weltkrieg Indiz eines Zustands, in dem die politische Welt die Mission der
Natur, Schoßübergänge zu ermöglichen, nicht zureichend erfüllt.
1 Es sei angemerkt, daß die Bipolarität mikrokosmischer Mutterschoß – makro-
kosmischer Weltschoß hier überzeichnet ist, weil wir zur Vereinfachung absehen von den »mesokosmischen« Größen mit Schoßcharakter, nämlich
Gruppe, Gesellschaft, Kultur.
2 Vgl. hierzu Watsuji Tetsuro, *Fudo – Wind und Erde. Der Zusammenhang zwischen Klima und Kultur*, übersetzt und eingeleitet von Dora Fischer-Barnikol
und Okochi Ryogi, Darmstadt 1992.

Ein Anthropologe darf sich von besinnlichen Vorstellungen dieser Art vielleicht eine Weile berühren, aber nicht definitiv davontragen lassen. Es liegt in der Logik seines Metiers, daß er früher oder später die Frage stellt, wie denn menschliche Lebewesen organisiert sein müssen, damit sie noch als erwachsene Subjekte in mystische Schoßverhältnisse mit einem Ganzen geraten können. Wie oben angedeutet, ist Subjektwerdung ein Prozeß zunehmender Bestimmung eines Individuums von jeweils erreichten Bestimmungszuständen aus. Ein Individuum wäre demnach ein lebendes Tagebuch oder ein »Wunderblock«, in den seine eigene Erfahrungsgeschichte wie eine neuronale Chronik eingetragen wird. Je mehr schon dasteht, desto eher wird Neuerfahrung nur noch als Überschriftung von Voreintragungen möglich sein. Individuen sind also lebende Gedächtnisfolien ihrer selbst. Jedes von ihnen ist zugleich Archiv und Archivar seiner Individuationsgeschichte. Daher besitzt auch ein jedes zumindest hypothetisch die Chance, sich vom Erwerb neuer Informationen abzuwenden und sich in innere Archivarbeiten zu versenken; umgangssprachlich sind solche Arbeiten unter dem gedankenarm gewordenen Ausdruck »Selbsterfahrung« bekannt. Wer ins eigene »Archiv« geht, macht sich die Merkwürdigkeiten des menschlichen Gedächtnisses zunutze, daß in diesem nicht nur »Inhalte« oder Informationen aufbewahrt sind, sondern auch Erinnerungen an die informierenden Szenen oder Situationen, in denen die »Inhalte« eingeprägt wurden.

Aber inwiefern wären mystische Zustände eine Angelegenheit dieses inneren Archivs? Bezeugen nicht zahlreiche Mystiker eine Verfassung, die durch ihre Leere und Freiheit von allen Vorstellungen unvergleichlich ist –

anders jedenfalls als alles, woran man sich »erinnert«?
Eben hier liegt der Schlüssel zum mystischen Effekt. Unter gewissen Voraussetzungen erinnert sich das menschliche Gedächtnis auch an seinen eigenen Zustand vor der
Einschreibung sprachgebundener Informationen. Um es
also nicht weniger paradox auszudrücken, als es der Natur der Sache nach ist: zu den Merkwürdigkeiten des
Gedächtnisses gehört die Fähigkeit, sich an seinen Zustand zu erinnern, in dem es sich noch an nichts zu
erinnern hatte; tritt dieser paradoxe Fall tatsächlich ein,
so muß die Erinnerung an den Zustand den Zustand
selbst heraufrufen[1]; beim Abstieg in die ältesten Geheim-
fächer des inneren Archivs verwandelt sich der Archivar
selbst in das Dokument; sein Selbst assimiliert sich an die
leeren Seiten, die am Anfang der persönlichen Doku-
mentation stehen. Insofern ist die mystische Erinnerung
an »nichts« eine natürliche, wenn auch meist unzugäng-
liche Mitgift des menschlichen Gehirns. Die Leere ist
angeboren, die Vorstellungen werden erworben. Darum
ist es für klare Mystiken kennzeichnend, daß sie die sogenannte Erleuchtung als selbstverständliche Ausgangslage jedes bewußten Lebens anerkennen. Wie jemand
nicht erleuchtet sein könnte, wird ein genuiner Mystiker
nie verstehen.[2] Wenn die paradoxe Erinnerung an nichts

---

1 Vgl. Peter Sloterdijk, *Der mystische Imperativ. Bemerkungen zum Formwan-
   del der Religionen in der Neuzeit*, Vorwort zu: *Mystische Zeugnisse aller Zeiten
   und Völker*, gesammelt von Martin Buber, München 1993.

2 Dies wird m. W. nirgendwo deutlicher als in den Lehren des Zen-Meisters
   Bankei Eitaku (1622-1693). »Nicht einer von euch, die ihr euch hier versam-
   melt habt, ist unerleuchtet. Eben jetzt sitzt ihr alle als Buddhas vor mir. Jeder
   von euch empfing den Buddha-Geist – und nichts sonst – von seiner Mutter, als
   er geboren wurde. Dieser ererbte Buddha-Geist ist ohne jeden Zweifel unge-
   boren und birgt eine wunderbar klare, erleuchtende Weisheit. Im Buddhageist
   sind alle Dinge vollkommen gelöst. Ich kann euch Beweise dafür geben. Wenn
   ihr, mir zugewandt, meinen Worten lauscht, und hinter euch krächzt eine

in einem Gehirn Platz greift, dann geht dieses zuständlich *vor* den Informationsspeicher zurück, in dem die Welt in sprach- und bildgebundenen Vorstellungen mitsamt den typischen informierenden Szenen aufbewahrt wird. Der »Inhalt« der Erinnerung ist in diesem Fall ein Zustand, der sich als wacher vorstellungsfreier Aufenthalt in einem klaren Medium oder einem Nichts beschreiben ließe, mit dem Zusatz, daß dieses Nichts, aus der »Position« des In-Seins erfahren, ebensogut als Fülle aufgefaßt werden kann. Aber weil der Zustand selbst ein vorsprachlicher ist, kann ihn die Frage, ob Leere oder Fülle seine wahre Natur besser charakterisiert, nicht berühren. Wo die Union sich *in actu* vollzieht, dort sind Darstellungs- und Deutungsprobleme fern. Solche treten erst auf den Plan, wenn es gilt, den sprachfreien Zustand an sprachliche Prozesse anzuknüpfen. Man könnte diesen Übergang als *das* Kommunikationsproblem der Mystiker bezeichnen. Sie alle kennen die unüberwindliche Verlegenheit, mit Zeichen, die dazu dienen, Unterschiede zu machen, einen Zustand zu evozieren, der vom Unterschied unberührt ist. Das Prinzip der phänomenologischen Bewußtseinsforschung, daß jedes Bewußtsein ein Bewußtsein von etwas sei, greift angesichts der mystischen Entpolarisierung von Subjekt und Objekt ins Leere – es sei denn, wir lassen auch die zuständliche Erinnerung an Nichts als Etwas gelten.

Was ist für einen Anthropologen dadurch gewonnen, daß er sich Erwägungen dieser Art aussetzt? Nachdem wir vom Philosophen – dem Anthropologen ohne Her-

---

Krähe oder tschilpt ein Sperling oder ließe irgendein anderer Laut sich vernehmen, so wüßtet ihr, ohne eigens zu lauschen, daß es sich um eine Krähe, einen Sperling oder was auch immer handelte, denn dieses Hören geschieht vermöge des Ungeborenen.« Nach Meister Bankei, *Die Zen-Lehre vom Ungeborenen*, hg. v. Norman Waddell, Bern / München / Wien 1988, S. 38.

ablassung – gefordert hatten, sich als Mitwisser des emporgehobenen wie des heruntergedrückten Lebens zu bewähren, werden wir jetzt nicht umhin kommen, bei ihm ein gewisses Maß an Mitwisserschaft von Manifestationen auf dem mystischen Flügel der menschlichen Tatsache zu postulieren. Wer angibt, sich für den Menschen als natürliches und geschichtliches Wesen zu interessieren, dürfte nicht darüber hinweggehen, daß seit mindestens dreitausend Jahren Hinweise auf Bewußtseinszustände der angedeuteten Art überliefert sind. In Asien sind Winke von der mystischen Seite her kulturbestimmend geworden; in Europa blieben sie eine Angelegenheit respektabler Minderheiten. Namentlich hat der Neuplatonismus mehrmals seinen Versuch wiederholt, die mystische Idee als innere Angelegenheit der Vernunft selbst zu reklamieren; einige der größten Denker des Westens haben sich dafür stark gemacht, den Gedanken der All-Einheit als eine legitime Zumutung an denkende Subjekte zu richten.

Wenn also das Gedächtnis das Organ der Geschichte ist, so müssen wir zugeben, daß auch die Erinnerung an das Nichts-zu-erinnern-Haben zu einem wohlverstandenen historischen Bewußtsein vom Menschen rechnet. Das Streben nach Entbindung vom Schrecken der Geschichte gehört sogar zu den am besten bezeugten Motiven des geschichtlichen Lebens der Gattung. In diesem Sinn ließe sich Mystik nicht nur als Gegensatz zum prophetischen Bewußtsein, sondern auch als dessen am schärfsten zugespitzte Form interpretieren: sie verkündet die Möglichkeit einer Heilung von der Geschichte und eines Übergangs ins Glück nicht-mehr-geschichtlichen Daseins; sie sagt Menschen voraus, die den Terror der Zeit überwunden hätten und ganz aus den Kausalmechanismen des geschichtemachenden Unheils ausgetreten wären. Tatsächlich ist die Geschichte des Menschen von einem kritischen Moment an auch eine Geschichte des Schlußmachens mit vorgefundenen Lebensformen. Seit Jahrtausenden ist der Gedanke virulent, daß Individuen, die in üble Verhältnisse hineingeboren wurden, durch mystische Umgeburt ins Freie gesetzt werden könnten. Die überlieferten Alternativen zum trivialen Leben in den Arbeits- und Unglückswelten ergeben ihrerseits eine lange Liste. Diese umfaßt die Wüste und das Kloster, die Trance und die Versenkung, die Droge und die Askese, die Eremitage und die pneumatische Gemeinde, die taoistische Alchemie und die hesychastische Verzückung, die Mortifikation des Fleisches und die Entfesselung der Sinne, den Garten Epikurs und die Gärten des Zen. Nirgendwo wird die paradoxe Geschichtlichkeit des Menschenwesens deutlicher erkennbar als an dem ehrwürdigen Alter dieser Tendenzen und Disziplinen. Die zahllosen Formen der Flucht aus der Zeit bilden inzwischen selbst ein Massiv von Tatsachen, das sich quer durch die historische Menschenwelt zieht. So ist Geschichtlichkeit von Grund auf zweideutig; es gibt sie nur als Kompositum aus der Geschichte des Geschichtemachens und der Geschichte des Aufhörens damit.

Es charakterisiert die Mystiken, daß sie die Grundtendenz der psychischen Entwicklung vom Flüssigen ins Feste umkehren. Sofern mystische Lehren überhaupt sich dafür eignen, Schule zu machen, lassen sie sich am ehesten als Tauchschulen interpretieren; auf ihnen lernen verfaßte Subjekte, vom Festen ins Flüssige überzugehen. Während Helden auf ihrem Individuationsweg nichts anderes im Sinn haben, als festen Boden für eigene Wege unter die Füße zu bekommen, sind Mystiker darauf

aus, Individuen von ihren festen Vorstellungen über ihre
sogenannten eigenen Wege abzubringen. Sind Helden-
Iche ganz darauf angelegt, sich durch Taten und Kämpfe
einen Namen zu machen, so orientiert sich der Mystiker
an der Aufgabe, den Zustand letzter Kampf- und Taten-
losigkeit zu finden, jenen, der das Eintauchen in eine
göttliche Anonymität gewährt. Darum verkörpern Helden und Mystiker komplementär aufeinander bezogene
Bewegungscharaktere; jeder von ihnen vertritt einen
Flügel menschlicher Tiefenbeweglichkeit, sofern Menschen nicht anders können, als Auftauchende oder Ein-
tauchende, zur Welt Kommende oder aus der Welt
Gehende zu sein.

Wenn sich ein Individuum tauchend verhält, so gibt es
seinen Abstand zur Welt als gut organisierter Gegen-
ständlichkeit auf und wagt sich in den Umschluß durch
ein »flüssiges« Medium hinein. Demnach kann Tauchen
als Sammelname für alle Übungen des Übergangs von
der konfrontierenden zur medialen Seinsweise stehen –
wobei konfrontierend ein Verhalten heißen soll, das das
Gegenübersein betont, während medial für das Verhalten steht, in dem das In-Sein führend wirkt. Erzeugt das
Gegenübersein einen »Horizont«, so bewirkt das In-
Sein die Lösung des Subjekts in einer Sphäre. Von dem
griechisch-orthodoxen Dichter-Mönch Symeon, dem
Neuen Theologen (949-1022) ist ein Gleichnis überliefert, das diese Zusammenhänge vollendet illustriert:

»Steigt ein Mensch bis zu seinen Knien oder seiner
Hüfte ins Meer, so kann er das Wasser rings um sich
herum sehen. Taucht er jedoch ins Wasser ein, so wird
er nicht länger irgend etwas außerhalb erkennen; alles,
was er weiß, ist, daß sich sein ganzer Leib im Wasser

befindet. Das ist es, was denen widerfährt, die in die Schau Gottes eintauchen.«[1]

Aus verständlichen Gründen empfinden viele Menschen bei der bloßen Vorstellung eines solchen Zustands heftige Aversionen, wenn sie nicht geradezu in Panik geraten. Für sie ist die Vorstellung »Tauchen« vor allem Nachdenken mit der Drohung assoziiert, zu ertrinken oder zu ersticken. Andere wiederum empfinden, wie von diesen Vorstellungen ein wollüstiger Sog ausgeht, dem sie sich allzu gerne überantworten. Von einem Tauchlehrer wäre angesichts dessen zu sagen, daß er sein Metier nicht eher beherrscht, als bis er sich darauf versteht, die Versenkung an den panischen wie an den soghaften Tendenzen vorbeizusteuern. Es kommt beim psychischen Tauchen darauf an, daß eine innere Wasserlöslichkeit entsteht, durch die jede Spur von konfrontativer Subjektivierung verschwindet. Löslichkeit meint reines, von Sucht und Flucht gleich weit entferntes Sichumgebenlassenkönnen.[2]

---

1 Zitiert nach: *The Enlightened Mind. An Anthology of Sacred Prose*, edited by Stephen Mitchell, New York 1991, S. 82, Übersetzung vom Vf.

2 Ich möchte anmerken, daß man von diesen Überlegungen her die Schwankungen von Heideggers Denken zwischen Heroik und Mystik einigermaßen übersichtlich machen kann. Erst in seinem Spätwerk wurde Heidegger zu einem Tauchmeister, auf dessen Anleitungen halbwegs Verlaß war; in seiner frühen und mittleren Zeit unterliefen ihm Fehler, die für das Verhalten im Sog typisch sind. Wenn er – im Ton dezisionistischer Aufpeitschung – die Zurückstellung des Subjekts ins Sein beschwor, so gehorchte er soghaften Mechanismen, die er selbst ebensowenig durchdrang wie seine mitgerissenen Schüler. Er mißverstand den Tauchakt als Entschlossenheit zur Übernahme von Seinsgeschick – ohne zu begreifen, daß dies auf eine Ontologisierung des Masochismus hinauslief. Was sich als Freiheit zum Sich-brauchen-Lassen durch einen politisch getönten Seinsauftrag ausgab, war in Wirklichkeit ein zwanghaftes Sichbewerben um den Genuß von Größe durch Verschmelzung mit der historischen Gewalt. Der frühe Heidegger war hierin ein politischer Empedokles, der sich in den Krater des Faschismus stürzte, um sich als Elementardenker zu erweisen. Sein Stillschweigen nach 1945 läßt sich zuletzt nur als Geste der empedokleischen Scham verstehen; wenn der Krater den Weisen nicht verschlingt,

Daß das Spiel mit der Selbstübergabe an das völlig Umschließende neben mystischen Wirkungen auch erotische Implikationen hat, kann nicht überraschen. In dem Brief von Madame Emilie Teste an einen Freund hat Paul Valéry eine Studie zur Metaphysik des abgeklärten ehelichen Masochismus geboten. Der Ausdruck »abgeklärt« will hier sagen, daß es sich nicht um sexuelle, sondern um psychische Penetrationsverhältnisse handelt. Madame Teste äußert sich in ihrem Brief nur zur Hälfte mystisch, darum psychologisch informativ, über ihr seltsames Verhältnis zu ihrem monströs intellektuellen Gatten:

> »Sein Geist schließt den meinen in sich, wie der Menschengeist den des Kindes oder des Hundes... Niemals fühle ich meine Seele grenzenlos... sondern umschlossen und umzäunt. Mein Gott, das ist schwer zu erklären... Ich will nicht sagen *gefangen*,... ich bin frei, aber ich bin eingeordnet... gut, ich bin durchsichtig für jemanden, ich werde gesehen und vorausgesehen, wie ich bin, ohne Geheimnis, ohne Schatten, ohne Möglichkeit der Zuflucht zu einem Unbekannten in mir – zu meinem eigenen Unwissen über mich selbst... Ich kann sagen, daß mein Leben mir zu jeder Stunde ein fühlbares Vorbild für das Menschendasein in Gottes Gedanken darbietet. Ich habe die persönliche Erfahrung, in der Sphäre eines Wesens zu sein, so wie alle Seelen im Wesen sind.«[1]

sondern ihn ausspeit und ihn zur Schande des Überlebens verurteilt, dann trägt das Subjekt zwar seine entscheidende Lektion davon, aber die Demütigung reicht zu tief, als daß vor der Öffentlichkeit über die Lektion des Kraters gesprochen werden könnte. Nur am Rand des Kraters erhellt der Sinn des Satzes: Groß denken heißt groß irren.

1 Paul Valéry, *Herr Teste*, übertragen von Max Rychner, Wiesbaden 1947, S. 51-53.

Valéry verdeutlicht, daß Geschlagenwerden und ständiges Durchschautwerden auf denselben Tatbestand
hinauslaufen; beide Male antwortet das Subjekt unter-
werfungslustig auf einen sadistischen Durchdringungs-
wunsch. In dieser Sicht wird der Masochismus als der
mißratene Zwilling des mystischen Tauchens erkennbar –
mißraten insofern, als er in seine Einwilligung zum völligen Umschlossensein durch weltliche Bedingungen ver-
zerrende Züge von Gewalt und Sucht hineinträgt; der
Masochismus ist die fiebrige Mitarbeit an der Überwältigung des Selbst durch den Anderen. Im Bild gesprochen
wären Masochisten Taucher, die sich vom Wasser schlagen lassen, damit sie sich in ihm lösen. Ein in Freiheit
eingetauchtes Bewußtsein wüßte gar nicht, was es heißt,
etwas gegen sich selbst zu unternehmen. Das Sprichwort
sagt, wer schläft, sündigt nicht; man könnte mit größe-
rem Recht sagen, wer taucht, schielt nicht nach Erlebnis-
sen. Bei einem reinen Sichumgebenseinlassen-Können
wäre schließlich auch die Frage nach dem realen Medium
gegenstandslos geworden. Es mag in gewissen initiatischen Übungskontexten mit wirklichem Wasser beginn-
nen; die weite Verbreitung von Tauf- und Tauchprakti-
ken in den verschiedensten Kulturen läßt sogar eine
Universalität des Motivs »Geburt der Seele aus dem Wasser« vermuten; es mögen auch anderswo handfeste Ein-
schließungen in Erdgräber, dunkle Kammern, Höhlen
und Hitzezellen fürs erste eine Rolle bei der Auslösung
der mystischen Schoßerinnerung spielen. Aber von der
erstickenden Stofflichkeit der Medien muß sofort abge-
gangen werden, sobald sich zeigt, daß das tauchende
Subjekt imstande ist, Anwesendes überhaupt als Umflie-
ßendes zu erfahren.

Sofern es darauf ankommt, das mystische Tauchen von

seinen masochistischen und selbstmörderischen Dop-
pelgängern zu unterscheiden, zeichnet sich die Notwendigkeit ab, eine Psychopathologie der Spiritualität
zu formulieren.[1] In dieser würde zugleich eine Lehre
von den Perversionen der philosophischen Vernunft und
des Verstandesgebrauches überhaupt entwickelt. Es mag
an Ort und Stelle genügen, zu betonen, daß in nicht-
psychopathischen Varianten mystischer Innigkeitserfah-
rung das Tauchmotiv stets ausbalanciert wird durch eine
respiratorische oder pneumatische Komponente. Nicht
vorauseilende Selbstauslöschung macht das Wesen mystischer Versenkung aus, sondern vertiefte Beseelung.[2]
Mehr Atem – weniger Meinungen. Wir können uns
schwerlich vornehmen, wieder Fische oder Föten zu
werden – und die taoistischen Praktiken des sogenannten Embryonalatems bleiben den Europäern bis auf weiteres verschlossen. Was aber unmittelbar einleuchten
wird, ist die Maßregel, das Tauchmotiv immer mit dem
Atemmotiv zu verbinden. Das Atmen sorgt für das Auftauchen inmitten des Eintauchens; es garantiert Entfaszination inmitten des Faszinierenden. Der freie Atem
ist dafür zuständig, daß das mystische Ganz-in-einem-
Element-Sein den Sinn von Ganz-im-Freien-Sein bewahrt. Wo er fehlt, nimmt der religiöide Masochismus
mit seinem Hunger nach Unterwerfung unter eine
Schoßmacht überhand. Das tauchende Sichumgebenlas-
sen führt zur Erfahrung der Freiheit, wenn das Um-

---

1 Andeutungen zu einer solchen finden sich in diesem Band in dem Kapitel »Wie
   wurde der ›Todestrieb‹ entdeckt?«; vgl. unten S. 161 ff.
2 Daß es immer schwierig bleiben wird, beides klar voneinander zu unterscheiden, gehört zu den Ambivalenzen des spirituellen Feldes. Als ein Beispiel unter
   unzähligen vgl. die hübsche Anekdote »Stirb, bevor du stirbst«, in: Reshad
   Field, *Das atmende Leben. Wege zum Bewußtsein*, München 1989, S. 135-
   136.

schließende sich als ein Ring von Offenheit um das Leben legt. Der freie Atem ist der Garant dafür, daß wir von Nicht-Enge umgeben sind. Eine pneumatische Anthropologie erkennt im Menschen das Tier, das dazu bestimmt ist, in der Luft und in dem, was in ihr liegt, zu tauchen.

Daß das Tauch-, Atem- und Denkverhalten von Individuen sich in engster wechselseitiger Bedingtheit entwickelt, dies ist zwar eine alte Ahnung der philosophischen Seelenlehren, wurde aber kaum je zum Gegenstand systematischer Untersuchungen gemacht.[1] Die Charakterbildung beim Menschen fängt, nach allem, was wir heute wissen können, nicht erst in der Phase nachgeburtlicher Weltbezüge an, sondern schon im fötalen Raum und mit den Dramen der ersten Atemzüge. Wenig Beachtung hat die Tatsache gefunden, daß Spuren aus diesen beiden uralten Erfahrungsräumen sich in die intellektuelle oder logische Physiognomie von Subjekten einprägen. Zeige mir, wie du tauchst und atmest, und ich sage dir, wie du denkst. Atmen und Tauchen sind in gewisser Weise körperliche Vorspiele der Urteilskraft, weil das Tauchen auf protologischer Ebene mit der Bejahung und der Vereinigung, das Atmen mit der Verneinung und der Trennung verschränkt sind. Wo durch früheste Störungen eine Tauchhemmung erworben wurde, dort liegt eine bis in die somatische Ebene reichende Einschränkung der Bejahungsfunktion vor; dieser folgt die Schwierigkeit, ja zu sagen, auf dem Fuß; herrscht eine Atemeinschränkung vor, ist die Verneinung beschädigt –

---

1 Unter jüngeren Arbeiten in dieser Richtung wären zu nennen: Jean-Louis Tristani, *Le stade du respir*, Paris 1978; Luce Irigaray, *L'oubli de l'air chez Heidegger*, Paris 1983; François-Bernard Michel, *Le souffle coupé – Respirer et écrire*, Paris 1984.

manifestiert als Schwierigkeit, nein zu sagen.[1] Diese beiden Defekte auf der primären oder protologischen
Ebene ziehen fast unvermeidlich Verzerrungen und
Kompensationen auf der sekundären oder logischen und
diskursiven Ebene nach sich. Die Weltbilder, die solchen
Grundstörungen entsprechen, bringen typische Dispro-
portionen an den Tag. Wer seine Tauchdefizienzen kom-
pensieren muß, produziert tendenziell eher Denkfor-
men von nachgeahmter ursprungsmythischer Qualität
und mit einem forcierten holistischen Pathos; soll hingegen eine Negationsschwäche kompensiert werden, präsentiert sich das Subjekt oft in der Haltung kognitiver
Stärke hinter einem Schild von Einschüchterungskriti-
zismus. Das bejahungsgeschwächte Leben will um jeden
Preis das Gefühl von Bodenlosigkeit und mangelnder
Teilhabe zurückdrängen, das ihm in frühen Prägungen
eingeschrieben wurde – und wenn es dafür den Preis des
logischen Masochismus zahlen müßte; man erkennt es an
seinem Drang zur überwertigen Unterwerfung unter
Vorstellungen von einer hoheitlichen allesumschließen-
den Seinsmacht. Wo hingegen aufgrund primärer Negationsschwäche Kritikmächtigkeit simuliert wird, dort
geht es darum, das Gefühl zurückzudrängen, von zu-
dringlichen und schreckensvollen Wirklichkeiten überwältigt zu werden; der Preis hierfür ist logischer Sadis-
mus, sprich exzessive Unterwerfung des Seins unter die
Analyse und die Verneinung.

Wer könnte leugnen, daß diese gewaltigen Spannungen sich seit Jahrtausenden in den Dramen des hochkulturellen Vernunftgebrauchs ungesteuert entladen?
Durch jedes Einzelleben laufen die Fronten der Titanen-

---

1 Erhellend hierzu: Klaus Heinrich, *Versuch über die Schwierigkeit nein zu sagen*, Frankfurt a. M. 1964.

schlacht zwischen Ja und Nein, Teilhabe und Absonderung, Verbindung und Trennung hindurch. Was Heidegger in seinen gnostisch tönenden Überlegungen die Irre genannt hat – unsere unvermeidliche Bewegtheit in der wegweiserarmen Landschaft des Existierens –, geht nicht zuletzt auf die unsichere Verkörperung der Bejahung und der Verneinung auf dem Weg des Zur-Welt-Kommens zurück. Ist nicht der Mensch das Tier, das mit der Wahrheit nicht leben kann, aber auch nicht ohne sie? Ambivalenz begleitet schon seine einfachsten und frühesten Gesten. Vielleicht wäre das, was Menschen Not täte, um von ihrer so verheißungsvollen wie furchterregenden Intelligenz den besten Gebrauch zu machen, in Zukunft keine Philosophie mehr – zumindest nicht im Sinne der traditionellen *philosophia prima*, wohl aber philosophische Orientierung in Primärprozessen. Wer zu einer solchen Möglichkeit Vertrauen fassen könnte, dürfte das Wort »irre unbeirrt« zur Devise wählen.

II

Wohin gehen die Mönche?
Über Weltflucht in anthropologischer Sicht

> Die Endsumme des Ortswechsels setzt sich aus einer Un-
> zahl von Wiederholungen zusammen; jeder neue Augen-
> blick scheint den anderen zu überzeugen, daß man nie-
> mals ankommen werde... Vielleicht sind Ewigkeit und
> Hölle naive Ausdrücke für irgendeine unvermeidliche
> Reise?
>
> Paul Valéry, *Monsieur Teste*

1. Metoikesis – Umsiedlung der Seele

Daß manchmal nichts ironischer ist als ziviler Gehor-
sam – dies gehört zu den Lektionen, die sich aus dem
platonischen Bericht über die Hinrichtung des Sokrates
ziehen lassen. Soeben hat der Weise Kritons Bitte[1], das
Gifttrinken noch ein wenig aufzuschieben, von sich ge-
wiesen; eine letzte üppige Mahlzeit, ein Henkerskoitus –
das wären Dinge, um derentwillen es sich für den zum
Abschied Entschlossenen nicht lohnte, den Lauf des an-
genommenen Schicksals zu verlangsamen. Gewiß, für
die Sinnlichen geht von dergleichen ein Reiz aus, der bis
zum letzten Augenblick in Kraft bleiben kann; bei dem
Philosophen jedoch, dem Sublimierer, dem Sterbemei-
ster haben die körperlichen Dinge längst aufgehört, zum
ewigen Noch-Einmal einzuladen. Wozu also sparen
wollen, wo nichts mehr ist – Sokrates' letzte Lehre fällt

---

1 Zur Interpretation dieser Bitte siehe in diesem Band das Kapitel »Wie wurde
der ›Todestrieb‹ entdeckt?«, 5. Abschnitt, S. 200 ff.

eine Entscheidung gegen die Lächerlichkeit des Aufschubs. Aber da auch zum angemessenen Verhalten bei der eigenen Hinrichtung ein Stück Bescheidwissen gehört, läßt sich der Weise von dem Überbringer des Schierlingsbechers in die Kunst, ein korrekter Moriturus zu sein, einweisen. In dem Bericht, den Plato dem jungen Augenzeugen Phaidon in den Mund legt, heißt es:

»Als Sokrates den Mann sah, sagte er: Nun, mein Bester, du kennst dich ja in diesen Dingen aus, was habe ich zu tun?

Gar nichts, sagte er, als zu trinken, und dann herumzugehen, bis du deine Glieder schwer werden fühlst. Dann dich niederzulegen. Dann wird das Gift seine Wirkung tun. Und damit reichte er dem Sokrates den Becher.

Der nahm ihn und, denk dir nur, mein lieber Echekrates, ganz heiter, ohne zu zittern oder die Farbe zu wechseln oder das Gesicht zu verziehen, sondern wie er es gewohnt war, den Mann fest anblickend, sagte er zu ihm: Was meinst du, ob man von diesem Trank hier auch eine Spende weihen darf? Ist es erlaubt oder nicht?

Wir mischen nur soviel, wie wir glauben, daß dann der Trank richtig ist.

Ich verstehe, sagte er. Aber zu den Göttern ein Gebet sprechen, das ist ja erlaubt.

Und recht, damit die Umsiedlung von hier nach dort glücklich geschehe.

Darum also bete ich jetzt, und so möge es in Erfüllung gehen.

Nach diesen Worten setzte er den Becher an und trank ihn glatt und friedlich aus.« (*Phaidon*, 117a-b)

Ich habe diesen Abschnitt aus der Passionsgeschichte des
europäischen Erzphilosophen nicht nur aus stilistischen
Gründen in der Übersetzung Hans-Georg Gadamers
wiedergegeben. Denn Gadamer hat mehr getan, als das
knarzende Pseudogriechisch der Schleiermacherschen
Standardübersetzung durch eine glaubwürdige und elegante Prosa zu ersetzen. Er hat an der entscheidenden
Stelle genauer auf Wortlaut und Gedanken des Originals
gehört und hat so das Wort *metoikesis* endlich richtig mit
»Umsiedlung« wiedergegeben anstelle der blassen und
falschen Schleiermacherschen »Wanderung von hier nach
dort«. Wir sehen jetzt: in dem Ausdruck *metoikesis* verbirgt sich Sokrates' letztes Theorem. Die Bewegungsmetapher »Umsiedlung« läßt für einen kurzen Augenblick
einen Lehrsatz über das Wesen des Menschen aufscheinen – einen Satz, der, wäre er explizit formuliert worden,
lauten könnte: der Mensch ist ein zum Umzug bestimmtes Tier. Vielleicht mußte ein Philosoph sein eigenes
Sterben zum Gegenstand der Theorie machen, bevor
diese These in den Bereich des Denkbaren und Sagbaren
rücken konnte. Einmal ausgesprochen, könnte nichts
selbstverständlicher scheinen: wir sind tatsächlich von
Grund auf *metoikoi*, Zugezogene, Transitexistenzen –
gueules de métèques, fremde Gesichter. Übergänge von
einem *oikos* zu einem anderen markieren die Bewegungs-
form »Menschenleben« vom Anfang bis zum Ende. Freilich muß man in Rechnung stellen, daß für Sokrates das
umzugsfähige Substrat, das beim Sterben den Wohnort
wechselt, nicht mehr der psychophysische Gesamt-
mensch ist, sondern allein die Seele, die sich nach dem
Körperabzug endlich eine große, man möchte sagen angemessene Wohnung leisten kann. Das Wort *metoikesis*,
die Umbehausung, die Übersiedlung, die Übersetzung

in eine andere Form des Beisichseins, als Todesmetapher und Titel der letzten Metamorphose verstanden, birgt einen Hinweis auf die Tiefenbeweglichkeit der menschlichen Existenz, die mehr impliziert als Ortsveränderungen auf derselben Ebene und im selben Element. Wer mit Sokrates »von hier nach dort« umzieht, ist nicht nur ein Tourist und Pendler, sondern ein Elementwechsler, ein Migrant zwischen verschiedenen Aggregatzuständen oder Dimensionen des Seins. So gesehen bedeutet Gadamers Korrektur an Schleiermachers Übersetzung mehr als eine philologische Präzisierung. Faßt man den berichtigten Ausdruck fester ins Auge, so muß der Eindruck entstehen, daß hier eine schlafende Kategorie zum expliziten Leben erwacht. Die Philosophie hat von diesem Augenblick an einen Grundbegriff mehr.[1]

Die Entdeckung der *metoikesis* – des Großübergangs von einem Lebenselement in ein anderes – reicht weit über den Kontext der sokratischen Sterbeszene hinaus. Denn wenn Plato hier von einer Umsiedlung oder einem Hauswechsel spricht, so hat er nicht nur eine trostreiche Beschönigung für das unverwindbare Erlöschen eines Menschenlebens im Sinn; vielmehr gehört der gewählte Ausdruck in einen Diskurs über die Seele, die als unsterbliche zugleich eine wandernde, eine elemente- oder sphärendurchquerende Kraft darstellt. Weil Umsiedlung ein Terminus der großen Psychologie ist, deutet der Ausdruck mit grundbegrifflichem Ernst auf die Tiefenkinetik der Seele, die gedacht werden muß als eine geisthafte Lebendigkeit von irreduzibler Verwandlungs-Dynamik. In dem Wort *metoikesis* verbirgt sich der Ansatz zu einer

---

1 In einer reichen Orchestrierung erscheint der Ausdruck noch einmal in Sokrates' Rede nach dem Todesurteil an die Freisprechenden unter seinen Richtern; vgl. *Apologie*, 40 c.

Theorie der Gesamtverwandlungen in anthropologischer
Perspektive. Zum Wesen der philosophisch gedeuteten
Seele gehört ein dreiphasiger Prozeß des Eintritts in die
physische Welt, des Durchgangs durch sie und des Aus-
tritts aus derselben. Präexistenz, Existenz und Postexistenz sind die Großstadien des Seins als Seele, zwischen
denen die *metoikesis* beiderseits zu vermitteln hat.[1] Mag
also der erste Kontext des Ausdrucks den Anschein er-
wecken, es handle sich ausschließlich um eine Todesmetapher, so zeigt sich auf den zweiten Blick, daß das Wort
zum einen nicht nur Metapher ist, sondern auch Begriff,
zum anderen, daß es nicht allein den Endübergang betrifft, sondern daß es für die Wendungen menschlicher
Tiefenbeweglichkeit im ganzen zuständig ist. Auch die
Ankunft in der Welt, die Einhausung ins Seiende stellt
einen Fall von *metoikesis* dar, und insofern Menschen als
geburtliche, ankommende und eintreffende Wesen verstanden werden müssen, gilt es, in ihnen die übersetzenden und elementwechselnden Tiere zu erkennen. Sind
Menschen nicht Fische, die sich darauf eingelassen haben, durch Lungen zu atmen und den Kosmos zu interpretieren? Im Licht einer adventischen Anthropologie ist
»Umsiedlung« das Besondere, das Menschen aus der
Reihe der animalischen Formen herausbricht und sie
zum ontologischen Abenteuer, mithin zum Dasein in
der Bewegung des Zur-Welt-Kommens verurteilt. Als
Übersetzungswesen werden Menschen weltwach; als
Übergangswesen bilden sie ihre metaphorischen und
metaphysischen Sprachen aus, in denen Sichten aufs

---

1 Vgl. hierzu vom Verfasser den Abschnitt »Eine kurze Geschichte der eigent-
lichen Zeit«, in: Peter Sloterdijk/Thomas H. Macho, *Weltrevolution der Seele.
Ein Lese- und Arbeitsbuch der Gnosis von der Spätantike bis zur Gegenwart*,
München 1991, Band I, S. 38-46.

Ganze ausdrücklich werden; als elementwechselnde Tiere entwickeln sie ihre charakteristischen Spannungen in ein Anderswo, das ihnen als Such- und Sehnsuchtsgegend unumgänglich vorschwebt; als elementunsichere Subjekte entwickeln sich Menschen zu metaphysischen Problemtieren, die gelegentlich an ihrer Einbettung in die Welt irre werden; als Wesen, die sich im Element irren können, setzen sie Bestrebungen in Gang, Abhilfe zu schaffen gegen die Gewißheit, am falschen Platz und nicht im eigenen Element zu sein; als problematische Naturen unter den Ausgeburten der Evolution sammeln die geschichtemachenden Anstrengungstiere verwirrende Erfahrungen mit dem Gewicht der Welt und müssen sich ihren Weg zwischen den Wahrheiten des Leichtsinns und denen der Schwermut suchen. Wenn es uns gelingt, über diese Suchbewegungen genauere Auskunft zu erlangen, so kämen diese Überlegungen an ihr Ziel; sie gäben eine Vorstellung davon, wie eine anthropologische Herleitung der Möglichkeit von Weltflucht formuliert werden müßte. Daß gewisse Individuen sich zum Weltentwurf ihrer Kulturen schräg zu stellen begannen und imstande waren, Parolen der großen Absage an die kosmische Normalität auszugeben – dies versteht sich leichter, wenn wir die Geschichtlichkeit der letzten drei Jahrtausende als die Emergenz menschheitlicher Umsiedlungspotentiale deuten. Von Indien bis nach Irland erstreckt sich ein asketischer Gürtel über die Erde – Schauplatz einer gewaltigen Sezession von den Standards der kosmischen Normalität. Jenseits von positiver und negativer Anthropologie erscheinen in einer Lehre, die in den Sterblich-Geburtlichen elementwechselnde Wesen sieht, die Umrisse einer Wissenschaft vom mehrwertigen Menschen. Geschichte wäre dann zu verstehen als das Drama, das sich im Riesenkampf um den wahren Ort und das wahre Element menschlichen Lebens entfaltet. Das Riesige schafft sich im Menscheninnern von dem Augenblick an Raum, in dem aus dem seßhaften Daseinstier der Jahrtausende vor dem Staat und der Schrift das metaphysische Entfernungstier hervorgeht. Wie dieser Hervorgang zu denken sei; wie wir uns selbst in diese Naturgeschichte der Un- und Übernatürlichkeit stellen; wie die Verneinung des Gegebenen durch das Gesetzte zur Weltmacht werden konnte – dies gehört zu den Fragen, die unser Selbstbewußtsein zu einem historischen machen müßten, wenn man nur wüßte, was »historisch« bedeutet.

2. Das Prinzip Wüste

Wohin also gehen die Mönche? Es dürfte deutlich geworden sein, daß der in der Titelfrage gegebene Hinweis auf das monastische Phänomen mit diesem historischen Rätsel zusammenhängt; wenn ich im folgenden einige Bemerkungen über die anachoretische Revolution des IV. Jahrhunderts sowie über einige andere Formen des Rückzugs von der Welt notiere, so stets im Blick auf das für Hochkulturen typische Auftauchen einer breitenwirksamen *metoikesis*-Problematik. Meine These lautet, daß die monastischen Ausbrüche aus der spätantiken Gesellschaft eine rationale Organisierung der Probleme darstellen, die sich aus der Verschärfung metaphorischer Spannungen unter monotheistischen Bedingungen ergeben mußten. Anachoretentum und Mönchtum sind Praktiken der Selbstübersetzung in das allumfassende, allesüberbietende »andere Element«, das sich den Seelen

jener Zeiten unter dem resoluten Singular »Gott« aufzuzwingen beginnt. Die beiden großen Sezessionen von
der alten Welt, Einsiedlerwesen und mönchische Gemeinschaftsaskese, werden erst möglich und nötig in
einer Epoche, die sich dazu veranlaßt sah, Kulturen zur
Scheidung der Elemente im Menschenwesen selbst zu
entwickeln – es ist die Epoche des Übergangs heidnischer Gesellschaften zum imperialen Monotheismus.
Die anachoretische Revolution deutet an, um welchen
Preis nur die Christianisierung der Massen gelingen
konnte; die großen Mortifikationsmeister in ihren Höhlen und Gräbern, auf ihren Säulen und Bäumen führten
vor, welche Anstrengungen vonnöten waren, um Seelen,
die aus Stammeskulturen und paganen Staatswesen hervorgingen, monotheistisch umzuformen. Nur in der
Wüste ließ sich die Monarchie Gottes zum neuen psychagogischen Gesetz entfalten, und alles, was in der späteren Geschichte europäischer Vorstellungen von der Einheit der Persönlichkeit mächtig werden sollte, wurde in
den ägyptischen und syrischen Wüsten in jahrhundertelangen Kämpfen um die Konzentration auf das Eine, das
Not tut, mitvorbereitet. Nicht nur dem Namen nach ist
Monastizismus eine Anstrengung der Einzelnen und Alleinlebenden um Entsprechung zur Eins des himmlischen Weltgrunds.

Das Prinzip Wüste erstarkt in dem Augenblick, in dem
das Christentum aufgehört hat, Widerstandsreligion zu
sein; nach dem Ende der Märtyrerzeit erst entfaltet sich
das psychagogische und psychopolitische Potential monotheistischer Menschenformungstechniken in seinem
vollen Ernst. Die Ungleichung zwischen dem Einen Gott
und der einzelnen Seele wird mit Hilfe lebenslänglicher
Askesen unterwandert, bis der Heilige erzeugt ist, der

vor aller Augen als Gleichung und Gleichnis des Unmöglichen taugt. So wird die Wüste zur metaphorischen An-
stalt. Die ersten christlichen Ikonen werden nicht auf
Tafeln gemalt, sondern durch verklärende Selbstabtötung
aus widerwilligem Menschenfleisch herausgearbeitet.
Daher gehören diese Athleten der Ebenbildlichkeit,
diese Einkämpfer, Seelenarbeiter und Ikonenskulpteure
in ihren schlaflosen Klausuren zur Anstrengungsge-
schichte des westlichen Subjekts – auch wenn moderne
Arbeitsmenschen Mühe haben dürften, sich ihre zumindest indirekte Abstammung von diesen ausgezehrten
Antiproduzenten einzugestehen.

Im Sinne einer Anthropo-Poetik, die die Menschwerdung vom Prozeß ursprünglicher Metaphernbildung her
versteht[1], sind die Anachoreten und Mönche, die seit
dem IV. Jahrhundert die Wüsten Ägyptens, Syriens, des
Sinais und Palästinas zu bevölkern beginnen, die Märtyrer eines metaphorischen Prinzips. Dieses spannt die
Subjekte ein für die kühnste Übersetzung: es fordert von
seinen Akteuren, daß sie sich selbst aus den düsteren
welthaften Lebensformen, in denen sie bisher verweil-
ten, hinüberbringen in das *ganz andere*, das lichthafte
Element, das »Gott« genannt wird und das zu menschlichen Ohren, wenn überhaupt je, nur aus brennenden
Büschen spricht. Der Weg in die Wüste war der radikalste
dichterische Akt, zu dem sich Menschen je aufzuschwin-
gen vermochten. Als lebende Gottesmetaphern zogen
sich die frühen Mönche in das menschenfeindliche Element zurück, um am eigenen Leib, oder vielmehr gegen
diesen, zu erfahren, was Im-Feuer-Sein, was Im-Geist-

---

1 Eine Vorskizze zur Anthropo-Poetik habe ich in meinen Frankfurter Poetik-
   vorlesungen umrissen; vgl. P. Sl., *Zur Welt kommen – Zur Sprache kommen.*
   Frankfurter Vorlesungen, Frankfurt a. M. 1988.

Sein, was Schon-Dort-Sein bedeuten. Der syrische Gebetsmeister Isaac von Ninive, ein Nestorianermönch des VII. Jahrhunderts, hat die Praxis des monastischen Durchgangs und Übergangs zum Ganz-Anderen in denkwürdigen Bildern artikuliert:

»Der Seefahrer heftet bei seinen Navigationen die Augen auf die Sterne, nach ihnen richtet er den Lauf seines Schiffes und hofft darauf, daß sie ihm den Weg zum Hafen zeigen. Der Mönch richtet seine Augen aufs Gebet: es allein lenkt seinen Weg zu dem Hafen, der seinem Lauf bestimmt ist. Unaufhörlich richtet der Mönch seine Blicke zum Gebet, damit es ihm die Insel zeige, wo er ungefährdet landen kann, um Proviant an Bord zu nehmen, bevor er wieder in See sticht, auf der Suche nach einer weiteren Insel. Dies ist der Weg des Einsiedlers, solange er von dieser Welt ist. Er verläßt die eine Insel um der anderen willen: die verschiedenen geistigen Erfahrungen, denen er begegnet, sind ebensoviele Inseln, bis er schließlich seine Schritte hinlenkt zu der Stadt, deren Bewohner nicht mehr reisen und worin jeder erfüllt ist von dem, was er hat. Glückselig diejenigen, deren Reise durch den großen Ozean ohne Störung verläuft.«[1]

Nach Isaac beantwortet sich somit die Frage, wohin die Mönche gehen, auf zweifache Weise; zum einen steht den Eremiten ohne Zweifel die Stadt des himmlischen Stillstands, das Jerusalem der Seligen, als unbedingtes Ziel vor Augen; zum anderen müssen sie, um die Stadt der Letzten Dinge zu erreichen, »in dieser Welt« aufs Meer gehen und, von Insel zu Insel springend, den

---

1 Zitiert nach: *Pétite Philocalie de la prière du cœur. Traduite et présentée par Jean Gouillard*, Paris 1979, S. 85. Übersetzung vom Vf.

Ozean durchqueren. Wer je an der weltbildenden Macht
der Rhetorik gezweifelt haben sollte, findet in diesem
Stück Beweisgründe, um seine Meinung entscheidend zu
ändern. In der Rede des Mönchs ist der Ozean zur Wü-
stenmetapher geworden, so wie sich die Wüste zuvor in
das Wartezimmer des Himmels übersetzt hat. Der Ere-
mit in seiner trockenen Höhle als Seefahrer; der Beter in
der Zelle als Navigator zum fernsten Ufer; der eingeschlossene Mönch als Inselspringer zum postmortalen
Amerika – wer könnte verkennen, daß sich das Denken
in diesen zugleich stereotypen und verzweifelten Figuren
des Mönchsjargons an das Rätsel herantastet, das das elementwechselnde Wesen für sich selbst darstellt? In nauti-
schen Metaphern tritt die Passion von Individuen zutage,
die nach einer Sprache für ihre paradoxe Lebensbewe-
gung hinaus in die Wüste suchen. Sie wollen der Drift des
sorgenschaffenden und weltlichmachenden Zur-Welt-
Kommens Einhalt gebieten und sich zu Lebzeiten schon
umsiedeln in die ganz andere Stadt, die von Augustinus
bis Bloch einen unwiderstehlichen Namen trägt: Heimat. Für die metaphorischen Extremisten wird die Wüste zum psychonautischen Raum, in dem sich das Verlangen danach, sich ganz in Gott zu übersetzen, selbst auf
die Probe stellt. Das Gottesurteil der Wüste wird gefällt
in geglückten oder gescheiterten Verklärungen.

   Man verstehe dies nicht falsch; die Wüstenheiligen
sind keine Dichter; sie sind Athleten einer metaphorischen Disziplin, die aus Weltmenschen Gottmenschen
zu machen fordert. Dieser Übergang »von hier nach
dort« setzt voraus, daß die Welt, als das trennende Dritte
zwischen Gott und Mensch, bis zur Annullierung ent-
kräftet wird. Keine »Umsiedlung« ohne Aufhebung der
Triangulierung Mensch-Welt-Gott in die Dyade Gott

und Mensch. Der ontologische Sinn des Anachoretentums liegt also im Angriff auf die Drittheit überhaupt. Welt als Inbegriff von »Interesse« im lateinischen Sinn des Wortes funktioniert ja als Inbegriff dessen, was Widerstand leistet gegen den Gott-Seele-Kurzschluß, mit dem die todesappetithaften Strebungen der Psyche ihr gefährliches Spiel treiben.[1] In-der-Welt-Sein hat immer schon den Sinn einer Zeitigung von Umwegigkeit durch das Element, das »Anhaftung« und Verbindlichkeit erzeugt, indem es »Sorgen« erregt. Sofern Zur-Welt-Kommen kinetisch als großer Bogen zur positiven Besetzung der Äußerlichkeiten gedeutet werden kann, ist seine Grundgeste die eines Umwegs und eines Aufschubs. Auf die Welt zu leben bedeutet also, vor allen mönchischen Weigerungen, Einrücken in die Sorgen und Leidenschaften, die das Selbst an innerweltliche Aufgaben binden; Sichvorwagen in das Begehren, das auf Macht- und Lustzustände ausgeht; Sicheingliedern in die Kette des Lebens, die uns zu Mittelgliedern zwischen Vorfahren und Nachkommen macht. Durch Wünsche und Verbindlichkeiten wird die Psyche vor der tödlichen Voreiligkeit geschützt, die für die Dinge dieser Welt, mit Fichte zu reden, gar kein Herz mehr haben will. Wird dieser Schutz aufgehoben, so geht die Seele gewissermaßen durch; sie will dann um buchstäblich jeden Preis aus der triadischen Bezogenheit auf notwendigerweise unreine und mehrdeutige welthafte Objekte und Zustände in die reine charismatische Zweieinigkeit zurückkommen, in der sich »Gott« und Seele gegenseitig anstrahlen. Der eigene Körper ist der erste, der die Forderung nach

---

1 Über Todesappetit und Weltentfernung vgl. in diesem Band die Abschnitte 2 und 4 des Kapitels »Wie wurde der ›Todestrieb‹ entdeckt?« S. 167f. und 190f.

Glanz, Heiligkeit oder Leere zu spüren bekommt. »Die
Seele ist das, was den Körper ablehnt«, sagte Simone
Weil in unserem Jahrhundert; der Satz könnte von Eva-
grius Ponticus, von Makarius dem Älteren, von Pakomius oder von Symeon dem Styliten stammen.[1]

Mit der anachoretischen Revolution, die das orienta-
lische Vorspiel zur Revolutionsgeschichte des Westens
verbirgt, beginnt der Angriff des dyadischen Extremismus gegen alle Formen des triangulierenden Weltaufbaus. Im Westen flankierte der junge Augustinus diese
weltkritische Bewegung mit seiner folgenschweren Zu-
rückschneidung christlicher Erkenntnisinteressen auf
das inwendig einander zugekehrte Paar Gott und
Seele:

---

1 Es liegt auf der Hand, warum die anachoretischen Kritiker der Welt *keine*
Philosophen sind; denn deren Platz bleibt die Stadt, bei allen Vorbehalten, die
sie gegen die realen städtischen Lebenswirklichkeiten geltend machen mögen;
sogar die Kyniker, die in manchem wie Anachoreten wirken, bleiben ganz
städtische Charaktere. Vollends sind die idealistischen Denker durchwegs der
Stadt verpflichtet – sofern die Stadt das politische Symbol für die versöhnende
oder integrierende Kraft der Gesellschaft und des Denkens bedeutet; das
Grundwort der Philosophie, soweit sie Logik städtischer Synthesis ist, lautet
daher Versöhnung. Der anachoretische Radikalismus hingegen beginnt, wo die
synthetische Kraft des städtischen Lebens und Denkens endet. Weltlosigkeit
meint in sozialer Hinsicht Stadtlosigkeit. Wären die Einsiedler Philosophen, so
müßte das Grundwort ihrer Lehre Unversöhnlichkeit oder Nicht-Einigung
lauten: die Stadt ist Betrug, die Welt ist falscher Schein. Man hat in dieser
Perspektive gute Gründe, sich zu fragen, ob nicht der individualistische Anar-
chismus des 19. und frühen 20. Jahrhunderts einen neuen Aufbruch anachoretischer Motive inmitten der bürgerlichen Gesellschaft bedeutet. Schon in den
Stadtkulturen der frühbürgerlichen Neuzeit hatte sich eine paradoxe Wiederentdeckung des Anachoretentums vollzogen: im Bild. Die Kabinette werden
überschwemmt von Gemälden, Drucken und Stichen, die die Heiligen Hiero-
nymus, Onuphrius oder Antonius beim Studium oder in Askese und Gebet
zeigen – vor dem Hintergrund von Stadtsilhouetten, die Antwerpen, Nürn-
berg oder Florenz meinen könnten. Während die Klöster, zumal in den Län-
dern der Reformation, ihre Attraktion verlieren, träumt etwas in den Bürgern
von der ägyptischen Wüste. Das 15./16. Jahrhundert entdeckt mit der Melan-
cholie die Herrschaft des Saturn, des weltfernen, kühlen, genialen Gestirns. Im
18. Jahrhundert verwandelt sich die rauhe Thebaïs in die elegante Solitude –

DIE VERNUNFT
  Was also willst du wissen?
AUGUSTINUS
  All das, worum ich bete.
DIE VERNUNFT
  Faß es kurz zusammen.
AUGUSTINUS
  Gott und die Seele erkennen: das ist mein
  Wunsch.
DIE VERNUNFT
  Weiter nichts?
AUGUSTINUS
  Nein, sonst überhaupt nichts. [1]

Man muß auf diesen berühmten Dialog, den Augustinus
im Winter 386/387 kurz vor seiner Mailänder Taufe
schrieb, immer wieder zurückkommen – und wäre es
nur seiner unausgeloteten kosmoklastischen Entwick-
lungsmöglichkeiten wegen. Das fromme Interesse des
christlichen Philosophen, lakonisch und endgültig ausgesprochen, ist von Grund auf dies, zu verhindern, daß
zwischen Gott und die Seele die Welt tritt. Das liefert die
ontologische Formel zu dem Motiv Weltflucht. Weil die
klassische Psychotheologie – die Matrix endogener Ex-
tremismen – mit allen Kräften engagiert ist an einer
weltreduzierenden Innenraum-Ontologie, darf sie kei-

dort soll des Menschen Bestes bei sich sein können, fern von Hof und Stadt.
Das 19. Jahrhundert spürt hingegen in der Menschenleere dem Leiden der
Entfremdung nach: »Welch ein törichtes Verlangen/Treibt mich in die Wüste-
neien.« (Franz Schubert/Wilhelm Müller) Im 20. Jahrhundert endlich rückt
der überlastete Mensch ins Blickfeld – als das Wesen, das Erholung braucht.
Reisen, Ablenkungen, Illusionen, Regressionen kommen als Funktionen einer
umfassenden immunologischen Deutung der *condition humaine* in Sicht: Abwesenheit – gleichsam ein Existenzschalter, der auf Aus(Weg) steht – ist der
Immunschutz lernfähiger Systeme gegen Überladung durch »Realität«.
1 Aurelius Augustinus, *Alleingespräche*, I, 7

ner Tendenz zum Aufbau eigenwertiger Drittheit oder
Welthaftigkeit Kredit geben. Schlimm genug, daß Menschen, obwohl Ebenbilder Gottes, jenen Fall getan haben, der sie in der Welt zu Sündern macht. Ein eigenstän-
diges Interesse an Welt würde in dieser Sicht bedeuten,
der Tendenz des gottverlassenen Sonderlebens zur
Selbstverstärkung durch Erfahrung und Systembildung
weiter Vorschub zu leisten. Weltflucht ist also nur ein
anderer Name für radikaldyadische Introversion – etwas, worüber Verliebte abseits der philosophischen oder
mystischen Traditionen seit jeher Bescheid wissen. Für
die großen Flüchtenden aller Zeiten liegt auf der Hand,
daß man Gott mehr lieben müßte als Welt und Menschen – selbst wenn es keinen Gott gäbe. Die augustini-
sche *Deum-et-animam*-Formel bezeugt, auf wie breiter
Front sich die psychotheologische Wendung vollzieht,
die in den anachoretischen Exzessen des vorderen
Orients kulminiert. Der antitriadische Zug in der Psychotheologie impliziert das Programm zu einem ontologischen Dimensionswechsel; die Kürzung der Dimen-
sionszahl von Drei auf Zwei verweist ihrerseits auf einen
anthropologischen Elementwechsel. Durch Weglassen
der Welt kann, so glauben die alten Entweltlichungsmei-
ster, die Passage vom Festen ins Flüssige, von der hart-
näckigen Äußerlichkeit zur Innerlichkeit permanenter
Auflösung im anderen Element vollzogen werden.[1]

---

1 Eusebius von Caesarea sagt in seiner *Demonstratio evangelica* I, 8: »Diejeni-
   gen, die sich zu dieser Art Leben bekehrt haben, sind für die hergebrachte
   Lebensweise wie abgestorben und leben nur noch mit dem Körper auf der
   Erde, da ihre Seele auf geheimnisvolle Weise schon in den Himmel eingegangen
   ist.« Zitiert nach: Karl Suso Frank, Einleitung zu: *Frühes Mönchtum im
   Abendland.* Erster Band. *Lebensformen*, Zürich und München 1975, S. 9.
   Eucherius von Lyon schreibt in seinem *Lob des Eremiten*: »Die Wüste ist der
   unendliche Tempel Gottes; denn Gott wohnt in der Stille und freut Sich am
   verborgenen Leben. Zu schön beinahe war das Paradies dem ersten Menschen,

Man sieht nun klarer, was das Prinzip Wüste für die Ökologie des Geistes bedeutet. Wer in die Wüste geht, sucht den Raum auf, der sich wie kein anderer dazu eignet, von einem Weltort aus die Welt zu minimieren. Wüste ist die Option, von der Welt allein den unvermeidlichen Rest hinzunehmen; in der üblen Welt ist der lebensfeindlichste Ort das geringste Übel. Die Wüste bildet nur noch einen durchscheinenden Film von Seiendem, der die Seelen vor dem unmittelbaren Verschwinden im letzten Grund zurückhält; sie ist das reale Fastnicht-Sein, das kein Interesse für sich fordert, sondern wie ein leeres kosmisches Therapiezimmer für die Inszenierungen der Seele offensteht. Sie ist purer Projektionsraum, in dem die Selbst- und Gotteserfahrung, samt dem, was sie stört und hintertreibt, zum Auftauchen gebracht werden kann. Das Bündnis mit der Wüste als einer Art Übergangsdrittheit, die gegen Null tendiert, bedeutet also den Pakt mit dem wachstumsfeindlichen Prinzip. Sofern Wachstum das Weltcharakteristikum *par excellence* darstellt, schneidet die Absage an es auch der Expansivität des weltlich Interessanten die Wurzeln ab.[1] Dadurch trocknet die Gebärfreudigkeit des welthaften Unglücks aus, die Fortsetzungskraft des Bösen sinkt in sich zusammen, der Zufluß von Kräften in die Reproduktion der Altmiseren kommt zum Erliegen. Wo nichts wächst, ist auch dem falschen Werden der Grund entzo-

es trug zu seinem Falle bei: darum hat uns der Herr jetzt die Wüste angewiesen. Wer sie liebt, der liebt das Leben. In anmutigen Gegenden geht man leicht dem Tode entgegen. Das haben bis auf Christus hin alle Heiligen der alten Welt wohl erkannt und darum die Einsamkeit für sich auserkoren, um in ihr dem Himmel näher zu sein.« Zitiert nach: Walter Tritsch, *Einführung in die Mystik*, Augsburg 1990, S. 63.

1 Daher artikulieren sich alle Forderungen nach einem Verzicht auf Wachstum und Vermehrung letztlich auf einer religiösen Linie – bis hin zu den ökomonastischen Nullwachstumsthesen heutiger Radikaler.

gen. Statt dessen bietet sich die Wüste als Bühne für
exklusive Verschmelzungsabenteuer an; diese führen,
wenn man den Aretologien oder Ruhmreden auf die
»Sterne der Wüste« Glauben schenkt, durch Qualen und
Euphorien hindurch zu immer höheren Graden an Reinheit, zu immer leereren und sublimeren Formen der
trunkenen Nüchternheit. Ist es die Tugend der Heiligen,
die Wüste herauszufordern, so ist es die Tugend der Wüste, hinreichend grausam zu sein, um die heilsame Verzweiflung hervorzurufen; wo sie ihr Bestes gibt, dort
wird die Wüste zur *bad enough mother*. Indem sie nichts
gibt außer der Kargheit, schenkt sie die souveräne Leere.
Die Wüste ist feindselig und anstrengend genug, um Individuen zu einem permanenten Engagement für die
Fortsetzung des Vergottungskampfes aufzustacheln; sie
ist rauh und unmenschlich genug, um alle Zärtlichkeit
fürs Vergängliche zu vertilgen. Als Zone am Rand der
bewohnbaren Welt kann sie die paradoxen Bewegungen
derer beherbergen, die in der Welt keinen anderen Status
als den Verschwindenden besitzen wollen.

In dieses leere Feld[1], das längst auf Zeichen und Wunder zu warten scheint, schrieben die ersten Ausbrecher
aus dem antiken Sozialkosmos ihre hyperbolischen Gesten nieder. Wie kein anderer Raum lädt ja die Wüste
zum Agieren der psychotheologischen Metaphorik ein.
Da ziehen Männer, die irgendwann in ihrer Kindheit Reden aufgefangen haben von der Fesselung des aufrühreri-

---

1 Im Hinblick auf die Rolle der Wüste im Imaginären ägyptischer Christen des
IV. Jahrhunderts kann freilich von Leere im Sinn von Bedeutungsvakuum
kaum die Rede sein, bedenkt man das Fortleben der altägyptischen Jenseits-
geographien, denen gemäß die Eigentlichkeit des Lebens nach Drüben fällt.
Daneben kommt für Kopten jener Zeit wohl auch eine jüdische Semantik von
»Wüste« ins Spiel; sie ist Klausurraum für hochzeitliche Begegnungen zwischen dem auserwählten Volk und seinem Gott.

schen Körpers durch den Willen, mit realen Eisenketten
von fünfzig Pfund Gewicht um die Hüften jahrzehnte-
lang durch die trockensten Landstriche Palästinas; sie
schließen sich für viele Jahre in ägyptische Gräber ein,
um sich mit Christus auf die Himmelfahrt vorzuberei-
ten – und wenn diese sich verzögert, so nur darum, weil
wegen der Trägheit des Fleisches die Nächte in schweren
Kämpfen mit sinnlichen Trugbildern und die Mittags-
stunden im Ringen mit den Hitzedämonen vergehen.
Bekanntlich hat die Vita des Heiligen Antonius die Bil-
derarsenale der europäischen Albtraumkultur bis in die
Neuzeit mit unerschöpften Anregungen gefüllt. Das
Auftauchen der gräßlichen Bilder wurde möglich, weil
der menschenleere Raum sich wie eine therapeutische
Klammer um den Spuk der assoziierenden und projizie-
renden Seelen legte; über den delirierenden heiligen Patienten schwebte gleichsam die neutrale Aufmerksamkeit
Gottes als rettendes Ohr. In dieser Sicht mußte das Experiment Wüste zu einer spontanen Entdeckung dessen
führen, was seit dem 19. Jahrhundert das Unbewußte
heißt; wer dort war, weiß mehr über die Gegend, aus der
die Versuchungen und die Symptome kommen.

Beschließt ein Mensch, in die Wüste zu gehen, so er-
hebt er sein Leben in den Zustand der metaphysischen
Alarmbereitschaft – Wachsein ist alles. Die Metapher des
Sichbereithaltens für den Herrn übersetzt sich bei diesen
Extremisten des Wörtlichnehmens in einen beispiellosen
Kampf gegen den Schlaf, der bei den meisten auf wenige
Stunden reduziert und in vielen Fällen nur sitzend, ja
sogar an Seilen hängend in senkrechter Stellung statthat.
Die Heiligen zünden sich selber an wie lebende ewige
Lichter, die mit ihrer Wachheit die Wüstennächte illumi-
nieren; so korrespondieren sie mit den Fixsternen, deren

Licht von drüben in den schwarzen Schöpfungsraum
einstrahlt. Johannes Moschos, der poetische Lobredner
des Anachoretentums, sah in dem Volk der solitären Be-
tenden dort draußen eine blühende »geistliche Wiese«,
und wenn diese Wiese lachte, wie es sich nach den Regeln
der Rhetorik gehörte, so bezeugte ihr Lachen schon den
Glanz der Überwelt. Hingegen wurde in der buchstäblichen Wüste über Jahrhunderte hinweg mehr geweint als
jemals zuvor und danach in der Geschichte der Menschheit. Ohne die Gabe der Tränen wäre kaum einer von
diesen Athleten imstande gewesen, zu höheren Graden
der Zweieinigkeit aufzusteigen. Tränen standen zu allen
Zeiten als Mittel und Zeichen der Reinigung bei den
Weltflüchtern in höchstem Ansehen. Sie waren, zusammen mit dem Dauergebet, diesem inneren Monolog der
dyadischen Monade, wie nichts anderes geeignet, den
Weltblock zu verflüssigen und die trennenden Schichten
zwischen »Gott« und Seele wegzuschwemmen. Sind Gebet und Tränen dasselbe geworden, so bleibt von dem
Subjekt nichts übrig als ein Flehen darum, sich hingeben
zu dürfen; das Flehen macht seinem Gott das unsägliche
Geständnis, daß es selbst nichts mehr sein möchte, es sei
denn ein Teil von ihm; auch die Verzweiflung will die
seine sein; in der letzten Schwäche kommt der Verzwei-
felte dem Nichts-Seins vor dem Geliebten nahe. Der
Anachoret will dann nichts Eigenes mehr sein und haben, vor allem keinen eigenen Willen und keine eigene
Welt. Um der Entweltlichung willen verboten sich die
Mönche das Lachen; viele gingen zeitlebens nackt, wie
Tiere in Ekstase; andere verbannten den Gebrauch von
Schuhen, manche auch den von Possessivpronomen der
ersten Person. Von dem Untergewand der ägyptischen
Mönche sagte Johannes Cassian: »Die abgeschnittenen

Ärmel sollen sie daran erinnern, daß sie von allen Taten und Werken dieser Welt abgeschnitten sind. Das Leinengewand sagt ihnen, daß sie für allen Erdenwandel tot sind.«[1]

Wie weit die Sorge um den Abbau aller Welthaftigkeit bei den heiligen Solitären ging, verrät sich vor allem in den märchenhaften Episoden der Anachoretenliteratur, die vom IV. Jahrhundert an ganz Vorderasien in ein wüstentolles Klima taucht. In der syrischen Vita Symeons des Jüngeren aus dem VII. Jahrhundert findet sich der Bericht, daß der künftige Heilige, nachdem er als Zweijähriger die Taufe empfangen hatte, in Trance verfallen sei, während der er sieben Tage lang die Worte aufsagte: »Ich habe einen Vater und ich habe keinen; ich habe eine Mutter und ich habe keine« – eine Rezitation, die einen Frühberufenen der heiligen Asozialität in voller Blüte zeigt; wer im zartesten Alter schon leugnen kann, auf dieser Erde Vater und Mutter zu haben, der ist gegen die Gefahren, in der naiven Weltbefangenheit stehenzubleiben, von Anfang an gesichert. Kein Wunder also, wenn dieses familienkritische Wunderkind mit sieben Jahren in die Berge geht und beim Verlust der Milchzähne bereits auf einer Gebetssäule sitzt.[2] Hier wird alles, was zum Aufbau einer eigensinnigen Weltlichkeit führen könnte, schon im frühesten Stadium der psychischen Entwicklung ausgeschaltet; die Weltflucht geht geradewegs in eine Frühvorsorge gegen alle Tendenzen zu einer positiven Welteinhausung über. Man könnte sagen, daß für solche Individuen die Weltflucht selbst die ganze Welt

---

1 Zitiert nach: *Frühes Mönchtum im Abendland*, Erster Band. *Lebensformen*, Zürich und München 1975, S. 123.
2 Diese Angaben zu Symeon dem Jüngeren folgen Jacques Lacarrière, *Les hommes ivres de Dieu*, Paris 1975, S. 190f.

bedeutet. Ein zur Perversität tendierender Endsieg über
die Drittheit zeichnet sich in diesen Exzessen ab. Daß
dies nicht erst neuzeitliche Menschen fremd berührt hat,
bezeugt das Wort eines syrischen Oberen, der zu dem
Rekordselbstquäler Symeon gesagt haben soll: »Nun
bleibt dir nur noch übrig, ein Schwert zu nehmen und
dich selbst zu töten.« Mit dem Kinderanachoretentum
scheint der äußerste Grenzwert dieser primärmasochi-
stisch geprägten Lebensformen erreicht: auch dies eine
»Verteidigung der Kindheit« – mit den Mitteln des asketischen Exzesses. Daß dieser Symeon zum Opfer seiner
Fähigkeit wurde, religiöse Metaphern buchstäblich zu
agieren, zeigt sich in seiner weiteren Geschichte. Die
Menschenmenge, die um die Säule des frühreifen Morti-
fikationsmeisters wogte, wurde so bedrängend, daß Symeon der Jüngere im Alter von zwanzig Jahren beschloß,
vor seiner spektakulären Weltflucht auf der Säule zu fliehen. Zehn Jahre lang verbarg er sich in den Bergen vor
allen Menschen, erst dann ließ er sich eine neue zwanzig
Meter hohe Säule errichten, auf der er als Athlet des Ste-
hens, des Betens und der Schlaflosigkeit weitere 45 Jahre
bis zu seinem Tode aushielt.

Ohne Zweifel bildet das syrische Stylitentum die
Pointe der anachoretischen Revolution. Die Schau-As-
kese auf einer Säule, die schwindelerregend in den Himmel ragt, ist die klarste und monströseste Geste, die für
die Redefigur »sich Gott nähern« gefunden werden
konnte. Der Erfinder dieser neuen Askese, der ältere Symeon, war einer jener wütenden Literalisten, die es für
unmöglich halten, daß in der Rede von Gott und göttlichen Dingen irgend etwas nichtwörtlich gemeint und
so der innerlichen und übersetzenden Auslegung an-
heimgestellt sein könnte. Aus der Weigerung gegen das

metaphorische Verstehen machen die Radikalsten unter
den Anachoreten eine Anweisung zum buchstäblichen
Agieren psychotheologischer Denkbilder. Die Ärmsten
im Geiste werden so zu den Erfindungsreichsten in der
Askese. Für sie gibt es im »Wort Gottes« keinen Spielraum des Verstehens, geschweige denn Platz für Unei-
gentlichkeit oder Ironie. Deswegen ist die anachoretische Revolution auch eine literalistische. Gerade wo sie
ihre äußersten Konsequenzen zieht, macht sie deutlich,
daß »Umsiedlung der Seele« eine Metapher ist, deren
möglicher Ernst über alle Begriffe geht. An ihr hängt die
»Stellung des Menschen im Kosmos« – genauer: die Umsiedlung des Menschen, der sich in früheren Epochen für
ein Kind der Weltmitte gehalten hatte, an deren sublim-
ste und grausamste Ränder.

Der ältere Symeon, dem noch in unserem Jahrhundert
der Dichter Hugo Ball ein enthusiastisches Denkmal
setzte[1], hat wohl die vollständigste Bahn anachoretischer
Exzentrik durchlaufen. Der Sohn armer Hirten fiel bald
nach seinem Eintritt in eine Mönchsgemeinschaft durch
seine extreme Askese auf. Seine Achtlosigkeit gegen einen in seinem Fleisch faulenden Strick erregte das
Grauen der Brüder. Nachdem er das Kloster hinter sich
gelassen hatte, mauerte er sich am Fuß des Gebirges bei
Antiochia für vierzig Tage in einer engen Steinhütte ein,
um wie Christus zu fasten und um die unterste Stufe der
Weltlosigkeit, die intrauterine Ergebenheit in eine
dunkle, erst versprochene Existenz zu simulieren. Später
kettete er seinen Fuß an einen Steinhaufen auf dem Gipfel seines Prüfungsberges. Mit steigender spiritueller
Vervollkommnung suchte er sich erhobene Orte, an de-

---

1 Hugo Ball, *Byzantinisches Christentum. Drei Heiligenleben* (zuerst erschienen
1923), Frankfurt a. M. 1979, S. 233-271.

nen er, von Welt umgeben, den Triumph seiner Losge-
löstheit von ihr zur Darstellung brachte. Die Viten des
Heiligen berichten von einer Serie von Säulen mit steigender Höhe, auf denen er vor den Augen von ganz
Syrien seine Elevation inszenierte. Anfangs soll er auf
der Plattform einer Säule von nicht mehr als fünf Metern
gewacht, gebetet, gefastet, auf einem Bein gestanden und
in einem unglaublich geringen Ausmaß auch sitzend ge-
schlafen haben. Er nahm, wie es heißt, nur einmal pro
Woche etwas Nahrung zu sich, betete tagelang mit hoch-
erhobenen Händen und beherrschte die Kunst, die Au-
genlider ohne Lidschlag tagaus, tagein offen zu halten.
Diese Askesen praktizierte er an derselben Stelle später
auf Säulen von sechs, dann von elf Metern Höhe, bis er
zuletzt siebzigjährig auf einer fünfundzwanzig Meter
hohen Säule im Jahr 459 verstarb, ständig umlagert von
einem »Menschenmeer« aus Bewunderern aller Weltge-
genden, die die Gegenwart des Rekordmanns und Wun-
derheilers wie einen Gottesbeweis in sich sogen. Die
Anziehungskraft des Heiligen spricht dafür, daß in seinem exzentrischen Verhalten eine verallgemeinerungsfä-
hige Faszination am Werk war. Wer den entrückten Mann
auf der Säule über einige Tage beobachtete, konnte sich
davon überzeugen, daß es im Menschenmöglichen liegt,
noch in dieser Welt zu weilen und zugleich schon anderswo zu sein. Für Symeon wie seine Zeitgenossen lag
auf der Hand, was die Modernen so einfach nicht mehr
zugeben könnten: daß dieses Anderswo[1] nur »Gott
selbst« bedeuten konnte. Aus der neuzeitlichen Grundstellung heraus läßt sich von dem Anderswo nur noch in

---

1 Hier manifestiert sich, was man den Geist nicht der Utopie, sondern der Allo-
   topie nennen könnte; vom *allos topos* spricht zuerst Sokrates in seinen Ab-
   schiedsreden.

einer nichttheologischen Sprache reden – sagen wir unumwunden: in einer Anthropologie der Akosmizität. Solange aber bei Individuen der Sinn für den Magnetismus des anderen Zustands nicht erloschen ist, sind sie, damals wie heute, bereit, für die Beweise seiner Möglichkeit einen Preis zu zahlen.

Der Wüstentourismus, der sich vom IV. bis zum VII. Jahrhundert in Ägypten und im Vorderen Orient entwickelte, bezeugt, daß die eigene Anschauung der weltabgewandten Menschen für zahllose Zeitgenossen eine lebensbedeutsame Rolle spielte. Der Blick auf die Anachoreten gewährte gleichsam eine Draufsicht auf das unanschauliche Geheimnis der Seinsweise in der Dyade; man sah mit eigenen Augen die entrückten Männer in ihren Höhlen wachen, teils friedvoll versteinert wie Statuen ihrer selbst, teils verwildert wie Tiere, umgeben von einer Aura heiliger Verzweiflung; man beobachtete die gegerbten Halbskelette, wie sie im Rausch der Dehydration ihre schweren Verzückungen duldeten; mit Spannung verfolgte man die unaufhörlichen Adorationen und Handaufhebungen der Heiligen, die sich im Laufe von Wüstenjahrzehnten in die Selbstgespräche Gottes emporgeübt zu haben schienen. An ihnen, den Allkämpfern und Säuglingen Gottes, fand die Geräumigkeit der Seele zwischen Verklärung und Todesschwäche ihr überwältigendes Maß. Ohne die Gottestrunkenen in der Wüste hätten die religiös ambivalenten Massen auf der Schwelle zwischen der heidnischen und der christlichen Welt schwerlich begreifen können, was es heißt, als menschliches Wesen die Entsprechung zwischen der seelischen und der absoluten Eins anzustreben. Auch wenn es unpassend scheinen mag, daß das anachoretische *face-à-face* mit Gott zum Spektakel werden konnte, so liegt

doch auch in der bloßen Außenansicht der Versunkenen
für die Pilger, die Patienten, die Heiltouristen ein »Beweis des Geistes und der Kraft«. Die Ahnungen des
Betrachters treffen sich mit den Ekstasen der Athleten
am weltlosen Fluchtpunkt, der Raum bietet für viele Arten der Abwesenheit von allem, was der Fall ist.

Als Schauplatz der großen Sezession und als Labor der
dyadisch-monadischen Verwandlungen war die Wüste
die stadtlose Stadt, die weltlose Welt; durch den ständigen Zuzug der weltlich Dienstuntauglichen wurde der
scheinbar menschenfeindlichste aller Räume zum utopi-
schen Asyl; die Akosmopoliten aller Länder vereinigten
sich in ihr zu der subversivsten Gruppe. In dem Niemandsland, das nichts und alles versprach, konstituierte
sich die Erste akosmische Internationale. Der Kloster-
kommunismus entwickelte sich in der Wüste zur vollendeten Tatsache – und zu einer Heimsuchung für die
ausgesperrte weltliche Gesellschaft.[1] Seither ist Wüste
nur ein anderes Wort für den Weltschatten, in dem sich
Menschen treffen, sofern sie die Welt weder interpretieren noch verändern, sondern weglassen wollen.

3. Die westliche Umleitung – Weltflucht nach vorn

Man darf behaupten, daß der Komplex, der als westliche
Zivilisation gilt, auf einer Absage an das Prinzip Wüste

---

1 Man kann behaupten, daß die Idee des *koinos bios*, die dem klösterlichen
  Gemeinschaftsleben seit pachomianischer Zeit zugrundeliegt, neben dem griechischen *polis*-Gedanken und den diversen Konzepten völkischer Synthesis
  eine der mächtigsten Ideen gesellschaftlichen Zusammenhalts im westlichen
  Kulturkreis wurde; kein Wunder, daß in den revolutionären Umstrukturierun-
  gen des 19. und 20. Jahrhunderts – jener Zeit ohne soziale Synthese – die
  klosterkommunistischen Modelle, anarchistisch, proletkultisch und rätekom-
  munistisch travestiert, wieder aktiv wurden.

beruht. Diese Entscheidung vollzog sich über eine Serie
von Schritten, die sich wie eine konsequente Zurücknahme des anachoretischen Extremismus lesen lassen.
Von ihnen sind hier nur drei zu nennen: die Zurückdrän-
gung der Solitäre zugunsten der klösterlichen Gemeinschaften; die Verstärkung der Dimension Arbeit in den
westlichen Regeln; der protestantische Klostersturm
und die Ächtung der *vita contemplativa* durch die moderne bürgerliche Produktionsgesellschaft. Das antimo-
nastische Selbstverständnis der modernen Gesellschaft,
auch wo sie noch denominierte oder informelle Formen
von Religiosität bewahrt hat, sitzt so tief, daß die meisten
Zeitgenossen des 20. Jahrhunderts das Wort Weltflucht
für eine Krankheitsbezeichnung halten. Der *contemptus
mundi* ist für neuzeitliche Subjekte selbst verächtlich geworden. Spuren von mönchischem Leben bestehen nur
als systemisch irrelevante Überbleibsel aus feudaler Zeit
fort; sie gibt es noch, wie es auch Burgen, Kathedralen
und Handschriften mit kostbaren Goldinitialen noch
gibt – Relikte einer überholten psychohistorischen Formation, Objekte der Denkmalpflege und der gebildeten
Pietät. Man liest kontemplative Texte, wie man alte Musik auf alten Instrumenten hört. Um an sich selbst und
den Dingen zu »arbeiten« braucht kein Mensch nach der
Französischen Revolution mehr an die Notwendigkeit
von Klöstern zu glauben. Das europäische Mönchstum
endet auf Käseschachteln. So entfernt ist das 20. Jahrhundert von den Zellen, daß es sich nicht einmal mehr
daran erinnert, wogegen sich die moderne Welt einst aufbauen mußte. Die säkulare Gesellschaft lehnt den westlichen Monastizismus ab, der seinerseits den Orient und
die Wüste abgelehnt hatte. Unter diesen Bedingungen
scheint die Frage, wohin die Mönche gehen, ihren Sinn

zu verlieren. Der moderne Westen hat keine Mönche, und die letzten Mönche haben keine Wüste.[1] Die säkulare Zivilisation hat sich so selbstgewiß als Universum der Bedürfnisbefriedigung etabliert, als hätte es nie einen Einbruch der Verzichtenden in die Zivilisation gegeben. Die für sich gesetzte Welt ist so durchdrungen von der Gewißheit, daß sie alles ist, was der Fall ist, daß *fuga mundi* und Versuche, den Fall umzukehren, in ihr nur noch als bizarre Ideen auftauchen können.

Wer also nach dem Strukturwandel monastischer Akosmizität in der bürgerlichen Welt fragen will, muß anders ansetzen. Es gehört tatsächlich zu den ontologischen Errungenschaften der Neuzeit, daß sie die souveräne Weltlichkeit der Welt gegen die schnellen Orientalismen und gegen die weltverschluckenden Abgründigkeiten der radikaldyadischen Psychotheologien verteidigt. Dies konnte sie nur durch Absolutsetzung der Drittheit erreichen. Die Neuzeit ist das Weltalter, in dem die Welt alles ist, was der Fall sein darf. Darum ist die Modernität wesenhaft Medienzeit, Kommunikationszeit, Selbstvermittlungszeit. Von dem Preis der Operation, die Welt absolut zu setzen, gewinnen wir einen Begriff erst spät und nachträglich, da sich nur in der voranschreitenden Modernisierung herausstellen kann, was es heißt, in einer Welt zu leben, die ihre ehemaligen Transzendenzen nach innen und oben gleichsam verschluckt hat. Welt muß nun das allmächtige Medium[2] werden, das in seiner

---

1 Damit ist nicht das Vorkommen bedeutender monastischer Existenzen geleugnet, aber ihre Fähigkeit, ihre Epoche darzustellen; Pakomius, Makarius, Johannes Climax sind gerade in ihrer Exzentrik typische Repräsentanten ihrer Zeit; wer würde das von Charles de Foucauld, Père Roger oder Mutter Theresa sagen?

2 Deswegen führt die sogenannte Säkularisation nicht geradewegs zu quasi neuantiken kosmozentrischen Verhältnissen, sondern in einen konstruktivistischen Subjektivismus, worin der Surrealismus ein Realismus wird. Hannah

Selbsterzeugung Gotteseffekte und Seeleneffekte oder
Äquivalente zu beiden mithervorbringen muß. Paul Tillich hat dies in seiner Schrift *Die religiöse Lage der
Gegenwart* von 1926 auf den Begriff gebracht, als er die
autonome Weltlichkeit der Neuzeit als »Geist der in sich
ruhenden Endlichkeit« charakterisierte. Welt ist der Inbegriff dessen, was sich aus sich selbst verstehen läßt;
zum Wesen der neuzeitlich gedachten Welt gehört es, daß
ihre Endlichkeit reich genug erscheint, um den Abschied
von der »harten« Transzendenz altmetaphysischen Typs
leicht zu machen. Die Fehlerstelle der Tillichschen Formel, den pseudometaphysischen Terminus »ruhend«,
hat Falk Wagner mit seiner Studie *Geld oder Gott*, 1980,
korrigiert, indem er, in Anschluß an Luhmanns systemi-
sche Medientheorie, die Weltlichkeit der Welt aus der
Dynamik der verabsolutierten Kommunikation begrün-
dete; diese aber hat nichts Ruhendes, sondern ist, wie
anderswo gezeigt, Mobilmachung in Permanenz.[1] In der
Epoche verabsolutierter Kommunikation hängt die Einheit und Autonomie der Welt von der Universalität und
Ununterbrochenheit der Vermittlungsströme ab. Angesichts einer solchen Welt hätte es auch ein Gott ziemlich
schwer, Aufmerksamkeit zu erregen, da er, um sich zu

Arendt hat insofern recht zu sagen: »Die Weltlosigkeit, die mit der Neuzeit
einsetzt, ist in der Tat ohnegleichen« (H. A., *Vita activa oder Vom tätigen
Leben*, München/Zürich, 4. Aufl. 1985, S. 312). Freilich »setzt« Weltlosigkeit,
wie ich mit diesem Buch zeige, nicht in der Neuzeit »ein« – da sie als Weltfolie
oder Negativ immer schon im Spiel sein muß, wenn die Welt als ganze ins Bild
kommt; in moderner Zeit jedoch wird es möglich, die Dimension Weltlosigkeit
aus der Metaphysik, wo sie als Himmel, Pleroma oder Unerschaffenheit vorgestellt wurde, in die Anthropologie zu übersetzen, wo sie »Schlaf«, System-
nacht, Rückzug und Pause bedeutet; vgl. in diesem Band im Kapitel »Wie
rühren wir an den Schlaf der Welt?« den dritten Abschnitt, »Weltpause«.
1 Vgl. vom Verfasser: *Eurotaoismus. Zur Kritik der politischen Kinetik*, Frankfurt
a. M. 1989, sowie: *Ist der Zivilisationsprozeß steuerbar? Versuch über die Len-
kung von Nicht-Fahrzeugen*, in: *auf auf und davon. Eine Nomadologie der
Neunziger*, Graz 1990.

offenbaren, sich selbst ans Netz anschließen und *message*
werden müßte – eine Aufgabe, die im alten Inkarnations-
stil kaum noch zu leisten wäre.[1] Die Weltsprache der
Modernität ist ein medialer Materialismus[2], Immateriali-
sierung inbegriffen; sie leistet, dank dem gottartigen
superleitfähigen Geld, den Anschluß von allem, was in-
formations- und warenförmig aufbereitet ist, an alles
übrige. Wenn die Weltlichkeit der mediatisierten Welt einen schwachen Punkt hat, dann dort, wo die Schnellig-
keit der Kommunikationsprozesse unerwünschte Nebenwirkungen erzeugt; gerade die stärksten Kommuni-
katoren sind den heftigsten Irrealisierungsgefühlen ausgesetzt; es steht aber einer Welt, die alles sein soll, was
der Fall ist, schlecht, wenn sie wie ein Medienspuk oder
ein Konstrukt im Cyberspace aussieht; gegen diese Be-
schleunigungsnausea wenden sich seit einem Jahrzehnt
neue »postmoderne«, überwiegend weltfromm gemeinte
Verlangsamungstherapien, die den unmenschlich schnellen Geld- und Medienoperationen menschengemäße
Tempi entgegenhalten wollen. Allenthalben macht Langsamkeit Karriere als funktionales Äquivalent von Transzendenz; sie hat den Vorzug, die Peinlichkeit zu verhindern, mit massiven Reden von Gott und Seele auf ein
smartes Publikum losgehen zu müssen. Zugleich impliziert das neue *Go Slow* einen Ersatz für die verlorene
Askese – sie unterstreicht die Einübung in die Weltlosigkeit der Übermüdeten. Als weltgemäßes *remake* von

---

1 Das wird z.B. deutlich in dem Film »Jesus von Montreal« von Denys Arcand,
in dem der Darsteller des Gottmenschen sich *post mortem* als Organspender
verwerten lassen muß. »Gott« operiert hier nicht mehr als Logos, sondern als
Bio-Prothese, das heißt als Lieferant von Ersatzteilen für die defekten Körper
der »Nächsten«.

2 Dem muß sich schließlich auch der Vatikan unterwerfen, der in seiner Enzy-
klika *Aetatis novae* »Mit dem Anbruch eines neuen Zeitalters« (März 1992) sein
auf die neuen Medien zugeschnittenes Evangelisationskonzept vorlegte.

Gott und Seele ist Langsamkeit fast so gut wie die Originale – und wer weiß, ob die nicht selbst schon Fälschungen waren?

Insofern Menschsein in der Modernisierung primär Selbstvermittlung und Selbstannetzung bedeutet, lassen sich die guten alten Metaphysica Gott und Seele nur noch katastrophentheoretisch denken: als Entnetzungen, als Vermittlungsabbrüche, als Schock, als Pause. Der Grenzgänger-Theologe Tillich hat dies mit seinen expressionistischen Gottesmetaphern unmißverständlich verdeutlicht; nach ihm ist »Gott« nur noch als Einbrecher in den selbstzentrierten Kosmos möglich; nur als Durchbrecher und Erschütterer kann er sich als die Differenz zu allem, was sich verständigt und vernetzt, erweisen. Hierin steht Tillich mit dem Rivalen Heidegger, der seine letzten Katholica in einer Durchzitterungstheologie[1] versteckte, auf einer Linie.

Analog dazu haben gewisse Psychologen des 20. Jahrhunderts den ontologischen Ort der Seele in die Unterbrechungen gelegt – in die neurotischen Symptome, die Konvulsionen, die Synkopen. Im Zeitalter der Anschlußfähigkeit liegen die Chancen der »Seele« in den nervösen Katastrophen; die bevorzugen seit Nietzsche den dionysischen Dialekt, sofern sie nicht Strategien des Verstummens verfolgen. »Seele« ist, was sich nicht vermittelt. Die Psychose wird zum Ernstfall von Seele im Zeitalter ihrer Auflösung in Welteffekte. Seelen existieren nur noch solange, wie sie durch die Gefahr ihres Untergangs gezwungen sind, sich zu melden. *Save our Souls –* das letzte Wort der alteuropäischen Psychologie?[2] Die

---

1 Vgl. Martin Heidegger, *Beiträge zur Philosophie (Vom Ereignis)*, Frankfurt a. M. 1989, S. 239: »Das Seyn ist die Erzitterung des Götterns . . .«

2 Vgl. Jean-Luc Evard, *SOS – Die Parusie der Seele im Unfall*, in: Dietmar

Lacan-Schülerin Cathérine Clément hat in ihrem Buch
La syncope. Philosophie du ravissement 1990 eine Summe
der modernen Erschütterungs- und Unterbrechungspsy-
chologie gegeben. Bisher kaum rezipiert, hat dieses Buch
eine plausible Chance, bald als eines der aufschlußreich-
sten Dokumente philosophischer Psychologie unter den
Bedingungen radikaler Modernität gelesen zu werden.

Die Frage, wohin die Mönche gehen, läßt sich künftig
nur noch indirekt stellen. Damit sie nicht von vornherein
sinnlos wäre, müßte sie umformuliert werden in die Frage, was aus den verhinderten Mönchen wird; was machen
»Mönche« in einer Zeit ohne Kloster? Wohin orientieren
sich die monastischen und weltflüchtigen Impulse in einer Ära, die ihrem Selbstverständnis nach weder ein Prinzip Wüste anerkennen noch eventuellen Himmelfahrern
Bürgerrecht geben kann? Ich zweifle nicht daran, daß für
eine zureichende Antwort hierauf nicht weniger als eine
Kulturgeschichte der Modernität nötig wäre. In Erman-
gelung einer solchen sollen für den Augenblick zwei
summarische Thesen genügen, die erste mit kulturdia-
gnostischer, die zweite mit anthropologischer Tendenz.

Die erste These rechnet mit einem Gesetz der Erhaltung weltfluchthafter Energien: die Impulse, der Welt zu
entfliehen, können der Welt zu keiner Zeit verloren gehen. Was historisch zur Disposition steht, ist allenfalls
die Weltfluchtrichtung. Sind Wüste und Kloster als
Hauptstraßen der *fuga mundi* in einer Epoche versperrt,
so bricht sich das Fluchtpotential neue Bahnen. Modernität wäre demnach nur möglich als Umleitung der Weltflucht in die Welt selbst als versprochene, kommende,
bessere. Sofern aller Moderne ein Grundzug zur Weltver-

Kamper/Christoph Wulf (Hg.), *Die erloschene Seele, Disziplin, Geschichte,
Kunst, Mythos*, Berlin 1988, S. 434 ff.

besserung innewohnt, läßt sich ihre Struktur deuten als
die einer generalisierten Weltflucht nach vorn; diese kann
moderat melioristisch oder überschwenglich utopisch in
Erscheinung treten. In beiden Fällen wird weltgeborene
konkrete Negativität in die Produktion positiver Weltzu-
künfte zurückgefüttert; gelehrte Unzufriedenheit, sagt
der dialektische Materialist Bloch, ist Motor der Geschichte. Sind Meliorismus und Utopismus angesichts
starkbegründeter Katastrophenerwartung keine plausi-
blen Optionen mehr, so löst sich die typisch europäische
Legierung von Weltflucht mit heller Fortschrittsdynamik
auf; sie zerfällt in Resignation und Panik, in Realismus
und Apokalyptik, in Konservatismus und präsuizidale
Euphorie.

Die zweite These hingegen wagt eine Universalisie-
rung des monastischen Faktors zur anthropologischen
Konstante. In den Überlegungen des hispano-indischen
Religionsphilosophen Raimon Panikkar ist die Rede von
einem »universalen Archetypus« des Mönchs, der sich
aus endogenen Ursprüngen in Menschen aller Weltregio-
nen dialektalisch verschieden, aber dimensional identisch zum Ausdruck bringt. Mit dieser Mönch-Archety-
pus-Hypothese[1] bietet Panikkar eine Deutung für die
doppelte Verlegenheit der »Spiritualität« im 20. Jahrhundert an: er macht zum einen verständlich, warum die
Marginalisierung monastischer Lebensformen im Westen
nicht mit dem Erlöschen des monastischen »Potentials«
gleichbedeutend sein muß; er liefert mit seinem Theorem
anima naturaliter monastica zugleich einen Erklärungs-
versuch dafür, warum die neuzeitliche »Spiritualität«
sich im allgemeinen für gut beraten hält, wenn sie sich

---

1 Vgl. Raimon Panikkar, *Blessed Simplicity. The Monk as Universal Archetype*,
New York 1982; dt.: *Den Mönch in sich entdecken*, München 1989.

von Weltflucht auf Weltfeier umstellt. Hierin trifft sich
Panikkar mit einer Grundströmung zu neuen Kosmo-
theologien im 20. Jahrhundert: mit Albert Schweitzers
Lehre von der Ehrfurcht vor dem Leben, sofern in dieser
eine Ethik der Nächstenliebe mit einer Mystik der Welt-
bejahung experimentell verbunden werden sollte; mit
dem kosmophilen System Teilhards de Chardin, der die
Prozeßtendenz des Weltalls als christomorphe Evolution
deutete; mit dem Neo-Sannyas-Konzept des indischen
Reform-Mystikers Shree Rajneesh, der die altindische
Idee von den *sannyasins*, den Verzichtenden oder Wald-
heiligen, umpolte in eine dionysisch getönte Absage
an den religiösen und politischen Miserabilismus; mit
den Absichten des Theologen Hermann Timm, der den
Protestantismus insgesamt einer Rekosmisierungskur
unterziehen möchte; mit dem naturreligiösen Reformis-
mus des katholisch-semipaganen Laientheologen Carl
Amery, der eine prophetische Tiefenreformation der na-
turverwüstenden Moderne für die größte Herausforderung religionsstifterischer Energien der bisherigen
Menschheitsgeschichte hält.[1] Aus all diesen Revisionen
und Neufassungen spiritueller Grundkonzepte spricht
die Tendenz, weltflüchtige Energien neu-weltbürgerlich
umzulenken. Die Thesen Panikkars konnten freilich erst
in einem Zeitalter auftauchen, das eine Komparatistik der
Weltflucht möglich und nötig machte. Die These vom
»inneren Mönch« und von einer monastischen Dimension des Menschseins schlechthin eignet sich daher be-

---

1 Vgl. Albert Schweitzer, *Die Weltanschauung der indischen Denker. Mystik und
Ethik*, 1935, 2. Aufl. 1965; Teilhard de Chardin, *Das göttliche Milieu*, Olten
und Freiburg i. Br., 1969; Bhagwan Shree Rajneesh, *Intelligenz des Herzens*,
Berlin 1983; Hermann Timm, *Das Weltquadrat, Eine religiöse Kosmologie*,
Gütersloh 1985; Carl Amery, *Die Kapitulation oder der real existierende Ka-
tholizismus*, München 1990.

sonders als Plattform für intermonastische und interreligiöse Kommunikationen. Ich weiß nicht, wie man dezidierte Nicht-Mönche und Nicht-Religiöse dazu überredet, sie zu betreten. Allein daß Überredung dazu gehört, beweist schon, daß auf die Typisierungskraft dieses Archetypus oder die Universalität dieses anthropologischen Universals nicht hinreichend Verlaß ist.

Nun zeigt sich, daß die erste Umformulierung der Frage, wohin die Mönche in modernen Zeiten gehen können, unzulänglich war. Panikkars großzügige Projektion des »Mönchs« auf die archetypische Ebene trägt zwar der neuzeitlichen Tendenz Rechnung, die Welt alternativlos als zu bejahende zu denken; aber diese katholisch-hinduistische *entente cordiale* ist nur möglich, sofern sie Distanz hält zur eigentlichen Modernität – dem von Protestanten, Humanisten und Atheisten dominierten Komplex aus Geldpantheismus, Erfolgsheiligung, verabsolutierter Kommunikation, experimentellem Existentialismus und medialem (Im)Materialismus. Im Blick auf die atheologische Hochmoderne klingt das Angebot, »den Mönch in sich zu entdecken«, nicht überzeugend; es liegt außer Hörweite für diejenigen, die sich bei dem antiplatonischen und antimonastischen Experiment Neuzeit substantiell engagiert haben. Will man Panikkars Impuls für die protestantischen und atheistischen Menschheitsfraktionen fruchtbar machen, so müßte man den mönchischen Archetypus seinerseits noch einmal in eine religionsneutrale philosophische Psychologie oder Akosmologie aufheben. Es scheint mir daher plausibler, das mönchische Phänomen insgesamt als regionale und epochale Metapher für ein noch unbegriffenes akosmisches Großproblem zu verstehen. Dann aber müßte die Frage, wohin die Mönche gehen, so radi-

kal umformuliert werden, daß von Mönchen nicht mehr
die Rede wäre. Sie würde dann lauten: Wie manifestiert
sich menschliche Akosmizität unter modernen Bedingungen? Wie organisieren sich in nach-metaphysischer
Zeit die auf Umsiedlung orientierten Kräfte? Wie richten
sich moderne Subjekte mit ihren elementwechselnden
Tendenzen ein, wenn anachoretische, monastische oder
psychotheologische »Wege« nicht mehr offenstehen?
Was wird überhaupt aus den weggehenden, wege-gehen-
den Impulsen des polyvalenten Tiers?

Erneut ist zu sagen, daß eine adäquate Beantwortung
dieser Fragen auf eine Kulturgeschichte der Moderne
hinausliefe. Es soll für den Augenblick die Andeutung
genügen, daß die beispiellose Entfaltung der westlichen
Musik sich nur aus der Notwendigkeit verstehen läßt,
einen kulturweit überzeugenden Ersatz für die verlorene
Wüste und das versperrte klösterliche Refugium zu erzeugen. Die europäische Hochmusik zwischen dem 17.
und dem frühen 20. Jahrhundert rührt mit ihrer Verbindung von Askese und metaphysischer Spannung an die
früher nur den Eremiten und Mystikern zugänglichen
Geheimnisse des dyadischen Extremismus – auch sie hat
ihre Athleten und ihre einsamen Protagonisten, auch sie
betreut ein externes Publikum, das längst mehr aus Zu-
schauern als aus Hörern besteht. In den letzten hundert
Jahren hat sich Musik als universale Übergangsdrittheit
etabliert, mit der das Zeitalter ohne Wüste seinen Bedarf
an Weltflüchtigkeit zu decken versucht. Der künstliche
Klangangriff auf die äußeren Weltgeräusche hat in diesem Jahrhundert eine in der gesamten Gattungsgeschichte vorbildlose Intensität erreicht. Aber anders als
die Wüste, die das Innere freizusetzen half, überspült die
massenmediale Musikalisierung aller Räume die letzten

Lücken freier Innerlichkeit: Seinsvergessenheit aus allen Lautsprechern; niedere Weltlosigkeit in jedem Haushalt, zu jeder Tageszeit. Seit es Kopfhörer gibt, kommt das Prinzip Weltausschaltung im modernen Musikgebrauch auch auf der Ebene der Apparate rein zum Zug. Von hier aus liegt eine drogentheoretische Entwicklung aller Formen »leichter« Environments in der Moderne nahe. Es dürfte kaum ein Phänomen zeitgenössischer Kultur geben, in dem sich nicht Spuren quasimusikalischer Weltentfernungstechniken nachweisen ließen. Das neueste *cocooning*, die Massenauswanderung moderner Subjekte ins unerreichbare Innen von Einsamkeiten, Trips und Symbiosen, wäre ohne das Eintauchen in das tonale Menü der Soundanlagen ganz unmöglich. Weltentfernung ist der kleinste gemeinsame Nenner der polyeskapistischen Gesellschaft.

Das Zeitalter der metaphysischen Obdachlosigkeit, um an Lukács' Moderne-Formel zu erinnern, generalisiert den Habitus der Flucht. Mit ihrer fortschrittsförmigen Verfassung flieht die Welt vor sich selbst in sich selbst; von jeder Stelle der flüchtigen Welt aus werden Weiterfluchten vorbereitet. Die beschleunigte Welt des Geldes und der verabsolutierten Kommunikation jedoch parodiert das metaphysische Verhältnis zum Vergänglichen; sie besitzt weder eine Idee von dem Pleroma der Metaphysik noch eine Konzeption positiver Leere. Die akosmischen Bedürfnisse von Menschen in einer mönchlosen Zeit müssen sich andere Auswege suchen – Wege, die bei all ihrer Verschiedenheit gemeinsam haben, daß sie im Widerspruch zum Fülleprinzip der säkularen Bourgeoisien beschritten werden. Das Wort Bourgeoisie steht hier für den Menschentypus, der Reichtum nicht in der Innenraumerweiterung sucht, sondern im Sichvollstopfen mit Inhalten, die für lückenlose Selbstfüllung sorgen.

Flüchtigkeit, zum Element ausgeweitet, schließt einen Kompromiß zwischen dem Flüssigen und dem Toten. In ihm bewegen sich Menschen, die weder den Mönch noch das Weltkind in sich entdecken. In einem Gespräch mit Boris Groys hat der russische Avantgarde-Künstler Ilya Kabakow zu Protokoll gegeben:

> »Bei mir ist einfach die Bereitschaft sehr entwickelt, mich nicht an meinem Platz zu fühlen. Es war mir immer ein besonders angenehmes Erlebnis, irgendwo nicht zu sein. Wenn ich verreise, dann macht mich schon der Vorgeschmack dessen glücklich, von hier fortzufahren. Das ist offensichtlich ein infantiles Trauma durch den mangelnden Wunsch, auf die Welt zu kommen. Die Welt, in die ich geboren wurde, und meine Gestalt, in der ich geboren wurde, lassen mich zutiefst unbefriedigt. Ich mag mein Äußeres nicht, und ich identifiziere mich nicht mit ihm. Ich weiß noch, als ich mein Profil zum ersten Mal im Spiegel sah, stöhnte ich buchstäblich auf vor Schmerz: ich konnte nicht fassen, daß das ich bin. Das ist der Wunsch, vor meinem Körper, vor meinen Sachen, aus meiner Wohnung wegzulaufen…
>
> Ich habe kein Zuhause, ich fühle mich immer im Zustand des Transits. Von einem solchen Menschen sagte man oft: ihm ist nirgends wohl.«[1]

Statt eines Kommentars konfrontiere ich diese Äußerung mit einem zeitlich fernen Echo, das dem Bewußtsein des modernen Künstlers wie aus der Nähe antwortet, und einem zeitlich nahen Gegenstück, das von ihm milchstraßenweit entfernt ist. In einer manichäischen Kosmo-

---

1 Ilya Kabakow, Boris Groys, *Die Kunst des Fliehens*, München 1991, S. 119/120.

gonie, die Theodor bar Koni im 7. Jahrhundert refe-
rierte, heißt es:

> »Es nahte sich der glänzende Jesus dem naiven Adam
> und erweckte ihn vom Todesschlafe, damit er erlöst
> werde von den vielen Geistern... so war es auch mit
> Adam, weil der Freund ihn fand, wie er in tiefen Schlaf
> versunken war. Er weckte ihn, gab ihm Bewegung,
> machte ihn munter und trieb den Irrgeist aus ihm...
> Darauf prüfte Adam sich selbst und erkannte, wer er
> war. Und er zeigte ihm die Väter der Höhe und seine
> Seele, wie sie in alles geworfen war... verschlungen
> von denen, die verschlingen, verschluckt von denen,
> die verschlucken...
>
> ...Er richtete ihn auf und ließ ihn vom Baum des
> Lebens kosten. Darauf wurde sehend und weinte
> Adam und schrie mit lauter Stimme wie ein brüllender
> Löwe. Er raufte sich die Haare, schlug sich an die Brust
> und sprach: ›Wehe, wehe über den, der meinen Leib
> gebildet, und den, der meine Seele gefesselt hat‹...«[1]

Das ferne Echo klingt an in den Schlußstrophen von
Goethes Gedicht »An den Mond«.

> Selig, er sich vor der Welt
> Ohne Haß verschließt,
> Einen Freund am Busen hält
> Und mit dem genießt,
> Was von Menschen nicht gewußt
> Oder nicht bedacht,
> Durch das Labyrinth der Brust
> Wandelt in der Nacht.

1 Vgl. *Die Gnosis*. Dritter Band. *Der Manichäismus*, hg. von Alexander Böhlig,
Zürich und München 1980, S. 107/108.

III

Wozu Drogen?
Zur Dialektik von Weltflucht und Weltsucht

> Oh wer erzählt uns die ganze Geschichte der Narcotica! –
> Es ist beinahe die Geschichte der »Bildung«, der soge-
> nannten höheren Bildung.
>
> Friedrich Nietzsche,
> *Die fröhliche Wissenschaft* 86

1. Kulturgeschichte als Entzugsgeschichte

Vor zweieinhalbtausend Jahren hat der platonische Sokrates einen Vorbehalt gegen den Enthusiasmus ins philosophische Argumentieren eingeführt, dessen Folgen
bis auf den heutigen Tag schwer zu überblicken sind.
Nicht jede Überwältigung durch sogenannte göttliche
Kräfte darf in der Zukunft als wahren Einsichten günstig
gelten. Nur aus den seltenen Fällen philosophischer Manie – dem vom Eros bewirkten Heimweh nach dem
Wiedersehen mit der Ideensphäre – erwachsen, Plato zufolge, noch wahrheitsförderliche Wirkungen; alle anderen Besessenheiten und »Einflüsse« sind als Trübungen
der Seele und ihrer Urteilskraft zu verwerfen. Aus dem
platonischen Vorbehalt bei der Scheidung der Begeisterungen wurde in der Schule des Aristoteles und seiner
Nachfolger ein wenn nicht förmliches, so doch fakti-
sches Enthusiasmusverbot. Philosophie wird von da an
mehr Wissenschaft als Erleuchtungskunde, mehr das

Vorangehen auf gesicherten Gedankengängen als das Untergehen im schönen Wagnis der Begeisterung. Um Wahrheitsansprüche anzumelden, genügt es für Leute vom Fach seither nicht mehr, sich auf den Gott zu berufen, der sie als Mundstücke benutzt; sogar ein Philosoph, der pokuliert, hat trotz *veritas in vino* keinen privilegierten Zugang zu den besseren Gründen. Seit Sokrates auf dem ominösen Symposion die Argumente seiner poetischen Vorredner als bloße Eingebungen der Begeisterung verwarf, hat das ekstatische Reden unter Philosophen nur noch wenig Kredit – denn philosophieren soll, auch wenn von beflügelten Themen die Rede ist, durchweg argumentieren bedeuten, und argumentieren heißt nüchtern reden. Die Arbeit der athenischen Akademie gründet in dem theoriehygienischen Vorsatz, nur mit trockener Seele eine Brücke zur Anschauung letzter Gründe zu bauen. Wer sich dieser anti-enthusiastischen Prohibition nicht unterwerfen mag, soll es weiter mit dem traditionellen Gemisch von Rausch und Religion, von Hörensagen und Bewußtseinstrübung versuchen – die Akademie aber ist stolz darauf, sich von den launischen Gnaden der seelischen Ausnahmezustände freigemacht zu haben; sie will das Land der Wahrheit ohne Drogen und andere illegale Transportmittel durchqueren. Seit Aristoteles gehört zum Ehrenkodex der argumentierenden Gemeinschaften die Überzeugung, daß es besser sei, nüchtern in die Irre zu gehen, als droguiert mit den äußersten Einsichten herauszurücken.

Dieser Rückblick ist vielleicht nicht ganz unnütz, wenn es darum geht, die Sorgen der gegenwärtigen westlichen Gesellschaften um ihre süchtigen Mitglieder in einer historisch erweiterten Perspektive zu verstehen. Auch die aktuellen Feldzüge gegen die Drogen, seien sie

therapeutisch, religiös, polizeilich oder juristisch angelegt, verdienen es, als Teil eines komplexen psychohistorischen Dramas gedeutet zu werden. Der Sinn dieser
Kampagnen wird erst klar, wenn man sich vergegenwärtigt, daß sie Teil einer Titanenschlacht zwischen Rausch
und Nüchternheit sind, die seit mehreren Jahrtausenden
die Geschichte der höheren Kulturen skandiert. Im
Kampf um das richtige Maß der Nüchternheit, verbunden mit dem richtigen Maß an Begeisterung oder »Mission«, vollzieht sich eine Art Tiefenweltkrieg in der
Kultur – ein Krieg mit verworrenen Fronten und camouflierten Allianzen allenthalben. Ausgetragen wird
dieser Streit der Individuen, Völker und Zivilisationen
um die Erträglichmachung des schweren, allzuschweren
Lebens in den zerklüfteten Verhältnissen der sogenannten Hochkulturen. In diesen unwillkürlichen Riesenkämpfen versuchen Menschen seit langem, das unverhältnismäßig schwer gewordene Gewicht der Welt zu
manipulieren: indem sie es teilen und gemeinsam tragen;
indem sie es durch Bedürfniseinschränkung reduzieren;
indem sie es auf andere abwälzen; indem sie es, nicht
zuletzt mit Hilfe von Rauschmitteln, in der Betäubung
vergessen und überfliegen. Gewiß, ein beträchtlicher
Teil der Menschheit empfand und praktizierte unmittelbar und immer die rebellische Wahrheit des Fichteschen
Satzes: »...denn das vernünftige Wesen ist nicht zum
Lastträger bestimmt.«[1] Das Nichtschwerwerdenwollen
unter Lasten hat sich ja zum Rückgrat des Freiheits- und
Selbstbestimmungswillens herausgebildet. Gleichzeitig
bot ein anderer, wohl größerer Teil der Menschheit seine
ganze Vernünftigkeit dazu auf, sich mit Geduld unter das
Weltjoch zu beugen; der zur Vernunft gebrachte und

1 J. G. Fichte, *Die Bestimmung des Menschen*, Hamburg, S. 105.

nüchtern gemachte Mensch richtete sich darauf ein, dem
Dasein die Bedeutung einer Gehorsamsübung gegenüber dem Unvermeidlichen und Unveränderlichen zu
geben.[1] Man muß sich hüten vor dem Irrtum, in diesen
Haltungen nur eine Sherpa-Metaphysik östlichen Typs
zu sehen. Der herrschende Begriff vom erwachsenen
Menschen enthält auch in westlichen Breitengraden eine
starke Dosis dieser Gehorsamstheorie; in ihr überlebt bis
heute stoisches Erbe. Wo dieses noch aktiv ist, dort
bleibt die Überzeugung von der Grundgüte der Welt und
daher von der Zumutbarkeit des Wirklichen in Kraft.
Wäre es anders, so müßten die Angehörigen der therapeutischen Berufe, Drogentherapeuten voran, ihre Praxen schließen. Denn sie haben alle nur solange ein Recht,
diese zu betreiben, wie sie glaubwürdig als Anwälte eines
hinreichend nüchternen Realitätsprinzips in einer hinreichend guten Welt auftreten können. Wie sonst wollten
sie ihre Dienste gegen die falschen Himmelfahrten der
Droge anbieten?

Im allgemeinen sind Philosophen nicht dafür bekannt,
daß sie zu Fragen des Rausches und der Droge viel zu
sagen hätten. Ihre Reputation beruht auf ihrer Abstinenz
von den süßen Giften des Lebens und auf ihrem metho-
dischen Trotz, der alle schnellen Überzeugungen ver-
wirft. Landläufig und richtig hält man Philosophen für
Leute, die jede äußere Überwältigung des Verstandes für
unzulässig erklären. Kennten sie so etwas wie eine Be-
rufsehre, so entspränge diese daraus, daß sie es sich mit
ihren Meinungen schwerer machen als andere Leute.[2] In

---

1 Vgl. in diesem Band die Abhandlung »Das umzingelte, das harte, das depri-
mierte Selbst« im ersten Kapitel, S. 47 ff.
2 Cicero bemerkt hierzu in *De inventione*, es komme darauf an, über keinen
Gegenstand *temere atque arroganter*, blindlings und anmaßend, zu urteilen.

gewisser Hinsicht ist das Philosophieren nichts anderes
als die Prozeßform von Nüchternheit. In solcher Sicht
könnten Philosophen allenfalls Akteure im Kampf gegen
Ausnahmezustände der Psyche und Verirrungen der Vernunft abgeben, kaum aber zuständige Partner für ein
Gespräch über die süchtige Konstitution des Menschen.

Fruchtbarer verspricht der philosophisch-therapeuti-
sche Dialog zu werden, wenn man im anfänglichen philosophischen Denken selbst das Äquivalent zu einem
Rausch- und Suchtphänomen erkennt. Dies setzt voraus, daß wir gewisse ekstatische und enstatische Zustände, die bekanntermaßen in den höheren Registern
philosophischer Meditation auftraten, nicht länger in
die mystische Ecke verbannen, sondern sie als innerste
und typischste Angelegenheit des klassischen philosophischen Denkens begreifen. Nach dieser Konzession
zeigt sich die Reserve gegen den Enthusiasmus in einem
veränderten Licht; Metaphysik und Drogentheorie, Ontologie und Endokrinologie leuchten sich mit einem
Mal gegenseitig an; Erkenntnistheorie und Ekstatik
sind nicht länger gegeneinander abgeschirmte Bereiche.
Gäben wir zu, daß die Grundform »großer« philosophischer Theorie sich einst notwendigerweise als metaphysischer Monismus präsentieren mußte, so erhellte
daraus, daß der Gipfel philosophischer Einsicht, der
apex theoriae als Aufstieg ins entsprachlichte Eine, nicht
ohne Verrückung des Subjekts in einen illuminierten
Ausnahmezustand erreicht wird. Der »Augenblick der
Wahrheit« könnte somit – im Rahmen eines monistisch
ausgelegten Universums – nur eintreten, sofern das Subjekt sich dazu bereit gemacht hat, in einer Einheitsvision
»zu Grunde« zu gehen. Ohne Verzückung keine Erste

Philosophie. Eine theoretisch adäquate Deutung solcher Zustände bleibt allerdings auf eine Zeitverschiebung angewiesen und findet naturgemäß erst nachträglich zu einer artikulierten sprachlichen Form. Mit ihr setzt die immerwährende Arbeit der Zweiten Philosophie ein. Diese versucht, in logisch übersichtlicher Weise darzulegen, was *in actu* jenseits der Rede steht. Die Versprachlichung des mystischen Monismus wäre die Klippe, an der sich von alters her der philosophische Enthusiasmus brechen mußte. Was in der Akademie und ihren Nachfolgerinnen betrieben wurde, war also von Anfang an Zweite Philosophie, die von der Ersten redet. Als Plato sagte, es habe früher echte Weise gegeben, heute dagegen nur noch Amateure der Weisheit, da machte er keine Aphorismen, sondern plauderte das Geheimnis des Metiers aus.[1] Er berief sich dabei wohl auf eine mündliche Überlieferung aus den Zeiten ekstasemächtiger Meister, die im älteren Griechenland als Schamanen oder Iatromanten bekannt waren. Die Philosophie entstand, als die Nachfahren der Zauberer in die Polis einwanderten und sich an Regeln städtischer Mittelbarkeit und Gesprächigkeit anpassen mußten. Indem die Ekstatik sich der Rhetorik unterwarf, entwickelte sich eine Zivilmagie, deren Schüler als Politiker, Psychologen, Redner, Erzieher und Juristen scheinbar ganz ernüchterten Berufen nachzugehen begannen. Immerhin soll es in Platos Leben noch fünf, sechs Momente gegeben haben, in denen auch er, der vornehm distanzierte Literat und Logiker, sich nicht in der Nachdenklichkeit befand, sondern in der Illumination. Aber wie immer es mit den

---

1 Etwas von dem Geheimnis dieses Unterschieds schien zuletzt auf im Deutschen Idealismus, der den Gegensatz zwischen erleuchteter Synopse und argumentativer Sequenz methodisch bearbeitete.

Gipfelerfahrungen der alten Denkmeister *in persona* bestellt gewesen sein mag; ihre diskursive Arbeit wäre,
unter solchen Prämissen betrachtet, zunächst nichts anderes gewesen als die nachträgliche Selbsterfassung und
-ernüchterung einer initialen undeutlichen Erleuchtung.
An den eigenen Formulierungserfolgen nüchtern werden
zu müssen, wäre somit das immanente Schicksal, das
die Philosophie in ihrem Fortgang an sich selbst vollstreckt.

Diese Ernüchterungsarbeit schreitet *grosso modo* in
zwei großen Schüben voran. Im ersten schafft sich die
vernünftige Ekstase eine Selbstauslegung mit Hilfe der
Metaphysik als theologischer Ontologie; sie entwickelt
hierbei eine Routine großer Gedanken, die sich von Aristoteles bis Leibniz und Hegel in einigermaßen wiedererkennbaren Formen reproduzieren; die akademische
Skepsis der Alten tendiert allerdings schon in spätantiker
Zeit dahin, den großen Thesen ihre Macht zu nehmen;
sie zog es vor, in neutraler Distanz zwischen den Schul-
meinungen zu schweben. In der zweiten Phase zerstört
die weiter ernüchterte Vernunft ihre metaphysischen
Hochbauten und mündet zuletzt in einer völligen Abstinenz von hohen Thesen – nun will sie sich von einem
aufgeklärten Alltagsdenken nicht mehr unterscheiden.
Nur so ist es möglich, daß etwas, was bei Parmenides
begann, bei Wittgenstein endet. Es scheint, daß der philosophische Enthusiasmus in seiner Frühzeit nicht anders konnte, denn als Theologie oder als Lehre von den
Ersten Dingen aufzutreten. Die erste Entdeckung des
Geistes – um Bruno Snells schöne Formel aufzunehmen – vollzog sich in der Sprache eines epiphanischen
Idealismus, der sich noch gern anmerken ließ, daß hinter
den menschlichen Worten letztlich göttliche Einstrah-

lungen am Werk waren. Einer durchnüchterten Theorie
sind solche Anzüglichkeiten nicht mehr erlaubt. Philo-
sophierende Individuen der Gegenwart müßten, selbst
wenn sie in eigener Sache mystische Zustände zur Sprache bringen wollten, es erst einmal lernen, nüchtern über
die Ekstase zu reden, und das heißt: im Rahmen einer
allgemeinen Physik der Erkenntnis eine Biologie der
außerordentlichen Zustände voranzubringen. Da wir in
einer Epoche der zweiten Entdeckung des Geistes leben,
wäre ein spekulativer Endomorphinismus der den
wissenschaftlich beobachteten Ausnahmezuständen der
Psyche am ehesten angemessene Ansatz. Man müßte die
Transmittersubstanzen, die die Zustände der erlebten absoluten Vereinigung steuern, eines Tages bei ihrem chemischen Namen nennen; mehr noch, man hätte dieses
Nennenkönnen selbst als eine Leistung des Gehirns oder
des schöpferischen Universums oder der holographi-
schen Totalität auszuweisen – eine Forderung, die auf eine
Art von biochemischem Brahmanismus hinausliefe.

Nun braucht man keine besonders präzise Einsicht in
den Schul- und Forschungsbetrieb heutiger Philosophie
zu haben, um zu wissen, daß in ihr von allem die Rede
ist, nur nicht vom Endomorphinismus der Spekulation;
sie will gewiß von allem etwas verstehen, nur nichts von
der Herstellung und Aufhebung der Differenz zwischen
Selbst und Sein mittels endokrinologischer oder chemo-
noëtischer Mechanismen. Kein Zeitalter war je so weit
davon entfernt, zu erwägen, geschweige denn zuzugeben, daß der mystische Monismus das zu bewältigende
Pensum des philosophischen Denkens sei. Die zeitgenössischen Theoretiker sind eher stolz darauf, auch die
letzten Spuren der Ekstase und ihres theologischen Ab-
glanzes in sich auszumerzen. Sie genießen es, dem Geist

der in sich ruhenden Ernüchterung zum Sieg zu verhelfen. Das ganze Fach präsentiert sich heute in vollendeter
und selbstbewußter Rauschlosigkeit – wie das durchthe-
rapierte Subjekt einer epochenübergreifenden Entzie-
hungskur. Es ist ihm sogar gelungen, die Kur selbst zu
vergessen, so daß es für Leute von der Zunft schon keinen Sinn mehr macht, von All-Einheit, Epiphanie,
Selbstanschauung des Göttlichen und dergleichen anders
als in historischer Hinsicht zu sprechen. Dem Enthusiasmus begegnet das Metier mit Ironie und Anführungszei-
chen. Man kann fast schon definitorisch sagen, daß ein
Philosoph jemand ist, der *nicht* weiß, was hohe Zustände
in der Kontemplation sind. Dem zeitgenössischen Theo-
riebetrieb ist das Gespür dafür abhanden gekommen,
daß zwischen Hochgefühl und Selbstbezug einst eine
tiefe Entsprechung wahrgenommen wurde. Als Aristoteles – wahrhaftig kein Schwärmer unter den antiken
Köpfen – vom sich selber denkenden Denken sprach,
war immer noch zumindest ein Echo einer fernen Gipfel-
erfahrung im Raum; noch waren Logik und Ekstase
nicht völlig voneinander entfremdet – ein gemeinsamer
Himmel, und wenn es der von Eleusis und seiner initiatischen Drogen gewesen wäre, spannte sich über beide
Pole. Blickt man auf den enthusiastischen Faktor der älteren Philosophie zurück, so läßt sich aus dem Befund
der neueren eine lehrreiche Folgerung ziehen. Es zeigt
sich, daß auch die Philosophie, als Disziplin verstanden,
psychohistorisch nicht aus der Reihe tanzt und daß auch
sie mit ihren Mitteln die Gesamttendenz des Zivilisationsprozesses vollstreckt. Zivilisation westlichen Stils
ließe sich unter diesem Blickwinkel interpretieren als
Prozeß der Durchsetzung von Ersatzdrogen – unter Tilgung des Bewußtseins davon, daß es sich um Ersatzdro-

gen handelt. Um so hilfloser wird eine fortgeschrittenere Gesellschaft vor dem Einbruch »harter« Drogen stehen. Vielleicht ist der Augenblick nicht mehr fern, in dem die gesamte Geschichte der menschlichen Kultur unter einem ersatzdrogentheoretischen Titel erzählt werden könnte: Am Anfang war Entziehung.

2. Heilige Drogen

Zu Beginn jedes kritischen Nachdenkens über die Quellen menschlichen Drogengebrauchs müßte eine moderne Denkgewohnheit geopfert werden. Die historische Drogenforschung hält die für zeitgenössische Menschen erstaunliche Lektion bereit, daß die Assoziation von Droge und Sucht im wesentlichen eine neuzeitliche Verknüpfung darstellt. Um die ältere Realität des Drogengebrauchs zu verstehen, wäre es notwendig, die vorherrschende unheilige Allianz von Droge und Sucht aufzusprengen und beide als grundverschiedene Größen zu begreifen. Die Herausforderung der Sache an zeitgenössische Forscher besteht darin, mit Hilfe von historischer Einbildungskraft zurückzugehen in eine Epoche, in der die Drogen überwiegend als Vehikel eines ritualisierten metaphysischen Grenzverkehrs fungierten. Der rituell gehegte Gebrauch von Drogen gehört in psychohistorischer Sicht zu dem untergegangenen Weltalter des Alten Mediumismus.[1] In diesem begreift sich das

1 Mit der Großschreibung von »Alt« möchte ich andeuten, daß es sich hierbei um einen psychohistorischen Epochenbegriff handelt wie Altsteinzeit oder Altes Reich. Die Geschichte des Seelischen als Geschichte des Mediumismus oder als Strukturwandel der Besessenheit insgesamt darzustellen, wäre zur Zeit wohl das wichtigste Desiderat einer Kulturgeschichte in philosophischer Absicht. Eine solche hätte vor allem herauszuarbeiten, daß die sogenannte Hoch-

menschliche Innere, sofern es überhaupt schon abge-
grenzt ist, nicht so sehr als eine in sich geschlossene und
selbstgesetzliche Seelensphäre[1], sondern als Erschei-
nungsraum und Bühne für Ankommendes, Eintretendes, Durchgehendes. Anders als beim *homo clausus* der
neuzeitlichen Individualitätsauffassung bedeutet Subjektivität im Zeitalter der sakralen Drogen eine erhöhte
Verfügbarkeit oder Zugänglichkeit für das Nicht-Immer-
Manifeste und doch äußerst Wirkliche, das sich in psychischen Ausnahmezuständen zu enthüllen pflegte. Das
menschliche »Innere« öffnet sich und bildet sich heraus
in dem Maß, wie es Klangkörper und Bildschirm ist für
die Epiphanien über- und außermenschlicher Mächte.
Deren sakrale Repräsentanten können jene Stoffe sein,
die in moderner Apothekersprache Drogen heißen. Das
Wort Droge bleibt aber solange eine Fehlbezeichnung,
wie wir sie nur mit einem Interesse an ihrer chemisch-
pharmazeutischen und kulturpolizeilichen Identifizierung auffassen. In der alt-mediumistischen Weltordnung
besitzen die »Drogen« einen pharmako-theologischen
Status – sie sind selber Elemente, Akteure und Mächte
des geordneten Kosmos, in den die Subjekte sich um
ihres Überlebens willen zu integrieren versuchen. Die
pharmazeutischen Helfer werden besonders angerufen
in Zeiten, in denen sich die Individuen krank und entfremdet fühlen. Zu ihnen nehmen Menschen Zuflucht,
wenn sie sich am eigenen und am sozialen Körper davon

kultur, d. h. die Periode monotheistischer Ich-Bildungsgesetze, als Zeitalter
des Mittleren Mediumismus verstanden werden muß; es ist dies die Zeit, in der
Menschen sich nur noch von Einem besitzen lassen dürfen. Aus dem Zerfall
dieser Struktur entsteht der postmoderne Neomediumismus. Vgl. auch in diesem Band die Abhandlung »Das bestimmte, das berufene, das begeisterte
Selbst«, S. 62 ff.
1 Zu deren Entstehung vgl. in diesem Band die Bemerkungen über die sokra-
tisch-platonische Lehre und den psychischen Perfektivismus, S. 177 ff.

überzeugt haben, daß eine Störung der globalen Harmonie vorliegt. Die psychotropen Stoffe dienen also nicht der privaten Berauschung, sondern fungieren als Reagenzien des Heiligen, als Türöffner der Götter. Ernst Jünger hat einen bedeutsamen Aspekt früher Drogenpraktiken formuliert, als er in den durch sie induzierten Räuschen einen »Siegeszug der Pflanze durch die Psyche« erkennen wollte.[1] Der Ausdruck bringt das Prinzip medialer Durchlässigkeit gut zur Geltung, das zu den archaischen prä-autonomistischen Subjektverfassungen gehörte. Er verzerrt aber mit seinem Akzent auf dem Wort »Sieg« das Wesen des Durchgangs selbst; sakrale Kräuter, Pilze und Extrakte haben auf menschlicher Seite weder etwas zu gewinnen noch zu verlieren; worum es geht, ist ein Wiederherstellungszauber, der den von den Pflanzen gewährten Rausch bemüht, um die menschliche Teilhabe an der Integrität der Welt wiederzuerlangen.

Mit dem Wort Integrität wird etwas angemeldet, was für Menschen der Frühzeit so plausibel wie für uns schwer zu fassen ist: ein Anspruch auf die Entsprechung von Heilung und Heiligung. Auch inmitten der gegenwärtigen Renaissance magischer Alternativmedizinen bleibt dieser Zusammenhang so dunkel wie je. Bis in welche Höhenlagen in alter Zeit die Idee des göttlichen Pharmakons reichte und wie heilig von der Heilung selbst gedacht werden konnte, mag ein brahmanisches Opferlied aus dem *Rigveda*, einer der ältesten Sammlungen indischer Sakralhymnen, bezeugen.

Vom süßen Lebenselexier habe ich verständig
genossen,
Das gute Gedanken anregt und Nöte vertreibt,

---

1 Ernst Jünger, *Annäherungen*, Stuttgart 1978, S. 44.

An dem sich Götter und Sterbliche gemeinsam
                                      ergötzen,
Die die süße Nahrung »Honig« nennen…
Wir haben Soma getrunken, wir sind Unsterbliche
                                      geworden.
Wir sind zum Licht gelangt, wir haben die Götter
                                      gefunden.
Was kann Feindschaft uns antun? – Was, o
                                      Unsterblicher
        (Trank) eines sterblichen Mannes Absicht?…
Der Hüter unseres Leibes bist, o Soma, du,
In jedes Glied bist du als Wächter eingegangen…
Leiden entflohen, Krankheiten entschwanden,
Die Mächte der Finsternis sind erschreckt.
Mit Macht ist Soma in uns emporgestiegen;
Jenen Anfang haben wir erreicht, wo sich der
                                      Menschen Leben verjüngt
Verbunden mit den Vätern hast du, o Soma,
Dich über Himmel und Erde ausgedehnt.
Dir, du Saft, wollen wir mit Opfern dienen,
Auf daß wir Herren der Reichtümer werden.[1]

Auch wenn wir in die Berufsgeheimnisse der Sanskritolo-
gen nicht eingeweiht sind, können wir in profaner Lektüre zumindest *eine* Pointe des heiligen Textes erfassen:
es gehört offenkundig zur Logik dieser Trankanrufung,
daß zwischen dem berauschenden Göttergetränk und
dem Göttlichen selbst *kein* Unterschied gemacht wird –
zumindest nicht in dem Grad und mit der Schärfe, die
den aristotelischen Unterscheidungen von Substanz und

---

1 Zitiert nach: Mircea Eliade, *Geschichte der religiösen Ideen. Quellentexte.*
  Übersetzt und herausgegeben von Günter Lanczkowski, Freiburg/Basel/Wien
  1981, S. 208 f.

Attribut oder Essenz und Wirkung eigen ist. Gerade
diese Nicht-Unterscheidung läßt erkennen, wie die
sogenannte Droge ohne Rest in die sakrale Sphäre ein-
bezogen wird.[1] Daher kann der Umgang mit ihr von
einem ritualisierten Verkehr mit dem Göttlichen kaum
abgehoben werden. Im übrigen macht der indische Mythos keinen Hehl daraus, daß der Gott Indra einen
gewaltigen Soma-Konsum vorzuweisen hat, so daß allenfalls der Gott, nicht der brahmanische Kleinverbrau-
cher von Vorzeichen eines Suchtproblems affiziert erscheint.

Was auf den ersten Blick ein logisches Problem zu sein
scheint, impliziert eine radikale psychologische Differenz zwischen alter und moderner Ekstase- und Rausch-
erfahrung. Der Trank, der die Qualität Unsterblichkeit
an sich trägt, teilt diese seinen Trinkern, seien diese Götter oder Menschen, kraft einverleibungsmagischer Teilhabe mit. Vermutlich ist historische Phantasie allein
nicht ausreichend, um sich in eine Welt zu versetzen, in
der eine solche Logik in Kraft ist; sofern nicht ein gewisses Maß an spirituellem Abenteurertum hinzutritt, muß
dieses paläopsychologische Feld dem zeitgenössischen
Denken verschlossen bleiben. Nicht zufällig haben wir
den Namen Ernst Jüngers unter denen gefunden, die sich
eine Annäherung an die toxikologischen Mysterien früher Kulturen zugetraut haben. Ich zitiere aus seinem
Werk über Rausch und Drogen eine Passage, in der Jünger, wohl in Anlehnung an Forschungen des Germani-
sten Wilhelm Grönbech, die Beschwörung eines nordi-
schen Trinkgelages versucht.

---

[1] Vgl. Charles Malamoud, *Cuire le monde. Rite et pensée dans l'Inde ancienne*,
Paris 1984, S. 55f.

»So saßen sie also zusammen, um den Wod oder Wotan
zu erwarten...

Das Horn blieb ›das Herz des Gelages‹. Es gehörte
wie das Schwert zu den Kleinoden. Das Trinken hatte
eine tiefere Absicht als die Erinnerung an die Taten der
Väter und Vorväter, selbst als die Beschwörung der
mythischen Welt. Das alles war abzustreifen, es mußte
draußen bleiben mit Hold und Unhold, Heil und
Heillos, während sie beisammensaßen und tranken
wie im Herzen eines hölzernen Schiffes, in dem es
immer stiller und ruhiger wurde, während die innere
Bewegung wuchs.

Nun wird auch die äußere Welt mantisch, vorwei-
send. Geräusche, die von draußen kommen, werden
anklopfend, ankündigend. Das Ohr hört hinter die
Töne: das Bellen der Hunde, der Schrei der Vögel gewinnen weisende Kraft. Der Blick wird anders; er
dringt durch die Wände, auch die des Geschehens,
weit in die Zukunft hinaus... Das Horn ›geht um das
Feuer‹; die Männer saugen Kraft in sich ein, doch nicht
jene Kraft, die den unwiderstehlichen Berserkerzorn
verleiht. Sie flammt nicht von innen nach außen und in
die Schwerter, sie wird nicht lärmend, gewalttätig. Sie
ist eher still und friedlich, doch bedrückend auch. Die
Zeit dehnt sich auf unerträgliche Art. Das heißt nicht,
daß sie lang wird, sondern daß sie sich bis zum Zerreißen spannt. Sie verliert die Dauer und gewinnt
Gewicht. Sie wird schneidend und pressend, wird
Schicksals-, wird Nornenzeit.

So erklärt sich die Stille, die zuweilen ein Stöhnen,
ein Seufzen unterbricht. Hier naht noch Stärkeres als
Heer und Waffen... wirkendes Schicksal graut heran.
Es sind Geburtswehen.

Nicht plötzlich enden sie. Die Stimmen draußen werden leiser, verstummen gar. Das Feuer, um das das Horn ging, brennt ohne Flackern im friedlichen Leuchten, das sich im Herzen der sengenden Flamme verbarg. Nun sind sie eingetreten; jeder fühlt es, jeder weiß es, gleichviel ob er sie gestalthaft wahrnimmt oder im Glanz, den sie ausstrahlen. Nun ist die Zeit nicht mehr.

Das wirkt noch lange in den Gesichtern, den Haaren, den Waffen und Kleidern nach. Auch in den Augen, die weit in das Kommende sehen.

Das erklärt die Furchtlosigkeit. Wer einmal mit ihnen tafelte, dem bleibt die Heiterkeit erhalten bis in den brennenden Saal. Sie wird durch die Flamme hindurchführen...«[1]

Man mag über die Qualitäten dieser Prosa denken, wie man will; deutlich ist jedenfalls, daß wir hier einen Versuch vor uns haben, die Trivialontologie zu durchbrechen, durch die sich die rauschlosen Weltdeutungen eine dogmatische Verfassung geben. Jene verlorenen Welten, in denen es an jeder Ecke, in jedem Zelt, unter jedem magischen Baum geheimnisvoll Ankommendes, Eintretendes und Durchgehendes von der geschilderten oder anderer Art »geben« konnte, unterscheiden sich von der heutigen und unsrigen nicht zuletzt dadurch, daß sie zwar einen elaborierten Gebrauch der Droge, aber keine Drogenprobleme kennen. Wohl traten die extremsten Formen des Rausches auf – von Sucht aber ist in solchen Zeiten, soviel wir wissen, nicht die Rede. Fast könnte man für diese Welten die Faustregel ausgeben: je profunder die Drogenerfahrung, desto unmöglicher die Sucht.

1 Ernst Jünger, *Annäherungen*, Stuttgart 1978, S. 156/157.

Was die Suchttendenzen schon im Ansatz ausschließt, ist
die rituelle Fassung der Ekstase und die sakramentale
Definition der durch die Rauschmittel aufgeschlossenen
Realitäten. Ich verwende den Ausdruck sakramental in
einem stark magisch geprägten Sinn, der über alles hin-
ausgeht, was Europäer, auch wenn sie Katholiken wären,
von ihrer religiösen Alltagserfahrung her noch verstehen. Man kann sich das Gemeinte nur durch ein Gedan-
kenexperiment vergegenwärtigen. Nehmen wir an, die
geweihten Hostien des katholischen Rituals seien mit einem Tropfen von Albert Hofmanns berühmtem Sorgen-
kind Lysergsäurediäthylamid präpariert: dann hätte
auch die Gabe der christlichen Kommunion Anspruch
darauf, mit Soma oder Peyote in einem Atemzug genannt
zu werden. Es gäbe dann wohl auch Christuserscheinun-
gen und Vatervisionen so massenhaft wie eleusinische
Götterhalluzinationen; das Christentum wäre dann eine
synthetische Trancereligion wie brasilianischer Xango
oder Candomblé, erweitert um die Komponenten griechischer Theologie. Damit aber ist das Experiment auch
schon beendet. Wir verstehen jetzt, daß und warum wir
von dem alteuropäischen Schlüsselsakrament, dem
Abendmahl, nicht mehr verlangen können, als unsere
Zivilisation insgesamt zu geben fähig ist. Weil es eine
ganze Welttendenz hin zu nüchterneren Verhältnissen
inkarniert, ist das Abendmahl ein Sakrament der Teilhabe ohne Halluzinationen. Es bietet also mit gutem
Grund katholisch nährstoffarmes Brot für die Laien und
exquisiten Meßwein für den Klerus; es offeriert prote-
stantisch frommes Surrogat in beiderlei Gestalt; das besagt genug über die Richtung, die unsere Zivilisation in
Fragen der Partizipation an der göttlichen Substanz *toto
genere* eingeschlagen hat. Wer hier genau zusieht, dem

entgeht nicht leicht, daß sich die »okzidentale Rationalität« exemplarisch in einem *Sakrament des Entzugs* verkörpert. Das haben *nota bene* schon die Theologen erreicht, lange bevor die Aufklärer kamen, um das Ritual überhaupt abzuräumen. Nach dem Sieg der protestantischen Symboltheoretiker über die katholischen Realpräsenzmystiker in den Eucharistiedebatten des 16. Jahrhunderts wurde vollends deutlich, wie die neuzeitliche Seele aus den Paradiesen der rauschhaften Teilhabe vertrieben wird. Die calvinistische Neuzeit wird nur noch die Mysterien der Ersatzdroge kennen: den Kult des Geldes und des innerweltlichen Erfolgs. Wer an diese Ersatzdrogen nicht herankann, ist nun tatsächlich auf die sogenannten harten Drogen zurückgeworfen. Nicht zufällig sind die Vereinigten Staaten die am meisten von Drogenproblemen aufgewühlte Nation der Erde. Sie sind das Land, das wie kein anderes von Ersatzdrogen lebt. Wer sich nicht mit Erfolg oder Geld droguieren kann, der *muß* sich einfach trösten mit den »chemischen Gnadensubstituten« – wie Aldous Huxley die »realen« Drogen nannte. Heroin ist die amerikanische Ersatzdroge für die Ersatzdrogen Erfolg und Sieg. Aus dem göttlichen Pharmakon, das die Teilhabe an der Seinsweise der Unsterblichen vermittelte, ist in der protestantischen Welt ein narzißtisches Gift geworden, das die Seelen mit Trugbildern von Mission und Auserwählung verdirbt.

3. Der Einbruch der Süchte
Zur Phänomenologie des suchtanfälligen Geistes

Nach diesen notwendigerweise sehr rhapsodischen Hinweisen auf religiöse und paläopsychologische Dimensio-

nen des Drogengebrauchs drängt sich dem modernen
Bewußtsein natürlich die Frage auf, wie die *uns* so spontan erscheinende Verbindung von Droge und Sucht entstehen konnte. Wie war es möglich, daß die Sucht zur
Droge fand? Wodurch erlangten die psychotropen Substanzen den Ruf, »Drogen« zu sein und süchtig zu machen? Wie konnte der objektivistische Schein entstehen,
daß es seelenversklavende suchterzeugende Stoffe als solche gibt? Wodurch konnte der psychologistische Schein
aufkommen, daß es von Natur aus zur Sucht »dispo-
nierte« Individuen gebe? Man wird nicht erwarten, daß
diese Fragen hier eine befriedigende Antwort finden; ich
bezweifle, daß die Kompetenzen heutiger Philosophen
und Psychohistoriker ausreichen, um sich Problemen
dieser Größenordnung mit Aussicht auf Erfolg zu stellen. Was ich im folgenden versuchen will, kann nicht
mehr als eine vorläufige Sondierung des Terrains bedeuten, das sich eine künftige Forschung zur detaillierten
Bearbeitung vornehmen muß.

Damit es zu der typisch neuzeitlichen Assoziierung
von Droge und Sucht kommen konnte, mußten, wie ich
meine, drei Großereignisse in der Geschichte der Subjektivität zusammenwirken, von denen ein jedes einen
Entfaltungsraum von mehreren Jahrtausenden für sich
beansprucht hat. Die Großräumigkeit und Unabge-
schlossenheit dieser Prozesse trägt mit Schuld daran, daß
wir in der Regel keine Distanz zu ihnen gewinnen und
keine perspektivische Ansicht von ihnen erzeugen können. Auf die Gefahr hin, einer spekulativen Überzeich-
nung der Verhältnisse zum Opfer zu fallen, möchte ich
im folgenden drei subjektivitätsgeschichtliche Großtendenzen namhaft machen, von denen unsere sucht- und
drogentheoretischen Überlegungen sich Aufschlüsse
versprechen dürften.

A. das Verstummen der Götter,

B. die Entritualisierung der Überwältigung,

C. das Explizitwerden des Willens zum Nicht-Sein.

Ich will versuchen, den Zusammenhang dieser psychohistorischen Größen zu skizzieren und ihre suchtdynamischen Konsequenzen kenntlich zu machen. Dabei sollte klarwerden, wie sich die drei Tendenzen zusammenschließen zu einer Erzählung vom Heraustreten des menschlichen Einzelbewußtseins in eine neutrale, prosaische, offene und letztlich sinnlose Welt. Es entstünde damit zugleich eine Geschichte, die vom Haltloswerden der Subjekte und von der metaphysischen Obdachlosigkeit des modernisierten Menschenwesens handelt.

A. Das Verstummen der Götter – unter diesem Titel verbirgt sich wohl eine der bedeutungsvollsten Zäsuren der Bewußtseinsgeschichte. Von dieser legen wir uns nur deswegen in der Regel keine deutliche Rechenschaft mehr ab, weil wir selbst Angehörige einer Zivilisation sind, die seit langem vom Götterschweigen geprägt ist.[1] Moderne Menschen sind Leute, die sich vor Offenbarungen in Sicherheit gebracht haben – man kann diese Beobachtung so gut wie definitorisch verwenden. Wir halten unsere homogen prosaische Wirklichkeitsauslegung und unsere alltäglichen nüchternen Innenzustände für so normal und normativ, daß alles andere nur noch als Wahn und Nonsense in Betracht kommt; es gäbe für uns nichts Bestürzenderes als den Einbruch neuer Offenbarungen aus einem Jenseits, das kulturoffizielle Geltungsansprüche erheben wollte. Durch eine dichtgestaffelte Reihe von Regelwerken und Institutionen sprachlicher, psychologischer, juristischer, medizinischer und politi-

---

1 Vgl. Klaus Schneider, *Die schweigenden Götter. Eine Studie zur Gottesvorstellung des religiösen Platonismus*, Hildesheim 1966.

scher Natur haben wir die Psychiatrisierung der epiphanischen Kurzschlüsse zwischen Gott und Individuum
sichergestellt. Wir räumen mit knapper Not ein, daß ge-
sunde Subjekte irgendwie »an Gott glauben« können;
wir sind jedoch absolut sicher, daß nur Kranke Gott oder
Götter sehen und hören. Um überzeugend zu erklären,
wie es zu diesem anti-epiphanischen *status quo* gekommen ist, müßte man die Evolution von Weltbildformen
und Mentalitätsstrukturen über die letzten zwei-, dreitausend Jahre hinweg kontinuierlich nacherzählen können – eine Aufgabe, deren Lösung beim gegenwärtigen
Stand philosophischer und historischer Einsichten un-
lösbar erscheint. Aber wie auch immer man bei einer
solchen großen Erzählung verführe; ob man Julian
Jaynes kühne Spekulationen über das bikamerale Gehirn
weiterführt[1]; ob man sich an Ulrich Sonnemanns und
Thomas H. Machos scharfsinnigen Versuchen zu einer
psychoakustischen Reformulierung der Bewußtseins-
philosophie orientiert[2]; ob man sich inspirieren läßt von
Vorschlägen, die Metaphysik in anthropologische Meta-
phernkunde umzuwandeln[3]; – in jedem Fall muß von der
aktuellen Bewußtseinslage westlicher Menschen ausgegangen werden. Und diese ist unzweideutig, wenn es
darum geht zu statuieren, daß Götter aus der Menge zu-
lässiger und möglicher »Erfahrungsinhalte« definitiv

1 Vgl. J. J., *Der Ursprung des Bewußtseins durch den Zusammenbruch der bika-
  meralen Psyche*, Hamburg 1988.
2 Vgl. Ulrich Sonnemann, *Zeit ist Anhörungsform. Über Wesen und Wirkung
  einer kantischen Verkennung des Ohrs*, in: *Tunnelstiche. Reden, Aufzeichnun-
  gen und Essays*, Frankfurt a. M. 1987. Thomas H. Macho, *Musik und Politik in
  der Moderne*, in: *Die Wiener Schule und das Hakenkreuz*, Wien/Graz 1990;
  ders., *Was denkt? Einige Überlegungen zu den philosophiehistorischen Wurzeln der Psychoanalyse*, in: *Philosophie und Psychoanalyse*, Frankfurt a. M.
  1990.
3 Vgl. Hans Blumenberg, *Paradigmen zu einer Metaphorologie*, Bonn 1960. Er-
  nesto Grassi, *Die Macht der Phantasie*, München 1979.

ausgeschlossen sind.[1] Wir halten es folglich für ausgemacht, daß Göttliches, sollte überhaupt noch in irgend-
einer Weise von seiner »Existenz« die Rede sein können,
grundsätzlich nicht erscheinungsfähig ist.[2] Jede Behauptung einer direkten Epiphanie kann demnach nur durch
pathologische Selbstaffektionen eines Bewußtseinsappa-
rats motiviert sein, der sich selber verführt und miß-
braucht. Über direkten Offenbarungen schwebt heute
die Einsamkeit des religiösen Wahns. – In diesen Überzeugungen resümiert sich ein zivilisatorischer Prozeß
von so hoher Prägekraft, von so hoher Kohärenz und
machtvoller Autorität, daß kein noch so dissidenter Ein-
zelner sich ohne selbstzerstörerische Zugeständnisse an
den Irrationalismus die Freiheit nehmen kann, die Notwendigkeit seines Gesamtverlaufs in Frage zu stellen.
Selbst wenn sich, wie manche glauben, in diesem Prozeß
aufs ganze gesehen etwas für die Gattung Nachteiliges
und Verhängnisvolles durchgesetzt haben sollte, so kämen wir doch nicht umhin zuzugeben, daß es sich um ein
in sich stimmiges Verhängnis gehandelt habe. Die Logik
menschlicher Erfahrungsevolution selbst sanktioniert
die Resultate des für uns bis heute überschaubaren
Geschehens. Wir könnten uns daher unmöglich eine Be-
wußtseinsorganisation zurückwünschen, in der die Götter oder ihre Delegierten in unserem Inneren vorausset-

---

1 Andererseits ist unverkennbar, daß die aktuellen Unruhen an der Front der
 Paranormalitätsforschung zu einer Aufweichung restriktiver Realitätsbegriffe
 beitragen; dies könnte zu einer Relativierung des z. Z. noch vorherrschenden
 Anti-Epiphanismus führen. Die Idee jedoch, daß die Theologie durch einen
 zum Fach ausgebauten Paranormalismus allmählich in den Rang einer Erfah-
 rungswissenschaft erhoben werden könnte, scheint mir sektiererisch.
2 Die Theologie steht daher unter dem Druck, die Nicht-Erscheinung Gottes
 zu positivieren. Vgl. Raimon Pannikar, *Gottes Schweigen. Die Antwort des
 Buddha für unsere Zeit*, München 1992, auch: Martin Buber, *Gottesfinsternis*,
 Zürich 1953.

zungslos ein und aus gehen. Diese Unmöglichkeit bliebe auch dann in Kraft, wenn wir uns davon überzeugen könnten, daß eine erhöhte Verfügbarkeit für Gott oder Götter eine Immunität gegen Süchte bedeutet. Selbst wenn wir wollten, könnten wir Suchtneigungen nicht mehr gegen Götterbesuche und Privatepiphanien eintauschen. Die Ausrichtung des Zivilisationsprozesses an der Stärkung des Ich-Bewußtseins, der Aufrichtung von Kontrollsubjektivität und der Unterdrückung medialer Tendenzen bleibt, von subkulturellen Widerständen abgesehen, insgesamt unumkehrbar. Zu den ungelösten Rätseln der Bewußtseinsgeschichte freilich gehört die Frage, wieso das Subjekt, in dem Maß, wie seine Undurchlässigkeit für Gott und Götter steigt, anfälliger wird für die Überwältigung durch Drogen.

B. Wenn die Götter schweigen, so tritt eine Tendenz zur Dekodierung der Ekstase zutage. Man darf nicht unterstellen, daß der Gebrauch von sakralen Drogen vor zwei- oder dreitausend Jahren mit einem Mal aus der Welt gekommen sei. Was sich jedoch seither allenthalben beobachten ließ, war ein Zug zum Unspezifischwerden der Rauschzustände. Auch in Ekstase verlernten die Menschen mehr und mehr die Dialekte ihrer Götter; auch im Außersichsein der Medien fanden die Götter nicht mehr zu ihrer alten Offenbarungssicherheit zurück. Tatsächlich hatte ein Autor wie Plutarch gute Gründe, den Verfall der Orakel zu beklagen. Rausch und Kult treten auseinander. Noch werden Drogen – jetzt heißen sie zurecht so – eingenommen; noch werden Türen zu ungewöhnlichen inneren Zuständen geöffnet. Aber durch sie treten keine Informanten aus einem Jenseits mehr ein. Nun ist der Weg in den profanen und privaten Drogengebrauch offen, und sobald dieser betreten wird, geht es fast unaufhaltsam in die Sucht- und Säuferhöhlen hinunter. Individuen, die früher zum Medium getaugt hätten, sind fortan besonders gefährdet, den nicht-informativen Ekstasen zum Opfer zu fallen. Es wird für immer denkwürdig bleiben, daß gerade Zivilisationen mit einem sehr alten und elaborierten Umgangswissen hinsichtlich psychotroper Substanzen sich nach dem Zusammenbruch ihrer kulturellen Integrität binnen kürzester Zeit durch Alkoholismus ruiniert haben.

Wenn die Ekstase uninformativ wird, weil die Götter offenbarungsmüde sind und die Rauschbilder ihre Profilschärfe verlieren, dann setzt sich ein flacher und entritualisierter Umgang mit den mächtigen Substanzen durch. Sobald die rituellen Halterungen fallen, die dem Subjekt beim Gebrauch sakraler Drogen den Rücken stärkten, findet sich dieses in einer ungeschützten Direktbeziehung zu dem vor, was aller Erfahrung zufolge stärker ist als das profane Selbst. Zu den tragischen Lektionen der Droge gehört es, daß sie es dem Menschen verbietet, ein Privatverhältnis zum Überwältigenden aufzubauen. Unter Bedingungen des Privatkonsums nämlich erfüllt jede psychotrope Substanz früher oder später die Definition des Dämonischen. In der Beziehung zum Dämon verliert das Subjekt seinen Willen an den stärkeren Partner. Zwar muß jedes Individuum, wenn es nicht der prosaischen Austrocknung erliegen will, sich in ein bewußtes Verhältnis zu dem bringen, von dem es weiß, daß es stärker ist als es selbst. Der Sinn religiöser Institutionen lag nicht zuletzt in der Hegung dieses Bezugs zur Übermacht; durch ritualisierte Partizipation und durch Kodifizierung von Loyalitätsverhältnissen zwischen Göttern und Sterblichen wurde das schwächere Element mit dem stärkeren auf eine vorsichtige und vorteilbringende Weise verbunden. Wenn aber das Subjekt seine Exkurse in die Ekstase decodiert und in den Sog des privaten und entritualisierten Konsums mit seinen bösen Wiederholungszwängen gerät, bricht sich eine degenerative Tendenz Bahn. Manchmal halten familiäre Schutzgeister noch ihre Hand dazwischen und holen den Süchtigen aus seiner chemischen Weltlosigkeit in eine gemeinsame Sphäre zurück; der bekannte Filmtitel »Mütter gegen die Mafia« benennt eine in dieser Hinsicht signifikante Konstellation. Wo dergleichen entfällt, schlägt die privatisierte Teilhabe am Stärkeren in eine maligne Überwältigung um. Der Weg zum Ausagieren von Spannungen aus den Kraftfeldern des Primärmasochismus ist frei; das Subjekt wird abhängig von den Hochgefühlen der Vernichtung und von der rauschhaften Empfindung beschleunigter Verbrennung. (Man hat ja sagen können, daß Süchtige sich von Nüchternen in der Moderne nur dadurch unterscheiden, daß sie sich für eine höhere Selbstzerstörungsgeschwindigkeit entschieden haben.) Es sitzt von da an in der Falle, sofern es zum schwachen Teilhaber einer Überwältigungsbeziehung geworden ist. Sein legitimes Verlangen nach Teilhabe an einer Quelle von Kräftigungen und Erhöhungen führt im privaten Konsum von Rauschgiften zu einer dämonischen Platzvertauschung. Statt an der Kraftquelle zu saugen, wird es selbst zum Gesogenen; es entleert sich zugunsten des Überwältigenden, von dem es zuvor gefüllt werden wollte. Diese Sog-Umkehrung gehört zu den Merkmalen der Sucht, an denen sich deren Herkunft aus mißratener Metaphysik am deutlichsten ablesen läßt.[1]

1 Beobachtungen dieser Art werden in merkwürdiger Einmütigkeit von den ver-

Damit wird deutlich, daß jeder Fall von Sucht eine Aussage über die Schwierigkeiten des Weltaufbaus in modernen Zeiten enthält. Gerade dort, wo die Subjekte ihre Rechnung mit dem Überwältigenden zu begleichen haben, lassen die modernen Kulturtendenzen zur Entritualisierung der Lebensformen und zum konsumistischen Individualismus ein Einfallstor für alle möglichen Suchttendenzen offen. Mit allem, was stärker ist als sie selbst, sind moderne Individuen tendenziell allein – allenfalls schließen sie nachträglich Bündnisse unter in gleicher Weise »Betroffenen«. Sie sind zunächst prädestinierte Opfer für zahllose Formen des Subjektwechsels und der Sogumkehrung. Das haben die Chefs der Mafia und die Häupter politischer Sekten besser begriffen als die Sozialpsychologen und Therapeuten. Wie der Psychiater Harold Searles einmal bemerkt hat, daß jeder Verrückte ein von jemand Verrücktgemachter sei, so könnte man analog hierzu den Nachweis antreten, daß jeder Fanatiker ein Fanatisierter und jeder Süchtige ein von jemandem Ausgesogener ist. In jeder Sucht ist das Motiv am Werk, daß das Subjekt die Souveränität über das, was es füllt, verloren hat. Über dem Süchtigen schwebt eine Macht, die sich schlechthin durch nichts ersetzen lassen will: ich bin deine Herrin und deine Füllung – du sollst keine andere Füllung haben neben mir. Der drogenerfah-

schiedensten Kommentatoren geteilt. Jacques Derrida bemerkt: »Seit sich der Himmel der Transzendenzen entvölkert, rückt eine fatale Rhetorik in diese Leerstelle ein, und dies ist der toxikomanische Fetischismus.« (*The Rhetoric of Drugs*, in: *1-800-Magazine*, No. 2, Spring/Summer 1991, S. 36.) Kardinal Ratzinger schreibt: »Die Droge resultiert aus der Verzweiflung an einer Welt, die als der Kerker der Tatsachen empfunden wird, in dem der Mensch es auf Dauer nicht aushalten kann ... Die Droge ist die Pseudomystik einer Welt, die nicht glaubt, aber den Drang der Seele nach dem Paradies dennoch nicht abschütteln kann ...« In: Joseph Kardinal Ratzinger, *Wendezeit für Europa. Diagnosen und Prognosen zur Lage von Kirche und Welt*, Freiburg 1991, S. 14–15.

rene Dichter Charles Baudelaire hat vor über hundert Jahren die Empfindung protokolliert, »daß er von der Pfeife geraucht wurde« – ein Satz, der sich zwischen Einverständnis und Panik merkwürdig in der Schwebe hält. Er klingt zugleich entsetzt und zufrieden, als habe sich Baudelaire nicht entscheiden mögen, ob für den zivilisierten Menschen die Selbsterhaltung oder die Selbstaufgabe das größere Verhängnis sei.

C. Das Auftauchen des Willens zum Nichtsein – ich fürchte, es wird ein prekäres Unternehmen bleiben, die dritte der oben erwähnten subjektivitätsgeschichtlichen Großtendenzen explizit zur Sprache zu bringen. Auch für eine ätherische und mit Negativitäten übende Disziplin wie die moderne Philosophie ist es nicht unverfänglich, von Dingen wie diesen zu sprechen, weil es sich offenbar um eine verbotene Zone des Nachdenkens handelt. Außerdem ist es stets mißlich, gleichsam mit dicken positiven Fingern auf die »Dimension« der menschlichen Existenz zu zeigen, die sich vom Sein ins Nichtsein »erstreckt«.[1]

Nach der Sprachregelung der maßgeblichen philosophischen Existenzdeutung heute sind Menschen Wesen, von denen zu sagen ist, daß sie In-der-Welt sind. In wel-

---

[1] Daß es ebenso viele Typen der Aufhebung von Wirklichkeit gibt wie Typen kultureller Wirklichkeitssetzungen, hat Vilém Flusser klar gesehen: »Immer und überall haben die Rauschmittel die kulturelle Struktur gespiegelt, zu deren Verneinung sie dienten. So spiegeln die Opiate des Fernen Ostens die Struktur des Buddhismus, nämlich negative Erleuchtung. Eine Analyse der Tatsache, daß der Islam Haschisch gestattet und Alkohol verbietet, während bei uns das Gegenteil der Fall ist, würde eine ähnliche Spiegelung zutage fördern. Dasselbe gilt für mexikanische Pilze, obwohl in Mexiko, soweit wir erkennen können, der Rausch eine andere Rolle spielt als in den übrigen uns bekannten Kulturen. Das Ziel der mexikanischen Kultur – und vielleicht der westlichen Indianerkulturen überhaupt – scheint die eigene Negation durch den Rausch zu sein. Deshalb faszinieren uns diese Kulturen gegenwärtig.« In: V. F., *Nachgeschichten. Essays, Vorträge, Glossen*, Düsseldorf 1990, S. 146/147.

chem Sinn haben wir hier die Präposition »In« zu verstehen? Was meint der Ausdruck »In«, wenn er als Teil der großen Formel vom In-der-Welt-Sein auftritt? Sind wir in der Welt so, wie wir in diesem Zimmer sind? – das seinerseits in dieser Stadt ist, die in diesem Land ist, das auf diesem Planeten ist, der in diesem Universum ist? Offenkundig ist es für uns ein Leichtes, uns räumlich zu lokalisieren und uns in immer größere Behälter, in immer weitere Schalen, die uns einschließen und enthalten, vorstellend hineinzudenken. Wir blieben bei diesem Spiel wie die Puppe in der Puppe befangen in einer räumlichen Einordnung unserer selbst in jeweils größere Container. Bis hierher sind wir alle »Physiker«. Wohin aber sollten wir den Inbegriff aller Behälter, das Universum, plazieren, wenn nicht in etwas, was selbst kein Behälter sein kann: in unsere Vorstellung, unser Wissen von ihm. Wo wäre denn das Universum, wenn nicht *in* uns, in unserem Dasein, das für das Aufgehen des großen Zusammenhangs überhaupt offensteht? Von da an kommen wir als »Physiker« nicht weiter und müssen Innenwelttheoretiker werden – sei es als Psychologen, Erkenntnistheoretiker oder Neurokosmologen. Sobald wir das »In« als absolute Präposition gebrauchen, werden wir auf die abgründige Positionalität des Menschen aufmerksam. Wollen wir uns in einem absoluten Sinn lokalisieren, so finden wir uns im Bodenlosen. Wir sind nicht in der Welt wie der Ring im Etui oder die Fliege im Fliegenglas; wir gehören ihr zu wie der Sprung in die Leere oder der Pfeil ins Blaue oder das Bild in den Projektionsapparat. Das »In«, als absolute Präposition gebraucht, impliziert einen Bewegungsindex, der sinngemäß »hinein« besagt; ginge es nicht gegen das Sprachgefühl, so hätte Heidegger nicht vom In-der-Welt-Sein, sondern vom In-die-

Welt-Hinein-Sein sprechen müssen. Damit ist die Seinsweise eines Wesens angesprochen, das in eben dem Maß
in der Welt ist, wie es auf dem Sprung zur Welt ist – oder
im Fall zur Welt, sollte man diese ursprünglich gnostische Bewegungsmetapher bevorzugen.

Aufgrund von Überlegungen dieser Art habe ich seit
einigen Jahren damit begonnen, gewisse Impulse der
Existenzphilosophie dieses Jahrhunderts in eine Art von
philosophischer Psychologie und Ontokinetik umzuar-
beiten, die ich »Analytik des Zur-Welt-Kommens«
nenne.[1] Diese geht von dem Gedanken aus, daß wir auch
noch den positivistischen Rest abstreifen müssen, der an
der Redeweise vom In-der-Welt-Sein haftet. Erst dann
können wir, ohne der metaphysischen Sucht nach dem
Unbewegten zu erliegen, die Bewegtheit des »existierenden« Wesens in seinem Kommend-Sein, seinem Sichein-
richten und seinem Gehend-Sein angemessen verstehen;
als Bewegungswesen sind Menschen in einem weltdurch-
querenden Elementwechsel[2] begriffen, der ebenso einen
Exodus wie einen Rückzug impliziert – mit einem Bereich von Stand und Stellung zwischen beidem. Dasein
ist demnach nicht nur der unumkehrbare Vormarsch von
einer Nichtexistenz (oder Präexistenz) zur Existenz,
sondern enthält von sich aus immer schon auch eine
quasi nirvana-orientierte Gegenbewegung von der Existenz in die Nichtexistenz. Faßt man den Menschen als
ein notwendigerweise im Gehen begriffenes Wesen auf,

---

1 Ansätze dazu finden sich zuerst in dem »Tractatus psychologico-philosophi-
  cus« aus: *Der Zauberbaum*, Frankfurt a. M. 1985, S. 281-292; explizit entwik-
  kelt wird die Idee in den beiden Büchern: *Zur Welt kommen – Zur Sprache
  kommen, Frankfurter Vorlesungen*, Frankfurt a. M. 1988; und *Eurotaoismus –
  Zur Kritik der politischen Kinetik*, Frankfurt a. M. 1989.
2 Zum Begriff Elementwechsel vgl. in diesem Band den Abschnitt »Metoikesis –
  Umsiedlung der Seele« S. 80 ff., sowie den Abschnitt »Uterodizee als Lehre
  von den letzten Dingen« S. 190 ff.

so wird erkennbar, wie er sein Hineingehaltensein in die
Spannung von Weltlasten immer schon auch aufhebt und
zurücknimmt. Auf diese Weise können wir es vermeiden, vom Menschen in einer Sprache zu reden, die ihn
zur Ansiedlung in einem immerpositiven Sein vorverur-
teilt. Der Existentialismus muß so lange einäugig und
pathetisch bleiben, wie es ihm nicht gelingt, sich in einem
Inexistentialismus als seinem notwendigen Gegenstück
zu spiegeln. Erst Existentialismus und Inexistentialismus zusammen erlauben eine stereoskope Sicht der
zweideutigen menschlichen Welteinwohnung, die den
Erfordernissen einer philosophischen Tiefenpsychologie
entgegenkommt. Diese nimmt Kenntnis davon, daß
nicht nur das Bewußte auf einem Unbewußten aufsitzt,
sondern daß auch das weltwärts gewandte Dasein mit
einem weltabgewandten und weltlosen Fortsein korre-
liert.

Von hier aus läßt sich besser sagen, was es mit den
privaten und nicht-informativen Ekstasen der Rausch-
süchtigen auf sich hat. In der Sucht begegnet uns eine
individualisierte, das heißt vom Mitwissen der Kultur-
mitglieder abgespaltene Revolte gegen die Zumutung des
Daseins. Durch entritualisierten Privatgebrauch der
Drogen bahnen sich die Subjekte sozusagen wilde Rück-
wege in die Inexistenz. Oft glauben sie ausdrücklich ein
Recht auf solche Ausflüge zu haben, als wären sie in
einem Winkel ihres Bewußtseins von der Überzeugung
durchdrungen, daß sie zu souverän sind, um sich die
Plumpheit des Daseins zumuten lassen zu müssen. Es ist
wahr, nichts macht so überlegen wie das Sichhinausdenken aus der Verlegenheit gegebener Umstände; nichts
macht so frei wie das Schweben über dem Gegensatz von
Wollen und Müssen; kaum etwas erheitert so sehr wie die

Gewißheit, der Sklaverei des Selbsterhaltungstriebs ent-
rinnen zu können. Es kommt, denke ich, nicht von
ungefähr, daß manche Drogentherapeuten bei ihren
Klienten gelegentlich eine Haltung wahrnehmen, die sie
als eine Koketterie der Unheilbarkeit beschreiben. Manche Süchtige verbünden sich mit den Drogen, um sich bei
diesen zu leihen, was sie aus eigener Kraft nicht mehr
aufzubringen vermögen – die Entschiedenheit, das
Zwangskontinuum einer schlechten Realität zu unter-
brechen. In fast allen Süchten spielt also ein verwahrlostes ontologisches Motiv eine Rolle: die Sucht bedeutet
oft ein parametaphysisches Experiment über die globale
Negation, in der in weltkritischer Absicht alles einge-
klammert wird, was der Fall ist. Durch die Allianz mit
der Droge setzt das süchtige Subjekt seine Existentialität
außer Kraft, durch die es in die Spannungen der Weltoffenheit hineingehalten würde – mit all den Herausforde-
rungen, die diese in Form von Sorgen, Kämpfen, Aufgaben und sozialen Verbindlichkeiten mit sich brächte.
Daher wäre es völlig falsch, in der Droge nur ein Mittel
der Weltflucht zu sehen. Wohl ist der Süchtige aus der
Sicht der Gesellschaft ein Deserteur, der sich unerlaubt
von der Realitätstruppe entfernt. Mehr noch entfernt
sich der Droguierte von seinem Selbst, das ihn kraft seiner Existentialität »nach vorne« schicken würde in eine
wache, belastbare, verantwortliche und schöpferische
Verfassung; er will den Zustand vermeiden, in dem er
vom Appell der Dinge und der Mitmenschen wachgehal-
ten würde; er erteilt dem Dasein im Wachraum des gemeinsamen Wirklichen eine Absage.[1] Man sieht hieran,
daß Existenz eine Art von ontologischem Ansinnen an

---

1 Vgl. in diesem Band den Schlußaufsatz »Wie rühren wir an den Schlaf der
  Welt?«, besonders zur Theorie des Wachraums, S. 344 ff.

den Menschen ist, für das es keine Zwangsvollstreckung gibt. Man kann niemandem einen Haftbefehl vorweisen, aus dem für den Betroffenen hervorginge, daß er von nun an zur Selbstübernahme verpflichtet sei. Die Droge bezieht ihre Macht, die Psyche zu überwältigen, auf jeden Fall nicht aus ihren chemischen Wirkungen allein; der Wiederholungszwang, der das süchtige Nervensystem kommandiert, kann nur übermächtig werden in dem Maß, wie sich die Droge einem Unwillen, zu sein, unentbehrlich machen konnte. Zur Herrin der Seele wird die Droge nur als private und heimliche Dienerin der Nichtseinstendenz.

Wir rühren hier an eine Tiefendimension der Bewußtseinsgeschichte, die sich psychologischer Erforschung weitgehend entzogen hat. Über den Geheimnissen der Inexistentialität liegt ein Bann, der das Denken in Gesten des hilflosen Positivismus erstarren macht. Vor der Meduse der Negativität wird auch das philosophische Denken, kaum anders als das des Alltags, klamm und steif. Was nottäte, um diesen positivistischen Block zu lösen, wäre ein westliches Nirvana-Konzept, das uns ein freundschaftliches Nichts erschließt. Wo aber finden wir Ansätze zu einer Idee der Inexistenzialität?[1] Wie befreien wir die Subjekte vom Streß der permanenten Existenz und die Substanzen vom Zwang zur dauernden Anwesenheit? Können wir in der westlichen Überlieferung die Spuren eines nirvanologischen oder inexistentialistischen Bewußtseins nachweisen?

Auf diese Fragen werden Ideenhistoriker keine sicheren Antworten zu geben wissen. Allenfalls könnte man

---

1 Es gibt hierfür m. W. nur Ansätze in der philosophischen Theologie des späten Schelling sowie im Frühwerk von Alexandre Kojève; vgl. Dominique Auffret, *A. Kojève – La philosophie, l'Etat, la fin de l'histoire*, Paris 1990.

auf das Auftauchen der vorderorientalischen und mediterranen Erlösungsreligionen hindeuten, die vor über zweitausend Jahren den Ideen- und Motivationshaushalt der Menschheit zu revolutionieren begannen. Ohne Zweifel ist der Einbruch der Erlösungsidee ins menschliche Denken eine der brisantesten Tatsachen der Bewußtseinsgeschichte. Seit die Idee der Erlösung in gewissen Traditionen mächtig wurde, schwelt ein radikaler weltkritischer Funke im Weltbewußtsein der hochkulturellen Völker. Wo Erlösung für möglich und begehrbar gehalten wird, dort gewinnt zugleich der Gedanke an Macht, daß alle Vorzeichen der natürlichen Existenz umgekehrt werden können und müssen. Die Unterscheidung von Leben und Tod gerät ins Wanken, seit diese größte aller Subversionen lehrt, ein wahrer Tod sei einem falschen Leben vorzuziehen. Mit dem Erlösungsverlangen tritt die Möglichkeit der Verneinung von Welt und Leben in die Welt – einer heiligen Verneinung wohlgemerkt, die sich vom Trug des profanen Daseins abzustoßen versucht. Nun schwindelt dem Geist angesichts der Umkehrbarkeit aller Vorzeichen – ja, der Verdacht, daß die Welt insgesamt in ihrem *status quo* verkehrt sei oder auf dem Kopf stehe, verdichtet sich in Doktrinen von jenseitigen wahren Paradiesen. Der erlösungssuchende Geist macht sich daran, »diese Welt« als ganze wie eine falsche Prämisse zu entkräften. Wer mit dem Erlösungsfeuer spielt, steht niemals ganz der grandiosen Versuchung fern, dem Weltgebäude den Rücken zu kehren und es seinem Ruin zu überlassen – die Apokalyptik geht sogar so weit, seine Zerstörung herbeizupredigen und es, wenn es nur möglich wäre, von eigener Hand in Brand zu stecken.

In psychoanalytischer Sicht liegt die Bemerkung nahe, daß mit dem Einbruch der christlichen und gnostischen Befreiungsideen die Geister der Urverneinung in der westlichen Psyche geweckt sind. Mag auch die offizial-christliche Schöpfungsfrömmigkeit sich mit dem Versuch abgemüht haben, die Güte der Welt von der Güte ihres Urhebers her gegen den Aufstand der Negativität in Schutz zu nehmen; die einmal wachgerüttelten weltkritischen Kräfte des urmasochistischen und ursadistischen Typs sollten sich nie wieder einschläfern lassen. Die runde Einpassung der Subjekte in gute Totalitäten ist für immer gestört. Die Seele entdeckt sich als die unpassende Größe – als das Andere in Allem und allem gegenüber. Stets haben die größten Kenner der menschlichen Psyche Zugeständnisse an die suggestiven Weisheiten des Dualismus machen müssen. Von der gnostisch-manichäischen Kernspaltung der Gottheit bis zur Freudschen Theorie des Todestriebes hat es in der westlichen Tradition nicht an Versuchen gefehlt, die große Verneinung von Welt, Körper und Selbst metaphysisch oder metapsychologisch zu substantialisieren.

In unserem Kontext kommt es darauf an zu zeigen, daß die spätantiken gnostischen Strömungen – verbunden mit Tendenzen der anachoretischen Psychologie und der negativen Theologie – das erste Aufflackern eines nirvanologischen Impulses auf westlichem Boden bedeuten. Der gnostische Antikosmismus – die Lehre von der Unzugehörigkeit der Seelen zur Welt der Materie und der Gestirnsdämonen – war eine Anstrengung der spätantiken Psyche, sich selbsttherapeutisch abzukoppeln von den Mächten »dieser« grotesken und bösemachenden »Welt«[1]; er war ein wie immer auch prekärer Ver-

1 Zur Problematik des Demonstrativpronomens in der Redeweise »diese Welt«

such, die Pneumata oder Geistseelen im Vorgegebenen
heimatlos zu machen, um ihnen eine Aussicht auf innerste Heilung durch himmlische Selbst-Reintegration zu
eröffnen. Die Seele, die sich jetzt nur noch als eine hierher verirrte, durchgehende und heimkehrende begreift,
genießt vom Augenblick der Anamnesis und der Kehre
an die Gewißheit, daß ihre Postexistenz ihrer Präexistenz gleichen wird: beide bedeuten das Eingetauchtsein
in einer von Licht und Verzückung durchfluteten
Sphäre. In religionsphänomenologischer Sicht springt
hier eine gewisse Verwandtschaft zwischen Gnosis und
Buddhismus ins Auge.[1] Wenn die gnostische Erkenntnis
das Subjekt aus dem Kosmos abmeldet, um es in einer
ursprünglichen Weltlosigkeit, mithin einem In-Gott-
Sein zu repatriieren, so ist dies ein unverkennbares
Äquivalent zum Übergang des Buddhisten in die Haus-
losigkeit. Beides sind Gesten einer ontologischen Umsiedlung[2], die zu einer Art Weltflucht oder Weltent-
wöhnung führen soll. Mit Hilfe der großen asketischen
Verneinung wird der leidenerzeugende Mechanismus,
die Weltsucht, geheilt und die Gier nach Macht im Wirklichen abgemildert. Durch Lockerung seiner Weltan-
sässigkeit findet das sich selbst und die Dinge als Besitzer festhaltende Subjekt wieder zur Berührung mit
den Wahrheiten des nomadischen Lebens zurück: welt-

vgl. den Abschnitt »Fingerspitzengedanken« in dem Kapitel »Ist die Welt verneinbar?«, S. 220 ff.

1 Diese wurde u. W. zuerst von dem Tübinger Theologen und Hegelschüler
Ferdinand Christian Baur in seinem epochemachenden Buch *Die christliche
Gnosis oder die christliche Religionsphilosophie*, Tübingen (Osiander) 1835,
S. 56–64 behandelt; die entscheidende Stelle ist abgedruckt in: *Weltrevolution
der Seele. Ein Lese- und Arbeitsbuch der Gnosis von der Spätantike bis zur
Gegenwart*, hg. v. P. Sloterdijk und Thomas H. Macho, München/Zürich
1991, S. 308 ff.

2 Zum Begriff Umsiedlung, griechisch: *metoikesis*, vgl. in diesem Band
S. 80 ff.

durchquerende Wesen reisen am besten mit leichtem Gepäck. Als gnostischer Freigeist, als indischer Sannyasin, als buddhistischer Mönch oder als meditierender Laie vermag sich der einzelne von der Besessenheit durch weltliche Besitzstände zu befreien; ein metaphorisches Nomadentum löst den Block der seßhaften und weltbesessenen Ichformen auf. Die buddhistische Nirwanologie und die gnostische Akosmologie bewirken in einer erstaunlich analogen Weise Effekte, die den Offizialrealismus entwaffnen. Mit sanfter Strenge lösen sie das Subjekt aus der unerbittlichen Positivität des In-der-Welt-und-nirgendwo-sonst-Seins heraus. Dank einer beispiellosen Geste empathischer Großzügigkeit bieten die Lehren des Buddha und der hellen Gnosis dem von unerträglichen Realitäten überladenen und verwundeten Menschen die doppelte Staatsbürgerschaft des Seins wie des Nicht-Seins an. Sie entblockieren so den Zugang zur Weltlosigkeit und zur Inexistentialität; eben dadurch können sie dazu beitragen, die weltbürgerlichen Kräfte des Subjekts zu regenerieren – sofern sie aus der Negativität nicht wieder eine starre oder »fundamentalistische« Position machen.

Dies sind Großereignisse der Bewußtseinsgeschichte, die in ihrer Tragweite unsere Trivialinterpretation von Leben, Welt und Wirklichkeit immer noch übersteigen. Gegen diese Trivialität sind auch moderne Philosophen und Psychologen nicht gefeit, sofern sie fast ausnahmslos dem Dogmatismus der Existentialität verfallen sind. Zwar erwartet man von Philosophen, sie sollten imstande sein, sympathetisch über die dunkleren Felder der *condition humaine* nachzudenken; auch wäre es für Psychologen ein berufsgemäßes Engagement, wenn sie die Voraussetzungen psychischer Integrität notfalls gegen die kränkenden Normen der Offizialkultur verteidigten. Was sich *de facto* meistens zeigt, ist ein dogmatischer Existentialismus, mit dem wir, im Vollgefühl eigener Realitätstüchtigkeit, die anderen genau an die Fronten des Wirklichen schicken, wo sie aller Erfahrung nach nur versagen können. Wir tun dies mit dem guten Gewissen von erfolgreichen Existierern, und tun es, obwohl wir wissen müßten, daß unsere Klienten hierin weniger glücklich waren als wir selbst – warum hätten sie sich sonst in ihre Räusche und Dunkelkammern zurückziehen sollen? Was hätten sie in den Nischen einer kranken Weltlosigkeit vom Typus Neurose und Sucht verloren? Warum hätten sie Zuflucht genommen zur psychotischen Appellation gegen ihre unverdiente Vorverurteilung zu einem Dasein und Aushaltenmüssen in der tödlichen Äußerlichkeit ihrer Welten?

Wollen wir uns auf die Höhe der genannten bewußtseinsgeschichtlichen Großereignisse begeben, die in den negativen Ontologien des Buddhismus und der Gnosis aufgegangen sind, so läge für die philosophischen und therapeutischen Mitwisser des Menschen viel daran, sich von dem dogmatischen Existentialismus zu verabschieden, die unserer offiziellen Ontologie mit ihrem Schöpfungspositivismus und ihrer Zwangszustimmung zur Institution »Realität« zugrundeliegt. Für die therapeutische Ethik ist nur der Weg des Mitwissens und des Mitgefühls mit den inexistentiellen Tendenzen des menschlichen Lebens noch offen. Auf diesem Weg öffnen sich Einsichten in die verborgensten Suchtdispositionen unserer Zivilisation.

Es ließe sich so auch die explosive Entwicklung diffuser und nichtnarkotischer Süchte verstehen, bei denen welthafte und realistische Tätigkeiten die Funktion von

Existenzbrechern und Ich-Löschern annehmen. Weil es im Inexistentialismus letztlich nicht um Weltflucht geht, sondern um Negation von ichhaften Spannungen, kann sogar die welthafteste und realitätsgemäßeste Verhaltensweise des Menschen, die Arbeit, eine Drogenfunktion übernehmen. Die zeitgemäßeste Suchtform unserer Tage, der Workaholismus, mit seinen Derivaten in der Amüsier- und Hobbykultur, illustriert vollkommen die Dynamik eines verwahrlosten und unbemerkten Inexistentialismus. Das von seiner eigenen Existentialität überlastete Subjekt ist heute wie seit jeher weniger weltflüchtig als weltsüchtig – wobei die Ausstopfung des Inneren mit Weltstoffen selbst einen fundamentalen Negationscharakter besitzt. In der äußeren Betriebsamkeit stehlen sich die Angehörigen der überforderten Gattung zurück in die Weltlosigkeit des betriebsamen Tieres. Dies haben die buddhistischen und christlichen Mönchspsychologien zuerst mit vollendeter Schärfe herausgearbeitet. Man verdrängt das In-der-Welt-Sein ebenso wie das Zur-Welt-Kommen durch ein permanentes Sichanfüllen mit »Themen«, »Projekten« und *commitments*. Wozu dasein, wenn man einmal entdeckt hat, daß man die Welt selbst als Mittel gegen das In-ihr-Sein und In-sich-Sein einsetzen kann?

Philosophische Therapeutik ist eine Schule des Seins-und-Nicht-Seins. Sie steht vor der Aufgabe, der unerlösten Sehnsucht nach Erlösung zu begegnen und der verheimlichten großen Verneinung Wege ins Freie, Gemeinsame, Verwandelbare aufzuzeigen. Wenn sich die Kultur im ganzen auf theoretisch und menschlich glaubhafte Weise der Inexistentialität annimmt, werden die Individuen vielleicht auch dem pharmazeutischen Eskapismus bewußter widerstehen können.

4. Von der Menschenmöglichkeit des Entzugs

Nach dem Gesagten scheint es mir möglich, einen religionsphilosophischen Begriff der Sucht vorzuschlagen.
Sucht ist ein decodiertes, das heißt verdunkeltes und entsprachlichtes Verlangen nach Befreiung vom Existenzzwang. Sie ist der Ernstfall der Privatreligion. In ihren
gefährlichsten Varianten entsteht sie durch einen frivolen, also privaten, entritualisierten und unwissenden
Umgang mit potenten psychotropen Substanzen. Diese
hinterlassen am Ende von nicht-informativen Ekstasen
wiederholungsfordernde Spuren in den Lustgedächtnissen der Subjekte. In die Frivolität des Ausprobierens
spielt formlose Urverneinung herein. Die Anfänge der
Sucht liegen in dem Unternehmen der Subjekte, sich in
ein Privatverhältnis zum Eintretenden und Überwältigenden zu setzen; sie ist Konsumismus im Absoluten.
De facto würde selten das Subjekt am Suchtstoff allein
zerbrechen. Die große Zerrüttung entspringt aus der
Wechselwirkung von Droguierungen und Entzugskrisen. Vor allem das chronische Grauen des Entzugs auf
dem Höhepunkt des Wiederholungsverlangens löst eine
primärprozeßhafte Desintegration aus. Sie führt zur Unmöglichkeit, eine Person, das heißt ein Wesen, das sein
relatives Leersein bejahen kann, zu sein. Der Verlauf des
Prozesses ist der einer akuten Krankheit zum Tode. Die
Krankheit gewinnt ihre enorme Macht durch die Synergie zwischen Sogumkehrung und Inexistentialismus. So
wie Baudelaire wußte, daß er von seiner Pfeife geraucht
wurde, so weißt der durchschnittliche Droguierte, daß
er von seiner Droge genommen wird. Er weiß es, weil er

sie nimmt, um von ihr genommen zu werden. Die Sucht wäre so gesehen nichts anderes als die zwanghafte Zustimmung zum Sog als Genommenwerdenwollen. Insofern haben die Vertreter des harten Kurses und des rüden Tons in der Drogentherapeutik nicht unrecht, wenn sie sagen, daß man im Süchtigen in erster Linie den freien Selbstzerstörer respektieren soll. Daraus ergibt sich, daß man zwischen dem Süchtigen und seinem Helfer eine außerordentliche Konfiguration der Bewußtseine konstatieren muß: sie stehen einander als Subjekte gegenüber, die voneinander wissen, daß sie füreinander letztlich nichts tun können. Der Droguierte weiß, daß er seinem Helfer zuliebe nicht suchtlos werden kann; der Helfer weiß, daß keine noch so maternisierende Zuwendung dem Süchtigen seinen Hunger nach Überwältigung nehmen wird. Die Grundsituation der Suchttherapie ist also nicht die schlichte Fürsorge-Verabredung zwischen Helfer und Klient, sondern das Duell zwischen zwei Bewußtseinen, die sich gegenseitig hilflos machen. Die Hilflosigkeit eines jeden gegenüber dem anderen ist identisch mit der Macht, dem anderen seine Ohnmacht aufzuzeigen. Irgendwann aber wird der Helfer dem Süchtigen doch deutlich machen, daß er ihn untergehen lassen kann, ebenso wie der scheinbar hilfesuchende Süchtige seinem Helfer in einem Augenblick der Wahrheit zu verstehen geben wird, daß er ihn kaum je zu einem Leben unter den Bedingungen durchschnittlicher Nüchternheit überreden kann. Mit diesem Befund wird eine tragische Grenze erreicht, die von keiner Therapeutik zu überschreiten ist. An dieser Grenze scheiden sich die Geister – die einen, um die menschliche Situation insgesamt hinter sich zu lassen, die anderen, um die unbequeme Menschlichkeit des Entzugs zu bejahen.

Nicht immer hat die Tragödie das letzte Wort. Auch
die von der großen Verneinung stimulierten Seelen kennen das Einlenken gegenüber der Wirklichkeit; sie machen doch irgendwann gute Miene zum schwierigen
Spiel; sie üben das nachträgliche Ja-Sagen zu den Tatsachen des erwachsenen Lebens; sie willigen ins eigene
Dasein ein und lernen den Geist der Kompromisse schät-
zen.[1] Gewiß, existieren heißt immer, den Nachteil, geboren zu sein, auf sich nehmen zu müssen. Aber es heißt
auch, nach Wegen suchen können, wie dieser Grund-
nachteil in den Vorteil der Weltentdeckung umzuwandeln sei. Gegen die Überwältigung durch das Weltlose
hilft nur die Inspiration durch den Glanz der Welt; hierin ist Plotins Polemik gegen die Traumverlorenheit der
Vulgärgnostiker auch psychologisch klug. Gegen die
schwarzen Formen der Weltfremdheit ist Weltfreund-
schaft, die sich am Faden der Sympathien vorantastet,
das wirksame Gegengift. Wer zur Welt gekommen ist,
hat durch diesen Akt angedeutet, daß er oder sie es darauf ankommen lassen wollte, die Droge des perfekten
Nichts gegen die Ersatzdrogen des Daseins einzutau-
schen. Wer »in der Welt« ist, hat sich *eo ipso* vorgewagt in
eine Zone, wo man mit etwas weniger Dunkelheit, etwas
weniger Spannungslosigkeit, etwas weniger Zeitentho-
benheit auszukommen hat als in der vorweltlichen em-
bryonalen Verfassung. So impliziert Dasein immer schon
einen Vorstoß in rauschärmere Gegenden; es ist eine Ex-
pedition ins Nüchterne, Neutrale. Dort lichten sich für
uns die Dinge in ihrem Ansichsein und setzen uns ihren
Widerstand entgegen. Wer existiert, steht immer schon

---

1 Die Denkfigur »Selbstübernahme« als nachträgliche Zustimmung zur Tatsache
   des eigenen Lebens habe ich weiter unten etwas ausführlicher entwickelt. Vgl.
   die Abhandlung »Was heißt: sich übernehmen?« in diesem Band S. 267 ff.

gewissermaßen »draußen« beim Fremden, Schweren, Eigensinnigen, Anderen. Für die Bewohner mittlerer Breitengrade ist die Außentemperatur meist kälter als damals im großen Innen. Die Luft, die wir atmen, bedeutet im Vergleich mit dem Komfort des gemeinsamen Kreislaufs von Mutter und Kind eine permanente Endorphin-Deprivationsfolter. Für den Fötus ist, wie man jetzt weiß, das mütterliche Medium ein Klangkörper, der für das rhythmische wie das opioïde Kontinuum sorgte. Doch seit Individuen das »Dasein« praktizieren, werden Musik und Opium seltene Güter. Es wimmelt statt dessen von Priestern, Dealern und Therapeuten, die für suspekte Dienste überhöhte Preise fordern. Sind wir nicht alle, die so leichtsinnig waren, ins Freie zu kommen, aus dem Takt gebrachte, auf Entzug gesetzte Anstaltsinsassen – wenn auch keine ganz hoffnungslosen Fälle, solange wir uns als Zwischenhändler der Ersatzdroge Lebenskunst auf dem Markt behaupten? Wir bringen unsere Tage damit zu, unseren Drogenstandard auf dem niedersten erträglichen Niveau einzupendeln; das definiert, was in unserer Region Realität heißen soll. Es kommt jetzt alles darauf an, nicht mehr Sorgen zu haben als Likör, aber auch nicht mehr Likör als Sorgen. Solange es gelingt, diese Regel zu beachten, bleibt die Tragödie auf Distanz. Mit dem Abstand zu den Extremen, den uns die willkommene Nüchternheit und der Wille zur Realitätsprüfung gewähren, gewinnen wir die Freiheit zur Teilhabe an der Menschenwelt. Dort wissen Abgründe, wie es um Mitabgründe steht. Nur aus der Tiefe des Mitwissens verbünden sich Menschen zum gemeinsamen Leben; daß solche Bündnisse ohne Kenntnisse über den Tiefenweltkrieg der Kultur- und Wahnsysteme und über die Risiken der technischen Naturmanipulationen heute

nicht mehr möglich sind, das gehört zur Signatur unseres
Zeitalters. Nach einer fast dreitausendjährigen Geschichte von großen Weltverneinungen und inmitten der
heißesten Phase konstruktivistischer Weltveränderung
lebend, sind wir genötigt, uns einen neuen Begriff zu
machen von dem Einsatz, um den positive und negative
Ontologien spielen. In der Menschenwelt kommt es,
nicht nur für Philosophen und Therapeuten, darauf an,
sich zu bewähren als Mitwisser vom Dasein und seinem
Gegenteil; mit unseresgleichen teilen wir die Verlegenheit, zu sein.

IV

Wie wurde der »Todestrieb« entdeckt?

Zu einer Theorie der seelischen Endabsichten mit ständiger Rücksicht auf Sokrates, Jesus und Freud

> Kommt, reden wir zusammen
> wer redet, ist nicht tot,
> es züngeln doch die Flammen schon
> sehr um unsere Not.
>
> *Gottfried Benn*

1. Frohe Botschaften und ihr Preis

Wer könnte leugnen, daß Ausdrücklichkeit eine dämonische Seite hat? Wer wüßte nicht, daß es Dinge gibt, die schlechterdings nicht offengelegt werden dürfen, wenn offenlegen auf wahre Weise die Wahrheit sagen bedeuten soll? Wer hätte so wenig zu sagen gehabt, daß er oder sie nicht die Erfahrung gemacht hätte: es gibt Dinge, die nur geäußert werden dürfen, damit sie Gelegenheit erhalten, etwas von dem fatalen Druck zu verlieren, den sie als stumme Befürchtung besitzen? Wer hätte sich beim Denken nie soweit vorgewagt, daß er oder sie nicht erfahren hätte: es gibt letzte Folgerungen, die gezogen werden, um in letzter Instanz nicht wahr zu sein?

Die folgenden Überlegungen – mitternächtliche Wortwechsel zwischen philosophischen und psychologischen Stimmen – sollten am besten als Einführung in eine

Grenzwissenschaft gelesen werden, die heute wie früher nur wenige Lehrer und noch weniger Studenten hat. Diese schwarzen Reflexionen schweifen aus in das unheimliche Grenzland zwischen Theorie und Magie, wo das Reden über Tod und Leben in ein Reden auf Leben und Tod übergehen kann. Psychiatrische und metaphysische Interessen sind hier nur schwer voneinander zu unterscheiden. Psychoanalyse und Fundamentalprophetologie verschmelzen zu ein und derselben Disziplin: in dieser geht es darum, prekäre Wahrheiten so zu sagen, daß der Sprecher an dem, was er weiß und sagt, nicht zerbricht. Bei jedem Schritt werden wir gute Gründe haben, uns an Nietzsches Satz zu erinnern, daß wir die Kunst haben, um an der Wahrheit nicht zugrundezugehen. Der Kunst freilich muß eine Philosophie zur Seite stehen, die sich darauf versteht, im Dunkeln zu singen. Ohne Zweifel bewegen wir uns auf einem durch Nietzsches Entdeckungen über das Wesen und die Funktion von »Wahrheit« abgesteckten Terrain: die folgenden Erläuterungen zur Freudschen Hypothese des Todestriebs zielen auf einen kleinen Fortschritt in der Theorie der furchtbaren Wahrheit – das heißt auf eine Kritik jener Erkenntnisse, deren »Vollbesitz« für das Subjekt des Wissens lebensgefährlich wäre. Ich bemerke vorsorglich, daß dieses Kapitel nur den Lesern Gewinn bringen wird, die sich vorstellen könnten, auf einem Therapeutenseminar zum Thema Höllenreisen einen Arbeitskreis mit praktischen Übungen durchzustehen.

Wo empfindliche Sujets dieser Art zum öffentlichen Thema werden, muß man darauf gefaßt sein, daß skandalöse und aparte Thesen in die bürgerliche Diskussionssphäre einsickern. Dies ist es, was die Erlösungsreligionen der Spätantike mit den scharfen und undressierten

Versionen aktueller Tiefenpsychologien gemeinsam haben. Es charakterisiert beide, daß sie die Ohren der Weltkinder und Konventionsgläubigen mit neuen Tönen und unwillkommenen Sätzen provozieren. Unannehmbares, Unerhörtes, Unerträgliches kommt zur Sprache, wenn die Träger der radikalen, der explosiven, der dunklen Wahrheiten ihren Anspruch auf Gehör erheben. Immer sind neugesprochene Sätze aus der Zone des Todes und der Schöße für irgendwen ein Ärgernis und eine Torheit. Die »Sprache des Menschengeschlechts« – um die Formel des Sprachtheologen Eugen Rosenstock-Huessy aufzunehmen – scheint nichts anderes zu sein als eine Geschichte revolutionärer Erweiterungen der sagbaren Dinge durch Zuflüsse aus dem Unsagbaren, Dunklen, Latenten. Alle tieferen Selbsterfahrungen entstehen im Gespräch mit der die Generationen durchflutenden Strömung von poetischen, epistemischen und kerygmatischen Revolutionen, durch die sich die Menschheit selbst umfassender kennen, lieben und fürchten lernte. Dichtung, Wissenschaft und Verkündigungen neuer »Freiheiten«, neuer Wahrheiten und neuer Imperative bringen, soweit schriftliche Überlieferungen es erkennen lassen, seit mehr als drei Jahrtausenden gute und böse, beflügelnde und erschreckende Neuwahrheiten in den Strom unserer Bekanntes weitersagenden Reden ein. Diese Neuwahrheiten durchherrschen die neuere Phase der Menschheitsgeschichte und machen aus ihr das Kraftfeld guter und schlechter Botschaften; Evangelien und Dysangelien teilen sich die historische Welt als das Theater verkündbarer Neuigkeiten. Alle Geschichte ist die Geschichte von Botschaftskämpfen.

Christentum und Psychoanalyse sehen sich in diesen Fragen über eine Epochenschwelle hinweg gegenseitig

ins Auge. Zwei voneinander tief verschiedene Arten,
gute Nachrichten in die Welt zu setzen, geraten so auf
engem Raum miteinander ins Handgemenge. Sie durchschauen und entlarven sich gegenseitig – und sie verbünden sich miteinander, um jene Schwächen des anderen zu
decken, die niemand besser kennen kann als der Psychoanalytiker in bezug auf den Priester und der Priester in
bezug auf den Psychoanalytiker. So froh oder zuver-
sichtlich die Botschaft jeder Seite – Erlösungsreligion
und säkulare Seelenheilkunde – auch scheinen mag, so
dunkel bleibt die Kehrseite jeder Nachricht für sich genommen – und es ist jeweils der Rivale, der diese am
deutlichsten wahrnehmen muß. Jede dieser Lehren ist
nämlich mit einem paradoxen Gegensinn geladen, der
die Fröhlichkeit der jeweiligen Botschaft sabotiert und
sie mit einer unendlich trostlosen, ja dysangelischen Ein-
flüsterung verknüpft. Das christliche *euangelion* tritt mit
der Versicherung hervor: inmitten der Aussichtslosigkeit
der gegebenen Umstände ist dennoch auch für dich im
Glauben wahres Leben möglich, und wenn es *nach* »diesem« Leben wäre; also hast du Grund, dich jetzt schon
erlöst zu fühlen, weil das, was nach dem Tod auf dich
wartet, sein Licht ins gegenwärtige Dasein vorauswirft.
Für diese Erwartung gibt »der Logos«, der fleischgewor-
dene, sein Wort. Hier freilich hört das psychoanalytisch
geschulte Ohr hinter der Mahnung zum Lebensglauben
eine saugende Todeseinladung flüstern. Seit nahezu
zweitausend Jahren haben Weltkinder am Christentum
beklagt, daß es für sie eine düstere Affäre sei, gerade wo
es am schwärmerischsten auftritt; es fordere für seine
frohe Botschaft einen betrüblichen Preis – die Gering-
schätzung der gegenwärtigen Freuden. Wie aber ergeht
es der Psychoanalyse mit ihren Angeboten an die lei-

dende Gattung? Ihr therapeutisches Versprechen setzt eine fürs erste um vieles maßvoller klingende These in die Welt. Die besagt: der menschlichen Psyche ist, in gewissen Grenzen, ein heilsames Aussprechen von verdrängten pathogenen Geheimnissen möglich – ein Aussprechen, das auf die Dauer dazu befähigt, es selbst mit den schlimmsten Wahrheiten und den peinlichsten Kränkungen aufzunehmen; was gesagt werden kann, muß nicht länger agiert werden; fatale Handlungen lassen sich durch schmerzliche Geständnisse ersetzen. So verspricht diese Psychotherapeutik zwar kein Heil, aber doch die Chance einer Heilung durch das wiederbelebte Wort. Man muß nicht Priester sein, um die latent nihilistische, allenfalls stoische Tendenz der psychoanalytischen Lehre von den letzten Triebgründen zu erfassen – zumal der alte Freud seit der Veröffentlichung des Traktats *Jenseits des Lustprinzips* im Jahre 1920 aus seinen schwarzen Theorien über den Zug des Lebens zur Entspannung im Tod kein Geheimnis mehr machte.

> »Der konservativen Natur der Triebe widerspräche es, wenn das Ziel des Lebens ein noch nie zuvor erreichter Zustand wäre. Es muß vielmehr ein alter, ein Ausgangszustand sein, den das Lebende einmal verlassen hat und zu dem es über alle Umwege der Entwicklung zurückstrebt. Wenn wir es als ausnahmslose Erfahrung annehmen dürfen, daß alles Lebende aus *inneren* Gründen stirbt, so können wir nur sagen: *Das Ziel alles Lebens ist der Tod*, und zurückgreifend: *Das* Leblose war früher als das Lebende.« *(Jenseits des Lustprinzips. V)*

Damit ist die Wette auf die Heilkraft des Aussprechens pathogener Geheimnisse von Grund auf kompromittiert. Auf der Linie des Lautmachens verborgener Im-

pulse gerät das psychoanalytische Reden an die Grenze,
wo es nur noch seine heilkundige Heillosigkeit offenlegen kann. Denn was hätte das behinderte, sich und sein
Glück verworren suchende Leben letztlich auszusprechen, wenn nicht das jede Hoffnung auf Heilung ironi-
sierende Geständnis: daß es in seinem letzten Triebgrund
nur von sich selbst erlöst werden will, um zurückzukehren ins Nirwana der Mineralien?[1]

So scheinen sich Christentum und Psychoanalyse, ide-
altypisch kontrastiert, zueinander zu verhalten wie zwei
rivalisierende Kursysteme, die zumindest soviel miteinander gemeinsam haben, daß sie ihre Erfolge mit potentiell absurden und lebensbedrohlichen Nebenwirkungen
erkaufen.[2] Die christliche Kur setzt auf die Heilkraft des
Glaubens an das schlechthin Unwahrscheinliche – es
mobilisiert ein hoffnungsschweres Sichhinausdenken
aus diesem Leben in ein höheres, späteres, wahres – und
läßt es darauf ankommen, den Kampf um die Chancen
des gegenwärtigen Lebens zu versäumen; die analytische
Kur hingegen erwartet alles von der Heilkraft des Aussprechens bitterer Wahrheiten – bis hin zum Explizitma-
chen der unsäglichen Triebtendenz, die den »Tod« als
gründlichste Heilung anstrebt.

1 Als Beleg für eine Wahrnehmung nihilistischer Konsequenzen aus dem Be-
wußtmachungsprinzip ließe sich die Studie *Bewußtsein als Verhängnis* (1924)
des Selbstmörders Alfred Seidel zitieren. Im Anhang zu einer Neuausgabe
dieser Schrift (Edition Subversion, o. J. Bremen, ca. 1980, S. 220) findet sich
die verzweifelt antifreudianische Notiz: »Zur Psychoanalyse der Psychoanalyse (krank-gesund): Da der Lebensfähige *nur* Illusionen als Weltbild haben
kann, so ist dagegen der, der diese Illusionen zerstört, also der Wahrheitssadist,
ein an sich lebensunfähiger, ein Selbstmördertypus, ein Instinktloser, ein Psy-
chopath im üblichen Sinne.«

2 Die Vergleichbarkeit von Psychoanalyse und Christentum ergibt sich nicht zuletzt auch daraus, daß beide Fortsetzungen des Judentums mit anderen Mitteln
sind. Dies ist eine der Folgerungen, die sich aus Yosef Hayim Yerushalmis Buch
Freuds Moses. Endliches und unendliches Judentum, Berlin 1992, ziehen lassen.

Welcher von beiden Kontrahenten in der Titanenschlacht um die Deutung der menschlichen Grundstrebungen hat den besseren Ansatz gewählt? Ist das
Menschenleben seiner letzten Antriebsverfassung gemäß – wie die christliche Anthropologie es will – eine wie
auch immer beirrte Suche nach der postmortalen Verklärung des Selbst »bei Gott«? Oder ist Leben, wie die
tiefgewordene Metapsychologie des alten Freud lehrt,
eine Umwegfunktion des Todestriebs, der auf dem langen Marsch über die Zwischenziele: Selbsterhaltung und
genitale Lust das Endziel: Erlöschen im anorganischen
Nichtmehrfühlenmüssen, nie ganz aus den Augen verliert? – Mir scheint es ratsam, unser Urteil über diese
Fragen so lange auszusetzen, bis eine ausgreifende Überlegung uns instand gesetzt hat, die anthropologischen
und philosophischen Dimensionen des Streits um den
von Sigmund Freud identifizierten – oder soll man sagen:
verkündeten? – Todestrieb zu ermessen.

2. Sokratische Denkwürdigkeiten – oder:
Die Kultur des metaphysischen Todesappetits

Todestrieb – 's klingt so wunderlich. Haben wir es mit
einem Begriffsmonstrum zu tun, das etwas beim Namen
nennt, was es ohne solche Nennung nicht gäbe? Gehört
der Ausdruck seiner Machart nach nicht zu den autosug-
gestiven Luftspiegelungen, durch die sich das psychologische Denken selbst vormacht, was es »in der Sache« vor
Augen zu haben vermeint? Hat Freud mit seiner berüch-
tigten Wortschöpfung einen in den Gesetzen der Psyche
angelegten Zusammenhang von Strebungen »begriffen« – oder hat er nur einen Namen in die Welt gesetzt,

der ohne zureichenden Grund im Wesen der Dinge an
verschiedene Phänomene angehängt wird? Hat sich der
große Psychologe bei seinen Exkursionen ins katakom-
bische Jenseits des Lustprinzips nur selbst getäuscht und
seine Schüler zur Unterwerfung unter seine meisterliche
Selbsttäuschung verführt? Oder wußte der alte Herr,
wovon er sprach, und war ihm jener spekulativ ange-
nommene Zug des vom Seinmüssen schweren Lebens zu
seinem eigenen Ende eine deutliche persönliche Erfahrung und eine gegenwärtige Evidenz? Hat also Freud den
»Todestrieb« erfunden und die Fiktion scheinbegrifflich
fixiert – oder hat er in ihm eine Realtendenz des psychischen Lebens entdeckt und richtig begriffen?

Ich werde im folgenden für die Entdeckungshypo-
these plädieren, dabei jedoch die Einschränkung geltend
machen, daß es sich nicht um eine Erstentdeckung, sondern eine Wiederentdeckung handelt, bei der sich die
moderne Psychologie bekannte Lehrstücke der klassischen Metaphysik unter biologischen Pseudonymen zu
eigen machte. Wenn ich also Freuds späte Lehren als die
eines Entdeckers und psychologischen Realisten charakterisieren möchte, so läßt sich ein Hauch von Ironie nicht
vermeiden. Denn sofern sich Freud als Realwissen-
schaftler der Seele bewährte, mußte er als Imitator der
klassischen Philosophie hervortreten – freilich ohne sich
dieser Rolle selbst völlig bewußt zu sein.[1] Er übersetzte
offene Geheimnisse der metaphysischen und der religiösen Überlieferung in eine säkulare und szientifische
Sprache – und vollbrachte dabei das Kunststück, sich
nicht sofort auf frischer metaphyischer Tat ertappen zu

---

1 Freud erkannte zwar den Zusammenhang seiner Spekulation mit den Lehren
Schopenhauers, meinte aber, in seiner Metapsychologie etwas qualitativ ganz
anderes vorzutragen als dunkle Willensmetaphysik.

lassen. Es kann hier leicht der Anschein entstehen, als wolle ich sagen, der Seelenforscher müsse – um Realist zu bleiben – gelegentlich das Fach wechseln, und wäre es wider Willen, weil es zur Struktur des Seele genannten Sachverhaltsbereiches gehört, jene Phänomene hervorzubringen, die ich im folgenden die metaphysischen Todesappetite nennen will. Bringe ich hiermit das alte *anima naturaliter metaphysica* wieder ins Spiel? Warte ich auf mit einer neuen Version der Lehre von den konstitutionellen metaphysischen Bedürfnissen des Menschen? Man wird gleich sehen, daß es so schlimm nicht kommen wird; denn wenn auch »Seelen« typischerweise lebende Stellungnahmen zu den Rätseln der Endlichkeit sind, so ist doch nicht jede Stellungnahme eine metaphysische und nicht jede metaphysische eine von Todesappetit geprägte.

Der Leser wird es bemerkt haben: der Austausch des Terminus Todestrieb gegen den Ausdruck Todesappetit ist nicht ohne kritische Pointe erfolgt. Ich möchte die Rede von einem Zug der Psyche zum Tod so nahe wie möglich an die Zone bewußter Intentionen heranholen, um so die Verführung des Denkens durch tiefsinnige Trieb-Suggestionen zu unterbinden. Man darf in diesem Stadium der Überlegungen der irreführenden psychoanalytisch-mythologischen Redeweise vom Thanatos als einer Urtendenz sensitiven Lebens keinen ungerechtfertigt großen Kredit geben. Wenn wir von einer psychischen Intention verlangen, sich auch als bewußt erfahrbarer *appetitus* darstellen zu können, so erschweren wir den brahmanischen Mißbrauch psychoanalytischer Tiefendeutungen. Denn wer kennt sie nicht – die psychologisierende Form intellektueller Unredlichkeit, die bis ins unendliche recht zu behalten weiß, solange sie hinter

dem Rücken der Subjekte wirkende ultratiefe Bewe-
gungsgründe ins Feld führt? Wenn wir von Appetiten
statt von Trieben reden, machen wir den Grundsatz geltend, öffentlich nur von den bewußtseinsfähigen Selbst-
darstellungen der »Triebgründe« in den erlebten Tendenzen zu sprechen.

Von Appetiten reden heißt an die Individuen erinnern,
die sie erfahren. Wie aber könnten wir Autoren und Stimmen aufspüren, die sich als Zeugen für das merkwürdig-
ste aller Verlangen zur Verfügung stellen? Wo haben sich
Spuren eines expliziten Appetits nach dem eigenen Tod
auf der Bühne unserer Kultur zum ersten Mal gemeldet?
Wann und wo fangen Menschen an, den Nachteil, geboren zu sein, gegen den Vorteil des Noch-nicht-oder-
nicht-mehr-leben-Müssens offen aufzurechnen – und
wenn nicht aufzurechnen, so doch bedenkenvoll in Betracht zu ziehen? Ich formuliere so umständlich, um die
leitende Frage – wovon Freud in seiner schwarzen Metapsychologie der Entdecker war, wenn er denn überhaupt
etwas »entdeckte« – nach Kräften in Erinnerung zu halten. Es kann hier nicht darum gehen, eine Geschichte der
vielfältigen Daseinsvorbehalte aufzurollen, wie sie sich
seit Hiobs und Buddhas Tagen im Osten wie im Westen
entfaltet haben. Allzu verfänglich wäre das Unternehmen, die durch drei Jahrtausende gehende Prozession
nobler und suspekter Lebensverweigerer samt all den
heimlichen Frondeuren und blanken Selbsttötern abzu-
schildern.

Um nicht in einer so aparten Angelegenheit ungebühr-
lich episch werden zu müssen, will ich den Blick auf eine
exemplarische Begebenheit richten, von der man zu
Recht hat sagen können, daß sie die Urszene der »abendländischen« Philosophie darstellt. Natürlich ist die Rede

von den legendarischen Vorgängen um den Tod des Sokrates, die sich der Überlieferung zufolge im Jahr 399 vor
dem Nulljahr des christlichen Kalenders abgespielt
haben. Es ist dem dichterischen Ingenium Platos zu ver-
danken, daß die europäische Philosophie von dem Moment ihrer eigentlichen Einsetzung ein Bild oder vielmehr ein Szenario besitzt, dessen Leuchtkraft und
Verkündungsgewalt es in jeder Hinsicht mit den Pas-
sionsberichten der christlichen Evangelien aufnimmt.
Man darf geradezu behaupten, daß die ältere Philosophie
ihrer Seinsweise nach in zwei Epochen zerfällt – vor und
nach dem Schierlingsbecher – und daß die heroische Ära
philosophischen Denkens nicht vor dem Tod des Sokrates anbrechen konnte. In dieser erst kommt ein neuartiger Messianismus der Intelligenz zur Entfaltung, und die
frohe Botschaft von einem beglückenden Streben nach
Wahrheit kann sich in der mittelmeerischen Welt mit
einer neugewonnenen Unwiderstehlichkeit verbreiten.
Seit dem Augenblick, in dem der zunehmend vom Gift
gelähmte Weise seinen Kopf unter einem Tuch verbirgt,
um die Krämpfe der letzten Atemzüge ohne Augenzeugen zu überstehen, sind mit einem Mal die Voraussetzungen für eine neuartige Verkündigung der »Wahrheit«
über das Streben nach Weisheit erfüllt. Folgt man dem
Eindruck der platonischen Texte, so entzündet sich angesichts der sokratischen Todesmeisterschaft die Psyche
seines größten Schülers mit einer verkündbaren Evidenz
von weittragender Energie – man müßte sie apostolisch
nennen, wenn der Ausdruck nicht christlich okkupiert
wäre. Erst das Zeugnis dieses philosophischen Abschieds von der Welt gibt dem Schüler die Vollmacht, sich
als Meisternachfolger zu etablieren. Als Mitwisser,
Zeuge und Verkünder des meisterlichen Todes nimmt

sich der Schüler Plato das Recht, unter dem Namen des
Sokrates eine neue Lebensform der Wahrheitssuche zu
stiften.

In solcher Sicht bilden die Dialoge *Phaidon* und *Kriton* zusammen mit der *Apologie* nicht nur im Corpus
platonicum eine eminente Gruppe; sie können als die
initiatischen Texte der Philosophie schlechthin gelten.
Was wir »Wahrheit« nennen, hat seit jenem Ereignis in
der athenischen Gefängniszelle vor 2400 Jahren eine
neue Erscheinungsform angenommen. Sie beglaubigt
sich von nun an in der Macht des philosophierenden Subjekts, dem eigenen Ende eine überlegene Form zu geben.
In nichts verrät sich die Dämonie des Sokrates deutlicher
als in der Inszenierung seines Abschieds; indem er sich
weigert, trotz des offenkundigen Fehlurteils seiner Richter sich zu retten, wächst er bis zur letzten Konsequenz
in den delphischen Orakelspruch hinein, der ihn den
weisesten Mann seiner Zeit genannt hatte. Damit schafft
er die Voraussetzungen dafür, daß Erinnerungen an ihn
zum Neuen Testament der Weisheit geraten; seine Sterbepantomime machte den Meistertext des Schülers Plato
möglich. In seinem stillen Abgang von der Weltbühne
liegt der Schlüssel zur weltweiten Verkündbarkeit seiner
Doktrin. Was seither Philosophie heißt, geht auf die latente Botschaft der sokratischen Sterbeszene und ihre
explizite platonische Redaktion zurück. Philosoph ist
demnach, wer sich um die Erhöhung seiner Sterbekraft
so sehr bemüht hat, daß er sein eigenes Ende als Willenstat übernehmen kann. Die Idee des Weisen verschmilzt
mit der Vorstellung von dem Manne, der das Aufhören
mit dem Leben als Kunst betreibt. Wo immer sich bis
in moderne Zeiten etwas von dieser *ars moriendi* des
nachsokratischen Jahrtausends in Erinnerung erhalten

konnte, dort ist auch das sokratische Evangelium nach
Plato weiter aktiv geblieben. In dessen Mitte finden wir
eine durch die Philosophenvita gedeckte Offenbarung:
es gibt eine Weisheit, die Vollmacht hat zum Schlußmachen mit einem rechtens nicht weiterführbaren Leben.

Ist also Philosophie im wesentlichen eine Euthanato-
logie – eine Lehre vom schönen und gekonnten und
beweiskräftigen Tod? Wenn wir diese Frage, und wäre es
mit Einschränkungen, bejahen könnten – und der Fall
Sokrates legt die Bejahung nahe –, so hätten wir die Hypothese des Todesappetits an einem überragenden Beispiel stark gemacht. Um zu überzeugen, fehlt uns freilich das wichtigste Stück. Ein solches hielten wir in der
Hand, wenn für Sokrates selbst der Tod mehr bedeutet
hätte als die Gelegenheit, einen außerordentlichen Grad
an männlicher Tapferkeit und bürgerlichem Ehrgefühl
zur Schau zu stellen; beweiskräftig wären allein Aussagen des Meisters, aus denen hervorginge, daß er nicht
nur Lust an der Provokation, sondern auch Geschmack
am Todesgedanken als solchem empfand. Und eben hierfür bietet der platonische Text das hyperexplizite Exem-
pel. Wenn man den Wendungen des *Phaidon* Zeugnis-
wert zusprechen darf, so müßte der Name des Sokrates
in den Annalen der Psychologie auftauchen – als der des
Mannes, der den metaphysischen Todesappetit entdeckt
und zu einer Lehre vom nobelsten Risiko für das höchste
Gut erhoben hat.

»Euch Richtern aber will ich nun Rede darüber stehen, daß ich mit Grund der Meinung bin, ein Mann,
welcher wahrhaft philosophisch sein Leben vollbracht, müsse getrost sein, wenn er im Begriff ist zu
sterben, und der frohen Hoffnung, daß er dort Gutes

in vollem Maß erlangen werde, wenn er gestorben ist.
Wie das nun sein möge, o Simmias und Kebes, das will
ich versuchen euch deutlich zu machen.

Nämlich diejenigen, die sich auf rechte Art mit der
Philosophie befassen, mögen wohl, ohne daß es freilich die andern merken, nach gar nichts anderem streben als nur zu sterben und tot zu sein. Ist nun dieses
wahr: so wäre es ja wohl wunderlich, wenn sie zwar ihr
ganzes Leben hindurch sich um nichts anderes be-
mühten als um dieses, wenn es aber nun selbst käme,
dann unwillig sein wollten über das, wonach sie lange
gestrebt... haben...« (*Phaidon*, 63 e - 64 a)

Es liegt auf der Hand, daß der Tod von dem Philosophen
als eine positive Bedingung für den Zugang zur Seinsweise höherer Einsichten proklamiert wird. Gestorben-
sein steht von da an für die faszinierendste der metaphysischen Ideen – es vertritt das Phantasma einer Intelligenz,
die als reines seelenhaftes Für-sich-Sein entlastet wäre
von der Nötigung zum Körper und zur Sinnen- und Sor-
genwelt. Die Entdeckung des begehrbaren Totseins ist
daran geknüpft, daß im Prozeß philosophischer Meditation und Diskussion eine unwiderstehliche akosmische
Innensphärenvorstellung immer deutlicher zutage tritt;
in dieser besäße sich die Seele selbst als pures Leben und
als reines Anschauen der gottnahen Ideen.

Man hat der Tatsache nie genug Beachtung geschenkt,
daß die Anfänge der Psychologie in einer Akosmologie
zu suchen sind. Die maßgeblichen Aussagen über das,
was die Seele eigentlich sei, werden seither auf einer *via
negativa* durch das Wegdenken der Welt von ihr und
durch die Tilgung der sinnlichen Weltspuren in ihr gewonnen. Seele ist Sein minus Teilhabe am hinderlichen

Kosmos.[1] Die platonische Lehre vom begehrbaren schönen Tod gründet somit in einer radikalen Reinigungs-
phantasie; diese zieht aus dem Begehren der Seele nach
sich selbst letzte Konsequenzen. Weil keine Seele in der
Welt bereits genug sie selbst sein kann, muß ihr Verlangen, sich ganz in Reinheit zu besitzen, sich zu extremen
materie- und kosmoskritischen Lösungen aufmachen.
Ein halbes Jahrtausend später, in den weltfeindlichen
Gnosen der Spätantike und des frühen Christentums,
wird dieser Zug zum pneumatischen Extremismus aggressiv hervorbrechen. Die große philosophische Psychologie ist aber schon an ihrem Beginn eine Wette auf die
Entbehrlichkeit der Welt. Kein Argument kann zu gewaltsam wirken, wenn es darum geht, Hindernisse aufzuheben, die der Liebe der Seele zu ihren höchsten Möglichkeiten im Weg stehen; dieses Höchste wäre das völlige
Eintauchen in die von jedem Schmerz-, Stoff- und Welt-
einfluß befreite und entstörte Innenkugel des Göttlichen. In der zelebriert die Seele ihre Verabredung mit
ihrem Urgrund.

   Die Erfolge Platos bei der Nachwelt beweisen, daß es
ihm gelungen ist, dem philosophischen Wahnsinn ein
symbolisches Strombett zu graben. Dank Plato besaß
Europa für die Tendenz der Losreißung des Seelischen
von der Körperwelt eine Hochsprache von epochenwei-
ter Suggestivkraft. Bis zu Nietzsches Intervention stand
Platonismus für die Möglichkeit, den Traum vom unendlichen Leben der Seele als rationalen und noblen Todes-

---

1 Neuzeitliche Varianten des Wegdenkens der Welt als Methode zur Gewinnung
eines akosmischen Residuums bieten u.a. Descartes in seinem berühmten
Zweifelsexperiment (vgl. in diesem Band S. 308 ff.); Hobbes in seinem Gedan-
kenexperiment über Weltvernichtung (*De corpore* II,7) und Husserl in seinen
Reflexionen über »das absolute Bewußtsein als Residuum der Weltvernichtung« (*Ideen zu einer reinen Phänomenologie* I, § 49).

appetit zu formulieren. Es war nicht weniger als die
moderne Zerstörung der Vorstellung von einer für sich
bestandsfähigen Seele vonnöten, bevor Nietzsche seinen
verheerenden Verdacht äußern konnte: daß der Sokratis-
mus insgesamt nichts anderes gewesen sei als ein Attentat
des gehemmten Lebens auf sich selbst. Seither wird ein
sich als entlarvend verstehender Krankheitsverdacht gegen alle platonisierende Metaphysik erhoben. Der moderne Physiologismus, ob psychoanalytisch orientiert
oder nicht, stellt sich die Aufgabe, den Körper zu heilen
von dem Spuk einer Seele, die der hysterischen Laune
nachhängt, ihn überflügeln und ohne ihn überleben zu
können. Bei allen Versuchen jedoch, das physische, psychische und geistige Dasein des Menschen in einer ein-
heitlichen naturalistischen Perspektive zu deuten, meldet
sich die Verlegenheit, wie die Entstehung lebensmüder
und jenseitssüchtiger Tendenzen aus dem Lebensprozeß
selbst herzuleiten sei. Freuds pseudobiologischer »Todestrieb« setzt dieser Verlegenheit ein ominöses Denkmal. Es erinnert daran, was es kostet, die Seele mitsamt
ihren dunklen, überschwenglichen und körperflüchtigen
Tendenzen als Körpereffekt zu denken. Nun ist nicht
mehr, wie in der Schule Platos, der Körper (*soma*) ein
Grabmal (*sema*) der Seele, sondern die »Seele«, unfähig
sich vom Körper zu unterscheiden, manifestiert sich, in
ihrer »letzten Wahrheit« belauscht, nur noch als selbst-
mörderisches Heimweh nach Frieden im Anorganischen.

3. Moriamur igitur
Zur Kritik der seelischen Endabsichten

Mors illi Venus est, sola est in morte voluptas.

Lactantius, *de Ave Phoenice*

Die bisherigen Überlegungen müßten soviel verdeutlicht haben: bei der Übersetzung von Freuds Todestrieb-Hypothese in die Erkundigung nach artikulierten Spuren bewußter Todesappetite gerät man sofort ins Zentrum der klassischen Metaphysik. Wer erwartet hätte, auf solide psychobiologische Gesetze zu stoßen, findet sich statt dessen mitten in den schönen Wagnissen manischer Jenseitshoffnung wieder. Dieses Umspringen des Themas von psychologischer Biologie zu Metaphysik hat eine lehrreiche Seite; es macht deutlich, was für ein Aufwand vonnöten ist, um in einer modernen szientifischen und säkularen Sprache von eventuellen Endabsichten der Psyche zu sprechen – stets vorausgesetzt, daß solche letzten Zwecke oder ultimativen Ziele nicht als zufällig erworbene und erlernte Tendenzen wirksam werden, sondern sich durchsetzen sollen als endogene, aus der Natur des Psychischen selbst geborene Zielspannungen. Ein erlebter Todesappetit dürfte demnach nicht nur ein Ermüdungseffekt sein; menschliche Bekenntnisse zu einem Wunsch nach dem Aufhören von Welt und Leben dürften, um die von Freud gemeinten Eigenschaften zu erfüllen, nicht bloß infolge von Erschöpfung der Lebens- und Leidenskraft zum Vorschein kommen.[1] Damit

1 Was die Poesie und Metaphysik der Müdigkeit angeht, bietet die deutsche Liedmusik des 19. Jahrhunderts – von Schubert bis Brahms – eine wohl auch im

der »Todestrieb« hielte, was sein Name verspricht,
müßte ihm eine aktive endogene Endabsichtlichkeit der
Psyche selbst zugrundeliegen. Eine solche läßt sich auf
biologischer Ebene schwerlich dingfest machen. Der
Bios weiß von einem Ende, das ihm als inneres Ziel vor-
schwebte, nicht viel; sofern es im Umkreis reiner Vitalität verstanden wird, hat Leben, ob menschlich, tierisch
oder pflanzlich, soweit wir wissen können, für letzte
Zwecke keinen Sinn. Auch wo sich Lebewesen in ihr
Ende ergeben, besteht für die Unterstellung von Todes-
trieben im Freudschen Sinn wenig Raum.

Anders steht es mit dem Phänomen des für sich gesetzten Psychischen selbst. Wir haben eben angedeutet, wie
der Platonismus die Abspaltung einer Innensphäre von
der Körperwelt dokumentiert. Sage ich »dokumentiert«,
so will ich damit andeuten, daß auch das platonische Denken auf einer älteren und mächtigeren Welle reitet, die zur
Ausbildung einer für sich setzbaren Innerlichkeit führt.
Die enormen Fernwirkungen des Platonismus entspringen nicht zuletzt einem Dämonismus der Explizitheit;
einmal ausgesprochen und in Begriffe gefaßt, wird die
Tendenz zur Setzung eines eigengesetzlichen Innen-Seins
allgemein kopierbar und in den Kopien extremer Steigerungen fähig. Mit dem Aufkommen einer Sprache der
Seele fängt die Beseelung selbst an zu galoppieren; im Gegensatz zu dem, was die Modernen meinen, bringt erst die
Psychologie die Psyche zum Blühen.[1] In dieser Sphäre-

---

weltkulturellen Maßstab singuläre Kulmination. Sie ist das Gegenstück zur
Metaphysizierung des Höhepunkts in den neoplatonischen Stufenmodellen.
1 Dies gilt ironischerweise auch für den Buddhismus, der mit seiner negativen
These über die Seele, der anatman-Doktrin, überaus intensive Beseelungswir-
kungen hervorrief. Einen Panoramablick über den Stand der Reflexionen über
die »Seele« in nachpsychologischer und (unserer These zufolge) ipso facto
nachpsychischer Zeit bietet der Band *Die erloschene Seele, Disziplin, Ge-*

für-sich – sie heutigentags Seele zu nennen ist eigentlich zu
vertraulich oder folkloristisch – können sich Intentionen
und Tendenzspannungen extremer Natur formieren. Im
Innern der Sphäre-für-sich kommen Vorstellungstätig-
keiten in Gang, die zu perfekten, ultimaten, göttlichen
Zielen voreilen. In diesem Sinn ist die Psyche nichts anderes als das Organ der Voreiligkeit und des Perfektionis-
mus, oder besser: des Perfektivismus. Wo man der Seele –
dieser eschatologischen Projektemacherin – Raum läßt
für ihre Vollendungsgedanken, dort richtet sie sich mehr
und mehr in einer selbstbewußten Weltferne, ja Weltentfernung ein und ordnet alles, was von außen Widerstand
leistet, einer innerseelischen Perfektionslogik unter. Sie
strebt also nicht ans Ende, weil sie sterben möchte, sondern möchte nötigenfalls sterben, um ans Ziel zu kommen. So wird die Seele Fabrik und Theater eines Zieleset-
zens und geht beim Vorlaufen ins Letzte, Beste, Höchste
mit typischer Rücksichtslosigkeit aufs Ganze. Wenn also
überhaupt von einer Todesstrebigkeit des Seelischen die
Rede sein darf, so nur deswegen, weil gerade die aufs
Höchste gespannten Subjekte dazu neigen, der Verwech-
selbarkeit von Zielen und Enden zum Opfer zu fallen. Der
perfektivistische Todesappetit läßt sich demnach als Effekt eines Kategorienfehlers im Eschatologischen deuten;
dieser ergibt sich aus der Ineinssetzung von realem Ende
und imaginärer Vollendung. Es gehört zu den Ironien der
Eschatologie, daß endliche Geister bis in die letzten
Dinge hinein Fehler machen können. So wäre vielleicht
Eschatologie nur die Wissenschaft von den Schlußirrtü-
mern? Als Lehre von den letzten Dingen riskiert sie, seit
sie besteht, die Schule der letzten Fehlschlüsse zu sein.

schichte, Kunst, Mythos, hg. von Dietmar Kamper und Christoph Wulf, Berlin
1988.

Nun sind ein paar Worte über Christologie nötig, und ich will mich kurz fassen. In religionswissenschaftlicher Sicht verkörpert Jesus – ein Mann, der möglicherweise Joshua ben Panthera hieß und dem die Griechen, in Übersetzung des jüdischen Titels Messias, den Ruhmesnamen Christus, der Gesalbte, beilegten – den historischen Typus des Erlösers; in dogmatischer Sicht ist Christus kein titularischer Beiname zum Rufnamen Jesus, sondern eine Wesensaussage über den Mann, der *ipso facto* Erlöser war und bleibt. Was soll dieser Titel jedoch bedeuten? Im gegebenen Zusammenhang genügt es, die Subtilitäten der allgemeinen Soteriologie in einen Satz zusammenzufassen: Erlöser sind Vermittler, Toröffner, Furtbereiter zu einem guten Ende. In der Ökologie des Geistes treten Erlösergestalten auf, wenn die zum Beseelungsabenteuer aufgebrochenen Angehörigen der evolutionär riskanteren Kulturen massenhaft in existentielle und psychologische Krisen geraten sind. Eine solche resultiert daraus, daß zahlreiche Individuen im Hinblick auf ihren gewissen Tod von Unruhe darüber erfaßt werden, ob es mit ihnen ein gutes oder ein böses Ende nehmen wird. Die Krise schreitet voran in dem Maß, wie Menschen evident wissen oder fühlen, daß sie moralisch und physisch schlechter leben, als richtig wäre.[1] Insofern ist die Idee der Erlösung selbst der »Schatten« einer Weltgeschichte der Verzweiflung. Die haarsträubenden jesuanischen Drohreden aus Matthäus 24, Markus 13, Lukas 21 bezeugen die steigende Panikflut; Erlöser haben es in sich selbst und

---

1 Vgl. hierzu vom Vf. *Kritik der zynischen Vernunft*, S. 508-510; in diesem Zusammenhang sind die Thesen Franz Borkenaus über die psychohistorische Aufgabe der Hochreligionen, die anschwellende Flut von Todesparanoia einzudämmen, besonders überdenkenswert; vgl. Franz Borkenau, *Ende und Anfang. Von den Generationen der Hochkulturen und von der Entstehung des Abendlandes*, hg. und eingeführt von R. Löwenthal, Stuttgart 1991.

bei anderen mit Menschen zu tun, denen das Wasser bis
zum Hals steht. Da ist ohne totale Mobilmachung des
Ernstfallbewußtseins nichts mehr zu erreichen. Der Stern
der Erlösung muß immer eine Gegenwahrheit überstrah-
len, die empirisch den Vortritt hatte und deren Quintes-
senz Verzweiflung heißt. Sein Licht hat stärker zu scheinen als die vorgängige profane Evidenz, daß Menschen,
sofern sie in der Unglückszeit leben, immer mehr Gründe
zum Verzweifeln ansammeln; Hölle ist ja nur ein mythi-
scher Name für das reale Schmerzarchiv der Individuen
und Völker. Frohe Botschaften, von Erlösern lanciert und
beglaubigt, trauen sich die Kraft zu, die psychischen Nie-
derschläge schlechter Erfahrungen in dieser Welt kontra-
evident aufzuheben – und zwar so, daß das erlösende
Licht sich selbst als das ontologisch ältere darstellt. Erlösungsreligionen wollen gegen die augenfällige und grausam kohärente Verzweiflung, die alles auf ein schlechtes
Ende hinauslaufen sieht, eine Tiefensehkraft freisetzen,
die etwas »ganz anderes« erkennt; diese anderen Augen
sollten sich öffnen – oder wiedereröffnen – für die überwäl-
tigende Evidenz unserer älteren und tieferen Gründe zur
Seligkeit. »Der« Erlöser ist derjenige, dem es gelingt,
mich aus meiner Erfahrung zu entwurzeln; er bringt es
fertig, mich von meiner kohärenten Verzweiflung abzukoppeln. Habe ich einen Erlöser, so bin ich einem »Gottmenschen« oder einem »Boten« begegnet, der meinen
Realismus widerlegt und der mich zu einem neuen Le-
bensanlauf umstimmt; dieser stünde künftig unter einem
Stern, der nicht mehr sinken kann. Im Blick auf den Ret-
ter wüßte ich für mich von keinem anderen Ende mehr als
einem guten.

Man darf wohl sagen, daß die von griechischer Metaphysik und christlicher Erlösungsreligion bewirkte

Orientierung auf das gute, das höchste, das beste Ende
sich im Laufe von zweieinhalb Jahrtausenden zur *idée
fixe* der westlichen, ja vielleicht der monotheistischen
Menschheit insgesamt ausgewachsen hat. Westliche Kultur ist der Vormarsch von einem Terminierungsprojekt
zum anderen. Für diese Epoche wird der Satz *anima naturaliter eschatologica* nahezu wahr. Die »Menschheit«,
vertreten durch ihre Bevollmächtigten im monotheistischen Westen, formiert sich zum Unternehmen Geschichte, insofern deren Pilotgruppen sich ganz unter
dem Bann der Voreiligkeit zum guten Ende in Marsch
gesetzt haben. Geschichtlichkeit bedeutet für die eigentlich geschichtemachende Menschheitsfraktion offensiven *happy-endism*. Was wir »Geschichte« nennen, ist
zunächst nichts anderes als die Projektion ihres Psycho-
finalismus in die Zeit der politischen Bewegungen. Das
Christentum als historische Religion zieht einen Großteil seiner Kraft aus dem Vermögen, in Individuen und
Völkern die Vorstellung zu mobilisieren, mit unüberbiet-
barem Ernst in Vollendungsdramen und letzte Gefechte
verwickelt zu sein; das Leben der Seele ist demnach immer schon ein Endspiel um ein gutes Ende in Gott – oder
in dessen Substituten.

Erlösungsreligiosität christlichen Typs als Massenbe-
wegung, als Staatskult, als Reichs- und schließlich als
»Weltreligion« impliziert ein Paradoxon, das seinen Preis
hat. Die schwarze Kirchengeschichte hat versucht, eine
Vorstellung von schaurigen Kosten einer massenwirksa-
men Christianisierung zu geben. Von Anfang an machen
sich in der Ausbreitung des christlichen Phänomens die
explosiven Wirkungen perfektivistischer Ungeduld mit
allem, was Welt heißt, geltend. Die monotheistische Legierung von Heiligkeit und Grausamkeit erweist sich den

lockeren Formationen polytheistischer Seelenkultur als unwiderstehlich überlegen. Unleugbar springen »nach Christus« offene todesappetithafte Strebungen auf offener Bühne immer häufiger ins Auge – dieser Befund spricht aus den meisten älteren Fremdzeugnissen über die Akteure der neuen Religion.[1] Er betrifft nicht nur die Apostel und ihre Nachfolger in den Arenen, sondern auch den Stifter der Bewegung selbst. Nach dem freiwilligen, manche sagen auch mutwilligen Tod des jungen Mannes, der es gewagt hatte zu sagen: »Ich bin es«, erstarkt eine Gesinnung, die das Nichtaltwerden bewußt als Preis der Vollendung in Kauf nimmt. Um die frühen Christen schwebt eine schon ihren Zeitgenossen verdächtige, ja unheimliche Stimmung, in der sich Bekenntnismut von Todeslaszivität nicht immer klar unterscheiden läßt. Für Sueton handelt es sich bei den Christen um psychopathische Attentäter gegen das Leben – was ihre schockierende Titulierung als »Feinde des Menschengeschlechts« zu rechtfertigen scheint; daher zählt er ihre Hinrichtung unter den »guten« Taten des Kaisers Nero auf. Tatsächlich konnte man nicht wenigen der frühchristlichen »Todeshelden« – wie Hölderlin die Nachfolger des »Todeslust«gottes Christus nannte[2] – nachsagen, sie hätten es mit dem Sterben merkwürdig eilig gehabt. Insofern kommen auch sie – zusammen mit ihrem Mei-

---

1 Aber nicht nur aus diesen. Auch die mittelalterlichen Imitatio-Lehren und Gottesliebesschulen arbeiten die todwärts gerichtete Dimension solcher Nachfolge scharf heraus. Vgl. Ramon Lull, *Das Buch vom Freunde und vom Geliebten*, übersetzt und herausgegeben von Erika Lorenz, Freiburg/Basel/Wien 1992, S. 68: »Man fragte den Freund, welches Zeichen das Banner seines Geliebten trage. Er antwortete: das eines Toten. – Warum ein solches Zeichen fragte man. Er antwortete: weil er gekreuzigt wurde und starb und damit jene, die sich rühmen, ihn zu lieben, seinen Spuren folgen.«

2 Vgl. hierzu die Ausführungen von Jochen Hörisch zu Hölderlins Hymne »Der Einzige«, in: ders., *Brot und Wein. Die Poesie des Abendmahls*, Frankfurt a. M. 1992, S. 201 f.

ster – als mögliche Entdecker und Zeugen des hier zur
Untersuchung gestellten »Todestriebs« in Frage. Aber
gerade an ihnen wird deutlich, wie das Triebmißver-
ständnis Freuds am Wesen psychoperfektivistischer End-
strebungen vorbeiging. In dem zum Bewußtsein seiner
selbst gekommenen Jenseits-Appetit dieser vermeintli-
chen Heimkehrer zu Gott kann ein Angezogensein von
einem mineralischen Nirvana keine Rolle spielen. Der
Wille zum Ende ist für sie ein lebenstriebhaftes, wenn
auch gefährlich steigerungshungriges Hinaufwollen zu
einem Zustand, in dem Seligkeit und Ewigkeit eins geworden wären. Glaubt jemand in solcher Weise an eine
»Auferstehung«, so folgt er einer Idee von Leben, die
sich bei ihrem Weg hinauf auch vom Tod nicht aufhalten
läßt. Für einen Zug zur Regression in Gefühllosigkeit
und ewige Nacht ist hier kein Raum. Der Finalismus und
Perfektivismus der Seele zeigt aber an, um welchen Preis
die Für-sich-Setzung des Innen nur zu haben war. Unverkennbar neigen die losgelassenen Innerlichkeiten
dazu, die »äußeren Dinge« als Mittel oder Gleichgültig-
keiten aufzufassen – ein Motiv, das seit jeher zum »gefährlichen Denken« gehört. Wer aber als Psychologe
hierauf direkt mit der Unterstellung eines »Todestriebes«
reagiert, verrät nur, daß er die metaphysischen Höchst-
spannungen seelischen Vollendungsbegehrens falsch ein-
schätzt – sei es, weil er diese in sich selbst entweder nicht
findet oder sie, sofern er sie bei sich entdeckt, als eine
unwillkommene und gefahrenvolle Strebung bekämpft.
Infolgedessen wird ein psychologischer Kopf dieses
Typs die Phänomene des psychotheologischen Perfektivismus herunterübersetzen in die scheinbar überschaubaren »bioenergetischen« Verhältnisse von Trieben,
Spannungen und Abfuhren. Wie es zu dieser Ambivalenz

bei der Deutung der »Heimkehr« ins Letzte und Höchste kommen konnte, ist einer weiteren Überlegung wert. Denn die Frage bleibt offen, wie es möglich ist, daß für die säkularen Psychologen Regression zu den Mineralien und den Müttern bedeutet, was für die metaphysischen Geister der Aufstieg zu einem vaterförmigen Gott zu sein verspricht.

Eines steht fest: die Großen unter den metaphysischen und mystischen Denkern der abendländischen Tradition – soweit sie nicht der materialistischen Minderheit angehören – lassen keinen Zweifel daran, daß für den Geist oder die Seele des Menschen der Weg ans Ende als ein Weg hinauf zu gehen sei. Für sie wäre jedes Leben verloren, das nicht daran arbeitet, daß sein Ende zu einer Vollendung im Höhepunkt gerät.[1] Unter dem Eindruck ihrer Lehren wird die Idee der Perfektion so übermächtig, daß neben ihr die Sorge um das Lebensende zurücktritt. Wie weit das gehen kann, zeigt sich an den Lehren von der Wiedereinkörperung der Seelen; sie fassen das Endziel in solcher Überhöhung auf, daß der Tod etwas Beiläufiges wird, durch das die Seele, immer den Blick nach vorn und oben, wiederholt hindurchzugehen hat.

Für den Perfektivismus ist es kennzeichnend, den Tod, auch wenn es nur einen gäbe, als etwas aufzufassen, was mehr zum Können als zum Müssen gehört. Schon als Plato die Weisheit seines Lehrers verkündigte, fiel dieser Zug ins Gewicht. Die Christologen mußten ihn bis ins

---

1 Es gehört zu den Miseren der Modernität, daß sie in ihrer antimetaphysischen Wendung fast immer der Versuchung erlegen ist, das »Prinzip Höhepunkt« zusammen mit dem eschatologischen und finalistischen Denken zu verwerfen. Damit aber wird die Aufgabe nachmetaphysischen Denkens notwendigerweise verfehlt: die im metaphysischen Imaginären fast unauflösbare Legierung von Höhepunkt und Ende aufzulösen, um eine freischwebende, nichtfinale Höhepunkthaftigkeit des Lebens möglich zu machen.

Extrem übersteigern; der Gottmensch, sagen sie, kann ja
im Fleisch alles erfahren, nur kein ihm völlig fremdes
Müssen. So betont Anselm von Canterbury, daß Christus absolut freiwillig (»sponte mortuus«, *Cur Deus
homo* I,9) und aus eigenem Vermögen (»moriatur ex sua
potestate«, ibid. II,11) den Tod auf sich genommen habe.
Sofern in Christus die Gottnatur eine *a priori* vollendete
Tatsache war, blieb für ihn das Sterben ein pures Können.
Weil seiner Seinsweise als *deus verus* nichts hinzuzufügen
war, bedeutete der Tod für ihn eine Herablassung zu
dem, was sonst nur Tiere und Sünder müssen. Bei den
Christen in der Nachfolge jedoch, sofern ihnen etwas an
radikaler *imitatio* gelegen war, stellte sich das Gott-
menschwesen als eine noch zu vollendende Aufgabe dar;
für sie, die sich als »Söhne des Höchsten« erst wahr machen mußten, ging es darum, in einem ständigen Fortschritt bis zur Perfektion hinaufzusterben. Wem es mit
diesem Selbstprojekt auf Gott hin ernst war, dem konnte
keine Leiter zu steil und keine *mortificatio* zu grausam
sein. Wer die Nerven dazu hat, überzeuge sich davon anhand der mönchspsychologischen Literatur, nicht zuletzt
der Abhandlung über die *Leiter zum Paradies* aus der Fe-
der des größten aller Folter- und Verklärungspsycholo-
gen: Johannes Climax. Es fehlt nicht viel dazu, daß man
von einer Geburt des christlichen Konzentrationslagers
aus dem Geist der Gotteserzwingung sprechen dürfte.
Auch die Vita des erleuchteten Prüglers Schenûte von
Atripe, eines koptischen Abtes aus dem 5. Jahrhundert,
gehört in die Annalen des Vollendungsterrors. Die Schüler dieser frühen Extremisten waren, nach Hugo Balls
geglücktem Ausdruck, wahre »Athleten der Verzweiflung«; sie stürzten sich in den Karzer Gottes, um im
Wettlauf mit dem Tod noch vor dem physischen Ende voll-

endete Buße getan zu haben. Wer wissen möchte, was es mit dem christlichen Perfektivismus auf sich hatte – lange bevor die Psychoanalyse das Streben nach Vollkommenheit in ihre Symptomliste aufnahm –, kann bis heute nichts Besseres tun, als das Phänomen von seinen theologischen Extremen und anachoretischen Steigerungen[1] her zu studieren. Diese lassen erkennen, wie sich das neuplatonische Leiter- und Stufenmodell der Theosis oder Gottwerdung verbindet mit der christlichen Skala reinigender Demütigungen und Selbstvernichtungen. Wenn je der Freudsche »Gegensinn der Urworte« in vollem Umfang Bedeutung hatte, dann hier, wo das Hinauf und das Hinunter in einem progressiven Terror der Verklärung identisch werden. Die Passion für die Perfektion in Gott ist ein Leiden, das dem äußersten Können entgegenfiebert.

Bis ins Hochmittelalter, und weit darüber hinaus, behält das Denk- und Bewegungsbild vom Leben auf der Leiter, die zum Höchsten führt, seine Kraft; noch Bonaventura deutet die Welt insgesamt als eine Treppe, die zu Gott aufsteigt – *rerum universitas sit scala ad ascendendum in Deum.* (*Itinerarium mentis in Deum*, Kap. I, 2). Aufstieg auf der Leiter ist gleichbedeutend mit *perfectio evangelica.* Hier freilich geht der moralische und psychische Perfektivismus in ontologische und kosmologische Dimensionen über. Der Weg der Seele zu Gott ist für den Franziskanerordensgeneral (gestorben 1274) ein siebenstufiger Weg von der Betrachtung der Gottesspuren in der Körperwelt (1) über die Besinnung auf das Wohlgefallen an der Wahrnehmung der Dinge und das Mysterium der Zahlen (2) bis zur Einkehr der Seele bei sich selbst (3) als natürlicher *imago Dei.* Von dort aus entzün-

---

1 Über den anachoretischen Radikalismus vgl. in diesem Band das Kapitel »Das Prinzip Wüste«, S. 86 ff.

det sich eine christologische Reflexion auf die Seele (4) als Organ zur Erfahrung der gnadenvollen Wiederherstellung des Gottesbildes. Sodann wird Gott in seinem uns von oben her einleuchtenden ersten Namen: das Sein begriffen (5). Von dem erfaßt unser Verstand, daß es *simplicissimum, actualissimum und perfectissimum* sei. Danach erklimmt der Geist die Stufe der Einsicht in den zweiten Namen der Gottheit, sofern diese sich uns in der Idee des Guten (6) zu verstehen gibt. Damit hat der menschliche Verstand sein Sechstagewerk vollbracht. Über alles jedoch steigt die Stufe des siebten Tages auf; in ihr kommt die Verstandestätigkeit zur völligen Ruhe (7), während das Gemüt restlos zu Gott »hinübergeht«. Dieses *transire* gibt das Paßwort zum perfektivistischen Tod; nicht umsonst spricht Bonaventura von einem *excessus mentalis et mysticus.* Der große Transit (»transitus«, *Itinerarium* VII,2) geleitet die Seele durchs Rote Meer, führt sie heraus aus Ägypten – und alle Materien und Mütter sind in dieser Sicht ägyptisch –, bis sie schließlich neben Christus im Grab ruht. Mit dem sublimsten Extremismus gibt Bonaventura zuletzt die Hochformeln aller christianisierten Todesappetite preis: »Wer diesen Tod liebt, vermag Gott zu schauen, denn es ist unbezweifelbar wahr: ›Kein Mensch wird mich sehen und leben‹. Laßt uns also sterben und in das Dunkel eintreten...« (Quam mortem qui diligit videre potest Deum, quia indubitanter verum est: Non videbit me homo et vivet (Ex 33,20). – Moriamur igitur et ingrediamur in caliginem...« *Itinerarium* VII,6) Wer kann in Kenntnis dieser extremen Wendungen der Seelenreise-Literatur bezweifeln, daß der im Sinne monotheistischer Mystik gedeutete Tod Ursprung und Ziel des Fortschritts- und Vollendungsgedankens ist? Noch Freuds letzte Einsichten

sprechen, sechshundertfünfzig Jahre nach Bonaventuras
Offenbarungseid, einen durch alle Modernisierungen
und Lautverschiebungen hindurch wiedererkennbaren
perfektivistischen Dialekt. Nur daß jetzt, nach dem
»Tode Gottes«, die Psyche dazu verurteilt scheint, ein
Ende um des Ende willens zu begehren. Aber wissen wir
nicht inzwischen, daß »Tod«, in metaphysischer kaum
anders als in nachmetaphysischer Zeit, als Vollendungs-
metapher und letzte Destinationsformel fungiert? Will
nicht auch die säkulare Seele einmal, wie Herakles am
Ende seiner Serie von Taten gegen Tod und Schwere, »Es
ist vollbracht« sagen können? Vom *perfectum est* zum
perfectus sum wird es für nachchristliche Seelen dann nur
ein Schritt sein. Vollendungen sind die letzten Erwachse-
nengeheimnisse.

Trotz dieser Zeugnisse »progressiver« Seelenvollen-
dungs-Arbeiten wird sich ein beharrlicher Psychologe
seinen Regressionsverdacht gegen alle Aufstiegs- und
Himmelfahrtsbestrebungen so einfach nicht ausreden
lassen. Tatsächlich findet dieser Argwohn einen starken
Anhaltspunkt in dem Umstand, daß sämtliche Selbst-
vollender, Gottsucher und Himmelfahrer – im Neopla-
tonismus, im Christentum, im Islam wie in den indischen Systemen – sich selbst als Wesen charakterisieren,
die nichts anderes im Sinn haben, als dorthin *zurück*zu-
kehren, woher sie gekommen sind. Vollendung und
Heimkehr sind nach klassischer Lehre nur zwei Namen
für ein und dieselbe Sache. Trifft dies zu, so wäre eben
dadurch der Befund »Regressionstendenz« erfüllt – bis
auf ein merkwürdiges und in höchstem Maße unstimmi-
ges Detail, das hervorgehoben zu werden verdient; es
fällt auf, daß die säkularen Psychologen den Heimkehr-
punkt in einem eher geistarm gedeuteten Unteren lokali-

sieren – wobei für sie alle früheren Stadien seelischer und
biologischer Evolution in Frage kommen, beginnend mit
frühkindlichen und fötalen Verfassungen bis hinab zum
leidlosen Frieden toter Materie; dagegen leiten die Metaphysiker und die Seelenreisenden zur Perfektion sich von
einer unsagbar hohen Heimat her; in die wieder einzugehen oder zurückzukehren stellt eine Aufgabe dar, die,
ihnen zufolge, nur mit den gesammelten Kräften des
geistvollsten und erwachsensten Lebens zu meistern
wäre. Wenn es nicht gelingt, diesen Widerspruch zwischen der psychologischen und der metaphysischen
Deutung des Zurück aufzulösen, so muß man alle Versuche zu einer Theorie seelischer Letztbewegungsgründe,
mögen sie Triebe oder Ziele heißen, für gescheitert erklären. Doch ist ein abschließendes Wort hierüber nicht
gesprochen – und vielleicht bleibt es dafür immer zu
früh, solange es Menschen gibt, denen auffällt, daß
»Seele« das meint, was im Äußeren nicht aufgeht.

4. Uterodizee als Lehre von den letzten Dingen

> Die Götter haben den Menschen durchaus nicht gleich
> am Anfang alles enthüllt,
> sondern im Lauf der Zeit suchen und finden sie Besseres
> hinzu.
>
> Xenophanes, *Fragment 31*

Der Befund ist nun deutlich: der Streit um den Todes»trieb« spiegelt die Extreme in der Deutung dessen
wider, wer oder was der Schoß, aus dem menschliche
Subjekte kommen, »eigentlich« sei. Ohne Uterodizee
bleiben Gedanken über die *conditio humana* flach – weil

Menschen die Wesen sind, die von innen kommen. Erst eine Kritik der Schöße kann Aufschluß darüber geben, was das Zurück wirklich bedeutet. Zwei Grundpositionen sind in dieser Frage zu unterscheiden. A: Der Schoß ist das Grab: wer das annimmt, wird den Gedanken an einen Willen zur Rückkehr in den Herkunftsraum als eine maligne Regression interpretieren. Bildet die Schoß-Grab-Gleichung die Basis der Überlegungen über Endabsichten psychischen Lebens, so muß man den Willen zum Schoß als einen maskierten Todeswunsch entlarven; überhaupt hieße dann den Schoß vorstellen und als Ziel vor Augen haben: den Tod als Vorhaben gelten lassen – eine Situation, die als Matrix der Perversion verstehbar ist. Auf dieser Linie erst machen die Freudschen Sätze über den Todestrieb akzeptablen Sinn; denn sofern die Psychoanalyse eine Psychologie des Exodus bleibt, muß sie jede Tendenz zurück – in die weiche Mutter und ins bequeme Ägypten – als Verrat an den Verheißungen der Weltoffenheit verwerfen; darum nennt Thomas Mann die Todesfaszinationen, denen sich Künstler und Neurotiker im bürgerlichen Zeitalter mit Vorliebe hingeben, zu Recht eine Liederlichkeit. Ihre Protagonisten erliegen der Versuchung, das, was als tragende Vergangenheit schlechthin hinter dem Bewußtsein liegen sollte, als Ziel und Faszinationsraum vor es zu stellen. Demgegenüber müßten sich Psychoanalyse wie Philosophie westlichen Typs als Schulen der Entfaszination definieren.[1]

B: Der Schoß ist präexistentielle Perfektion in Gott: wer diesen Satz gelten läßt, verläßt von vornherein die

---

1 Damit ist im übrigen das letzte Wort einer philosophischen Psychologie nicht gesprochen, weil ja der Hauptstreit zwischen der (faszinierenden) indischen und der (entfaszinierenden) judäochristlichen Psychologie in keiner Hinsicht zu Ende geführt ist.

Zone, in der das Wort Schoß psychomatriarchale Regression impliziert; man könnte dann jeden noch so extremen, umwegigen und befremdlichen Vorstoß bei der Anstrengung um Selbstvollendung als Teilstrecke eines Aufstiegs zur verlorenen Höhe interpretieren. Vom Vaterschoßgedanken her bekommt die Idee der Heimkehr, auch wenn sie in Rückschritten denkt, einen potentiell progressiven Sinn. Wenn das Licht der Schoß aller Evolution ist – wir können auch sagen: wenn alles vom Logos, vom Pleroma, von der patromorphen Geistfülle »stammt« –, dann wäre Heimweh nach ihm vielleicht nichts anderes als die List einer Vernunft, die nie genug im Freien sein kann.

Was Regression, was Progression ist, kann folglich mit psychologischen Mitteln allein nicht mehr entschieden werden. Der Regressionsverdacht gegen alles seinem natürlichen Gefälle überlassene psychische Leben erweist sich selbst als kryptotheologische Denkfigur. Er impliziert eine Kritik an den Tendenzen der Seele, die sich den Mühen des langen Marsches in die Zukunft nicht unterziehen wollen und statt dessen von den Todesbequemlichkeiten Ägyptens träumen. Die Schoßkritik meint Paganismuskritik; diese wiederum meint Kritik des Lebens in Rausch, Besessenheit und Sucht. Moses und Freud geben sich als Führer durch die ichbildende Wüste; sie versuchen beide, ihr Volk oder ihre Klienten in ein Kanaan für Erwachsene zu bringen. Ihr Nein zum Seelentod im ägyptischen Komfort ist eine monotheistische, genauer: eine deuteronomistische Bannformel gegen falsche Götter: gegen inzestbereite verwöhnende und narkotisierende Schöße, die das Subjekt hindern, durchs Rote Meer ins Freie zu ziehen. Sollte von den metapsychologischen Spekulationen Freuds etwas in Zukunft Bestand haben, dann wohl nur in der Weise, daß die entwickelbaren Aspekte der aufs Ganze gesehen unmöglich gemachten Todestrieb-Hypothese in eine Uterodizee aufgehoben werden.

Daß die »Kritik der Schöße« zu einer Grunddisziplin der philosophischen Psychologie werden muß, zeigt sich auch daran, daß die klassische Metaphysik *wie* die neuzeitliche Psychologie das Schoßnuminosum als Strahlungsherd des mächtigsten Seelenmagnetismus anerkennen.[1] Wo dieser Magnetismus wirkt, gilt der Satz: Das Wohin überhaupt ist das Woher überhaupt. Die Seele, als für sich gesetztes Innensein, ist ja nichts anderes als die Kraft, im größten Kreis zu laufen; der größte wäre ein Kreis unter der Bedingung, daß keine endliche Kraft ihn schon ganz durchlaufen haben kann. »Gott« ist dann nur ein Name für den Kreis, den zu durchlaufen die extremistische Sehnsucht sich vornimmt. »Den lieb ich, der Unmögliches begehrt.« Wohin will ich? Dorthin, woher ich komme. Woher komme ich? Aus einem Schoß. Aus welchem Schoß jedoch? Scheidung der Geister – Scheidung der Schöße. Nun folgen Geschichten von Gärten und Göttern, von Meeren und Himmeln; auch schweben

---

1 Auf eine theologische Implikation des Schoßhaften hat Béla Grunberger hingewiesen: »Das hebräische Wort *rakh'mime*, das – zu abstrakt – mit ›Erbarmen‹ übersetzt wird, bezeichnet eine der Eigenschaften der ›Gottheit‹ und entspricht an sich dem Plural von *rekh'em*, was ›Gebärmutter‹ heißt. Für die Juden trägt Gott, der sowohl Vater wie Mutter ist, unter vielen anderen das Bestimmungswort *el male rakh'mime*, was bedeutet ›voller Erbarmen‹, aber wörtlich ›voller Gebärmutter‹. Hier liegt eine direkte Annäherung vor zwischen *Gottheit* (meines Erachtens abgeleitet von der narzißtischen Koenästhesie der Allmacht) und *Gebärmutter*, d. h. dem Organ, das zu dieser Koenästhesie beiträgt und gleichzeitig ihren Träger umhüllt«, aus: B. G., *Narziß und Anubis. Die Psychoanalyse jenseits der Triebtheorie*, Band 2, München/Wien 1988, S. 127. Der Tiefsinn dieser Bemerkung kann auch dadurch nicht beeinträchtigt werden, daß Grunberger, um von frühesten Zuständen der Psyche zu handeln, immer noch den längst revisionsbedürftigen psychoanalytischen Narzißmus-Jargon verwendet.

Städte im Licht und Paläste unter Wasser vorüber – von dorther müssen sich die Mitgiften des innersten Selbstbewußtseins erklären, die unter den Alltagssorgen glitzern. Schoß wird zu einem Denkbild, das den »Gott von unten«: die Göttin und die Erde, evoziert; er wandelt sich später ins Uranische, wenn das Göttliche erdfern und als Herrschendes von oben ausgelegt wird; seit auch die Himmel Schoß geworden sind, können sie, wie Katholiken zu singen gelernt haben, den Gerechten tauen. Geistesgeschichtlich gesehen macht es guten Sinn, daß Theologen es waren, die das Rätsel eines Seins *in gremio* väterlicher Natur mit phantastischer Explizitheit ausgeleuchtet haben, bevor Psychoanalytiker, Gynäkologen und Perinatalisten das Feld betraten, um die Sache zu entzaubern. »Schoß« ist in philosophischer wie psychologischer Sicht die Region des Seienden, die Macht hat, weiteres Seiendes von gleicher oder »ebenbildlicher« Natur zu stiften und dem gestifteten, angehauchten oder als Ausgeburt freigelassenen Leben die Vorstellung eines beseligenden höchsten Guten mitzugeben. Die philosophischen Gedächtnislehren stellen ebenso wie die religiösen Abbildlehren Deutungen dieses Mitgifträtsels dar.

In psychologischer Perspektive läßt sich die Orientierungsmacht des Schoßhaften als Zone und Zustand leicht verstehen. Gleichgültig, ob das *in gremio* realpsychologisch als Sein-in-der-Mutter aufgefaßt wird oder ob es metaphysisch als gottnahe Präexistenz imaginiert wird – es verbindet sich mit dem Selbstsein im Schoße, sofern keine Katastrophenspuren dazwischentreten, in beiden Fällen ein Wähnen vom präobjektiven Schweben im Optimum. Schwebend heißt ein Modus von Selbstsein, das sich vor aller Möglichkeit eines Anstoßens an etwas gegeben ist. Schweben ist Lösung in einem Ur-Etwas, das zwischen Formlosigkeit und Form vermittelt. Wer über Sein-vom-Schoß-her etwas in Erfahrung bringen will, muß gleichsam die Sprache des Wassers sprechen lernen – mehr noch aber die Sprache des Himmels, die den modernen Nüchternsubjekten die fremdeste geworden ist. *Le grand Bleu* ist auch ein Titel für etwas, das jenseits aller Mütter und Meere leuchtet. Die Uterodizee legt die Seligkeit aus, von der die Fische und mehr noch die Vögel Zeugnis gäben, wenn sie reden könnten. Diese Seligkeiten, ausweichend wie sie sein mögen, schweben menschlichen Bewußtseinen seit alter Zeit als letzte Faszinationen vor. Eine Sprache des Schwebens, die beide Pole geltend macht, müßte klingen, als wollten Meer und Himmel Bekenntnisse ablegen.[1]

Ich behaupte, nur uranophatische und okeanophatische Reden können die Selbsterfahrungsgeheimnisse des für sich gesetzten Inneren offenlegen. Vielleicht muß das so bizarr ausgedrückt werden, weil es in beiden Fällen um Reden geht, die nicht zur Alltagssprache gehören. Wer urano- oder okeanophatisch redet, der spricht nicht *über* Meer und Himmel oder *von* beidem, sondern *aus* dem feuchten Element und *aus* der hohen Sphäre, und zwar so, daß der Redende die Macht des Schoßes, in dem er gelöst ist, durch sein Hervortreten und Lautwerden nicht verliert. Am christologischen Bei-

---

1 Eines der extremsten Beispiele für Wassersprache findet sich m. W. in dem Buch *Autobiography of an Enlightened Creature*, Copyright by Victor Langheld, 1991, eines deutsch-irischen Mystikers, der sich Wassermann nennt: »Wo auch immer Wasser erscheint, da pulsiere ich. Wo ein Gefühl von Nässe aufkommt – da schluchze ich. Wo auch nur ein Vorbegriff von Feuchtigkeit, von Flüssigkeit aufkommt, da bin ich in der Nähe, bereit zu antworten ... Immer wenn jemand auf einer schlüpfrigen Oberfläche in den Grund des Werdens stürzt und dabei Wirklichkeit neu versteht, dort habe ich meine wahre Aufgabe erfüllt.« (Übersetzung vom Verfasser; ich verdanke diesen Hinweis Martin Frischknecht.)

spiel wäre dies am ehesten zu verdeutlichen. In typologischer Sicht ist Jesus das Urbild des Subjekts, das jede Zugehörigkeit zu einem Mutterschoß ausstreicht. Was ihm das Sendungsbewußtsein gibt, entspringt dem extremistischen Wagnis, sich ganz aus der Seinsmachtmitgift eines väterlichen uranischen Schoßes zu legitimieren. Die Strahlung der von den kanonischen Evangelien kolportierten Jesusworte rührt nicht zuletzt daher, daß sie die klarsten uranophatischen Sätze der letzten Jahrtausende überliefern. Ihre gnostischen Varianten machen das noch deutlicher. Sie reden, als ob der Himmel Ich sagen könnte. Himmel ist in den Jesusworten nicht das Thema, sondern das Subjekt der Rede; die Sätze des Gottmenschen sind substantiell himmlische, himmelslösliche, himmelbeheimatete »Äußerungen«; auch beim Hinausgehen zu den profanen Ohren hören diese Sätze nicht auf, die Seinsweise ihres Schoßes – psycho-uranische Unermeßlichkeit – zu bezeugen; dazu gehört die Euphorie der Vollmacht. Das hat in neuerer Zeit niemand tiefer als Nietzsche erfaßt; denn er hat nicht nur die jesuanische Semantik von »Vater« richtig gedeutet: »Gesammt-Verklärungs-Gefühl aller Dinge«, »das Ewigkeits-, das Vollendungs-Gefühl«; er hat auch, quasi als Zwilling und Mitwisser des Himmels, in dem Gesang »Vor Sonnen-Aufgang« aus dem dritten Teil von *Also sprach Zarathustra* den sublimsten uranophatischen Text seit der Spätantike hervorgebracht.[1] Wer im Himmel ist,

---

1 Zum Sinn von »Vater« vgl. *Der Antichrist*, No. 34, Kritische Studienausgabe, Band VI, S. 207; zu »Vor Sonnen-Aufgang« vgl. Kritische Studienausgabe, Band IV, München/Berlin/New York, 1980, S. 207-210. Dieser Text ist auch abgedruckt in: Peter Sloterdijk/Thomas H. Macho, *Weltrevolution der Seele. Ein Lese- und Arbeitsbuch der Gnosis von der Spätantike bis zur Gegenwart*, München/Zürich, Band II, S. 710-713. In diesem Kontext gewinnt Nietzsches Text erst seine volle Kraft; obwohl nicht gnostisch im engeren Sinne orientiert,

weiß, was es heißt, von dort her zu reden. Sofern der Himmel Schoßkraft besitzt, gibt es auch aus ihm die Selbstmitteilung seiner Produktivität an seine Ausgeburten. Von diesem maskulin getönten Schoß-Fülle-Bewußtsein her läßt sich die Logos-Metaphysik des Johannesevangeliums in ihrer jahrtausendedurchstrahlenden Suggestivkraft begreifen. Die Vaterschoßgewißheit scheint das energetische Geheimnis derer zu sein, die ein Ruhen im Innern zu verbinden wissen mit prophetischem Auftreten in der Welt; sie sind die eigentlichen Existentialisten – Individuen, die von ganz innen her ganz draußen zu sein verstehen.

Gehen wir zur ozeanischen Seite der Schoß-Hermeneutik über, so liegt viel daran, die Erinnerung an das Motiv himmlischer Geräumigkeit beim Schweben im Schoß und beim Herausgehen aus ihm wachzuhalten. Ohne explizite Horizontweitung ins Himmlische müßte die Zurückführung des Seelischen auf das maritime Innen sofort in gynäkologische Platitüden verfallen. Fruchtwasserspiele als Metaphysikersatz? – Psychoanalytiker scheinen damit meistens zufrieden. Vielleicht ist kein Psychologe frei von der Versuchung, Himmel und Höhle miteinander zu verwechseln. Die Evidenzen sind freilich suggestiv. Für individualbiographische wie für gattungsgeschichtliche Perspektiven ist die archaische Gleichung von Mutterschoß und Meer – *mater* und *mare* – so gut begründet, daß jedes weitere Wort zum Thema, wäre der Stand der Diskussion allgemein bekannt, überflüssig sein könnte. Von Thales bis Ferenczi und Rank lassen namhafte Ursprungstheoretiker alles, was ist, aus dem Wasser hervorgegangen sein; sie verste-

ist er hier zu lesen als das Manifest eines wiedergefundenen psycho-uranischen Raumbewußtseins.

hen das ozeanische Element ebenso von seinen umschlie-
ßenden und bergenden wie von seinen quellenhaften und
produktiven Eigenschaften her (ich merke am Rande an,
daß Heideggers Meditation des Ge-birges die Merkmale
des mütterlichen Meeres am trockenen erdhaften Element herausarbeitet).

Das Seltsame an der Seinsweise wassergeborener Lebewesen vom Typus Mensch besteht darin, daß in ihrer
Frühgeschichte ein mehr oder weniger katastrophischer
Übergang vom Feuchten ins Trockene und von Wasser an
Luft bewältigt werden muß. Im Blick auf diesen Übergang läßt sich die These vertreten, daß es keine Wissenschaft vom Menschen ohne eine Theorie des Element-
wechsels geben kann. Sofern Menschen tiefenstrukturell
Elementwechsler sind, ist in ihrem In-der-Welt-Sein eine
unüberwindliche Mehrdeutigkeit angelegt. Elementwechsel – Grundform von Drama – impliziert Gedächtnis als das Kontinuum, in dem Verknüpfungen vom
Früheren zum Späteren und zurück vollzogen werden
müssen. Wird durch den Weg an Land das maritime Kontinuum zerstört, so entwickeln sich im Menschen ele-
mentpathologische Verzerrungen – Hybridbildungen
aller Art, Irrlichter, Wasserseelen, Luftbewohner, Ver-
trocknete, Versteinerte. Vielleicht müßte alle Psychopathologie mit einer Elementar-Pathologie beginnen. Menschen sind Wesen, die sich im Element irren können. Ja,
was ihnen als Orientierung in der Welt vorschwebt, ist
oft nur die Gewißheit, am falschen Ort, im falschen Element zu sein. Wohin also?

Der Zug zurück von der trocken-festländischen zur
ozeanisch-flüssigen Seinsweise ist ein Grundmotiv in-
existentieller Lebenstendenzen; wer das Meer wieder
sucht, hebt der Intention nach das Äußere nach innen hin

auf. Wollten wir weiter nach einer todes»trieb«verdächtigen Strebung der Psyche suchen, so täten wir gut daran, bei diesem Zug zum inneren Meer, dieser Tendenz zur Zurücknahme von Existenz in Inexistenz genauer nachzugehen. Um die Hauptdarsteller dieser Strebung zu entdecken, braucht man nicht an abgelegener Stelle zu suchen; Phänomene, die zu den Suchtformen gehören, haben sich nach dem Rückgang der ausdrücklichen metaphysischen Perfektionsbestrebungen in der Moderne massenhaft entwickelt und sind in den Vordergrund der Kulturbühnen gerückt. Und wie immer finden wir bei den Extremisten die Reinform der Sache selbst. Es sind die Abonnenten harter Drogen, die Lustmörder an sich selbst, die am schärfsten die Tendenz zu erkennen geben, ihren Lebenskreis kurzzuschließen; statt an Exodusspannungen sind sie am kürzesten Weg zur Weltauslöschung interessiert. Ihr Inexistentialismus läßt eine latent verbrecherische Seite erkennen, sofern sie die Droge als Megabombe einsetzen gegen die inneren Repräsentanzen von allem, was der Fall ist; die Sucht erzeugt nur noch einstürzende Weltverhältnisse – sie folgt einer Taktik der verbrannten Realität. In der Sicht der Subjekte handelt es sich bei ihren Anschlägen auf alles, was sich als Wirklichkeit aufzwingen will, um Akte der Notwehr.

Das unterscheidet die Droguierten von den Mystikern, deren Nachbarn sie in allem anderen sind. Mystisch begabte Individuen meinen nicht, sich der Wirklichkeit, wie sie sie erfassen, erwehren zu müssen; sie empfinden sich in ihrem Grund. Bei hoher Belastbarkeit sind sie zugleich, mit Georges Bataille zu sprechen, widerstandslos »wie Wasser inmitten von Wasser«. Sie sind so sehr ins Werden eingelassen, daß es ihnen nicht in den

Sinn kommen kann, den Lauf der Dinge durch Wünsche
oder Vermeidungen zu trüben. Insofern ist die These
richtig, daß Mystik die intensivste Form von »Realismus« sei. Mystiker bauen die Institution Realität in solchem Maße ab, daß von der verfaßten Welt nichts übrigbleibt außer einem alleseinbegreifenden Fluidum, das
zugleich ein Film ist von wundervoller homogener Ober-
flächlichkeit. Mystik ist die Seinsweise des Psychischen
im Zustand des fötalen Tags. Seiner Tendenzlosigkeit
wegen ist dieser weder existentiell noch inexistentiell.
Der Zustand ist dunkel, sofern er von keinem Objekt
oder Ziel etwas weiß, und hell, sofern er vor seiner eigenen Klarheit nicht ausweicht. Wer in ihm ist, ist in der
Luft ertrunken und atmet unter Wasser. Was aus ihm
redet, ist der Ozean, der Worte hat. Wenn er schweigt, ist
es das Meer – das sich anwesend hält ohne These. *O mort,
où est ton appetit?*

5. Kritons Bitte

Mit seiner Hypothese vom Todestrieb hatte sich der
späte Freud auf einen Stil von Spekulation eingelassen,
die bis dahin, im Guten wie im Schlimmen, eine Domäne
der Philosophen geblieben war. Zugleich rührte er an
Fragen des Heils und der Heilung, die ihre Antworten
bisher mehr in den Lehren der maßgeblichen Menschen
und der Religionsstifter als bei den Ärzten gefunden hatten. So verwundert es nicht, daß hinter dem Psychologen
die Schatten von Sokrates und Plato, von Jesus und Bonaventura sichtbar werden konnten. Es scheint, als sollten, da es um erste und letzte Dinge geht, die großen
Geister unter sich bleiben.

Könnte es aber nicht sein, daß wir bisher bei der Suche nach dem Entdecker des Todes»triebs« einer falschen Spur gefolgt sind? Vielleicht war es ein unbegründetes Vorurteil, dem Phänomen in seinen heroischen, selbstbewußten und expliziten Zeugnissen nachspüren zu wollen. Möglicherweise ist der eigentliche Entdecker des Zugs der Psyche zu ihrem Ende ein Individuum, das von seiner Entdeckung selbst nichts verstand? Vielleicht darf ein Subjekt, um zum Entdecker des X, das hier verhandelt wird, zu werden, sich mit demselben auf keine Weise vertraut oder verwandt fühlen? Ist es denn ausgemacht, daß Todes»trieb« oder Appetit auf das eigene Ende etwas bedeutet, was verstanden und nachempfunden werden können muß? Ist nicht vielleicht ein Staunen und Befremden die einzig richtige Haltung, in der die Entdeckung des X gemacht werden kann? Und so wäre der eigentliche Entdecker des Todes»triebs« jemand, der von der Versuchung durch Verständnis unberührt geblieben wäre?

Mein Kandidat ist eine Gestalt, die in den platonischen Schilderungen vom Tod des Sokrates eine halb lächerliche, halb ergreifende Rolle spielt. Kriton, des Sokrates Freund der letzten Stunde, erscheint in Platos Berichten als eine Figur, die gewissermaßen im Zentrum des Randes steht – am Rand der Sterbebühne als privilegierter Zeuge und Helfer, im Zentrum des Spotts über seine unverbesserliche Weltkindlichkeit – eine so undankbare wie bedenkenswerte Position. In einem spezifischen Sinn ließe sich nämlich sagen, daß Kriton, der besorgte Freund, der die letzten Belehrungen und Ironien des Meisters über sich ergehen lassen muß, der Entdecker und Provokateur des Phänomens »Todestrieb« war. Er ist es, vor dem sich das X zum ersten Mal zu sich be-

kannte. Sein Dabeisein bei dem, was er nicht begreift,
löst eine Selbstdarstellung der sokratischen Tendenz zur
Todeseinwilligung aus, ohne die wir von dem dunklen
Sujet noch weniger wüßten, als es der Fall ist. Ich will
hier nicht von dem fatalen kurzen Dialog reden, den
Plato nach Kriton benannt hat; dieser bietet das beklemmende Szenario, wie ein Freund sich von seinem Freunde
in Grund und Boden reden lassen muß, weil er ihm Vorschläge zur Rettung seines Lebens gemacht hatte. Die
Hinweise auf Kriton, die uns hier interessieren sollen,
stammen aus dem Schlußkapitel des *Phaidon*, in dem
Plato den Tod des Sokrates mit dem höchsten Aufwand
an literarischer und metaphysischer Verklärungskunst
geschildert hat. Kurz vor dem Schluß des sublimsten
Dialogs tritt Kriton als widerwilliger Beobachter der befremdlichen Tendenz in Erscheinung – für einen flüchtigen, von der Philosophiegeschichte nicht geschätzten
Augenblick. Denn Kriton ist nicht nur der alte Freund
und Schüler, der dem Sokrates beharrlicher als alle anderen zur Flucht geraten hatte; er ist auch derjenige, der
sich während der Stunden vor dem Schierlingsbecher am
nachdrücklichsten oder am freundlichsten, man könnte
auch sagen am naivsten um den Todeskandidaten kümmerte. Mit seiner Frage, wie man ihn denn begraben
solle, zieht sich Kriton die letzte humoristische Replik
des Sokrates zu – ich habe wohl, sagt der Meister, für
diesen Mann umsonst geredet, denn er verwechselt mich
immer noch mit dem Leichnam, der in kurzer Zeit hier
herumliegen wird. Wenig später fordert Sokrates, der
Trank möge angemischt und gebracht werden.

»Da sagte Kriton: Ach Sokrates, ich glaube, es ist noch
Sonne auf den Bergen zu sehen, sie ist noch nicht ganz

untergegangen. Auch weiß ich ohnehin, daß manche andere sehr spät erst trinken, nachdem es ihnen verkündet worden ist. Erst wenn sie noch einmal tüchtig gegessen und getrunken haben und manche sogar, wenn sie noch einmal mit der Frau zusammen waren, nach der sie Verlangen hatten. Also beeile Dich nicht so, es hat noch Zeit.

Sokrates aber sagte: Das ist ganz natürlich, mein lieber Kriton, daß die anderen das so machen, wie Du sagst. Sie glauben eben, wenn sie es tun, etwas davon zu haben. Ebenso natürlich ist es aber, wenn ich das nicht so mache. Denn ich glaube ganz und gar nicht, daß ich etwas davon habe, wenn ich etwas später trinke, es sei denn, daß ich mir selber lächerlich vorkomme, wenn ich so am Leben hänge und mit etwas spare, was gar nicht mehr da ist. Also, sagte er, gehorche mir und tue, wie ich sage.

Da winkte Kriton dem Sklaven, der in der Nähe stand... Nach einiger Zeit kam er mit dem Mann wieder, der den Gifttrank verabreichen sollte und der den gemischten Trank in einem Becher trug. Als Sokrates den Mann sah, sagte er: Nun, mein Bester, Du kennst dich ja in diesen Dingen aus, was habe ich zu tun?«

Es ist Kritons obskure Ruhmestat, daß er sich nicht zum Komplizen dessen machen ließ, was sich in dem sterbewilligen Sokrates zu zeigen beginnt. Er verteidigt das Diesseits bis zum letzten Augenblick gegen die hinübergehenden Tendenzen des Meisters; erst ganz zuletzt, als er die überlegene Macht dessen verspürt, was in Sokrates recht behalten will, versinkt er in ein Schweigen, von dem niemand weiß, ob es ein beschämtes, ein resignier-

tes, ein verwirrtes war. Ich will annehmen, daß es, wie
immer seine Tönung gewesen sein mag, ein Schweigen
war, in dem sich ein Ansatz zum Widerspruch verbarg.
Denn ein Mann, der einen Moriturus unter Männern
noch an Tafel- und Liebesfreuden erinnert, wird in
letzter Instanz wohl alles gefaßt hinzunehmen wissen,
nur nicht die Absage an die guten Dinge des Lebens; und
dies auch nicht oder gerade nicht aus dem Munde von
einem, der hier nichts Gutes mehr sieht und es eilig hat,
den Schlußpunkt hinter die Geschichte zu setzen. So
dürfte man unterstellen, daß die Entdeckung des X in
dem Satz verborgen blieb, den Kriton angesichts der Eile
seines Freundes, Schluß zu machen, wohl bei sich be-
hielt. Er schaut mit den Augen des Weltkindes auf das,
was hier recht behalten will bis zuletzt – auf diese formi-
dable tatkräftige Seelenruhe, die sich anstellen läßt als
Mitarbeiterin an dem, was das Ende herbeiführt. Kriton
sagt nichts mehr – aber er sieht etwas, was Sokrates nicht
sieht; er fühlt die Gegenwart eines entgegengesetzten
Prinzips, das ihn und seinen Freund übersteigt. Er steht
ohne weiteres Argumentieren einer Macht gegenüber,
die vorhat, aus dem Leben eine abgeschlossene Gestalt
zu formen – ist es ein Stolz, der einem Dasein in Unehre
und Hinfälligkeit zuvorkommen will? Ist es ein Ehrgeiz,
das eigene Leben vollends in die Statue zu verwandeln,
auf deren Sockel das delphische Prädikat besonders
weise steht? Oder weht durch dieses Rechtbehalten des
Sokrates bis in den Tod ein Hauch von dem, was die
Wahrheit selbst ist – ein Numinosum, das den Ausnahmezustand braucht, um Gegenwart zu werden? Ohne
Zweifel bekommt Kriton nun eine dunkle Ahnung davon, was es heißt, einen Lehrer vor sich zu haben – denn
was ist ein Lehrer anderes als ein Mensch, der noch sei-

nen letzten Atemzug in ein Argument und seine letzte
Stunde in ein Beweisstück verwandelt? Der Lehrer aller
Lehrer hält seine letzte Vorlesung – das ist es, was Kriton
an jenem Abend in dem athenischen Gefängnis nicht verstehen kann – er, der bis zum Ende schlechte Schüler.
Kriton, wird Zeuge dessen, wie das erlöschende Leben
sich hinüberbringt in ein didaktisches Jenseits, in eine
unendliche Rede, wo es zur Legende wird, die nicht
mehr sterben kann. Er, der nur gewöhnliche Dinge zu
sagen versteht, erfährt beim Tod des Sokrates etwas von
der Macht einer anderen Sprache. Denn was Sokrates
nun zu sagen sich vornimmt, nimmt es auf mit der Wahrheit und dem Tod zugleich. Kriton erfährt, daß etwas in
der Welt ist, das stark ist wie der Tod und das von Ver-
wandlung und Übergang redet. Diese Erfahrung hat er,
mundtot gemacht durch Sokrates' und Platos vereinte
Ironien, für sich behalten müssen – ein blamiertes Weltkind unter tiefen Seelen. Er bleibt am Rand der sublimen
Szene stehen als der Sinnenmensch unter Eingeweihten,
die wie Intimfreunde des Todes in Unsterblichkeitsbe-
weisen schwelgen. Plato ließ den armen Kriton im Vor-
feld der manischen Geheimnisse zurück, während er sich
selbst in die Himmelfahrt der Meisterseele versetzte.
Kriton, der »nur das Äußere« sieht, fühlt dunkel die Gegenwart des Unbegriffenen – ausgeschlossen wie er ist
von der Kommunion der Einverstandenen. Auf diese
Weise bekam er die ungesuchte Chance, ohne Benommenheit durch Sog und Schwüle etwas zu bemerken, was
andere als Unwesentliches beiseite ließen. Ist es nicht an
der Zeit, von Kriton, dem Entdecker, zu sprechen?

Das X, das vor Kritons Bewußtsein aufscheint, hat
keinen Namen, aber es hat ein Anzeichen – Eile. »Also
beeile dich nicht so, es hat noch Zeit«, sagt Kriton zu

dem Meister im kritischen Augenblick; der schlägt die
Bitte, er möge noch ein wenig bleiben, ab; statt dessen
nimmt Sokrates sich eine Minute Zeit, um ein letztes Mal
seine Seinsweise, die des Weisen, von der der Profanen
und Sinnlichen abzusetzen. Die Existenz des Meisters,
so wird jetzt deutlich, ist pure Zeit der Lehre – Zeit, um
zu reden, Zeit, um zu beweisen, Zeit, um die großen
Dinge im Licht des immerwachen Logos zu klären. Sofern das, was leben heißt, sich in dem zeigt, wofür die
Lebenden sich Zeit nehmen, hat Sokrates nur Zeit für
das, was für ihn Leben ist: lehren. Nun aber fordert seine
Lehre den Beweis, daß Aufhören mit dem Dasein im
Körper möglich und nötig ist. Das Unaufhörliche in
ihm, das Leben, das ein Lehren ist, muß sich für diesmal
einlassen auf das Schlußmachen mit dem Leben um der
Lehre willen. So kulminiert das Leben des Meisters in
dem Syllogismus: Das beste Leben ist Lehren; ich lehre,
indem ich sterbe; also lebe ich dem Besten gemäß, wenn
ich sterbe. Dieser Schluß geht durch Sokrates' letzte
Stunden wie einer der Blitze, von denen man sagt, daß sie
dem Geist entstammen; er motiviert die Eile, die den
verständnislosen Kriton vor den Kopf stößt. Kriton sieht
wohl, daß er etwas sieht; aber er kann nicht wissen, was
er vor Augen hat. Für ihn wie für die übrigen bleibt dunkel, warum Sokrates lehren, eilen, sterben muß.

Erst nach mehr als zweitausend Jahren ergab sich an
einer neuen geistesgeschichtlichen Wende Gelegenheit,
den Standpunkt Kritons gegen Plato stark zu machen.
Mit seinem Krankheitsverdacht gegen die platonisierende Metaphysik faßte Nietzsche auch den Erzphilosophen Sokrates wie einen pathologischen Fall in den
Blick. Ob er damit recht oder unrecht hatte, soll hier
nicht weiter erörtert werden. Ich sehe Nietzsches Stärke

darin, daß er die eingeschüchterte Position des Kriton
von ihrer weltkindlichen Naivität befreit und zu einem
metaphysischen Gesichtspunkt eigener Würde ausge-
baut hat. Er argumentiert, als wolle er der Bitte des
Kriton: »Also beeile dich nicht so, es hat noch etwas
Zeit« den Rang eines Grundsatzes geben. Er hört aus
Kritons Mund das »Leben selbst« reden, so wie er aus
dem des Sokrates eine sich Weisheit nennende Morbidität
zu vernehmen meint. Für Nietzsche scheint Leben überhaupt der Inbegriff von Kritonismus zu sein; es erhebt
seinem Wesen nach eine ins Unendliche gehende Nach-
forderung von Zeit für die guten Dinge der Welt und
sucht von sich her listenreich nach Abkürzungen für die
Übel. Das ist es, was die tiefe Mitternacht im Stundenlied
des Zarathustra weiß. So läßt sich, was Leiden ist, nur
von der Tendenz zum Aufhören her verstehen; was Lust
ist, nur vom Willen zur Dauer her. Wo immer ein Hauch
von Vergehenwollen ins Spiel kommt, dort gäbe es nach
Nietzsche Gründe, einen Krankheitsherd zu vermuten;
wo hingegen die Verlängerung des Spiels gewollt werden
kann, dort laufen die Erfolgslinien des guten Seins hinaus in einen Fortsetzungsroman namens Ewigkeit. Das
Leben ist der Traum, der sich Dauer wünschen kann,
und die Wunschkraft selbst ist es, die sich immer von
neuem Wege ins Bleiben und Dauern zu suchen weiß.
Das Gegenteil des Traums ist nicht das Erwachen, sondern der Tod. Daher kann Nietzsche sein Einverständnis
damit bekunden,

»dass unter allen diesen Träumenden auch ich, der ›Erkennende‹, meinen Tanz tanze, dass der Erkennende
ein Mittel ist, den irdischen Tanz in die Länge zu ziehen und insofern zu den Festordnern des Daseins

gehört, und dass die erhabene Consequenz und Ver-
bundenheit aller Erkenntnisse vielleicht das höchste
Mittel ist und sein wird, die Allgemeinheit der Träu-
merei und die Allverständlichkeit aller dieser Träumenden unter einander und eben damit die Dauer
des Traumes aufrecht zu erhalten.« (*Die fröhliche
Wissenschaft*, 54)

Dauer des Traumes meint hier Dauer von Welt und Leben. Die Zeit, in der dieses Leben ewig leben will, ist
nicht die tote Ewigkeit der Metaphysik, sondern die unendliche Linie aufeinanderfolgender Selbstbejahungen
des Lebens durch zahllose Wendungen von Schmerz und
Lust hindurch. Der Ernst des Lebens besteht für Nietzsche in dem fortwährenden Test auf die Kraft zur Bejahung. In denen, die es eilig haben, zum Ende zu kommen, geht diese ihre eigene Ewigkeit produzierende
Selbstbekräftigung des Lebens verloren. Die verlänge-
rungslustige Zeitform, die ihre eigene Zukunft *usque ad
infinitum* produziert, schlägt dann um in die Zeitform
des Abkürzungstriebs. Abkürzer sind Leute, die es eilig
haben. Sie möchten mit dem Schlimmen, das gegenwärtig ist, und dem Schlimmsten, das bevorsteht, endlich
einmal fertig geworden sein. Wer könnte leugnen, daß
sich die Abkürzer und Drängler zum Fertigwerden in
den letzten zweitausend Jahren als effektivste psychopolitische *pressure group* zu organisieren wußten?

»Warum suchst du hier auf Erden gute Tage, wo du sie
nicht finden kannst? Was willst du? Etwa: daß dir
Jahre und Jahre kommen, und daß das Ende dieser
Jahre nicht kommt? Dein Streben ist widersinnig: Du
willst wandern, aber ankommen willst du nicht!« (Augustinus, *Sermo* 108,3;3)

Nietzsches Metaphysik der Selbstbejahung der Lust ist bis in die Feinstruktur seiner Argumentation direkt gegen die Beamtenapparate des Lebensüberdrusses – Theologie und Kirche – formuliert. Er entdeckt dabei, mit einer Wut, die der Verzweiflung ähnelt, daß bei den christlichen Schnellpilgern und Hinübersterbe-Ideologen die Unlust selbst genial geworden ist – als hätte das Weh einen Trick entdeckt, nicht mehr zu sagen: Hör auf, vergeh, sondern: warte ein wenig, ich kann gleich wieder, ich brauche nur eine Pause, bevor ich die Misere weiterführe. Für Nietzsche war Christentum die ingeniöse psychopolitische Erfindung, die nötig war, um Elend zu hohen Jahren kommen zu lassen. Wo der christliche Miserabilismus an die Macht kam, dort begann die eigentliche, die geschichtemachende Geschichte, und wo dieselbe Fuß gefaßt hat, dort setzt eine subtile Verdrehung von Lust und Schmerz sich durch, bis das Weh nicht mehr Vergeh sagen kann und die Lust nicht mehr Bleib. Geschichtlichkeit im Sinne der christlichen Endstrebigkeit beruht somit auf der Verwirrung des Zeitsinns von Lust und Unlust; sie produziert den Exodus in die Welt der gemischten Gefühle, die für uns zum Erwachsensein gehören. Was soll nun dauern, was soll aufhören? Dieses Christentum ist die Metaphysik des rhythmusgestörten Lebens. Die wahnhafte Voreiligkeit der Unglücklichen siegt in ihm über den Puls der alten Natur. Als Nietzsche Kritons »Beeile dich nicht so sehr, es hat noch Zeit« absolut setzte und das Leben als die Zeit verstand, die sich die Lust gibt, da entwarf er ein nach-christliches Weltalter, in dem die neurotische Geschichtlichkeit bisherigen Typs überwunden wäre. Weltzeit »nach der Geschichte« wäre eine Zeit ohne Primat der Eile und ohne Überhang der Menschheitsschmerzen

von gestern. Welcher Entwurf von Welt und Zeit wäre
heute aktueller und vergeblicher als dieser?

Auch nach Nietzsches Intervention bleibt das X, das
Kriton vor Augen stand, rätselhaft. Todes»trieb« – eine
Variante der Ungeduld? Eher ein Nachglühen aus dem
Altschmerz der Individuen und der Völker, der seinen
Wunsch nach Vergehen zurückstellt, um zuvor an allem
Rache zu nehmen? Vielleicht könnte eine positive Theorie der Eile den Todes»trieb«verdacht von Individuen
wie Sokrates und Jesus in letzter Minute noch abwenden? Haben wir die Eile der großen Lehrer mit der
Zurückführung auf das »Weh spricht vergeh« schon ausreichend begriffen? Deutet denn das X in der Sterbe-Eile
des Philosophen nicht auch darauf hin, daß gewisse
überhelle Menschen schon vor Jahrtausenden die Beru-
fung begriffen, ihren zerstreuten Mitmenschen als
Wächter, Lehrer und Alarmgeber gegenüberzutreten,
um ihnen den neuartigen Ernst der Suche nach Wahrheit
in der sich entgrenzenden Welt klar zu machen? Sie leben
als Lehrende so, als nähmen sie ein Grundrecht auf Be-
unruhigung ihrer noch kleinräumig denkenden Mitmenschen wahr; sie strahlen die Evidenz aus, daß es für
Menschen künftig zuviel einzusehen gibt, als daß Zeit zu
verlieren wäre. Sie nehmen es nicht hin, daß ihre Mitmenschen nur wie bisher leben wollen und nicht sehr viel
besser, sehr viel heller, sehr viel offener für die Dramen
des gemeinsamen Klugseins. Gestalten wie Sokrates und
Jesus inkarnieren die Avantgarde einer Gattungsintelli-
genz, die sich mit der selbstzerstörerischen Halbklugheit
der meisten nicht abfindet.

Was Kriton an der Eile des Sokrates zu spüren bekommt, ist der Ernst einer Lehre, die auf die Nötigung
antwortet, in wenigen Jahren zu lernen, was gewußt wer-

den muß, damit es mit Seelen *und* Gemeinwesen kein böses Ende nimmt. Es gibt Philosophie als simultanes Studium der Politik und der Seele erst, seit einzelne Individuen ein Gespür dafür entwickelt haben, wie schwierig es ist, in der bewegter werdenden Großwelt noch klug zu sein. Seit Sokrates ist Philosophie eine Suche nach Weisheit als der Kunst, Seelen und Staatswesen trotz anschwellender Risiken durch den Sturm zu lenken. Sie ist eine Schule des Erwachens auf einem zunehmend in Betäubung versinkenden Planeten – eine Geburtshilfe für die Klugheit, die es mit dem Leben im Größeren aufnehmen soll. Solche Klugheit ist nicht megalomanisch wie der Leichtsinn, der sich in alles einmischt, sondern megalopathisch wie die Verantwortung, die sich für die langen Arbeitstage des Weltbürgertums bereit hält. Diese Erziehung zum Dasein in Großwelten ist ernst, weil sie in der Kürze der Zeit das für Städte und Reiche Lebenswichtige ermitteln muß: daher die antinarkotische Option der ernsthaften Lehren.

Wie ernst dieses Drängen auf Leben-Lernen in endlicher Zeit werden mußte, zeigte sich nicht zuletzt im historischen Kompromiß der griechischen Philosophie mit dem Christentum. Die Funktion von Offenbarungsreligion in halbaufgeklärten Großgesellschaften läßt sich nicht zuletzt als die eines Beschleunigungsmittels deuten; der Glaube an Offenbarungswahrheiten war in den letzten zwei Jahrtausenden das Organ einer vernünftigen Voreiligkeit, die suchenden Seelen helfen sollte, sich im Glauben schon an dem zu orientieren, was sie als eigene Einsicht noch nicht besitzen konnten. Der Glaube gab Unzähligen den Mut, von den großen Lehrern anzunehmen, wozu das Licht der eigenen Intelligenz noch nicht hell genug war.

Vielleicht muß man kurz vor dem Jahr 2000 nach
Christus leben, um den Zusammenhang zwischen Zeit-
knappheit und Lernen auf Leben und Tod ganz ohne
Esoterik und Metaphysik zu verstehen.[1] Sterben nicht
heute auch Tierarten und Wälder, als wollten sie damit
etwas sagen? Obwohl nicht freiwillig, sterben sie zu
früh. Auch ihre »Lehre« sucht nach einsichtigen Inter-
preten. Noch immer ist unklar, was Übriggebliebene aus
dem verfrühten Sterben von Lehrern und anderen Lebewesen für Folgerungen ziehen. Immer knapper wird im
Zeitalter der Globalisierung die Restzeit der Menschenwelt; immer dringender wäre ein Studium von Lebensformen für Inneres und Äußeres im planetarischen Komplex. Was heute zu denken gibt, ist nicht ein ominöser
Todestrieb, der dem Leben selbst angeboren wäre; was
uns alarmiert, ist der durch die Gattung als ganze drin-
gende Ernst des Abenteuers Intelligenz.

---

1 Zu dem Zusammenhang zwischen Alarmwachheit und religiöser Manie bzw.
prophetischem Interventionismus vgl. im letzten Kapitel dieses Bandes »Wie
rühren wir an den Schlaf der Welt?« S. 326 ff.

V

Ist die Welt verneinbar?
Über den Geist Indiens und die
abendländische Gnosis

Die Abwesenheit von Schmerz bedeutet die Gegenwart
von Welt. Die Gegenwart von Schmerz bedeutet die Abwesenheit von Welt. Mittels dieser Gleichungen wird aus
Schmerz Macht.

Elaine Scarry, *The Body in Pain*

Es gehört zu den Geheimnissen des philosophischen Metiers, daß dort, wo in positiven Tönen von letzten Er-
kenntnissen gesprochen wird, der Irrsinn oft nicht weit
ist. In der Hingezogenheit zu den größten Gedanken der
Metaphysik und im Sog des psychiatrisch relevanten Ich-
Todes wirkt – so ist zu vermuten – derselbe Magnetismus, dieselbe Anziehungskraft eines außerordentlichen
und exzentrischen Pols. Die bekannte Verwandtschaft
von Mystik und Wahnsinn erinnert daran, daß Höhe und
Tiefe im psychischen Raum Äquivalente sind und daß der
Drang hinauf sich vom Sog hinunter schwer unterscheiden läßt.

Auf dem Weg in ihre gegenwärtige Verfassung hat sich
die professionell betriebene Philosophie von diesem magnetischen Pol hochtiefer »Probleme« mehr und mehr
zurückgezogen – aus Gründen, so wollen wir einräu-
men, die sie selbst für gute halten muß; sie verhält seit
längerem sich so, als sei protestantischen, bürgerlichen,
realitätsgeeichten Menschen der Direktbezug zum soge-

nannten Absoluten nicht mehr gemäß. Die Monstren der
Begeisterung gehören für sie der Vergangenheit an; von
den mystischen Ungründen blieben zuletzt nur die
psychiatrischen Fratzen. Nach ihrer letzten manischen
Kulmination im Deutschen Idealismus hat sich die alte
Lehre von der Welt- und Gottesweisheit, so scheint es,
endgültig pragmatisch diszipliniert – sie hat sich verwandelt in einen historisierenden und systematisierenden
Forschungsbetrieb, der das Wahrheitssuchertum wie
eine Kinderkrankheit der Menschheit abgetan hat. Wo
Forschung zur Institution geworden ist, dort bestimmt
die von Max Weber postulierte stoische Erwachsenheit
das Klima; Manien sind auf das Format von Ambitionen
gebracht; der Zug nach oben meint nicht mehr Transzendenz, sondern Erfolg durch Spitzenleistung. In dem
Maße, wie das neuzeitliche Denken sich unter das Vorzeichen von Methode und Wissenschaft stellt, hat es
gelernt, sein überschwengliches, sein manisches Trieb-
werk abzuschalten; ihm liegt jetzt mehr an Transparenz
und Selbstkontrolle als an der Einschmelzung der Denkenden in unsägliche letzte Einheitsgründe. Der abgeklärten Intellektualität ist nichts so wichtig wie die
Distanzierung von der Gefahr der Großgedanken; wo
sich solche heute noch hervorwagen, wirken sie selbst
archaisch, ihre Denker naiv.

Auf seinem langen und umwegigen Gang in die Ernüchterung kommt dem modernen Philosophieren ein
historisch beispielloser Prozeß zugute: die seit rund
zweihundert Jahren anhaltende Umformung von Metaphysik in Metapsychologie und Tiefenpsychologie.
Diese jungen Disziplinen werfen gewissermaßen einen
lateralen Blick auf das Spiel der philosophischen Reflexion und fragen nach dem psychologischen Befund jener

Subjekte, die sich in unsren Tagen als Freiwillige der Metaphysik melden. Philosophen im alten Sinn sind noch seltener geworden als echte Hysterikerinnen. Die moderne Welt hat, aufs Ganze gesehen, die schwarzen Pokken und die Metaphysik besiegt. Nur in Ausnahmefällen wird ein Autor als Patient der großen Ideen auffällig. Nichts charakterisiert die Situation des metaphysischen Denkens heute besser als der Befund, daß die ansteckende Wirkung der klassischen Sätze bei intellektuellen Populationen weitgehend ausgeschaltet ist; es scheint, als seien die kollektiven Immunsysteme inzwischen fast völlig metaphysikresistent.[1]

Für diese allgemeine Rezession der metaphysischen Bewußtseinslage gibt es starke geistesgeschichtliche und zivilisatorische Gründe, von denen hier nur der entscheidende zu nennen ist. Seit dem Aufkommen tiefenpsychologischer Denkmöglichkeiten verfügen die modernen Interessenten über eine zweite Sprache, um eben die Passion des In-der-Welt-Seins neu zu artikulieren, deren Erstformulierung sich als Metaphysik und als religiöses Denken der Hochkulturen entfaltete. In dieser zweiten, vor allem durch Nietzsche scharfgemachten Sprache kommt ein aggressiver Widerstand gegen den gesamten platonischen und »ontotheologischen« Komplex zutage; in ihm reden manche Analytiker heute ungeschminkt von den Pathologien des metaphysischen Denkens und von der Malignität philosophischer Denkprozesse, die nicht selten ihr Subjekt systematisch zerrütten. Die so geistvolle wie gefährliche Bemerkung des Novalis: »Der

---

1 Diese Bemerkung gilt natürlich nur für die säkularistischen und humanistischen Fraktionen der modernen Welt in ihren akademischen und journalistischen Schaltstellen. Daneben ist unverkennbar, wie eine neumetaphysische, besser neomediumistische Welle den gesamten Westen überrollt. Zum Ausdruck neomediumistisch vgl. in diesem Band die Fußnote S. 127.

echte philosophische Akt ist Selbsttötung; dies ist der
reale Anfang aller Philosophie, dahin geht alles Bedürfnis des philosophischen Jüngers, und nur dieser Akt
entspricht allen Bedingungen und Merkmalen der tran-
szendenten Handlung. – Weitere Ausführung dieses
höchst interessanten Gedankens« – mag deutlich machen, wie der *furor metaphysicus* vor kurzem erst noch
einmal an die Türen der Moderne klopfte. Ganz offenkundig ist diese schillernde Sentenz noch ganz in der
ersten, der metaphysischen Sprache formuliert – die
»weitere Ausführung« des Aphorismus jedoch blieb der
früh verstorbene Autor der Nachwelt schuldig. Ich bin
freilich davon überzeugt, daß eine gültige Entfaltung des
Gedankens ohnedies erst in der zweiten Sprache möglich
gewesen wäre, die, auf anti- und nachmetaphysischen
Wegen, den Zusammenhang zwischen der Krankheit des
Lebens und der Krankheit des Denkens psychogenetisch
untersucht. Die krankheitsphilosophischen Fragmente
des Novalis beweisen, daß er seinerseits schon unterwegs
war auf diesem Pfade in die Modernität. Die resoluten
Sprecher der zweiten, sagen wir anthropologischen und
psychoanalytischen Sprache werden eines Tages den Anspruch erheben, den Zusammenhang zwischen Wahrheit
und gelungenem Leben tiefer ausgeleuchtet zu haben, als
die kränkelnden Metaphysiker von Parmenides bis Schopenhauer es sich träumen ließen. Was in der ersten Sprache die Wahrheit selbst zu sein behauptet hat, gewinnt in
der zweiten den Stellenwert eines wahren Symptoms des
falschen, des verhinderten, des verletzten Lebens.

In diesen empfindlichen Übergangsprozessen fällt den
orientalistischen Disziplinen des Westens eine bedeutende und zugleich aparte Rolle zu. Sie genießen das
Privileg, sich von Amts wegen mit den Dokumenten ei-

ner noch heißen manischen Tradition befassen zu dürfen – wobei der Ausdruck manisch hier Platos Manien-
Lehre aus dem *Phaidros* gemäß verstanden werden soll.
Zwar ist auch das Betriebsklima akademischer Indolo-
gie, Sinologie und Orientalistik so kühl, wie es vorwiegend philologisch orientierten Disziplinen zukommt,
doch gehören die wichtigsten Stoffe dieser Studien selbst
keineswegs nur zu überholten Kulturen und erloschenen
Kulten. Um eine Gegenprobe zu machen, genügt ein
Seitenblick auf unsere Latinisten und Hellenisten, die
inmitten einer Welt, die andere Sorgen hat, das entgei-
sterte Andenken toter Götter wachhalten. Wer jemals
indischen Sadhus oder Vedantins begegnete, wer sich je
einer Unterrichtung durch Sufi-Meister oder tibetische
Lamas ausgesetzt hat, wird wissen, daß auch am Ende
des 20. Jahrhunderts in gewissen Zentren der Welt Doktrinen und Praktiken am Leben sind, die ihre Klienten in
weißglühenden Metaphysiken baden. Noch gibt es – teils
im völlig Verborgenen, teils im Halböffentlichen – Schulen der großen Unterweisung, die nach dem ganzen
Subjekt greifen, um es aus seinem bisherigen Leben zu
entwurzeln, kaum anders als es die pythagoreischen,
neuplatonischen und gnostischen Schulen unserer Hemisphäre in ihren selbstbewußtesten Zeiten taten. Auf
ihrem Höhepunkt waren auch die westlichen metaphysischen Lehren keine Gebilde der »Theorie« im modernen
Sinn, sondern, zumindest ihrem Selbstverständnis nach,
Disziplinen des wahren Lebens unter der Führung einer
neuartigen Bemühung um die wahre Rede. Im alten *bios
theoretikos* standen nicht Texte, Systeme von Propositio-
nen, im Zentrum der Anstrengungen; was alle Kräfte
mobilisierte, war vielmehr die Aussicht auf eine Trans-
formation der Denkenden selbst unter dem Licht der

Gleichung von Wahrheit und Güte des Lebens. Wer das
Wissen von solchen Möglichkeiten – fern von schneller
Psychologisierung – auch heute noch für einen intellektuellen und existentiellen Vorzug hält, kann seine indolo-
gischen und orientalistischen Kollegen zunächst nur
beneiden. Bei ihnen fand der metaphysische Enthusiasmus nach seinem Auszug aus der westlichen *academia*
sein seriöses Exil. Orientalisten sind zumindest philologische Mitwisser von dem unerloschenen metaphysischen Elan fremder Kulturen; sie fungieren, ob sie
wollen oder nicht, als Vikare der Erleuchtungen, die sich
in fernen Weltteilen vollzogen haben und, will man dem
Zeugnis des Adepten glauben, zu vollziehen nicht aufhören. Sie sind die Buchhalter der Ekstasen, von denen
außergewöhnliche Individuen in Syrien, Persien, Indien,
China und Japan textuelle Spuren hinterlassen haben –
Spuren, die uns zum größten Teil als Dokumente der
Fremdheit begegnen. Auf die wissenschaftlichen Sach-
walter des Ostens bezogen gilt mit besserem Recht Lö-
withs ironische Bemerkung über Heidegger als »Denker
in dürftiger Zeit«. Denn mögen sie als Angestellte westlicher Universitäten und Forschungseinrichtungen einem prosaischen Beruf nachgehen: es ändert nichts
daran, daß für sie der Satz über die Nicht-Zweiheit zum
philologischen Alltag gehört; sie können beiläufig die
These zitieren, daß Unwissenheit, *avidya*, der Stoff sei,
aus dem die Wirklichkeit gemacht ist. Sie hantieren von
Berufs wegen mit den »großen Aussprüchen« des
Ostens, so wie vertrauenswürdige Bankangestellte in den
Sicherheitskellern unter der Zürcher Bahnhofsstraße mit
Goldbarren hin und her fahren. Anders als die Kollegen
vom Fachbereich Philosophie stehen Orientalisten kaum
unter dem Zwang, die alten Sätze ideengeschichtlich zu

überholen; für die östlichen Systeme ist eine Nötigung
zur Modernisierung nur schwer zu erkennen. Sie atmen
den Geist einer Zeitlosigkeit, die davon dispensiert
scheint, sich selbst als mittelalterlich zu empfinden.
Nicht einmal katholische Köpfe des Westens genießen
eine solche Verschonung. Nicht-orientalistische Nicht-
Metaphysiker unserer Breitengrade hingegen sehen sich
seit hundert Jahren dazu verurteilt, den Zustand der Welt
mit Hilfe von Soziologie, Systemik, Semiotik und psychoanalytischer Psychosentheorie zu erklären – und je
erfolgreicher sie dabei sind, desto trauriger ihre Wissenschaft.

Im folgenden möchte ich den Versuch unternehmen,
ein wenig an den Privilegien einer auf akute Metaphysik-
überlieferungen bezogenen Orientalistik teilzuhaben.
Ich werde mich bemühen, auf wenigen Seiten eine zwei-
sprachige Erörterung der metaphysischen Verlegenheit
zu umreißen, die sich, wie uns scheint, indischen und
mittelmeerischen Menschen zuerst in ihrer Abgründig-
keit enthüllte. Vor Jahrtausenden hat sich diese Verlegenheit in den königlichen Therapeutiken des Vedanta und
des alten Buddhismus manifestiert – ähnlich wie in den
Monismen und Mystiken des alten Westens; ich möchte
andererseits darauf beharren, daß jene *difficulté d'être*
sich unter neuzeitlichen Voraussetzungen auf eine völlig
neue Weise artikuliert – nämlich in den antimetaphysischen Versuchen technischer und psychoanalytischer
Realitätsbewältigung. Die Zweisprachigkeit des folgenden Essays – metaphysisch interessiert und psychoanalytisch[1] orientiert zugleich – bezeugt, daß der Streit um die

---

1 Mit dem Ausdruck psychoanalytisch meine ich nicht so sehr die freudianische
Schulrichtung als vielmehr eine globale Tendenz zu psychogenetischer Erforschung der Tatsachen des Bewußtseins.

Wirklichkeit der Wirklichkeit offenbleibt – gerade in einer Phase westlicher Kultur, in der unser Stolz auf die überlegene Nüchternheit unserer Realitätsdefinition sich zunehmend als unbegründet erweist.

1. Fingerspitzengedanken

Ich beginne meine Überlegungen mit einer dualistischen These, die ihrer Perspektive nach zur historischen Anthropologie, ihrer Tonart nach zur zweiten Sprache gehört: »der Mensch« wurde vor relativ kurzer Zeit, das heißt vor kaum mehr als drei-, höchstens viertausend Jahren zum metaphysischen oder metakosmischen Lebewesen aufgrund einer Entwicklung, in der er sich erfährt als das Tier, das nicht paßt. Das Element der alten Metaphysiken – modern gesprochen ihre Nährlösung, ihre Lebenswelt – ist die in historischer Zeit stark anschwellende Flutwelle existentieller Dissonanz. Metaphysisch sind – vor allem in Ägypten, Indien, Persien und Griechenland – die Sprachen eines neuen Engagements gegen die immer mächtiger aufbrechenden desorganisierenden Aspekte des Lebens. Die Welt tut weh – das muß Gründe haben; sobald man diese kennt, kann man das Ganze in Ordnung singen. Seit es Staaten gibt, haben Menschen andere Formen des Untergangs und neue Qualitäten von Zerbrechlichkeit vor Augen. Das ist nicht mehr der gute alte paläolithische Tod; das sind nicht mehr die großen Rhythmen naturalen Kommens und Gehens. Man muß im Blick auf die Kulturen der Achsenzeit einen tiefen Strukturwandel in der Erfahrung der Negativität überhaupt postulieren. An den Hochkulturen des Vorderen Orients, Indiens und des östlichen Mittelmeeres ist wahrzunehmen, wie eine radikale und bis heute unabgeschlossene Umwälzung die alten Auffassungen von Leben und Tod, Bewegung und Ruhe, Vergänglichkeit und Dauer unterhöhlt. Im Weltalter des Staates, der Schrift, der Majestäten, des Vaterrechts und der großen Erzählungen kommt es erstmals zu jener Reaktion gegen die Welt und das Leben, die sich in der metaphysischen oder metakosmischen Revolution des Bewußtseins artikuliert. Metaphysik dieses Typs ist ein ekstatischer und asketischer Aufstand gegen die Banalität, die alltägliche Gewalt, das chronisch gewordene Leiden, die angstvolle Dissonanz; die großen Systeme sind Musiktherapien für den Kosmos und seine wachgewordenen Bewohner. Beides jedoch, Ekstase und Askese als Medium und Ziel der metaphysischen Arbeit am Selbst, wäre nicht möglich ohne das verstärkte Aufklaffen der ursprünglichen Unpassung zwischen Individuum und Welt, von der eben behauptet wurde, sie stehe am Anfang der hochkulturellen Selbstentdeckung des Menschen als *animal metaphysicum*.

Die metaphysische Askese ist im Grunde nur die bewußte Ausarbeitung dieser Unpassung. Sie verstärkt den Riß zwischen dem Individuum und seinem bisherigen Leben und zieht es zunehmend auf ein Gebiet, in dem es für sich selbst das ganz Andere, das Eigentliche, das wahrhaft Seiende wird. Dieses eigentlichste Anderssein ist die Ekstase, zu der alle Metaphysiken des Ostens wie des Westens vor ihrer Dekadenz von der Askese zum Gerede hinführen wie zu ihrem einzigen Grund. In der Ekstase haben sie ihren fundierenden Gipfel. Wahrheit scheint daher zunächst nicht so sehr in Sätzen und deren Verkettungen auf, erst recht ist sie nicht bloß eine Eigenschaft von Aussagen; zu ihr findet niemand hin, der noch so gut verknüpften Satzreihen »bis ans Ende« folgt. Wahrheit im Sinn der klassischen Einheitsmetaphysik ist vielmehr das Ergebnis einer asketischen Mutation am Subjekt der Suche nach ihr. Sie erscheint als die Einungserfahrung, die den Denkenden am Ende einer Serie von Übungen quasi »zu sich« nimmt. Ihre Evidenz ist mehr eine epiphanische als eine argumentative, ihre Helligkeit fällt eher auf den Denkenden selbst als auf irgendeinen »mundanen« Sachverhalt.

Am Beginn des Aufstiegs metaphysischer Disziplinen steht also eine asketische Revolte gegen die Trivialität und eine Sezession der neuen Erleuchteten vom alten Meinungskollektiv. Was hochkulturelle Metaphysik ist und will, läßt sich im großen ganzen besser durch das monastische und mystische Bedürfnis als durch den Willen zum Wissen charakterisieren. Darum ist der Einbruch mönchischer und asketischer Ideale in den Motivationshaushalt der Hochkulturen ein seelen- und ideengeschichtliches Großereignis, das wir nur dann noch zu würdigen lernen, wenn wir mit unzeitgemäßen Denk- und Empfindungsweisen experimentieren; das moderne Denken hat für seine metaphysische Vorgeschichte vor allem deswegen kein Verständnis mehr, weil es selbst fast durchwegs aus laikalen, antimonastischen und antiasketischen Antrieben hervorgegangen ist. Es versteht schlecht, wie gerade asketische Techniken einst die ganze Last jener antitrivialen Revolution haben tragen können, mit der sich die ersten Metaphysiker aus ihren Umwelten und aus ihrem eigenen Vorleben herausgesprengt haben. Die profunde gegenseitige Angewiesenheit von Metaphysik und Askese aufeinander bestimmt den Tenor der Metaphysik als erster Sprache der Weltpassion. Diese ist eine einzige Aufforderung zur Arbeit an dem Zustand, in dem die Suchenden des Selbstbeweises des Absoluten würdig werden.

Man muß aber in die moderne zweite Sprache der Daseinsauslegung übergehen, um offenzulegen, was es *bedeutet*, daß dieses Würdigwerden für den *apex theoriae*, den »Gipfel der Betrachtung«, so gut wie immer an die Bedingung geknüpft ist, ein Leben zu führen, das dem gewöhnlichen diametral entgegengesetzt ist. Von jedem Aspiranten wird gefordert, sich im Geist auf eine der gewöhnlichen Welt ganz unähnliche Sphäre zu beziehen. Es gehört von nun an zum Wesen der Wahrheit, daß sie den Weltlingen *nicht* erscheint. Darum verlangt Metaphysik als Durchbruch zur »Tiefenstruktur« stets einen Lebensverzicht, den ein Weltverzicht begleitet. Ihre Würde, ihre Überzeugungskraft, ihre Geheimnisaura erwächst aus diesem maßlosen Verzichtenkönnen. Ihr Zauber ist das Vermögen, die natürlichen Vorzeichen umzukehren; die Metaphysik kann verneinen, was das alltägliche Denken bejaht, und bejahen, was dieses verneint.[1] Definierte nicht Empedokles die Welt als »das unbekannte Land, in dem Mord und Zorn und zahllose andere Übel wohnen«? Konnte nicht Plato, mit Euripides, sagen, dieses Leben sei nur Tod, während der Tod den Zugang zum wahren Leben eröffne? Für jene Großmeister der Umkehrung sind wir, Weltmenschen, Einmalgeborene, Liebhaber des Körpers, nichts anderes als in diesem Körper begrabene Tote. Unsere unkluge Zärtlichkeit für das Vergängliche disqualifiziert uns für das neue Sehen im ewigen Licht. Wo diese Umkehrungen milieubildend werden, entstehen Kraftfelder, in denen ein schwarzer Konsensus gegen das Oberflächliche,

---

1 Zu diesem Aktivismus der Umkehrung vgl. Maxime Rodinson, *De Pythagore à Lénine. Des activismes idéologiques*, Paris 1993.

Trughafte, Allgemeingefällige an die Macht kommt – die westliche Tradition geht hierin von den Pythagoräern, die die Welt auf ihre Zahlengründe hin durchschauten, bis zu den Adorno-Schülern, die in allem, was der Fall ist, die dämonische Schunkelbude des kapitalistischen Identitätsprinzips erkannten.

Gegen die Gewalt der metaphysisch motivierten Umkehrung mußte sich das kritisch kosmophile Denken eines Tages, und spät genug, verwahren. In der zweiten Sprache wird die stolze metaphysische Rede vom Weltverzicht übersetzt in den Ausdruck Weltflucht – im Sinne von Fahnenflucht vor der Realität, Ausweichen vor den Tatsachen des Lebens, Schwäche angesichts der Versuchungen des sogenannten Todestriebs. Seit Nietzsche sind wir daran gewöhnt, einen Fluchtverdacht gegen alle platonisierende Metaphysik zu richten – daraus wird später ein psychoanalytischer Abwehrverdacht –, ein Argwohn, der sich gelegentlich bis zu der Diagnose wahnhafter Realitätsverleugnung verschärft. Wer metaphysisch denkt, der hat auch schon – im Sinne der zweiten Sprache – Metaphysik nötig. Nur das verkehrte Leben kann ein Interesse daran haben, im Denken die Macht der Umkehrung aller natürlichen Vorzeichen zu suchen.

Freilich bleibt zu bedenken, ob wir, als Sprecher dieser zweiten Sprache, wissen, was wir sagen, wenn wir von Metaphysik als Symptom sprechen. Was bedeutet »Metaphysik nötighaben« aus anthropologischer und psychoanalytischer Sicht? Was will es zunächst anderes besagen, als daß wir sicher sind, Denken aus Lebensverhältnissen ableiten zu dürfen? Was aber gibt uns diese Sicherheit? Wir haben oben angedeutet, wie die Geburt des *animal metaphysicum* vor drei- oder viertausend Jahren sich infolge einer realgeschichtlichen Spaltung vollzog – durch ein voranschreitendes Aufklaffen der Unpassung zwischen Individuum und Welt und durch ein Anschwellen von existentieller Dissonanz.[1] Diese unedlen Wahrheiten der historischen Anthropologie übersetzen den ersten Hauptsatz des Buddhismus in eine kulturwissenschaftliche Diktion. Alles Leben ist leidvoll – *sarvam dukha* –, dies ist ein Satz, der, als er mit dem vollen Ernst der ersten Sprache gesprochen wurde, ein ganzes Weltgefühl, eine Summe des verletzten Lebens und die Ungeduld des Verlangens nach Befreiung sicher und endgültig artikulierte. Gerade in der zweiten Sprache ermessen wir den Ernst der Lage, wenn wir den dunklen Satz selbst einer Weltsituation zurechnen, in der er mit umgreifender Evidenz hat geäußert werden können. Das *sarvam dukha*, »alles ist leidvoll«, hat in seelen- und ideengeschichtlicher Sicht den Stellenwert einer Katastrophenmeldung. Aus ihr folgt, daß alles, was über Welt, Leben und Sein zu sagen ist, den Entschluß herbeiführen muß, Welt, Leben und Sein durch heilsame Verneinungen zu entmachten. Damit ist der metaphysische Vorrang des Nein und der motivationale Primat der Erlösungsidee erstmals etabliert. Leben in der »Wirklichkeit« erscheint von da an als der Gesamtirrtum, über den eine Aufklärung fällig wurde. Wirklichkeit ist künftig der Inbegriff dessen, worin Inneres und Äußeres auseinandergefallen sind. Sobald ein Außen entsteht, das anders ist als das heile Innen, gibt es für den Metaphysiker draußen kein Glück und keine Wahrheit mehr.

1 Man muß kulturhistorisch wohl mit einer doppelten Genesis der »großen« Metaphysiken rechnen: sie entspringen dem Reichs-Rationalismus der »politischen« Großeinheiten *und* dem Erlösungsrationalismus der Psycho-Kosmo-Therapeutiken. Da diese beiden Rationalitäten nie ganz zur Deckung zu bringen sind, ist hochkulturelle Geschichtlichkeit immer geprägt von latenten und manifesten Antithesen vom Typus »Macht und Geist«, »Staatsraison und Heil«, »Wirklichkeit und Wahrheit«.

Es ist vielleicht kein Zufall, daß es einer der Vollender
der westlichen Metaphysik, Hegel, gewesen ist, der mit
seinem Wort vom »unglücklichen Bewußtsein« die Formel geschaffen hat, mit der der Aufstand der Moderne
gegen die metaphysisch fixierte Spaltung von wahrem
und wirklichem Leben beginnen konnte. Nur für die
Teilhaber dieser Revolte, das heißt für die Mitträger einer
wesentlichen Modernität, ist es sinnvoll, sich für die Entfaltung einer zweiten Sprache zur Auslegung des In-
der-Welt-Seins zu engagieren. Alle Wahrheit der zweiten
Sprache fließt aus dem fundamentalen Engagement gegen die Anerkennung und Verewigung des unglücklichen Bewußtseins. Daher muß das Denken der Neuzeit
sich zu der unbescheidenen These stellen, daß sie das
unglückliche Bewußtsein besser versteht – und erfolgreicher kuriert – als dieses sich selbst. Ein solches Bekenntnis setzt voraus, daß wir den überschwenglichen Sätzen
der antiken Weisen über ihre unaussprechliche letzte Seligkeit mißtrauen – ja sogar, daß wir die Seligkeit selbst
verwerfen und sie in symptomatologischer Einstellung
wie einen invertierten Krankheitszustand von uns fern-
halten. Das Risiko dieser Wendung ist ohne Zweifel
hoch – könnte es nicht sein, daß wir auf solche Weise von
vornehrein das Beste verspielen? Der antimetaphysi-
sche demokratische Hedonismus moderner Zeiten wettet darauf, daß seine Arbeit für ein durchschnittliches
Glück dem Streben nach exzessiven Erleuchtungen
überlegen sei. Im Gegenzug verpflichtet sich die erleuch-
tungslose Modernität dazu, genug Glück zu erzeugen,
um das Dasein ohne Verklärung zu rechtfertigen. Wer
könnte abstreiten, daß hier der Riesenkampf um die
Deutung der »Wahrheit« durch den Alltag der modernen
Kulturwissenschaften hindurchscheint?

Immerhin gehört es zu den Vorzügen der zweiten Sprache, daß in ihr gewisse Pointen der ersten besser zum Vorschein kommen können als in dieser selbst. Dies ist besonders der Fall, wenn es darum geht, den Einbruch der Verneinungen ins Denken der frühen Metaphysiker zu begreifen. Diese großen Negationen, ohne welche die erste Revolte gegen die Trivialität logisch mittellos geblieben wäre, implizieren eine Geste, die zum unscheinbarsten und zugleich zum bedeutsamsten gehört, was Menschen beim Reden tun. Sie zeigen mit dem Finger auf den kommentierten Gegenstand – im eigentlichen wie im metaphorischen Sinn, und geben damit zu verstehen, daß von etwas Gegenwärtigem und Anwesendem die Rede ist. Zur klassischen Metaphysik gehört – ich meine sagen zu können immer – solch ein unmerkliches und folgenreiches Zeigen. Diese Geste begleitet ein Augenaufschlag, der sich mit Staunen, mit Befremden, mit Entsetzen des Daseins in dem großen Kreis der Dinge bewußt wird. Eben weil eine Askese den Weltabstand der Subjekte schon radikalisiert hat; eben weil eine Wut gegen den eigenen Körper diesen vom physischen und sozialen Stoffwechselzwang schon weitgehend entbunden hat; eben weil eine trotzige Sehnsucht nach Befreiung die Seelen der Asketen bereits in hohe Zonen der Innerlichkeit und der Reinheit von Weltberührungen hinaufgetragen hat – eben darum sind Individuen der frühmetaphysischen Epoche imstande, sich der Welt, in der sie sind, zugleich gegenüberzustellen und überlegen zu fühlen. Dieses Gegenübersein, diese Überlegenheit, dieses Abrücken von allem, was der Fall ist, wird bereits vorausgesetzt, wenn der erste eigentlich metaphysische Sprechakt geschieht. Es sind vor allem jene, die der Welt abhanden gekommen sind, die dazu ansetzen, definitiv

zu sagen, was die Welt im ganzen sei. Um die Welt in
ihren Grundzügen bestimmen zu können, muß man
die Erfahrung ihrer Verneinbarkeit schon besitzen –
vielleicht wäre es besser, von ihrer Verlierbarkeit oder
Distanzierbarkeit zu sprechen. Wer über die Welt im
ganzen redet, kommt aus der künstlichen Nacht der Meditation in sie zurück oder entdeckt sie nach der Him-
melreise der Seele wieder als hartnäckig erscheinende
und bleibende. Da ist er immer noch – dieser Ballon des
Seienden überhaupt, dieses Massiv der sinnlichen Erscheinungen, diese Kugel des Seins, das alles enthält und
ist. Daher werden die großen Welt-Prädikationen der
Metaphysik, all die erhabenen Grundbestimmungen, all
die Sätze, die mit »Die Welt ist alles, was« oder mit »Alles
Leben ist« anfangen, von einer unmerklichen Handbe-
wegung begleitet, einer subtilen *mudra*, einem Fingerzeig, der mit höchster Feinheit und größtem Gewicht auf
die Welt deutet, als wäre sie dem Redenden gegenüber –
wie ein fernes Gebirge, ein mysteriöses Sternzeichen, ein
fatales Archiv. In dieser Geste wird die Askese zur Theorie, die Versenkung zum Sprechakt. Ihre grammatische
Spur sind Demonstrativpronomen im absoluten Gebrauch: »dies da«, »*tat*«, »*tode ti*«; »diese Welt«, »dieses
Leben«, »dieser Körper«. Das erinnert daran, daß die
Metaphysik, noch bevor sie narrativ oder eschatolo-
gisch wird, in erster Linie deiktisch ist, ostensiv, demon-
strativ, hindeutend auf den Weltblock und emporwei-
send auf seine Übersteigung, Überdenkung, Überschwe-
bung. Der Gott der Philosophen inkarniert sich in der
Fingerspitze, die auf das unmögliche Ganze namens
»Welt« zeigt, als wäre es etwas Vorliegendes; fatal und
unscheinbar zugleich ist diese Geste, die auf das Tafelbild
der Totalität verweist, das Figur und Grund in einem

umfaßt. Was der Zeigende in jedem Fall weiß, ist die Richtung, in die er zu deuten hat: wirklich ist das, was »da« ist. Auf das, was »da« ist, kann man zeigen: wie auf eine »Weltgegend«, auf eine Gegend namens Welt. Raffael hat in seiner »Schule von Athen« den göttlichen Plato, der, mit dem *Timaios* in der einen Hand, durch die Mitte der Halle schreitet, als einen solchen erhabenen Fingerzeiger dargestellt; der Denker hebt bedeutungsvoll die freie Hand nach oben und zeigt mit dem Finger auf alles, was »da oben« der Fall ist. Sein Hinweis zielt auf die uranische Welt der Ideen, von welcher »unsere« Welt eine getrübte Projektion nach unten darstellt. Platos Fingerzeig geht quasi kritisch von unten nach oben, von hier nach dort – wie die Geste eines Mannes, der unzweifelhaft das eine oder andere Mal selbst »dort« war, jetzt aber wieder einer von uns hier unten, in der halbdunklen Region der Sterblichen wurde – vermutlich, um das Amt des Übergangshelfers wahrzunehmen.

Die Raffaelsche Verweisung stellt einen eher harmlosen Fall von Ideenhimmels-Romantik dar – ein Hauch von metakosmischer Nostalgie umgibt die Geste seines Plato. Anders steht es mit den dunkleren Nachfahren dieses philosophischen Psychokosmonauten. Die Fingerzeige mancher späterer Gnostiker – bis hin zu Heidegger – unterscheiden sich von dem des Raffaelschen Plato durch das radikalere Risiko, das jene auf sich nehmen, die aus der umgekehrten Richtung auf die Welt zeigen. Sie deuten mit spitzen Demonstrativpronomen und dünnen Fingern geradewegs auf unsere Welt, auf »diese« vorhandene und anwesende Welt, als wäre ihnen das ekstatische Kunststück gelungen, sich selbst vollständig zu dislozieren und in »dieser Welt« nur noch zum Schein oder irrtümlich-provisorisch zu verweilen. Klas-

sische Beispiele solcher mit dem Finger auf die Welt
zeigenden Ekstasen bieten gewisse große Sentenzen aus
dem Johannes-Evangelium – an erster Stelle das Ermög-
lichungswort des christlichen Zeitalters, das lautete: »In
der Welt (dieser Welt) habt ihr Angst, ich aber habe die
Welt (diese Welt) überwunden.« (Joh. 16,33) Die Welt
des Faktischen ist von da an wie eine dämonische Vergangenheit verabschiedet und wie eine Summe aufhebbaren
Irrtums ferngerückt. Auch bei Philo von Alexandria finden sich Formulierungen wie diese, daß wir unserer
intelligiblen Seele nach Fremde in »dieser Welt« seien, die
sich in ihr wie Zugezogene in einer anderen Stadt *(pere-
grini)* aufhalten, bis sie ihr Lebenszeitmaß erfüllt haben
und zurückwandern ins große Woher. Solche Worte ver-
rücken den Sprecher und lokalisieren ihn in eine Zone,
die Wittgenstein im *Tractatus* »Grenze der Welt« genannt
hat. Von der Grenze aus läßt sich auf das Land, den Kontinent des Seienden wie auf ein fremdes Land, einen
fernen Kontinent deuten. Indem er deutet, verwirklicht
der Zeigende seine *borderline*-Natur. Der Metaphysiker
ist kein Patriot des Seienden; mag er sich »hier« – oder
wie Christen sagen: hienieden – ganz leidlich eingerich-
tet haben; er muß doch zugeben, daß er, in Fichtes
Formulierung, »für das Vergängliche gar kein Herz mehr
habe«, beflügelt wie er ist von der Anwartschaft auf Bür-
gerrechte jenseits der Grenze.

Das indische Gegenstück zu den gnostisch gefärbten
johanneischen und philonischen Demonstrationsakten
ist das *tat tvam asi* aus dem *Chandogya-Upanishad,* das
sich zu den westlichen Fingerzeigen auf das sichtbare,
allzu sichtbare Seiende in seiner auffälligen Fülle wie ein
Negativ verhält:

»Hol eine Frucht des Feigenbaums!« – »Hier, Ehrwürdiger!« – »Zerteile sie!« – »Ich habe sie zerteilt, Ehrwürdiger.« – »Was siehst du darin?« – »Diese ganz winzigen Körner, Ehrwürdiger.« – »Zerteile eines von ihnen, mein Guter!« – »Ich habe es zerteilt, Ehrwürdiger.« – »Was siehst du darin?« – »Gar nichts, Ehrwürdiger.« ... »Glaube mir, mein Lieber: Was diese Winzigkeit ist, das ist das Selbst dieses Universums. Das ist die Wahrheit. Das ist das (individuelle) Selbst. Das bist du, Śhvetaketu.« (*Chandogya-Upanishad*, 6.12.1-3 a)

Der absolute Verweis, der von dem bedeutendsten der vedischen »großen Worte« *(mahavakya)* ausgeht, zielt nicht auf das entfaltete Ganze der Welt, nicht auf das Massiv der Dinge und Gesetze in ihrer positiven Anwesenheit und ihrer phänomenalen Aufsässigkeit, sondern auf ein seminales Nichts, das in seiner Erscheinungslosigkeit alle Weltkeime und Weltgründe birgt. Der brahmanische Genius interpretiert das Weltganze durch einen Fingerzeig auf eine Nicht-Erscheinung. Vom Verschwindenden, vom Nihil her wird das All, das Bestehende erläutert. Der Sprecher freilich hätte sein mystisches »*tat*«, sein »so« oder »dies hier« nicht aussprechen können, wenn er nicht Gründe hätte zu behaupten, er selbst rede von diesem Nichts aus, als ein von ihm Durchdrungener, als sein Gehirn und seine Stimme. Indem er das Urschweigen dieses Nichts bricht, wiederholt der Sprecher die Schwellung des Brahman, der als quellender Strom der Selbstrealisationen vom Nichts zum Sein hinfließt. Der Fingerzeig auf das zugleich seminale und schoßhafte Anfangsnichts setzt voraus, daß der Denkende selbst mit der erschienenen Welt fertig geworden ist und ihren Untergang in dem End-Nichts erfahren hat, das den Tod mit offenen Augen, den Eingang in die Nicht-Zweiheit, das *nirvikalpa-samadhi*, herbeiführt. Der Finger des erleuchteten Brahmanen zeigt aus dem zweiten Nichts, in dem die Welt unterging und weiter untergeht, durch die Welt hindurch, auf das erste Nichts, aus dem die Welt aufging und weiterhin aufgeht.

Daß das Deuten auf die Welt zugleich die Grundgeste der Metaphysik *und* dessen, was diese überschreitet, darstellt, zeigt sich an dem Versuch Heideggers, seinen Neuanfang des Denkens ganz in jenem Raum des Anfangens anzusiedeln, in dem das Aufklaffen der »Welt da« als solches bedacht wird. Denn daß etwas da ist: darin erfahren wir, vor jeder begrifflichen Codierung, unsere Berührtheit durch das Grundrätsel. Noch bevor sich der Finger zum Deuten auf das Ganze hebt, ist dem besinnlicheren Denken aufgegangen, daß es ins abenteuerliche Herz eines Zusammenhangs versetzt ist, das die Philosophen wie die Profanen »Welt« nennen. Heideggers Anfangen mit dem »Dasein« hebt darauf ab, die Auffälligkeit der Welt überhaupt gegenüber ihrer Bestimmtheit, Bekanntheit, Vertrautheit in die Waagschale zu legen. Für den Daseinsanalytiker heißt Denken: hindeuten auf die Welt als alles, wovon auffällt, *daß* es der Fall ist. Das Hindeuten gewinnt auf diese Weise einen für Theoretiker wie Praktiker gleich befremdlichen und begeisternden Vorrang vor dem Anfassen und Begreifen. Sogar das Organ der Praxis, die menschliche Hand, wird von Heidegger in den Dienst des Staunens gestellt, indem sie nicht Bekanntes und Unbekanntes manipuliert und erfaßt, sondern nur auf das lichte Rätsel im ganzen deutet.

Mit diesen Bemerkungen, flüchtig wie sie hier bleiben müssen, haben wir den Punkt erreicht, an dem die ein-

führenden Überlegungen abgebrochen werden können.
Wir haben das Zentrum des metaphysischen Zaubers berührt – unsererseits mehr hindeutend als ausführend –
und haben für einige Augenblicke die erste Sprache der
Auslegung von Welt- und Selbstsein mitgesprochen; das
geschah naturgemäß zitierend, allenfalls rezitierend,
aber doch so, daß die These deutlich wurde: es kommt
darauf an, den alten Gedanken im innersten Umfang ihrer Stärke zu begegnen. Man muß zumindest geahnt
haben, worin die über Jahrtausende von zahllosen Individuen empfundene Unwiderstehlichkeit der großen
metaphysischen Formeln bestanden hat, worin ihre logische Mächtigkeit, ihr psychagogischer Bann, ihr erhabe-
ner Schrecken gründeten. Erst dann wird die Aufgabe
erkennbar, der Wahrheit und Unwahrheit dieser Formeln
in der zweiten Sprache gerecht zu werden. Im folgenden
versuche ich, einige Linien zu einer Vorskizze eines großen Vorhabens aufzuzeichnen: die »Lebensform« Metaphysik – nach Einsicht in ihre asketischen, ekstatischen,
apokalyptischen und suizidalen Dimensionen – aufzuheben in nach-metaphysische Lebensspiele.

2. »In diesem Leben«
Kritische Theorien der Geburt

Wenn Spinozas Satz, daß jede Bestimmung (*determinatio*) Verneinung (*negatio*) sei, auch auf der Ebene des
Größten oder des Umfassenden, das Welt heißt, gelten
soll, dann heißt die Welt bestimmen zugleich sagen, was
sie nicht ist. Wenn die Welt alles ist, was der Fall ist, so
muß ich angeben können, wovon alles sich unterscheidet
und wogegen das Ganze sich abhebt. Keine Weltbestim-

mung ohne Weltverneinung. Mit den metaphysischen
Fingerzeigen gehen in der Regel Sprechakte zusammen,
die den Charakter von Weltbestimmungen, von Kosmo-
dizeen oder Ontologien besitzen. Der gestischen Deixis,
dem Deuten auf alles, was der Fall ist, entspricht eine
logische Zusammenballung des Alls in einen Satz, besser
eine Raffung aller Partikel in einen Umfang, in ein Kontinuum, in ein Zusammensein. Kraft solcher weltbestim-
menden Raffungen kann das Wort Welt zur Spielmarke
philosophischer, politischer und religiöser Sprachspiele
werden. Diese scheinen zu erlauben, in einer wissenden
Haltung über das zu reden, *was* Welt überhaupt, dem
Wesen nach, prinzipiell und im Grunde ist. In solchen
Bestimmungs-Reden wird die seiende Welt zur Figur auf
einem Grund von Nicht-Sein, zur Erscheinung auf einem Grund von Nicht-Erscheinendem. Mehr noch, sie
wird – um es korrekter zu sagen – zur »Figur überhaupt«
auf einem »Hintergrund überhaupt«, zum »Entsprunge-
nen überhaupt« aus einem »Ursprung überhaupt«. Man
könnte Metaphysik in ihrem diskursiven Teil schlechthin
definieren als das Spiel des Denkens mit der Ganzheit als
Figur.[1] Solches Denken sagt in positiver, distinkter
Strichführung aus, was es mit allem, was ist, auf sich hat –
wobei zu »allem, was ist« gleich der bestimmte Artikel
hinzutritt: »das alles«, »das All«, in dem das Demonstrativum, der weltbestimmende und weltverneinende Zeigefinger, schon wartet. Ich sage Ganzheit oder Welt oder

---

1 Vgl. hierzu in diesem Band das Kapitel »Wie rühren wir an den Schlaf der Welt«,
   3. Abschnitt: »Weltpause«, wo ich das, was hier »Grund« – im Gegensatz zu
   »Figur« – genannt wird, als Pause oder diskretes Nichts – im Gegensatz zu
   Phänomengegenwart oder Positivbild – interpretiere. Ganzheit kann auf zwei
   verschiedene Weisen vor »Hintergrund« gesetzt werden: als Körperwelt vor
   eine Geistes- oder Ideenwelt, als entborgenes Seiendes vor ein bergendes
   Nichts oder »Seyn«.

Universum, und schon schreibt mein vorstellender Verstand den größten, »das alles« umspannenden Kreis auf die schwarze Tafel des Bewußtseins; ich denke »das All«, und schon weiß ich mindestens zweierlei, nämlich daß dies *nicht* seine Teile und *nicht* das Nichts bedeutet, sofern die Teile im All enthalten sein sollen und sofern das Nichts den thematischen (wie in Indien) oder unthematischen (wie in Griechenland) Bildgrund des Ganzen gibt. Solange wir in der nicht-ekstatischen Sphäre des Vorstellens bleiben, läßt sich die Zweiheit von Figur und Grund nicht beseitigen. Die Welt, auf die ich zeige, und die Welt, die ich bestimme, sind vorgestellte Welten im buchstäblichen Sinn, Welten vor Augen, Welten vor mir, vorn im Vorstellungsraum, totale Raffungen und Vollversammlungen des Seienden in das eine, homogene, zusammenhängende, scharfrandige und äußerst abstrakte Bild.

Ist das sehr langweilig? Ich gebe zu, diese Überlegungen scheinen von der oben formulierten Aufgabe wegzuführen. Von ihnen aus ist nicht abzusehen, wie es gelingen sollte, die metaphysischen Fingerspitzengedanken des Anfangs aus einer anthropologischen und tiefenpsychologischen Sicht zu überarbeiten. Ich behaupte aber: es genügt jetzt eine kleine Drehung des Themas, und wir sehen, wie sich ein Feld öffnet, in dem Metaphysik und Psychoanalyse mit einem hohen Maß an Synchronie zweisprachig über »dasselbe« sprechen werden. »Dasselbe« erscheint in zwei grundverschiedenen Projektionen, die nichtsdestoweniger nicht mehr voneinander getrennt werden dürfen, wenn nicht das Kontinuum menschlicher Lernprozesse aufs Spiel gesetzt werden soll. Dieses nur mehrsprachig aussagbare Selbe zeigt sich, wenn man beobachtet, wie Menschen verschiede-

ner Kulturen und Zeiten die metaphysische Frage nach
dem Woher, dem Woraus und dem Wohin auf sich selber,
auf ihr eigenes Leben beziehen und sich mit der Tatsache
ihres Geborenseins samt dessen Folgen, modern gesprochen, »konfrontieren«. Aus der Frage nach dem eigenen
Geborensein entsteht die zunächst verblüffende Koinzidenz von Metaphysik und Psychoanalyse, von Ur-
sprungsmeditation und Autobiographie, von Seins-Be-
trachtung und Selbst-Erforschung – wobei es vielleicht
passender wäre, statt von Koinzidenz von Kooperation
zu sprechen. Beide Disziplinen fungieren als Erinne-
rungsschulen; beide führen einen Kampf gegen das pa-
thogene Vergessen; beide haben es mit leidenschaftlichen
Widerständen gegen das Tiefereindringen zu tun. Beide
arbeiten sich am Faden der Selbstaufmerksamkeit in immer elementarere Schichten des Halbvergessenen ein.
Beide bemühen das Axiom, daß das »reale Selbst« nichts
endgültig verliert.

Ich behaupte, daß von jetzt an das metaphysische Fingerzeigen auf alles, was der Fall ist, und das psychoanalytische Hinhorchen auf das, was sich in mir sagt, auf
dasselbe hinauslaufen – vorausgesetzt wir verstehen alles, was der Fall ist, jetzt richtig als das, was *da* ist, und
begreifen das, was sich in uns sagt, als Spur der Mühe,
zur Welt zu kommen. Die Psychoanalyse hört auf die
behinderte Welt-Sprache in mir, während die Metaphysik unbehindert auf »all das da« hinweist, worin das
Dasein eingetaucht ist.

Das Hineingeraten der Individuen in die Flut, ihr Eintauchen in die kommende Erfahrung, ihr Exodus in
alles, was ihnen zufallen wird, heißt umgangssprachlich
geboren werden. Hierzu wäre nichts weiter zu bemerken, wenn wir uns als geborene Antimetaphysiker und

Antipsychoanalysanden auf den Standpunkt stellten, daß es hiervon nichts weiter zu wissen gibt. Wir leben tatsächlich in einer Welt, die beherrscht wird von der Illusion, Geborensein sei eine Trivialität, die wir in der tiefsten Implizitheit, der stummsten Selbstverständlichkeit auf sich beruhen lassen dürften bis zu dem Tag des Gegenteils, um das man sich seit jeher gründlichere Gedanken macht. Tatsächlich heißen Menschen seit den Anfängen der *polis*-Metaphysik die Sterblichen – und während des christlichen Zeitalters schwebt über jedem Menschenleben ein dringendes *memento mori*. So scheint für einen Großteil der Tradition der Satz zu gelten: der Tod heißt denken. Deutet nicht selbst der Begriff Geist auf etwas, was von den Toten und ihrem Reich herkommt? Geht man aber vor die Totenreichsmetaphysik zurück, so zeigt sich, daß es in Wahrheit die Geburt ist, die denken »heißt«. Bisherige metaphysische Reden von den Geburten hatten den Sinn, von dem Bedenken der tödlichen Implikationen des eigenen Geborenseins abzulenken; statt dessen wiesen sie pathetisch hin auf eine Seinsweise oder einen Zustand, in dem die Geburt als Anfang der Bewegung todwärts außer Kraft gesetzt wäre. Geburten sind Launen des Absoluten, das sich mit der unendlichen Komödie der Individuationen die Ewigkeit vertreibt. Aber Individuation im strengsten Sinn – das Ergebnis des Durchgangs durch den geburtlichen Engpaß – wird vom metaphysischen Denken bedauert, bezweifelt und entwertet, bis hin zur mystischen Vernichtung jedes Scheins von Vereinzelung, Trennung, Verschiedenheit. Daher muß von einer Geburtsvergessenheit[1] der hochkulturellen und imperialen Metaphysiken

---

1 Vgl. hierzu vom Verfasser: *Zur Welt kommen – Zur Sprache kommen. Frank-*

gesprochen werden – sie wollen die Formung des Selbst
im perinatalen Engpaß von Grund auf revidieren und
schrecken dabei vor Thesen nicht zurück, die dem profanen Ohr als Exzesse an leugnerischer Intensität, um
nicht von Wahnsinn zu reden, erscheinen müssen. Jeder
Indologe hat die vedischen Hymnen im Ohr, in denen
der ungeborene, todlose, formlose, selig-allmächtige
Weltgrund Ich sagt und sich im Mund brahmanischer Re-
zitatoren selber feiert. Jeder Orientalist kennt die Sprachen des manischen Jubels, in dem nie geborene Seelen
ihre Freiheit von allem, was schwere Welt ist, zelebrie-
ren.

Das eigentümlich psychoanalytische Engagement in
diesen Fragen setzt an dem Punkt ein, wo die metaphysische Rede von den Geburten und ihre jubilatorische
Leugnung verstummen. Dann erst kann sich das auto-
biographische Rätsel entfalten, daß die Erinnerung an
die eigene Geburt für uns immer schon als ein »Ding der
Unmöglichkeit« erscheint. Der Ausdruck Erinnerung ist
hier nicht ohne Doppelsinn, da an der Stelle, wo eine
solche aufscheinen könnte, sich dem Subjekt selbst
nichts zeigt als ein umfassendes Ich-weiß-nicht. Dieses
Nichtwissen ist von intimer Natur: es ist meine mich
ermöglichende Dunkelheit. Nur ich selbst komme als
Inhaber dieses Nichtwissens, dieser Nichterinnerung in
Frage; nur ich lebe im Kernschatten dieses spurlosen Vergessens, nur mir kommt die Verbannung meines Aus-
tritts ins Äußere aus meinem symbolischen Gedächtnis
zugute. Nur mir kann zumute sein, als sei ich erst später
in mein eigenes Leben eingestiegen und hätte in einem
nachträglichen Training mich als mich selbst erkennen

furter Vorlesungen, Frankfurt a. M. 1988, 3. Kap. Die sokratische Maieutik
und die Geburtsvergessenheit der Metaphysik, S. 60-98.

gelernt. Meine Nicht-Erinnerung an meine Geburt ist –
viel mehr als das Heideggersche Vorlaufen in den eigenen
Tod – meine existentielle Signatur. Ich weiß, indem ich
mich durchaus nicht erinnere, daß ich unter dem Schatten eines nur mir zugehörigen Nichtwissens stehe; ich
weiß, daß ich das, was zu mir führt, nicht wie einer, der
dabei war, weiß. Fühle ich mich wohl in meiner Haut, so
ist dieses Nichtwissen vielleicht als eine Aussage zu lesen: mein Wohlbefinden zeigt an, daß auf meinem Weg
zu mir nichts passiert ist, was einen Grund darstellte,
mich daran zu erinnern. Die persönliche Geburtsvergessenheit der allermeisten wäre dann nichts weiter als die
Spur ihres relativen Anfangsglücks; sich nicht erinnern
können hieße unmittelbar: sich an nichts zu erinnern haben; unser Vergessen wäre die weiße Seite der Welt- und
Lebenschronik. Nichts, noch nichts zu erinnern haben
hieße nichts, noch nichts unüberwindlich Schlimmes erlebt haben.

Ob Schlimmes am Anfang steht oder nicht: das Ge-
burtsvergessen ist allemal als die metaphysische Signatur
des menschlichen Existierens zu verstehen. Das Vergessen des Ereignisses, auch und gerade wenn es traumatisch wie die Hölle gewesen sein sollte, schützt nämlich
die vordere Grenze des eigenen Lebens gegen die Gefahren der Bewußtmachung. Dies ist ein im höchsten Maß
nicht-trivialer Sachverhalt. Weil wir den eigenen Anfang
in der Weltzeit, also weder Empfängnis noch Geburt,
nicht in dem Erinnerungsspeicher haben, über den wir
ichhaft und willensmäßig verfügen, sind wir davor geschützt, uns selbst von außen sehen zu müssen als Wesen, die eine relativ definierte Zeitstrecke durchlaufen
und verschwinden. Wären wir Zeugen der eigenen Geburt gewesen, so würden wir – von der Unvergeßlichkeit

des Ereignisses überwältigt – von Sekunde zu Sekunde
das Gefühl haben, in der Welt zu sein wie ein Todeskan-
didat in der Zelle. Nur weil unsere Erinnerung nach
hinten dunkel ist, weil wir quasi aus dem Nichts aufge-
taucht sind, können wir, trotz Engpaß und vagen Vermu-
tungen über die Endlichkeit der verbleibenden Zeit,
normale Sekunden erleben, das heißt Augenblicke, die
nicht gemessen werden und die daher fließen wie ein le-
bendiger Strom. Die Nichterinnerung ist die Mitgift
einer Fee, die uns das Urereignis: den Austritt in die
Welt, in der Uhren ablaufen, und die Einprägung der
Todesspur wie einen gegenstandslosen Albtraum von der
Stirn wischt. Ohne die Hilfe des Vergessens wären wir
unmittelbar in eigener Sache Metaphysiker; wir müßten
auf unser Leben deuten und fortwährend das tödliche
Demonstrativum aussprechen: »dieses Leben«. Wenn
das Vergessen der Anfangszäsur nicht hilft, den Ur-
leichtsinn aufrechtzuerhalten, so wird mein Leben zu
»diesem Leben«, zu diesem Stück panischer Endlichkeit,
zu dieser mühevollen melancholischen und gierigen Ab-
wicklung von Lebensinhalten in der Zeit. Wer könnte
leugnen, daß dies der Daseinsstimmung der schwersten
seelischen Grundstörungen entspricht?

Nun läßt sich verdeutlichen, warum tatsächlich eine
weitgefaßte Psychoanalyse – oder besser eine historische
Anthropologie – die Metaphysik gelegentlich besser verstehen kann als diese sich selbst. Denn zu den charakte-
ristischsten Figuren der Revolte durch den Geist gehört –
wie gezeigt – das fatale Diktum »dieses Leben«. Kaum
ein Metaphysiker hat diesen Fingerzeig der Lebenden
auf sich selbst als Sterbliche unterlassen. Man sagt »dieses Leben«, sofern es möglich und nötig ist, Leben
durchgreifend als abgemessenes, in sich geschlossenes,

rettungslos endliches Dasein in der Zeit zu bestimmen und es als solches vor einen Hintergrund zu setzen, vor dem es als Figur einer kleinen Ganzheit erscheint. Wenn ich »dieses Leben« sage und damit den Inhalt meiner Lebenszeit meine, so deute ich mit dem metaphysischen Zeigefinger auf den Mikrokosmos, der ich bin. Ich rede über mich selbst, als gehörte ich schon jetzt nicht mehr zu mir. So wie der Metaphysiker bei der hinweisenden Bestimmung »dieser Welt« sich selbst von ihr auf eine gewisse Weise ausnimmt, so nehme ich mich selbst beim Deuten auf »dieses Leben« von meinem Dasein aus; das ist Mikrometaphysik in Aktion. Im Humor und im Zynismus kommt es vor, daß ich »dieses Leben« ganz in »diese Welt« fallen lasse – dann nehme ich mich selbst restlos endlich und unverbesserlich empirisch und gebe mich als Sonderfall alles dessen, was der Fall ist, preis.

Durch den Fingerzeig auf meinen Fall wird die Welt zum Inbegriff von Fallgeschichten; zu jedem denkenden Selbst gehört eine Verhandlung seines Falles; Selbst-Psychologie ist, so verstanden, nur möglich als metaphysische Kasuistik. Wer jedoch »dieses Leben« als im voraus begrenztes und verlorenes erkennt oder erspürt, kann nicht mehr im Lebensrausch aufgehen wie die unmarkierten Weltkinder, die dank ihrer Nichterinnerung an das Begrenzende unsterblich sind. Metaphysisch Gezeichnete müssen sich aufmachen, eine andere Unsterblichkeit zu entdecken – eine Unsterblichkeit, die himmlischer und ungeborener verfaßt ist als die der gewöhnlichen, um Geburt und Tod nicht übermäßig besorgten Sterblichen. Metaphysik als Eroberung der Todlosigkeit durch die vom Tod Gezeichneten eröffnet das Abenteuer der radikalen Negativitätssteigerung.

Ich möchte nun in Kürze andeuten, wie sowohl das indische Denken als auch die Gnosis der spätantiken Mittelmeerkulturen in dem Demonstrationsakt auf »dieses Leben« ihre gemeinsame Basis haben – sofern es nicht allzu schief ist, von einer Geste als einer Basis zu sprechen. Im Kern beider Welten finden wir eine kasuistische Metaphysik, die das Dasein »dieses Lebens« in »dieser Welt« im Rahmen einer absoluten Fallgeschichte auslegt. Nur weil Metaphysik in Indien und in der Gnosis zugleich Kausistik ist, ermöglichen indisches wie gnostisches Denken Verknüpfungen zwischen Selbst- und Weltbewußtsein von der tiefsten Art; für beide kann jedes einzelne Leben ein Theater Gottes oder ein Auge des Absoluten bedeuten. Sofern es Weltauge, Lichtfunke, Pneuma, Purusha (Zeugen-Selbst) oder Atman ist, kann jedes Subjekt sein eigenes Zurweltkommen und In-der-Welt-Sein umgreifend betrachten – sei es als gottimmanente Katastrophe oder als metaphysisches Tanztheater der Grausamkeit. Aber hier wie dort bleibt auch für die Erleuchtung der letzte Grund des Falls in »diese Welt«, »dieses Leben« dunkel. Was überall hell ins Licht tritt, ist das Daß und das Wie des Sturzes in die Individualität beziehungsweise das pünktliche Fortspinnen des karmischen Fadens. Im Blick auf dieses grellgewordene Bewußtsein von jedem Einzelleben als einer Fallgeschichte des Absoluten ist es gerechtfertigt, die kasuistischen Metaphysiken als die ersten kritischen Theorien der Geburt zu würdigen. Wer sich über das Zur-Welt-Kommen eines einzigen Individuums hinreichend radikal Rechenschaft ablegt, erreicht den Punkt, an dem die Fallgeschichte als Seinsgeschichte zu referieren ist.

3. Zur Hermeneutik des Hineingeratens
Über indische und gnostische Lehren von Verstrickung und Befreiung

Unsere Fingerspitzenontologie führt nun zum kritischen Punkt: durch den Fingerzeig auf die Welt ist der Ernstfall des In-der-Welt-Seins eingetreten. Wie komme ich dazu, selbst ein Fall von bewußtem Leben inmitten von allem, was der Fall ist, zu werden? Aus der Fülle der Fälle hat einer zu mir geführt – der Kasus macht mich nicht nur lachen. Kasuistische Metaphysik ist nunmehr zugleich erzählende Metaphysik – und Dramenlehre. Wovon sie handelt, ist jene allgemeine Fallgeschichte, von der die Biographien einzelne Kopien bieten; die narrative Metaphysik, als kasuistische, produziert notwendigerweise große Geburtserzählungen in ontologischer und soteriologischer Funktion; sie sagt, worin der Wahrheits- und Unwahrheitswert »dieser Welt« besteht; sie sagt ferner, wie es zu mir in dieser Welt kommen konnte; und sie sagt zuletzt, wie sich dieser Fall von Hineingeratensein in die Welt auflösen ließe. Weil erzählende Metaphysik keine Märchen zum besten gibt, sondern echte Kasus darlegen will – Geschichten vom Ernstfall des Daseins –, sind die Abschlüsse der Fallgeschichten ungesichert. Das glückliche Ende bleibt in allen Eschatologien als Lehren vom Ende der Geschichte, bis »zuletzt« mehr ein Versprechen als eine Evidenz, mehr ein Leitbild als ein Heilsbesitz; die drohende Möglichkeit, daß alles in einem Schlußbild des Entsetzens zum Stillstand kommt, ist ebenso mächtig wie das Verlangen, das Ende als absoluten Gipfel[1] zu

---

1 Vgl. in diesem Band das Kapitel »Wie wurde der ›Todestrieb‹ entdeckt?«, besonders Abschnitt 2 und 3.

gestalten. Insofern ist von den erzählenden Metaphysiken eine Theorie über das richtige Aufhören untrennbar.
Im richtigen Aufhören verbirgt sich die Idee einer guten
Negation der Welt. Zwar kann aus logischer Sicht Welt
überhaupt weder weggedacht noch verneint werden,
weil sie immer die Voraussetzung aller Verneinungs- und
Wegdenkübungen bleibt; in der Perspektive einer kasuistischen Metaphysik jedoch wird die Möglichkeit einer
Allverneinung dann gewonnen, wenn der Weltfall zugleich mit der endgültigen Aufhebung meines Falles ab-
schließbar wäre. Die Welt wird dann alles sein, womit
der im eigenen Fall Zu-Ende-Gegangene fertig geworden
sein wird. In diesem Sinn können die religiösen und metaphysischen Leitideen der indischen wie der gnostischen Tradition: *moksha*, Befreiung, *theosis*, Heimkehr
ins Pleroma als Metaphern eines gütlichen Welt-Endes
verstanden werden.

Von der zweiten Sprache her gedacht, bleiben natürlich auch die Weisheiten der kasuistischen Metaphysik
von einem prinzipiellen Weltflucht-Verdacht betroffen.
Auch wenn hier keine herrische Subjektivität aufgebaut
wird wie in der von Heideggers Kritik erfaßten Gestell-
und Substanzmetaphysik, so haben doch auch die gnostischen und indischen Fallgeschichten im Absoluten
erbaulichen Sinn – und der Nachweis, daß sie nicht im
Kernsog manischer Realitätsleugnung formuliert sind,
wird für immer schwer zu führen sein. Ohne Zweifel
sind die Welt-Durchquerungen der kasuistischen und
nomadischen Metaphysiken unter vielen Aspekten den
Welt-Feststellungen der imperialen Seßhaftigkeits-Meta-
physiken überlegen; aber auch ein Denken, das die Welt
aus dem Ereignis unserer Durchquerung durch sie versteht und nicht aus einem Bestand von Prinzipien, ist

offenkundig bis ins Innerste metaphysisch motiviert –
und will es sein.

Um die Vorzüge kasuistischer Seinsauslegungen zu erfassen, müßte man von den indischen und gnostischen
Fallgeschichten im Absoluten mehr wahrnehmen als die
mythologischen Fassaden. Die gnostischen Geschichten
vom Sturz des Urmenschen in die dunkle Tiefe, die brahmanischen und buddhistischen Erzählungen von den
Seelenwanderungen wirken nur bei oberflächlichem
Hinhören rettungslos naiv. Sie erobern vielmehr mit den
erzählerischen Mitteln ihrer Zeit jenen Problemraum,
aus dem sich auch moderne Subjekte nicht entfernen
können, ohne sich – durch Flucht ins betäubte Leben
oder ins Maschinendenken – selbst zu verraten. In
diesem Problemraum entstehen wache und skeptische Rückblicke der Lebenden auf die gebärenden, die
zeugenden, die lebenweitertragenden Mächte. Solche
Sichten stehen auch dem modernen Denken mühelos offen – und das psychologische Denken als heilende Histo-
risierung des eigenen Lebens müßte, wenn es tief genug
reicht, ebenso unaufhaltsam ins Zentrum dieses Raumes
führen wie die antike Meditation, die »dieses Leben« als
Folge geburtensetzender himmlischer oder karmischer
Voraussetzungen verstand. Wenn es darum geht, eine
wahre Sprache für die Verlegenheit des In-der-Welt-Seins
zu entfalten, so sind die modernen tiefenpsychologischen Idiome und die kasuistischen Metaphysiken der
Tradition gleich vorzüglich, oder auch gleich untauglich.
Als Hermeneutiken des Hineingeratens in leiderzeu-
gende Welten bieten sie zwei Varianten von Theorien der
Geburt. Kritisch sind beide, insofern die Erinnerung an
das Ereignis immer dazu dient, den Sinn desselben radikal zu revidieren. Wenn unser Leben dunkel ist, so stets

auch deswegen, weil wir aus dem Ereignis, das zu ihm führte, eine fundamentale Verdrehung, einen Anstoß ins Verirrte, Verfehlte, Verkannte mitgenommen haben. Die Hermeneutik des Hineingeratenseins wird – jenseits von Metaphysik und Nichtmetaphysik – zu der Grundaufgabe allen Denkens, das sich an den Folgen eines nicht ganz gelungenen, vielleicht sogar eines unvermeidlich mißlungenen Geborenseins abarbeitet.[1] Der Problemraum, von dem die Rede ist, erweist sich als ebenso groß wie die Evidenz der Gleichung von Geburt und Fehlgeburt. Um ihn zu ermessen, müssen wir unser Blickfeld revolutionieren und die Weite der Sicht gewinnen, nach der alle kasuistischen Metaphysiken, alle Erlösungsreligionen und alle (nicht-mechanistischen) Psychotherapien nichts anderes sind als Antworten auf dieselben nachgeburtlichen Mißempfindungen. Eine Theorie der Geburt ist eine kritische, wenn sie die dunkle und verdunkelnde Seite des Ereignisses aufhellt. Nur in einer kasuistischen Metaphysik konnte der Gedanke erstarken, daß die Welt im ganzen etwas ist, dem durch Verneinung und Abkehr richtig entsprochen werde. Hermeneutik des Hineingeborenseins meint, daß der Titanenkampf um den Sinn von Sein sich unmittelbar anschließt an die Revision des Sinns von Geborensein. Das Geburtsbewußtsein spitzt sich zu in eine allgemeine Kritik der Schöße. Warum sind diese fruchtbar noch; was kriecht aus ihnen so nachhaltig hervor; worin besteht das Geheimnis der großen Reproduktion? Wodurch dreht sich das Rad der Reinkarnationen weiter? Warum konnten wir nicht im Pleroma bleiben und in der Vorgeburtlichkeit verharren? Warum *ereignet* sich überhaupt etwas und nicht nichts?

---

1 Vgl. John D. Caputo, *Radical Hermeneutics, Repetition, Deconstruction and the Hermeneutic Project*, Indiana University Press 1987.

Ein frühes, unserem eigenen Kulturkreis entstammendes Dokument für das Bewußtsein von der Unausweichlichkeit solcher Fragen scheint auf in der valentinianischen Taufformel, die das vollständige Programm der Gnosis als einer Hermeneutik des Hineingeratenseins umreißt; Clemens Alexandrinus hat den Text der Formel in seinen Exzerpten aus den Schriften des gnostischen Theologen Theodotus wie folgt überliefert:

> »Bis zur Taufe also, sagen sie, ist das Schicksal wirksam, danach sagen die Astrologen nicht mehr die Wahrheit. Nicht allein das Bad macht uns frei, sondern auch die Gnosis: Wer waren wir? Was sind wir geworden? Wohinein sind wir geworfen? Wohin eilen wir? Wovon sind wir befreit? Was ist Geburt? Was ist Wiedergeburt?«

Die Vorstellungspaare »vor der Taufe« und »nach der Taufe«, Geburt und Wiedergeburt, »geworfen« und »befreit« zeichnen ein schematisches Bild der Existenz als weltdurchquerender Bewegung voran hinunter und zurück hinauf. *Katabasis* und *anabasis*, *kathodos* und *anodos*, Sturz und Aufstieg, Höllenfahrt in die vom Vergessen durchherrschte Fremde und Himmelfahrt in die erinnerte Heimat: dies sind die ontokinetischen Universalien des gnostischen Typs von kasuistischer Metaphysik. Mit der Doppelbewegung des Descensus in die Welt und des Ascensus aus ihr ist eine radikale Umkehrung des Sinns von Wahrheit verbunden. Solange der Sturz aus dem Überhimmel durch die Sphären der Planetendämonen herab bis in »diese Welt« anhält und keine Rückwendung abzusehen ist, so lange sagen die Astrologen insofern die Wahrheit, als sie die Schicksale der einzelnen aus den dämonischen Einstrahlungen und fatalen Mitgiften

der Weltenherrscher ableiten können. Im Abstieg hat
sich die Seele mit den Eigenschaften der durchquerten
Sphären aufgeladen; kein Wunder also, daß sie, ange-
kommen auf diesem Erdboden, umgeben von ebenso
übelbefrachteten und selbstvergessenen Mitexilanten,
zum Spielball der astralen Ladungen werden. Nach der
Dämonisierung der sieben Himmel – jener charakteristischen Umdeutung der Höhe durch den gnostischen Antikosmismus – muß die Seele im Deszensus einen Abrieb
aus den Sphären ansammeln, in dem die Voraussetzungen für alles Unglück enthalten sind. Bei dieser
schwarzen Astrologie versteht sich, daß die Planetengei-
ster den hindurchstürzenden Passanten ausschließlich
Laster mitzugeben haben – anders als in den hellen oder
zumindest ambivalenten Astrologien, bei denen die Planeten die Parameter jedes Einzellebens in Form von
Erschwerungen *und* Erleichterungen, Lastern *und* Tu-
genden, Hemmungen *und* Segnungen festsetzen. Für die
Gnosis sind die Gestirne ausschließlich die Ministerien
des Bösen. Von Saturn nahm die Seele die traurige
Dumpfheit an, von Mars den Jähzorn, von Venus die
wollüstigen Begierden, von Merkur die Gier nach Reich-
tümern, von Jupiter die Herrschsucht. – Hat aber die
gnostische Revolution stattgefunden, so können die
Astrologen nicht mehr die Wahrheit sagen, weil die Voraussetzungen für die astrale Verfallenheit der Seele nicht
länger bestehen. Beim Aufstieg zurück in die hyperura-
nische Fülle hat die Seele, als heimkehrende, sich aller
erworbenen Eigenschaften entledigt. Darum hat man
sich die Gnosis in ihrem rituellen Teil wohl als ein umfassendes Exerzitium zur Rückgabe der Eigenschaften vorzustellen. Der hermetische Traktat *Poimandres* (»der
Männerhirte«) liefert ein klares Modell für die Aufhe-

bung der Macht des Schicksals, die sich durch Gnosis, durch Erinnerung, durch Aufstieg und Weltenteignung im einzelnen vollzieht. Dadurch wird ein anderer Typus von Wahrheit in Kraft gesetzt, eine Wahrheit, die sich nur auf die *Seele ohne Eigenschaften* bezieht. Für sie ergibt die Wahrheit des Aufstiegs einen weltrevolutionären Sinn.

»Der Adept spricht: ›Du hast mich alles, was ich wollte, gelehrt, Nus; sage mir aber noch, wie der Aufstieg geschieht.‹ Daraufhin sagte Poimandres: ›Zunächst übergibst du bei der Auflösung des Körpers den Körper zur Veränderung, und die Gestalt, die du hattest, verschwindet, und den Charakter übergibst du dem Dämon als unwirksamen (...) Und so geht er dann nach oben durch die Sphären, dem ersten Kreis gibt er die Fähigkeit zu wachsen oder abzunehmen, dem zweiten die bösen Anschläge, die List, unwirksam, dem dritten den Betrug der Lust, unwirksam, dem vierten die Zurschaustellung der Befehlsgewalt, nutzlos jetzt, dem fünften die gottlose Verwegenheit und die Voreiligkeit der Dreistigkeit, dem sechsten die bösen Triebe des Reichtums, unwirksam, und dem siebenten die lauernde Lüge. Und dann, entblößt von allen Wirkungen der Sphären kommt er in die Natur der Achtheit mit seiner eigenen Kraft und lobt mit denen, die dort sind, den Vater... Dann gehen sie in Ordnung hinauf zu dem Vater, wandeln sich selbst in Kräfte, und Kräfte geworden, werden sie in Gott sein. Das ist das gute Ende für die, die Erkenntnis erhalten haben, zu Gott zu werden.‹«

Die Himmelsreise der Seele – Kernstück der gnostischen Individualeschatologie – schließt den hermeneutischen

Zirkel, der durch die Frage nach den Bedingungen der
eigenen Sturzgeburt in Gang gesetzt wurde. Weil der
Aufstieg nur das Umkehrbild des Abstiegs ist, hängt die
Deutung des Hineingeratens in dieser Fallgeschichte des
Absoluten davon ab, daß die Wahrheit über die Gesamt-
bewegung von einem Standpunkt jenseits des irrenden
Lebens ausgesprochen wird. Aus diesem Grund kreiert
die Gnosis göttliche Boten, Sprachrohre des Absoluten,
die eine evangelische Bresche schlagen durch die Welt der
unteren, selbstgenügsamen Realismen. Durch diese Bresche können künftig die Seelen, die Auftrieb haben,
entkommen. Am Auftrieb erkennen potentielle Gnostiker ihre Lichtabstammung. Eigentlich sind die gnostischen Weltärzte oder Logotherapeuten nichts anderes als
metaphysische Fluchthelfer für Leute von drüben, für
kosmische Mauerspringer. Erfolgreich sind diese Therapien freilich erst, wenn es ihnen gelungen ist, die Patienten durch das »gute Ende« in Gott so sehr zufriedenzu-
stellen, daß diese kein Motiv mehr verspüren, zu fragen,
wozu der Durchlauf durch die kosmische Schleife nötig
war.

Während die Individuationen der Seelen in der Gnosis
sich fast ausnahmslos als Fallgeschichten des Lichts präsentieren, sind die Gestalten »dieses Lebens« in der älteren indischen Literatur häufig Fallgeschichten des Feuers; ja »diese Welt« selbst ist nur der Inbegriff von allem,
was ein »Fall« von Feuer ist.

»5.4.1 Wahrlich, Gautama, ein Feuer ist jene Welt. Ihr
Brennholz ist die Sonne; ihr Rauch die Sonnenstrah-
len; ihre Flamme der Tag; ihre Kohlen der Mond; ihre
Funken die Gestirne.
    2 In dieses Feuer gießen die Himmlischen die Gläu-

bigkeit als Opfergabe. Aus dieser Gußgabe entsteht der König Soma (das Getränk der Götter).

5.5.1 Wahrlich, Gautama, ein Feuer ist der Gewitterregen. Sein Brennholz ist der Wald; sein Rauch das Gewölk; seine Flamme der zuckende Blitz; seine Kohlen der fallende Blitz; seine Funken der Hagel.

2 In dieses Feuer gießen die Himmlischen den König Soma als Opfergabe. Aus dieser Gußspende entsteht der Monsunregen.

5.6.1 Wahrlich, Gautama, ein Feuer ist die Erde. Ihr Brennholz ist das Jahr; ihr Rauch der Raum; ihre Flamme die Nacht; ihre Kohlen die Himmelsrichtungen; ihre Funken die Zwischenhimmelsrichtungen.

2 In dieses Feuer gießen die Himmlischen den Monsunregen als Opfergabe. Aus dieser Gußspende entsteht die Nahrung.

5.7.1 Wahrlich Gautama, ein Feuer ist der Mann. Sein Brennholz ist die Sprache, sein Rauch der Atem, seine Flamme die Zunge, seine Kohlen das Auge, seine Funken das Gehör.

2 In dieses Feuer gießen die Himmlischen die Nahrung als Opfergabe. Aus dieser Gußspende entsteht der Same.

5.8.1 Wahrlich, Gautama, ein Feuer ist die Frau. Ihr Brennholz ist der Schoß; ihr Rauch, was sie einladend spricht; ihre Flamme die Vulva; ihre Kohlen, was der Mann hineintut; ihre Funken die Lustgefühle.

2 In dieses Feuer gießen die Himmlischen den Samen als Opfergabe. Aus dieser Gußspende entsteht der Embryo.

5.9.1 ... Nachdem dieser Embryo, von der Eihaut umhüllt, zehn Monate innen gelegen hat – oder wie lange immer –, wird er geboren.

2 Nachdem er geboren ist, lebt er, solange seine
Lebenszeit dauert. Dann, wenn er gestorben, von hier
fortgewiesen ist, bringt man ihn zum Feuer, aus dem er
gekommen ist, aus dem er zu entstehen pflegt.«
(*Chandogya-Upanishad*, 5.4.1-5.9.2)

Der sakramentale Kreisprozeß vom Feuer durch die Ge-
staltenreihe bis zum Menschen und zurück ins Feuer
scheint die Fragen nach dem Sinn des Hineingeratens von
Seelen in die Welt souverän zu ignorieren. Für den brahmanischen Sakramentalismus gibt es noch kein »Problem« des Daseins. Die Welt ist ein Rad, das sich im
kontinuierlichen Gestaltwandel des Feuers dreht (für andere Überlieferungen gilt Wasser als Grundstoff und
Identitätsprinzip aller Entstehungen); der Mensch ist in
seine Umdrehung ohne Differenz eingeflochten. Nur bei
der Wahl der Schöße durch die Samen mischt sich in die
moralisch indifferente Umschlagbewegung ein moralischer Faktor ein; kraft der allgemeinen Vergeltungskau-
salität, des *karmas* finden die Samen der tugendhaft ins
Feuer Zurückgegangenen beim neuen Umlauf einen
günstigen Schoß. Zwar kann, sofern alles Leben in den
Metamorphosen des brahmanhaften Feuers enthalten ist,
eine Hermeneutik des Hineingeratens noch nicht eigentlich fraglich werden; Seelen sind nicht als Eintretende zu
denken, sondern nur als immer schon im Kreis Mitbe-
wegte. Dennoch taucht angesichts der Ungleichheit der
Einzelschicksale die Frage auf, wie es um Richtigkeit
oder Gerechtigkeit beim Eingang der Samen in die
Schöße bestellt ist. Diese Fragen beantwortet die Karma-
Gleichung; jeder gerät in das hinein, was er verdient:

»Die nun hier von erfreulichem Wandel sind – es besteht die Zuversicht, daß sie in einen erfreulichen Mut-

terschoß geraten: den Schoß (der Frau) eines Brahmanen, oder den Schoß eines ksatriya (Fürsten), oder den Schoß eines vaiśya (Kaufmann, Bauer). – Aber die hier von übelstinkendem Wandel sind – es besteht Zuversicht, daß sie in einen übelstinkenden Mutterschoß geraten: den Schoß eines Hundes, oder den Schoß eines Ebers, oder den Schoß eines Unberührbaren.« (*Chandogya-Upanishad*, 5.10.7-8)

So wird die Schoßwahl zu einem standrechtlichen Gericht der Seelen über sich selbst. Eine jede tut sich genau das Leben an, das sie sich nach dem Stand ihrer Vervollkommnung zu geben vermag. Über diesem grausamen und erhabenen Schauspiel vom langen Marsch durch die Schöße schwebt aber das brahmanische Leitwort für Erlösung oder Befreiung, *moksha*. Mit ihr verbunden ist die Hoffnung, daß es endlich einmal einen Schoß geben möge, der der letzte wäre. Wer sich nach unzähligen Leben in fortschreitender Verklärung einen solchen zu wählen wüßte, würde nicht wiederkehren; »mit brahman-Schmuck geschmückt, das brahman erkennend«, geht der Nichtwiederkehrer »in das brahman ein« (*Kausitaki-Upanishad*, 1, 4). In der Verneinung der Wiederkehr wirft die Verneinung der Welt und des Lebens im ganzen bereits ihren Schatten über den jubilatorischen Positivismus der altindischen Mystik.

Wie es möglich wurde, daß die Verneinung zur Weltmacht heranwächst, das verrät sich in Indien seit dem 5. Jahrhundert vor Christus mit der Heraufkunft des Buddhismus. In ihm geht die Kritik der Schöße in ein radikales Stadium über. Der Buddhismus hat – dies ist seine geistesgeschichtliche Signatur – das Bewußtsein vom Verhängnis des Hineingeratenseins bis an die Gren-

zen des Erträglichen verschärft. Seine Hermeneutik der
Geburten stößt vor zu dem Punkt, an dem der Bruch mit
dem Prinzip Schoß selbst fällig wurde. Die Absage an die
Schöße der Frauen – den der eigenen Mutter an erster
Stelle – verallgemeinert sich hier zur Absage an die leid-
erzeugende Drehung des Weltrades schlechthin. Die
Lehre des Buddhismus ist keine andere als das Evangelium von der Vermeidbarkeit der Schöße. Hiermit exekutiert er zugleich die dunklen Tendenzen der *Upanisha-
den*. Das Motiv der Befreiung wird in solchem Ausmaß
mächtig, daß sogar die stärksten Evidenzen brahmanischer Philosophie – so die Tiefenidentität von Atman
und Brahman – wie störendes Beiwerk hinweggefegt
werden. Hier findet der Brahmanismus als Doktrin der
Gebärfreudigkeit des Absoluten seinen unerbittlichsten
Gegner. In den Konzepten von Brahman und Atman
wittert die buddhistische Analyse immer noch die Prinzipien der Verstrickung. Die brahmanische Metaphysik
erscheint aus der Perspektive des radikalen Befreiungs-
willens als ein riesiges System der Indolenz; die Brahmanen selbst, auch wo sie sich der Askese unterwerfen, sind
bloße Kollaborateure der Reinkarnation. Was sie für Atman halten, ist nur eine letzte Maske des Schoß-Prinzips,
das heißt eine Form der Anhaftung, die zu Wiedergeburten führt. Weil der Buddhismus alles, was Tendenzen zu
den Schößen hin begünstigt, mit vernichtender Aufmerksamkeit studiert hat, besitzt er die am profundesten
ausgearbeitete Hermeneutik des Hineingeratens. Für ihn
steht fest, daß es keinen zwingenden Grund gibt, warum
»dieses Leben« nicht das letzte sein sollte; ist »dieses
Leben« aber potentiell mein letztes, so könnte jeder
Schoß potentiell ein letzter sein. Statt des langen Marsches durch die Kette der Wiedergeburten zeichnet sich

nun die Möglichkeit ab, den Schoß, aus dem das eigene
Leben kam, als den letzten hinter sich zu versiegeln; was
der Buddha wie ein Evangelium auszustreuen beginnt,
ist die Nachricht von der Entdeckung einer Abkürzung
zur Befreiung.

Der Schlüssel hierzu liegt in der vollständigen Durch-
dringung des Prozesses, der die Umdrehungen des *samsara* bedingt. Wie in der Gnosis ist auch in der buddhistischen Lehre von der Befreiung das genaue Verständnis
des Hineingeratens unmittelbar heilsbedeutsam. Genau-
igkeit kann jenes Verständnis für sich beanspruchen, das
die gesamte Kausalreihe, die zu Geburten führt, lücken-
los und mit perfekter Explizitheit durchzugehen weiß.
Eben dies wird erreicht in der Lehre vom Kausalnexus,
dem *Paticcasamuppada*, der die gesamte Entstehung des
Leidens auf einer zwölfgliedrigen Kette dichtverknüpf-
ter Bedingungen aufreiht. Zwischen dem Urglied Nicht-
Wissen, *avijja*, und dem Schlußglied Leiden, *dukka* –
welches Alter, Tod, Schmerz, Klagen, Leid, Kümmernis
und Verzweiflung umfaßt –, folgen in unauflösbarer
Zwangskonsequenz aufeinander die zehn einander be-
dingenden Zwischenglieder. Aus Nicht-Wissen entstehen die gestalthaften Willensregungen; aus den Willensregungen das Erkennen; aus dem Erkennen entstehen
Name und Gestalt *(nama-rupa)*, das heißt die reale Er-
scheinungswelt und die irdische Persönlichkeit; aus
Name und Gestalt entstehen die sechs Gebiete, die Sinne
und das Denken; aus den sechs Gebieten entstehen die
Berührungen; aus den Berührungen die Empfindungen;
aus den Empfindungen entstehen Gier und Durst; aus
Gier und Durst das Ergreifen; aus dem Ergreifen das
Werden; aus dem Werden die Geburt; aus der Geburt die
ganze Schar der Leiden, der Tod und die unendliche
Fortsetzung des Prozesses.

In dieser Kette fallen drei Glieder besonders auf, sofern sie die strategischen Punkte für die Intervention der großen Therapeutik darstellen. An erster Stelle verdient der Anfang selbst, das Nicht-Wissen, höchste Aufmerksamkeit; wäre die erste Bedingung der gesamten Sequenz von Entstehungen aufgehoben, so wäre die Krankheit des Werdens im ganzen kuriert. Die Vernichtung des Nicht-Wissens faßt das Wesen der Arbeit an der Befreiung zusammen. In diesem Sinn ist Buddhismus von Grund auf eine Gnoseotherapie, die die nicht-wissensetzenden Leidenschaften durch Wissen auslöscht. Die zweite Ansatzstelle für die erlösende Kur liegt beim achten Glied, Durst oder Gier, *tanhā*. So wie ein Feuer, in das kein neues Brennmaterial geworfen wird, von sich aus niederbrennt und erlischt, so hört, der edlen Lehre zufolge, auch der Durst auf, sobald er nicht durch immer neue Empfindungen aufgereizt wird. Schließlich kommt dem vierten Glied *nama-rupa*, Name und Gestalt, Persönlichkeit, eine herausragende Rolle bei der Auflösung der Entstehungskette zu. Der Buddha sagt bei seiner Erläuterung der Kausalreihe für seinen Lieblingsjünger über die erste Einnistung von Name und Gestalt folgendes:

»Wenn das Erkennen, Ananda, sich nicht in den Mutterleib hineinsenken würde, könnten sich dann Name und Gestalt im Mutterleib gestalten?‹ – ›Nein, Herr.‹ – ›Und wenn das Erkennen, Ananda, seine Stelle wieder verließe, nachdem es sich in den Mutterleib hineingesenkt hat, würden dann Name und Gestalt bei der Geburt dieses Lebens vorhanden sein?‹ – ›Nein, Herr.‹ – ›Und wenn das Erkennen, Ananda, bei den Jungen und Mädchen während ihrer Kindheit wieder verlorenginge, würden dann Name und Gestalt

Wachstum, Zunahme und Gedeihen erlangen?‹ –
›Nein, Herr.‹« (*Mahanidanasutta des Dighanikaya*,
XV,21)

Ich neige dazu, diese Passage als Schlüssel zur Praxis un-
gegenständlicher Meditation und Tiefenversenkung zu
lesen: wenn die Hermeneutik des Hineingeratenseins das
Zusichkommen in »diesem Leben« unter diesem Namen, in dieser Gestalt, mit diesem Ich umspannen soll,
so muß sie vor die Entstehung des Ich-Kerns zurücktau-
chen.[1] Ungegenständliche Meditation wäre dann die Vor-
übung zur Auflösung auch der ersten Persönlichkeits-
spuren. Die Meditation steigt zurück in die fötale Höhle,
die vor allem liegt, was Welt und Selbst heißen wird; dort
neutralisiert sie mit ihrer Aufmerksamkeit die frühesten
Einschreibungen ichbildender Erfahrung.

4. Akosmismus

Wenn die erweiterte Psychoanalyse und die historische
Anthropologie uns in einer nichtmetaphysischen Sprache sagen wollen, wie wir wurden, was wir sind, müssen
sich beide um eine Übersetzung der alten Weisheitsleh-
ren in eine moderne Diktion bemühen. Übersetzen heißt
hier den Anspruch erheben, einen Ideengehalt in anderen Ausdrücken wahrer zu formulieren als in seinen
eigenen. Mit dem Auftauchen der zweiten Sprache in den
modernen Wissenschaften vom Menschen zeichnet sich
die bisher selten explizit formulierte Aufgabe ab, die alten metaphysischen Texte gleichsam zu schälen, um ih-

---

[1] Anmerkungen zu einer Theorie des Tauchens finden sich in diesem Band
S. 72 ff.

ren psychoanalytisch-anthropologischen Wahrheitskern
rein zu präparieren. Im vorliegenden Fall hieße das, daß
die Wahrheit der Gnosis in gnostischen Ausdrücken allein nicht auf den Begriff gebracht werden könnte; dasselbe wäre über den Buddhismus, den Brahmanismus
und so fort zu bemerken. Triebe man die Kollision zwischen den beiden Sprachen auf den Gipfel, so müßte von
der Grundstellung der Moderne aus gefordert werden,
daß sich der Gnostiker *als* Gnostiker, der Buddhist *als*
Buddhist, der Vedantin *als* Vedantin einer erweiterten
Psychoanalyse unterwerfen, wenn die genannten es nicht
darauf ankommen lassen möchten, daß *über* sie gesagt
wird, was sie von sich selbst nicht wissen können oder
wollen. Die Annahme lautet freilich, daß es für eine Psychoanalyse, die sich respektiert, notwendig sei, auch
Gnosis und indische Metaphysik symptomatologisch zu
nehmen. Weil es um Wahrheitsfragen geht, kann bei der
Entfaltung der zweiten Sprache als unserer Weltsprache
der Daseinspassion keinesfalls Toleranz gegen ältere Versionen vorausgesetzt werden. Als neue Weltsprache
kann sich die Nichtmetaphysik nur zur Geltung bringen,
wenn sie den alten Sprachen der lokalen Metaphysiken
den Krieg erklärt. Dies ist der strategische Sinn der modernen Psychiatrisierung von Metaphysik und Religion.
Aus den Fallgeschichten des Absoluten müssen – während der Angriffsphase der zweiten Sprache – Fälle von
metaphysisch kodierter und kompensierter Psychose
werden. Die Sprecher der zweiten Sprache setzen die
Klinik gegen die spirituelle Übung, sie ordnen die irdischen Therapien den himmlischen Evasionen über. Sie
tragen, zu unbekümmert noch, vielleicht, das Risiko,
daß sie gerade den schwersten Fällen außer Salven von
harten Diagnosen nichts zu bieten haben. Aus der Sicht

der zu Patienten erklärten Spirituellen stellt sich die Sache spiegelverkehrt, aber nicht überraschend, dar; für sie ist zum Leiden an der Welt das Leiden an der Beschränktheit der Doktoren hinzugekommen. Die antimetaphysischen Ärzte erscheinen ihrerseits als Symptomträger der Unwissenheit, als vom Durst verblendete Weltlinge, als Triebagenten *(psychikoi)*, als Staubsäcke *(choikoi)*. Da sie sich fürs Jasagen und Weitermachen engagieren, können sie nichts von den Wahrheiten wissen, die aus der Verneinung und dem Aufhören stammen.

Sollte aus einem Abstand von tausend Jahren ein künftiger Ideenhistoriker auf unsere Zeit zurückschauen, um zu bestimmen, welches das bedeutendste Ereignis dieser Epoche war, so würde er wohl auf das Duell der alten metaphysischen und der neuen nachmetaphysischen Sprachen deuten und aufzeigen, wie in ihm die Zukunft »dieser Welt« vorbereitet wurde. Die epochale Fruchtbarkeit dieses Sprachenduells erklärt sich aus der Notwendigkeit, daß in ihm die zweite Sprache an der ersten lernt, die Passion des Daseins für einen künftigen Äon auszusprechen. Wer die Entfaltung von Psychologie und Anthropologie für etwas hält, was in Zukunft so bedeutend sein wird wie in der Vergangenheit die Hochreligionen, der muß heute den Metaphysiken sekundieren; nur im Ringen mit den Stärken metaphysischer Überlieferung kann die zweite Sprache reich genug werden, um als Weltsprache einer psychologisch-anthropologischen Ökumene zu überzeugen.

Reich im Sinne einer Welteröffnung, die keine baldige Erschöpfung zu fürchten hätte, wird die zweite Sprache von dem Augenblick an sein, in dem sie die Grundworte der alten kasuistischen Metaphysiken: Erleuchtung, Erlösung, Befreiung, ohne unerträgliche Verluste in sich übersetzt haben wird. Auch wenn solche Übersetzungen noch nirgendwo ganz gelungen sind, so läßt sich doch schon sagen, in welche Richtung die aussichtsreichsten Versuche deuten: Der Komplex Erleuchtung kann in eine Theorie der Weltlosigkeit oder des Akosmismus übersetzt werden; der Komplex Erlösung kann in eine Theorie des Aufhörens übersetzt werden; der Komplex Befreiung kann in eine Theorie der Kreativität übersetzt werden.

Diese Liste repräsentiert drei Stufen zunehmender Evidenz. Daß der metaphysische Begriff Befreiung in dem modernen nichtmetaphysisch seinwollenden Ausdruck Kreativität gut aufgehoben ist, davon ist jeder Moderne mehr oder weniger blind überzeugt. Kreativität bedeutet für uns die Freiheit, das Glück in der Neuheit und der Künstlichkeit zu suchen. Am Siegeszug des Prinzips Kreativität in der Gegenwartskultur läßt sich ablesen, mit welcher Vehemenz sich der alte metaphysische Sprachenstrom ein neues Bett gegraben hat. In diesem Grundwort der Modernität artikuliert sich die Nachahmung des Schöpfers durch Individuen, die sich dadurch definieren, daß es für sie zu spät ist, an Götter zu glauben. Mit ihrer Parteinahme für die Unwahrscheinlichkeit des Kunstwerks führt die moderne, nachmetaphysische Welt die metaphysische Revolte gegen die Trivialität mit anderen Mitteln fort. Sie sucht durch kreative Verwandlungen Befreiung vom Tatsächlichen.

Schwieriger sind die Übersetzungsprobleme, die sich für das zweite Grundwort des metaphysisch-religiösen Weltalters, Erlösung, ergeben. Es dürfte den meisten Interessenten bereits nicht mehr klar sein, warum das Anliegen der Erlösung nur in einer Theorie des Aufhörens aufgehoben werden kann. Im allgemeinen hat sich die

Moderne auf therapeutische Strategien geworfen, um mit den Übeln, auf die sich die alte Erlösungssehnsucht bezog, fertig zu werden. Sieht man näher zu, so zeigt sich, daß Reformpolitik, Technik und Klinik – die modernen Feldzüge gegen die Übel – in einer impliziten Theorie des Aufhörens gründen. Ohne eine solche Theorie könnte es keine Reformpraxis geben, weil diese nur möglich ist auf der Basis des Glaubens, daß die Übel abkürzbar sind, während das Gute zur Langlebigkeit tendiert. Scharf auf der Grenze zwischen metaphysischer und nachmetaphysischer Sprache hat Nietzsche im Stundenlied des Zarathustra zwischen dem Willen zu vergehen und dem Willen zur Ewigkeit unterschieden. Seither ist die Modernität eher verlegen, wenn es darum geht, jenseits des bloßen Therapiejargons, vom Unaufhörlichen und vom Aufhörlichen zu sprechen. Erlösung ist die Erleichterung, die sich einstellt, wenn man über eine Technik verfügt, aus Teufelskreisen auszusteigen.

Am schwierigsten ist ohne Zweifel die Übersetzung von Erleuchtung aus der metaphysischen in die nachmetaphysische Sprache – falls es sich nicht ohnedies um ein absurdes Vorhaben handelt. Beim Stand der Dinge ist der bloße Gedanke daran für die Metaphysischen ein Ärgernis und für die Nichtmetaphysischen eine Torheit. Obendrein halten sich in dieser Frage die Kulturen noch streng getrennt. Wem überhaupt so etwas wie Erleuchtung möglich scheint, der lebt, zumindest dem inneren Kalender nach, meist noch in einem früheren Weltalter. Die Modernen haben den Ausdruck ohne Bedauern aus ihrem Wortschatz gestrichen – für sie ist Erleuchtung weder eine mögliche Wirklichkeit noch ein möglicher Wert. Unter diesen Voraussetzungen läßt sich nur mit Mühe von einem Übersetzungsproblem sprechen. Wozu neue Ausdrücke schaffen, wenn das Auszudrückende selbst zuvor annulliert wurde? Nur am äußersten Rand des modernen Universums können erleuchtungsartige Zustände neurologisch und psychiatrisch charakterisiert werden – etwa als weiße Psychosen oder als animistische Varianten der Megalomanie. Auf dem progressivsten Flügel der Tiefenpsychologien werden die lichtmystischen Elemente von Erleuchtungen mit Reproduktionen der Geburt aus dem dramatischen Körpergedächtnis gedeutet; ihre seligen und ekstatischen Attribute machen Sinn im Rahmen einer Phänomenologie des Endomorphinismus. Selbst die liberalsten Deutungen des Phänomens Erleuchtung bleiben somit reduktionistisch; auch sie lassen die Unterbietung des Phänomens als seine Übersetzung passieren.

Hier läßt sich besonders deutlich zeigen, was es heißt, der Metaphysik zu sekundieren um der Nichtmetaphysik willen. Sowohl die gnostische und mystische Subtradition des Westens als auch die brahmanischen und buddhistischen Hauptströmungen des Ostens haben Erleuchtungskulturen von solcher Mächtigkeit geschaffen, daß sie auf die Dauer nicht aus der Welt geschwiegen werden können. Sobald das Übersetzungsproblem akut wird, muß sich zeigen, daß der noch metaphysisch gedachte Komplex Erleuchtung nur in einer nachmetaphysischen Theorie des Akosmismus, der Weltlosigkeit oder der Entweltlichung, wiedergegeben werden kann. Man hat darauf gefaßt zu sein, daß sich das Phänomen Erleuchtung als etwas erweist, das in der Metaphysik nicht aufgeht. Erleuchtungen hatten metaphysisch sprechende Welten als Bühnen für ihre ersten Auftritte, aber sie sind nicht für alle Zeit auf diese Bühnen angewiesen. Die Entdeckung der Welt im Zeitalter der Metaphysik wurde immer schon von der Entdeckung der Weltlosigkeit begleitet. Zum Exodus des Menschen in die Welt gehörte seit je eine Ahnung davon, daß das Woher des Zurweltkommens selbst nicht Welt ist. Gerade die kasuistischen Metaphysiken gnostischen und indischen Typs, die in jedem Menschenleben eine Fallgeschichte des Absoluten erkennen, haben teils mit naiven, teils mit subtilen Mitteln den Weltvorfall im ganzen als verneinbar aufgefaßt. Sie haben gelehrt, daß der Fall Welt überhaupt durch Erleuchtung abgeschlossen werden kann – nicht im Sinne eines profanen Todes, sondern so, daß im Subjekt der Prozeß der Polarisierung von Ich und Weltgegenständen aufhört. Auf diese Weise führt Erleuchtung zur Entweltlichung; sie führt auch über alle positiven Seinslehren hinaus, sofern die Ebene der Fingerspitzengedanken überstiegen wird. Kommt die Ich-Welt-Polarität zu Ende, so kann es die Dualität von Zeigendem und Gezeigtem nicht mehr geben. Daher ist die Lage des Erleuchteten keineswegs eine *über* der Welt; Weltlosigkeit gibt es nur in der Welt selbst.

Für die Seinsweise der höchsten Weltlosigkeit haben der Osten und der Westen große Namen geprägt. Unter dem Gesichtspunkt der Weltlosigkeitsforschung sind die Ausdrücke *moksha* und *nirvana* präzise Äquivalente des gnostischen Pleromas, jenes überhimmlischen Himmels der virtuellen Fülle, der von der Plumpheit der Verwirklichungen nicht berührt wird. Sich zu Lebzeiten mit dem Pleroma wiederzuvereinigen gilt als das Ziel des gnostischen Aufstiegs; noch in »diesem Leben« ins Nirwana einzugehen schwebt dem buddhistischen Rückzug als Leit»bild« vor. Beide Bewegungen, Aufstieg und Rückzug, kommen jedoch, wie die Doktrinen mit großer Strenge lehren, nicht zu einem guten Aufhören, solange in ihnen noch ein Hauch von Sucht- und Fluchtenergie wirksam ist. Weltflucht und Erleuchtungssucht sind durchaus welthafte Zustände, motiviert durch Erfahrungen der Fallgeschichte. Diese Motivationen müssen abgebrannt oder neutralisiert werden, bevor ein flucht- und suchtloser Zustand von sublimer Weltlosigkeit eintreten kann. Darum lehrt der klassische Buddhismus die Einheit von *samsara* und *nirvana* (Geburtenrad und Ungeborenheit; Rundlauf und Ruhe); deswegen hätte eine unbehinderte Gnosis auf ihrem Höhepunkt die Einheit von *pleroma* und *kenoma* (Fülle und Ausleerung, Höhe und Erniedrigung) lehren können. Erleuchtung ereignet sich, solchen Überlieferungen gemäß, genau auf dem Schwebepunkt zwischen der »Freiheit von« und der »Freiheit zu« – jenseits von Appetit und Vermeidung. Sie bedeutet das Ende der realitätsgemäßen Psyche und den Beginn der Seele ohne Eigenschaften. Die erleuchtete Höchstform von Akosmismus ist Stille im Auge des Weltzyklons. Ein Vorschein vom Glanz einer möglichen nichtmetaphysischen Sprache der Verneinung wird faßbar, wenn sie ihre ersten Versuche zur Übersetzung des alten Leitwortes Erleuchtung vorlegt; ontologisch prägnant, nicht ohne Poesie, hat der österreichische Philosoph Thomas H. Macho den Zustand der vermeidungslosen Freiheit jüngst in eine überzeugende Formel gefaßt: *weltoffene Weltlosigkeit.*[1]

An dieser Formulierung fällt auf, daß sie sich nicht für den Extremfall reservieren läßt. Tatsächlich muß sich eine Theorie des Akosmismus nicht nur für den obersten Grenzwert, sondern auch und vor allem für die Mittelwerte interessieren – die untere Grenze inbegriffen. Eine

---

1 Thomas H. Macho, *Musik und Politik in der Moderne*, in: *Die Wiener Schule und das Hakenkreuz*, Wien/Graz 1990, S. 134.

psychoanalytisch-anthropologische Erörterung weltloser Zustände wird ihr Schwergewicht gerade auf den Akosmismus des Alltags legen; auch die Weltlosigkeit der Idioten gerät dadurch in ihren Blick. Denn daß »der Mensch« als daseiender von Grund auf in-der-Welt sei, läßt sich auch in einer Heideggerschen Perspektive nicht länger ohne Einschränkung behaupten. Vielmehr ist er immer schon vorwiegend derjenige, der *weg* ist. »Der Mensch ist das *Weg*«, wird Heidegger selbst bei der Revision seiner anfänglichen Formulierungen sagen.[1] Zur Phänomenologie des Wegseins im Sinne der vulgären Weltlosigkeit gehören alle Stadien der Entlastung, der Zerstreuung und des gesuchten Vergessens. Schlaf und Ohnmacht, Tagtraum und Nachttraum, Rausch und Droguierung, Unaufmerksamkeit und Geistesabwesenheit, Selbstverhärtung und Spezialisierung – dies sind nur die augenfälligsten Manifestationen des Prinzips Akosmizität in seinen mittelmäßigen Ausprägungen. Auf dem pathologischen Flügel der Phänomenreihe reihen sich Wahn und Schwachsinn an – beides Haltungen, mit denen sich das Subjekt für Zumutungen der Weltoffenheit totstellt.

Wird zugelassen, daß eine Theorie des Akosmismus das notwendige Komplement jeder Psychologie ist, so verliert die alte Rede von Erleuchtung viel von ihrer Befremdlichkeit für die Mitglieder der modernen Welt. Die erleuchtete Weltlosigkeit unterschiede sich von der vulgären nur durch ihren Anspruch auf die Fülle der Wachheit und durch die ungeschützte Offenheit zur Anteilnahme an allem, was begegnet. Im profanen Schlaf und in seinen halbwachen Äquivalenten bei Tag ist diese Be-

---

1 Vgl. M. Heidegger, *Beiträge zur Philosophie (Vom Ereignis)*, Frankfurt a. M. 1989, S. 323.

reitschaft für alles Begegnende getrübt; dem Träumer erscheint nur ein Weltstumpf im Inneren einer abgewandten, schwerhörigen und defensiven »Subjektivität«. Niedere Weltlosigkeit ist somit, unter anderen Namen, längst ein Thema jeder Psychologie, sofern diese nicht vergißt, daß alle Seelen auf ihre Weise die Kunst üben, in der Welt zu sein und zugleich auch nicht. Man begreift dies besser, seit die moderne Neurophysiologie den selektiven und defensiven Charakter unserer erkenntnisbiologischen Grundausrüstung herausgearbeitet hat. Verständlich wird jetzt, warum Dasein die Ausnahme bildet. Permanentes »Dasein« im Sinne von chronischem Wachsein für den Ansturm von alarmierender Information würde für jeden Menschen die permanente Folter bedeuten; die mittelalterlichen Höllenphantasmen sind Ausmalungen der Vorstellung, ohne Zuflucht zum Nichtsein einem immer gegenwärtigen Schmerz ausgesetzt zu sein; in solchen Phantasmen wird die schwarze Seite der Idee von Ewigkeit als Gegenwart ohne Unterbrechung durchexperimentiert. So muß die psychoanalytische Lehre von den Abwehrmechanismen als ein Sonderfall der allgemeinen Phänomenologie der Weltlosigkeit und deren Durchbrechung durch das aufgehende Reale verstanden werden.

Die Welt ist nicht immer der Fall; was der Fall ist, ist nicht immer die Welt. Noch immer ist für jeden schweren Fall die Welt alles, was eigentlich nicht der Fall sein dürfte.

VI

Was heißt: sich übernehmen?
Versuch über die Bejahung

1. Die Kantische Idee der Mündigkeit, als nachträgliche Einwilligung ins eigene Dasein verstanden

Wer über die beiden Disziplinen, die in der Neuzeit nach dem Menschen fragen – über die altehrwürdige der Philosophie und die fragwürdige neue der Psychologie –, in noch so geringem Umfang Bescheid weiß, wird darüber im Bilde sein, daß von den Beziehungen zwischen beiden nur wenig Gutes zu berichten ist. Der heutige Betrieb der Philosophie ist, wie er ist, weil die »Liebe zur Weisheit« als Psychologie den Bankrott erklärt hat; die heutige Psychologie ist, wie sie ist, weil sie als Philosophie Konkurs hat anmelden müssen. Die zur Institution geronnene Philosophie konnte sich nie einen Reim darauf machen, daß Individuen wirklich existieren – wenn Existenz die Lichtung des Einmaligen bedeutet, das für begriffliches Vorstellen außer Reichweite »liegt«. Die Psychologie ihrerseits hat nie ein hinreichend klares Verhältnis zu der Tatsache finden können, daß Individuen denken und daß Denken nicht nur eine psychische Funktion ist, sondern das Theater, auf dem die Welt aufgeht. So fassen die Philosophen die menschliche Tatsache zu indirekt, die Psychologen zu niedrig – als gäben beide ein Unbehagen an ihrem Gegenstand zu. Wer lernen möchte, elaboriert am Menschen vorbeizureden, kann nichts Besseres tun, als ein Mitspieler des zeitgenössischen Philosophiebetriebes zu werden; wem es darum zu tun ist, routiniert über den ontologischen Ernst menschlicher Erkenntnismöglichkeiten hinwegzugleiten, wird sich im Flachwasser der institutionalisierten exakten Psychologien zufrieden tummeln. Dürfte man vom aktuellen Zustand der Humanwissenschaften auf die Natur ihres Gegenstandes schließen, so müßte man den Menschen als das Wesen definieren, das, solange es irgendwie geht, vor sich selber ausweicht.

Wollen wir vor diesen Befund bis zu einem Punkt zurückgehen, an dem das Spiel noch aussichtsreich schien, so finden wir uns wieder in dem späten 18. Jahrhundert, in dem die erstaunliche Geschichte der ausweichenden Zuwendung des Menschen zum Menschen »beginnt«. Es mag befremdlich scheinen, daß die Rede auf Immanuel Kant kommen soll – einen Autor, der dem Publikum meistens nur unter seiner einschüchternden Außenansicht als Urheber der vernunftkritischen Schriften bekannt ist. Seine Hauptwerke gelten zu Recht als Meilensteine auf dem Weg der Philosophie in die Unpopularität; nach Kant hat sich das philosophische Denken wie nie zuvor in die Exklusivität professionalisierter Argumentationsspiele verstiegen; nach der *Kritik der reinen Vernunft* erst trifft der Satz zu, daß massenhaftes Interesse an philosophischen Thesen immer auf Mißverständnissen beruhen muß. Trotzdem ist ein kurzer Rückblick auf Kant am Platz, wenn es darum geht, den Moment zu bestimmen, in dem die Sorgen der Philosophie mit denen der Psychologie zum letzten Mal koinzidierten. Es ist dies der Augenblick, in dem der skeptische Psychologe und Menschenkenner Kant dem Vernunftlehrer gleichen Namens eine Antwort schuldet auf die

Frage, wie denn das potentielle Vernunftsubjekt, der Mensch, *de facto* und mit existentieller Konsequenz zur Vernunft zu bringen sei. Man darf behaupten, daß diese Frage unmittelbar für die Entstehung der Anthropologie verantwortlich ist und mittelbar die Entwicklung der modernen Psychotherapeutik hervorruft. Die Anthropologen des beginnenden bürgerlichen Zeitalters erkennen im Menschen das Wesen, das seinem Begriff als *animal rationale* nicht oder nur unvollkommen genügt. Die neuzeitlich aufgefaßte Differenz zwischen dem Begriff und der Wirklichkeit des Menschen[1] regt zahlreiche Autoren, nicht zuletzt Kant, dazu an, sich in der Doppelfunktion von Subjekt und Gegenstand einer neuartigen Reflexion über »den Menschen« hervorzutun. Die fruchtbare Verlegenheit der menschlichen Kondition wird nun zum Anstoß einer kritischen Selbsterfassung, die den Menschen als Übergangssubjekt charakterisiert: Wenn Menschen schon vollkommen vernünftig wären, so bräuchten sie, wie man es Engeln nachsagt, nur Mathematik, Musik, Ontologie und Farbenlehre zu betreiben, um sich uneingeschränkt zu realisieren. Wären sie hingegen völlig vernunftlos, so wäre eine Art von Humanzoologie ihnen gemäß – falls es eine Gattung über dem Menschen gäbe, die sich aus unbekannten Gründen mit diesen seltsamen Aufrechtläufern beschäftigen wollte. Aber da Menschen Wesen im Übergang und im Zwielicht sind – also historische Tiere – entspricht ihnen nach aufklärerischer Überzeugung eine Anthropologie in pragmatischer Absicht am besten. Pragmatisch wird eine Lehre vom Menschen, sobald sie zeigt,

---

1 Die anthropologische Differenz zwischen Begriff und Wirklichkeit des vernunfthabenden Wesens hat ihren Vorgänger in der theologischen zwischen dem Menschen als *imago Dei* und als »sündigem« Dissidenten Gottes.

daß dieser schon frei genug ist, um freier, schon vernünftig genug, um vernünftiger zu werden. Vernunft braucht
Zeit – in dieser Formel könnte man die modernen Experi-
mente zur Optimierung menschlicher Vernunftkräfte
resümieren. Daher gehören zur neuzeitlichen Konzeption vom Menschen unvermeidlich ein didaktischer Teil,
der Bildungsprozesse für Individuen einrichtet, und ein
geschichtsphilosophischer Teil, der Bildungsprozesse
für Völker und Gesellschaften, ja für die Gattung im
ganzen entwirft. Das Zeitalter des evolutionären und
curricularen Denkens wird eröffnet. Ergänzend zu
den didaktischen und geschichtsphilosophischen Pro-
grammen der Aufklärung entwickelt sich vom späten 18.
Jahrhundert an eine Psychotherapeutik, die sich der
Korrektur gestörter Bildungsprozesse widmet.[1] Im Rahmen einer Aufklärungsanthropologie kann Therapeutik
nichts anderes meinen als Nacherziehung der mißbilde-
ten Seelen unter günstigeren Bedingungen – sie macht
Individuen und Nationen durch einen zugleich ärzt-
lichen und politischen Zuspruch »Mut zum Sein«. Es
liegt in der Natur der Sache, daß Bemühungen um das
nachholende Vernünftig- und Lebendigmachen von
Menschen sich im Lauf der Zeit immer mehr auf das
Individuum beschränken mußten. So hat die moderne
Psychotherapeutik bei ihren Versuchen, einzelne zu re-
normalisieren, Außerordentliches geleistet. Umgekehrt
herrscht, was die politische Therapeutik angeht, schon
seit der *terreur* der Französischen Revolution und erst
recht seit dem Debakel der kommunistischen System-

---

1 Zum Auftauchen von hypnotischen, magnetopathischen und fluidistischen
  Frühformen neuzeitlicher Tiefenpsychologie vgl. vom Verfasser: *Der Zauber-*
  baum. Die Entstehung der Psychoanalyse im Jahr 1785. Frankfurt a. M.
  1985.

kuren eine weltweite Zurückhaltung, die der Resignation zum Verwechseln ähnelt. Bei traumatisch geschädigten und verbildeten einzelnen darf sich die zeitgenössische Psychotherapeutik mit gutem Recht inzwischen einiges zutrauen. Für die Heilung traumatisierter Völker und für die zivilisierende Wiederholung von mißratenen Gesellschaftsbildungen hält sich zur Zeit allerdings kaum jemand ernsthaft für zuständig. Ich sage dies in der Annahme, daß Gandhis generöser völkertherapeutischer Versuch gescheitert ist und daß die Voraussetzungen für die erfolgreiche Wiederholung verfassunggebender Akte im Großen bis auf weiteres im unklaren liegen.

Für Kant, wie für die aufklärerische Tradition im ganzen, sind Bildungsprozesse dann erfolgreich, wenn sie als Wege zur Mündigkeit begangen werden. Unter dieser ist mehr zu verstehen als Volljährigkeit, Geschäftsfähigkeit und Wahlberechtigung. Im kantischen Sinn ist mündig derjenige Mensch, der seinen Verstand, vor allem in Religionssachen, »ohne die Leitung eines anderen« zu gebrauchen versteht. Aus der Formel spricht ein Selbständigkeitspathos besonderer Art. Dem mündigen Geist wird zugemutet, auf originelle Weise zu denselben Schlüssen zu kommen, auf die alle mündigen und vernünftigen Wesen vor ihm gestoßen sind. Es ist die Originalität der Vernunft, daß sie die Originalität der Idioten überwindet. Mündigkeit ist Entidiotisierung. Wer mündig wird, dem kann zugetraut werden, für sich selbst zu sprechen und doch nur allgemein beifallsfähige Dinge vorzubringen. Das vollendete Kennzeichen moralischer Mündigkeit bestünde darin, daß ich unter allen denkbaren Umständen nur will, was ich nach dem bekannten Sittengesetz auch soll. Entspräche mein Wollen immer meinem Sollen, so müßte ich, nach idealistischer Tradition, mich völlig von der inneren Triebnatur emanzipiert haben, sofern diese als Quelle unmündig machender Leidenschaften oder Interessen in mir wirkt. Wie könnte das aber gelingen, ohne daß ich mich nach Art antiker Asketen oder mittelalterlicher Mönche mortifiziere? Wie anders als über meine empirische Leiche soll ich den moralischen Forderungen der »reinen« Vernunft in mir zum Sieg verhelfen? Ist die durch die Reformation erkämpfte Differenz zwischen Bürgern und Anachoreten[1] nur eine scheinbare? Wenn man die Forderungen des moralischen Idealismus beim Wort nimmt, so geriete die Geschichte der nachkantischen Vernünftigen zu einem bürgerlichen Anhang der Geschichte der Heiligen. Niemand, der das Terrain erforscht hat, wird abstreiten, daß die Phänomenologie resoluter moralischer und logischer Idealismen einen Musterkatalog hochgesinnter Selbstquälereien bietet. Sollte die aufklärerische Theorie der Mündigkeit sich heimlich in diesen einreihen? Hier aber – wo die Vernunft neuzeitlicher Menschen ihrer Nichteignung zur Heiligkeit inne wird – gerät der Welt- und Menschenkenner Kant mit dem Formulierer des kategorischen Imperativs in einen schöpferischen Konflikt. Er weiß zu gut, daß man den Bogen überspannte, wollte man dem endlichen Subjekt unmittelbar ein unendliches Sollen zumuten. Das mag im Mittelalter – dem goldenen Zeitalter des unglücklichen Bewußtseins – angegangen sein, im Jahrhundert des bürgerlichen Menschen geht es nicht mehr. Anthropologie hat es nicht mit einem Geschlecht von Helden und Heiligen zu tun, sondern mit

---

1 Über die anachoretische Sezession und das frühe Mönchtum als Stadtkritik und Verneinung von *civitas* spätantiken Typs vgl. in diesem Band das Kapitel »Wohin gehen die Mönche?«, besonders S. 86 ff.

einem Publikum aus bürgerlichen Individuen von mittlerer Moralität.[1] Eben weil für Kant der Inhalt der moralischen Forderungen über alles andere wichtig ist, hält er sich an die Einsicht, daß diese nicht mit Überich-Terror, geschweige denn mit mönchischen Drohungen durchgesetzt werden dürfen. Wie aber dem armen sinnlichen Ich seine überichhaften Berufungen näherbringen? Angesichts dieser Frage wird Kant zum Anthropologen der ersten Stunde. Der Anthropologe ist der Verwalter der Aufgabe, zwischen der realistischen und der idealistischen Fraktion im inneren Forum moderner Subjekte zu vermitteln. So geht der philosophische Anthropologe als ehrlicher Makler zwischen dem empirischen Menschen und dem Bürger der intelligiblen Welt ans Werk – man könnte auch sagen als Verbindungsmann zwischen dem sinnlichen Interessentier und dem Subjekt des kategorischen Imperativs. Zum letzten Mal wird die Philosophie psychologisch faszinierend – denn Kant, der Anthropologe, bedient sich bei seinem empirisch-transzendentalen Hin und Her einer List, deren Tiefsinn auch den Tiefenpsychologen unseres Jahrhunderts Bewunderung abnötigt. Wenn nämlich Menschen schon nicht von klein auf wollen können, was sie sollen, so muß man sie doch, nach Kant, von Anfang an so behandeln, als könnten sie schon, was sie wollen sollen. Kant hat nicht darauf warten müssen, daß einer seiner Epigonen die Philosophie des Als-Ob erfindet. Er wußte selbst, daß die Fiktion der Freiheit imstande ist, uns wirklicher Freiheit näherzubringen, ebenso wie die Fiktion der Mündigkeit uns zur eigentlichen Mündigkeit vorbereitet. Wäre es anders, so

---

1 Zu der Frage, wie und wozu die unheroische von einer noblen Anthropologie korrigiert werden könnte, vgl. in diesem Band die Bemerkungen zur Linguistik des Enthusiasmus S. 27 ff.

wäre keine bürgerliche Erziehung möglich.[1] Noch wohnen Rigorismus und Fiktionalismus unter demselben
Dach. Dem Denker ist bewußt, daß man Menschen nur
dadurch dazu verführen kann, Menschen zu werden,
daß man sie vom ersten Augenblick ihres Daseins an wie
Menschen im noblen Sinn des Gattungstitels behandelt.
Der Philosoph ist ein preußischer Pygmalion, der die
Menschheit im höflichsten Tone anspricht, als wäre sie
nicht ein verwahrlostes zerkriegtes Agglomerat von bös-
klugen Egoisten, sondern immer schon eine Gesellschaft
mündiger Weltbürger: *My fair Lady*, Königsberger Fassung. Professor Kant und Professor Higgins besitzen
gemeinsam die Ambition, den ungenierten menschlichen Rohstoff gesellschaftsfähig zu machen. Damit ist
die Szene für die Komödie der Humanität aufgebaut –
die Erziehung zur Mündigkeit mag beginnen. Die einzige Möglichkeit, eine Dame der Gesellschaft glauben zu
machen, man sei selber eine, besteht darin, sich perfekt
wie eine solche zu benehmen. Hochstapelei verpflichtet.
Das ist bei den Herren nicht anders – es gilt für gute
Menschen, mündige Philosophen, empathische Therapeuten und gottvolle Seelsorger ohne Ausnahme, für alle
mithin, die nie ganz auf die Höhe ihrer Rollen kommen,
wenn sie nicht ein wenig mehr aus sich machen, als an
ihnen ist.

Mündig, sagten wir, ist, wer für sich selber sprechen
kann. Weil aber Menschen infantil, das heißt nichtspre-
chend anfangen, kann ihnen über lange Zeit Mündigkeit

---

1 Daß es nicht mehr um eine heroische oder heilig-asketische, sondern nur um
   eine ästhetische und zivile Erziehung gehen kann, zeigt sich in dem bedeutendsten anthropologischen Text, der unter dem Eindruck der kantischen Problem-
   exposition entstand: Schillers Briefen über die ästhetische Erziehung des
   Menschen. Eine gute Charakterisierung von Kants Übergangs-Anthropologie
   gibt Manfred Sommer, *Identität im Übergang: Kant*, Frankfurt a. M. 1988.

nur als eine künftige Chance unterstellt werden. Ein Datum der Mündigwerdung ist aus psychologischer Sicht nicht von vornherein festlegbar, und es ist nicht ausgemacht, daß es ein solches im Leben jedes Individuums geben wird. Die Volljährigkeitsregeln der zivilen Gesellschaft liefern in dieser Anlegenheit lediglich eine Form, deren Inhalt offenbleibt. Wollen Individuen vom bloßen Da- oder Vorhandensein zur mündigen Existenz übergehen, so müssen sie, im Sinne Kants, ihr Leben in eigene Regie nehmen und ihrer Existenz eine Art Verfassung geben. In einem Akt nachträglicher Zustimmung hätten sie folglich die Willkür ihrer Eltern gutzuheißen, es bei ihrem Verkehr auf eine Zeugung ankommen zu lassen. Luzide und taktvoll deutet Kant den Grundwiderspruch der menschlichen Kondition an: daß Menschen Mündigkeit und Freiheit zugemutet werden muß, obwohl sie in der wichtigsten Frage ihres Lebens: ob sie überhaupt ins Dasein eintreten wollten, kein eigenes Stimmrecht besaßen.

Nun kann ich die Behauptung verdeutlichen, bei Kant seien die Sorgen der Philosophie und der Psychologie ein letztes Mal mit strenger Konsequenz ineinander übergegangen. Wenn zutrifft, daß Menschen »ungefragt« ins Leben gesetzt werden, so können sie entweder überhaupt nie mündig werden – weil eine nachträgliche Anhörung in der Zeugungsfrage ein Ding der Unmöglichkeit ist – oder in dem Augenblick, in dem das Individuum die bevormundende Bestimmung zum Leben durch seine Erzeuger nachträglich gutgeheißen und sich mit allen Folgen der sexuellen Selbstherrlichkeit seiner Eltern einverstanden erklärt hat.[1] Das Datum der Mündigwerdung

---

1 Die Verrechtlichung von Existenzgütern eröffnet Aussichten auf juristische Paradoxien. Der Bundesgerichtshof befaßt sich z. Zt. mit der Klage einer jun-

wäre folglich der Tag, an dem sich das Subjekt in voller
Einsicht in Lebenskosten und -risiken, die Todesgewiß-
heit inbegriffen, dazu entschließt, seinen Eltern rückwirkend Prokura zu erteilen für den Koitus, der zu diesem
Leben führte.[1] Das mag bizarr klingen, ist aber nur eine
Zuspitzung der gut akzeptierten Vorstellung, daß Menschen mündig werden und die Verantwortung für ihr
eigenes Leben übernehmen können. Daher gibt es Mündigkeit nur zusammen mit einer positiven Theorie der
Endlichkeit: wir werden sterben; wollen wir deshalb das
Leben nicht? Die Idee einer rückwirkenden Vollmacht
zugunsten der Erzeuger, so überspannt sie erscheint,
zieht Konsequenzen aus dem Grundsatz, daß mündiges
Leben die Zuständigkeit für sich selbst in allen Belangen
zu übernehmen habe. In der aufklärerischen Idee des
mündigen Lebens verbirgt sich die metaphysische Frage,
ob Menschen je imstande sein werden, sich ihre Überwältigung durch Erzeugung oder »Schöpfung« rückwirkend
völlig anzueignen. Ist Aneignung möglich, so müßte es im
Leben des Individuums einen Augenblick der vollendeten
Balance zwischen Selbstbehauptung und Dankbarkeit
geben.[2] Ist sie unmöglich, so behält Dostojewskis Mann
im Kellerloch das letzte Wort, wenn er den Menschen als
ein »zweibeiniges undankbares Tier« definiert.

---

gen Frau, die Fotomodell werden wollte, gegen ihre Mutter unter dem Vor-
wurf, diese habe im Hinblick auf das Risiko, daß ihr Kind die Form der Nase
des Vaters erben könnte, ihre Sorgfaltspflicht gegenüber dem Kinde durch eine
suboptimale Partnerwahl vernachlässigt.

1 Wo diese Zustimmung explizit verweigert wird, sind harte Äußerungen möglich wie die von Oswald Spengler: »Ein Mensch, so unfähig zur Liebe wie
unsere Mutter, hätte eben nicht heiraten dürfen. Darin trifft sie eine große
Schuld.« Zitiert nach: A. M. Koktanek, *Oswald Spengler in seiner Zeit*, München 1968, S. 11.

2 Etwas von dieser Art deutet Nietzsches Deduktion der ältesten Religiosität an,
allerdings nicht für Individuen, sondern für Völker: »Man ist für sich selber
dankbar: dazu braucht man einen Gott.« *Der Antichrist*, N°. 14.

2. Dasein und Fortsein in Urszenen

Es steht mit absoluter Gewißheit fest, daß ich bin, daß ich
das weiß und daß ich es liebe.
Aurelius Augustinus, *Der Gottesstaat*, XI, 26

Man erkennt, Indiskretion ist kein Exklusivrecht von
Es-Psychologen. Eine konsequente Ich-Philosophie
bringt es hierin ebensoweit. Auch auf der Linie philosophischer Fragen kommt man an die Schwelle des Eltern-
schlafzimmers – nur daß jetzt ein ontologisches Herz-
klopfen das psychosexuelle überlagert. Denn für das
kantische Kind geht es an dieser Schwelle um Sein oder
Nichtsein, für das Freudsche hingegen nur um Dabeisein
oder Nicht-Dabeisein. Ich denke, daß ein Austausch von
Indiskretionen die voneinander entfremdeten Disziplinen Philosophie und Psychologie in eine neuartige Kooperation verwickeln wird.

Welches die Szene, in der das Subjekt sich selbst erfaßt, auch sein mag: es könnte seine Selbsterfassung in
jedem Fall mit dem Satz: »Ich bin da« beginnen. Diese
drei Wörter sind an Trivialität nicht zu übertreffen, doch
tragen sie in philosophischer wie psychologischer Sicht
eine Anzahl von nicht-trivialen urszenischen Ladungen.
In einem Freudschen Sinn bedeutet das kindliche »Ich
bin da« angesichts des elterlichen Koitus, daß das Subjekt dabei ist, in die ichbildende Position des ausge-
schlossenen Dritten zu geraten – woraus sich, im »Nor-
malfall«, das psychosexuelle Lebensprogramm bildet,
um jeden Preis eine der beiden Primärpositionen zu erobern. Dasein auf der Bühne der triadischen Eifersucht –

zu Unrecht »die Urszene« genannt[1] – impliziert das Verlangen, die Barriere aufzuheben, die den Zugang zum
begehrten Objekt versperrt. Das psychosexuelle Subjekt
wäre demnach in dem Maß »da«, wie es Nachfolger des
Vaters oder der Mutter in der »erfüllenden« Rolle werden
kann. Bei dem Versuch, in die Rolle zu fallen[2], treten freilich oft so schwere Komplikationen auf, daß viele Individuen Zuflucht nehmen zu einem entsexualisierten Le-
bensstil oder einem entgenitalisierten Sexualstil, das
heißt zum Fortsein von der Bühne der »vollen« erotischen Spannung.[3]

In der Perspektive Melanie Kleins bedeutet das frühin-
fantile »Ich bin da«: sich angesichts der souveränen mütterlichen An- oder Abwesenheit ausgeliefert wissen an
eine Macht, die mich nach Gutdünken zerreißen und
wieder ganzmachen kann. Dasein meint jetzt eine Bühne
betreten, auf der ich im Urkonflikt zwischen Neid und
Dankbarkeit einen *modus vivendi* ausbilde. Auf dieser
Bühne bin ich der, der in Stücke gerissen wird, und der,
der sich wieder zu einem ganzen Bild seiner selbst zu-
sammennimmt. »Da« sein heißt hier, sich den Dramen
der Abhängigkeit vom Anderen ausliefern. Ein Schwanken zwischen Hingabe und Verselbständigungswut bezeichnet die Höhe des Einsatzes. Das Subjekt findet sich
an der Stelle, wo für die Leidenschaft des Zusammen-
seins ebenso wie für die Passion der Trennung der Ernstfall eintritt: wenn das Dasein seine Besessenheit durch

1 Zu Unrecht: Erstens weil es nicht eine einzige, sondern Sequenzen von Urszе-
   nen gibt; zweitens weil die Freudsche Szene in dieser Folge nicht eine frühe,
   geschweige denn die erste ist, sondern an später Stelle steht.
2 Zur Formel In-die-Rolle-Fallen vgl. in diesem Band den Abschnitt »Das bestimmte, das berufene, das begeisterte Selbst«, S. 31 ff.
3 Die Theorie der sexuellen Perversionen handelt von diesem Fort des Subjekts
   und von der Erotisierung anderer Schauplätze und Objekte.

den Zweiten als den großen Anderen bearbeitet, dann fällt die Entscheidung darüber, ob das Subjekt zum dankbaren oder undankbaren Tier wird. Weil das Verurteiltsein zu so großen Antworten von früh auf Tendenzen hervorruft, die Frage als solche zu negieren, ist auch auf dieser Bühne ein heftiger Zug zum Fortsein am Werk. Das Ziel heißt Unbelangbarkeit durch Nähe. Seit über zweitausend Jahren werden in den Hochkulturen des Ostens und Westens Weisheits- und Haltungslehren überliefert, die darauf ausgehen, das Subjekt vom Glück und Elend der dyadischen Leidenschaften unabhängig zu machen. Sie ordnen die Flucht vor der zu großen Nähe in die sogenannte Selbständigkeit. Kein Wunder, daß Individualismus, Autonomismus und Ästhetizismus noch heute aus den antiken Reservoirs schöpfen können. Gut ist hier, was von der »Liebe« wegführt, und weise, was uns entfernt von dem Anderen, ohne den wir nicht leben zu können meinen. Das Fort von der Kleinschen Szene impliziert provisorische Undankbarkeit als Unentschiedenheit gegenüber dem (un)umgänglichen Anderen.

Im Heideggerschen Sinn schließlich spricht der Satz »Ich bin da« die ontologische Urszene des wachen endlichen Lebens aus. Es bezeugt einen Gedanken, der ausdehnungsgleich ist mit einem Ereignis. Es ist der Satz, der ein Geschick eröffnet und bezeugt. »Ich bin da« markiert eine Katastrophenmeldung aus dem Sein, in der die Meldung und die Katastrophe eins sind. In jedem aktuellen Da tickt heimlich und unheimlich zugleich die Zeitbombe der Seinsfrage. Das ohne weitere Zusätze gesprochene Da reißt die Szene auf, in der ich weiß, daß ich schlechthin »herausgesetzt« bin. Durch dieses absolute »Heraus« bin ich in die Welt geworfen, unter die Dinge

geraten und zur Freiheit verurteilt. Auf dieser tiefsten
Stufe urszenischen Bewußtseins falle ich mir selbst als
Spur der Aussetzung in eine »Welt« zu. Dieser Lage entspricht die kontextfrei gestellte Frage: wo bin ich? An ihr
muß sich der alltägliche Verstand mit seiner vulgären
Raumvorstellung den Kopf einrennen – denn er mag auf
alles gefaßt sein, nur nicht auf das Problem der absoluten
Lokalisation. Er will nicht wissen, daß In-der-Welt-Sein
etwas radikal anderes bedeutet als den Aufenthalt in einem großen Behälter.[1] Bin ich in einem Ganzen »da«, so
deswegen, weil ich mir selbst als Folge einer Geburt zu-
gefallen bin. Bin ich aber mein unbedingter Zufall, so ist
der Raum, in dem ich auf mich stoße, ein Außen, ein
Nicht-Behälter, eine Offenheit, eine extrauterine Szene.
Somit heißt in der Welt sein zunächst nur soviel wie:
draußen – bei den Dingen, bei den Leuten – sein und
unter dem Druck des Faktischen stehen. Inmitten der
sachlichen Bestände erfährt sich das menschliche Dasein
als pures Unding. Ihm fällt es zu, ein existierendes Selbst
sein zu müssen, das sich im Spiegel der äußeren Dinge
nicht begreifen kann. Im Dasein »eigentlichen« Typs
würde es ganz zum entschlossenen »Fall« – eine beseelte
Bodenlosigkeit, gewillt zum Aushalten in der unbequemen Ekstase. Gegen diese Zumutung wehrt sich die
primäre Tendenz zum Wegsein oder Fortsein, in der das
Dasein »zunächst und zumeist« verharrt. »Der Mensch
ist das *Weg*« (M. Heidegger) – das Weg! meint, daß die
Subjekte fürs erste nichts anderes sein können als spontane Überläufer in den äußeren Betrieb.

Es kommt nun darauf an, den Abstand zwischen der
einfachen Existenzaussage und dem Kommentar des
Subjekts zu der Aussage zu ermessen. Wenn die erste

---

1 Zum Behälter-Problem vgl. in diesem Band S. 66f. sowie S. 145f.

schlicht »Ich bin da« lautet – allenfalls auch »Ich finde
mich vor« oder »das Dasein ist« –, so müßte der Kommentar des Subjekts im günstigen Fall besagen: »Ich
heiße gut, daß ich da bin«, in einer weniger günstigen,
aber noch gelungenen Version: »Ich übernehme die Verantwortung für alles, was daraus folgt, daß ich da bin« –
in einer lyrischen und religiösen Wendung sogar: »Ich
bin dankbar für mich selbst.« Zweifellos gibt es gewisse
Mentalitäten – man könnte sie umstandslos die weltkindlichen nennen –, für die es nicht in Betracht kommt,
zwischen der Grundaussage und dem Kommentar eine
nennenswerte Differenz entstehen zu lassen. Daseinsbe-
wußtsein und Daseinsbejahung liegen dann so dicht beieinander, daß die im folgenden erörterten Probleme als
unwirkliche erscheinen müssen. Es ist die Bosheit glück-
licher Menschen, nie zu wissen, wovon die weniger
glücklichen reden. Im Idealfall des glücklichen Positivismus erlebt sich das Subjekt als das beste aller möglichen
Iche in der besten aller möglichen Welten. Seine Zufriedenheit scheint die Differenz zwischen Welt und Selbst
wenn schon nicht aufzuheben, so doch am Auffälligwerden zu hindern. Der Mensch ist dann ein gutes Tier
geblieben, oder ein seliger Idiot, an dem die Macht des
Negativen vorbeigegangen ist.

Es bedarf keines Aufwands, um die These zu verteidigen, daß die Mehrzahl der Menschen in historischer Zeit
weniger glücklich empfinden. Die schweigenden Mehrheiten aller Zeiten leben im Konsensus des mittleren Unglücks. Ihre Lebensgefühle und Selbstbewußtseine sind
von dem Wissen gefärbt, daß der Übergang vom »Ich bin
da« zur Gutheißung nicht umsonst zu haben ist. Vielleicht waren die Hochreligionen der letzten Jahrtausende
im Grunde nur kollektive Absicherungen des gefährdeten

Bejahungsvermögens bei den Angehörigen chronisch schwieriger Zeiten. Solche Individuen bilden zweifellos auch die psychosoziale Hauptmasse moderner Gesellschaften, und ich meine nicht zu übertreiben, wenn ich behaupte, daß sich aus ihnen die Klientel der psychologischen und philosophischen Dienstleistungen im gegenwärtigen Therapie- und Beratungsbetrieb rekrutiert. In philosophischer Sicht könnte man diese immerwährende Majorität, Heidegger zu Ehren, die Sorgen-Kinder nennen, in psychologischer, wie gesagt, die Klienten, in soziologischer am ehesten: die angestrengte Klasse.

Am Rand dieses menschheitlichen Hauptfeldes aus Angestrengten und um sich selbst Besorgten steht eine extreme Minorität von rebellischen, verzweifelten und desintegrierten Subjekten, die man als Sorgenkinder zweiten Grades charakterisieren könnte. Es sind dies Individuen, denen der Übergang von dem Daseins-Satz zu einem positiven Kommentar nicht gelingen will, auch nicht mit Anstrengung – vielleicht weil bei ihnen die Fähigkeit, sich anzustrengen, beschädigt ist oder weil eine Dauerüberlastung die Bejahungskräfte korrumpiert und durch die Neigung zum Abschwören ersetzt hat. Für solche Menschen hängen schon über dem Satz »Ich bin da« so dunkle Wolken, daß die Zumutung eines Übergangs zu positiven Zusätzen wie eine Überforderung wirken muß. Unter ihren Bedingungen hieße das Dasein gutheißen soviel wie eine Katastrophe bejahen. Aus einer solchen Daseinsstellung ist ein Übergang ins Affirmative nur zynisch zu vollziehen. Tatsächlich artikuliert sich in der schwarzen Moderne ein Zynismus, der von dem Daseins-Satz übergeht zu der heroischen Pose »Ich übernehme das Verhängnis, ich zu sein« oder zu der hysterischen Eröffnung »Ich zelebriere die Katastrophe, die ich

bin«. Mir scheint, daß es solche Verzweiflungsaffirmationen sind, die den Weg der neuzeitlichen Philosophie
auf ihrem Weg von Kant zu Schopenhauer und zu Nietzsche, Heidegger, Bataille, Foucault begleiten. Im Auftauchen der Fröhlichen Wissenschaft wird ein irres Gelächter frei – das Gelächter von Subjekten, die nicht
anders da sind als Meteore auf exzentrischen Bahnen. Es
wäre nicht schwer zu zeigen, daß Affirmationen der
Heillosigkeit auch auf dem Weg der neuzeitlichen Tiefenpsychologien von Mesmer und Puységur über Charcot
und Freud bis zu Lacan, Deleuze, Guattari und Laing an
Prägnanz gewonnen haben. Das Problem des Übergangs
von der einfachen zur bestätigten Existenzaussage hat
sich in den zweihundert Jahren nach Kant und der Französischen Revolution scharf radikalisiert. Der Satz »Ich
bin da« – er mag explizit oder verdeckt geäußert werden – nimmt einen drohenden Ton an. Immer öfter tritt
er unabhängig von zustimmenden Zusätzen auf. In einer
noch scholastisch kontrollierten Wendung wird Sartre
lehren, die Existenz gehe der Essenz voraus. Wo diese
Auffassung vom gleichsam nackten und leeren, sinnevakuierten Dasein sich zutage arbeitet und expressiv wird,
dort zerfallen die moralischen Kontrollen, die das kantische, das gutbürgerliche Zeitalter zu seiner Zähmung
bereitgestellt hatte. Das vereinzelte In-der-Welt-Sein
wird wild und führt seine Wildheit vor – Existenz und
Moral treten auseinander, der Wille zum Gutsein erscheint dem wilden Selbst wie eine schale Maske, eine
ekelhafte Gemütlichkeit. Durch den Mund zahlloser Individuen verkündet das Dasein: ich bin kein Mensch, ich
bin Dynamit; ich bin kein Staatsbürger, ich bin Müll; ich
bin kein Subjekt, ich bin eine begehrende Maschine; ich
habe keine Mitmenschen, ich bin ein Meteor. Ein neu

heidnischer Verzweiflungsstolz findet zu seiner Sprache
und verspottet die Tröstungen der metaphysischen Traditionen.

Mir scheint es plausibel, in den exzessiven Sprachen
der modernen Ausdruckswelt mehr zu sehen als einen
langfristigen Trend zur Psychotisierung des Zeitgeistes;
sie manifestieren zugleich ein Experiment zur Tieferle-
gung des therapeutischen Ansatzes für zeitgenössische
Menschen. Das schrankenlose Aussprechen setzt historisch unerprobte Möglichkeiten der Erledigung frei. Tatsächlich werden moderne Psychotherapien im Blick auf
die extremen Störungen des Selbstbejahungsvermögens
von der Tendenz erfaßt, den Begriff Heilung unter nicht-
religiösen Bedingungen so tief anzusetzen, wie es sonst
nur einer Erlösungsreligion zukäme. In funktionaler
Sicht repräsentieren solche Religionen nichts anderes als
autoritäre Lösungen des Problems der nachträglichen
Zustimmung zum Dasein. Sie bieten Trostformeln an,
die dem untröstlichen Leben Wege der Selbstannahme
zeigen; Untröstlichkeit meint, daß ein Subjekt unmöglich aus eigener Kraft von der niederdrückenden Einsicht
»Ich bin da« überzugehen vermöchte zu dem Bekenntnis
»Ich heiße mein Dasein gut«. Erlösungsreligionen alten
Typs konnten starke Trost-Formeln ins Feld führen, weil
sie Helfer vom Absoluten her ins Spiel brachten – sei es in
priesterlich-sakramentalen oder in mediumistischen,
prophetischen und angelistischen Formen. Eine moderne Therapeutik müßte, wenn sie im anspruchsvoll-
sten Wortsinn Heilkunst sein will, dieses Kunststück mit
säkularen, nicht-autoritären Mitteln wiederholen. Es
fällt ihr damit eine Aufgabe zu, mit der sie sich, sofern sie
sie annimmt, notwendigerweise übernimmt. Damit liegt
das Dilemma aller säkularen Psychotherapeutik offen:

nimmt sie die Aufgabe umstandslos an, so verspricht sie
mehr, als sie halten kann; verspricht sie aber nicht zuviel,
so übernimmt sie ihre Aufgabe nicht und weicht vor den
Heilsforderungen der ihrer am meisten bedürftigen
Klienten aus.

Der Seitenblick auf Erlösungs- und Mittlerreligionen
enthält also eine für die therapeutische Ethik aufschluß-
reiche Lektion. Solche Religionen geben der Überzeugung Form, daß es für Menschen der heißen Kulturen,
das heißt in der Regel: für realitätswunde, vom Schmerz
der zivilisatorischen Dressuren verbildete Subjekte keinen Weg vom Dasein zur vollen Gutheißung desselben
geben kann, der aus eigener Kraft zu gehen wäre. Wo
Erlösung als hochkulturelles Lebensmotiv mächtig
wird – in hegemonialen Städten und Reichen vor allem,
wo die Verdammten der Erde zahlreich wurden –, dort
leisten Religionen dieses Typs einen Offenbarungseid
auf die metaphysische Schwäche des Menschen. Denn
wie Menschen für ihre Zeugung oder Erschaffung nur als
Empfangende in Frage kommen, so sind sie, diesen Lehren zufolge, auch für ihre Erlösung auf Hilfe von oben
oder drüben angewiesen. Erlösung kommt jener Zweit-
erschaffung gleich, für die in den Mysterientraditionen
der Ausdruck Wiedergeburt steht. Setzt man den Akzent
von Erlösungsreligionen westlichen Typs ganz auf die
Notwendigkeit, sich an fremde Hilfe hinzugeben, um
einen neuen Anfang zu erreichen, dann läßt sich der Begriff Erlösung in einer philosophischen Sprache refor-
mulieren: erlösend zu wirken ist das Eigentümliche von
Interventionen, durch welche ansonsten unaufhebbare
Hindernisse gegen die nachträgliche Zustimmung zum
Dasein ausgeräumt würden. Nach dieser Umformulierung ist nicht einzusehen, warum solche Hilfen nur un-

ter religiösem Vorzeichen gegeben werden sollten. Jede
Hilfe, die sich bei den Empfängern in Selbstbejahung
und Daseinsaufhellung übersetzte, wäre unter dieser
Optik gesehen »erlösend genug«. Darum liegt der Verdacht nahe, daß ein Großteil moderner westlicher Psychotherapeutik eine anonyme soteriologische Praxis ausführt – sprich: die Fortsetzung eines unmöglich gewordenen Christentums mit anderen Mitteln. Die Psychotherapeutik beerbt die Erlösungsreligion unter vielen
Aspekten – vor allem, wenn sie sich nicht mit dem
kleinen Therapieziel begnügt, das Überlebensfähigkeit
heißt, sondern das große im Auge behält, das psychologisch als Selbstintegration und philosophisch als Mündigkeit bestimmt wird. Psychotherapie parodiert aber
auch die Erlösungsreligion, weil sie, wie schon das Ori-
ginal, denen am ehesten entgegenkommt, die sie am
wenigsten nötig haben. Hatten nicht schon im Christentum die günstigste Erlösungsprognose die heiteren Gemüter, die auch ohne Christentum selig geworden wären?

3. Welthaß und Neuanfang

Die publizistischen Erfolge der Psychoanalyse haben in
der öffentlichen Meinung das Trugbild entstehen lassen,
daß psychotherapeutische Formen der Sorge um sich
selbst *eo ipso* eine Reise in die Kindheit implizieren. Gegen diesen allgemeinen Trend ist immer wieder zu erklären, warum solche Ideen einen der schädlichsten Irrtü-
mer der modernen psychologischen Ideologie darstellen.
Der Zeitpfeil der wohlverstandenen psychotherapeuti-
schen Arbeit hat immer strikt nach vorne zu zeigen –
denn Psychotherapie ist keine Reise in die Vergangen-

heit, sondern eine Aufholfahrt des vergangenen Subjekts in seine Gegenwart. Dieses Aufholen läßt sich mit dem Begriff Vergegenwärtigung wiedergeben – ein paradoxes Unterfangen gewiß, denn wie sollen Individuen, die ohnehin nur in der Gegenwart zu existieren vermögen, noch einmal in die Gegenwart kommen? Der Satz »werde, der du bist« ist nicht so sehr tief als komisch. Nicht ohne Grund enden gelungene Therapien damit, daß die Beteiligten über sich lachen. Man meint gelegentlich in den Augen mancher indischer und japanischer Menschenlehrer ein Blinzeln wahrzunehmen, das heißt: wenn du wüßtest, daß du da bist. Nun läßt sich dem Ausdruck »sich übernehmen« eine erweiterte Bedeutung geben: sich übernehmen heißt sich einholen. Sich einholen heißt mit nicht-eingeschränkter Aufmerksamkeit wahrnehmen, wie es um einen steht. Alle Therapie ist demnach Selbsteinholung, und alles, was zur Selbsteinholung führt, wirkt *ipso facto* therapeutisch. Dies mag ein Grund dafür sein, warum Heilungen in der Regel nicht präzise Effekte von expliziten Therapien oder exakten Techniken sind, sondern aus neuen Lebensanläufen unter verbesserten Konstellationen, unter Mithilfe von Psychologenwissen, resultieren – der Rest ist Flickwerk, oder Schlimmeres.

Wer auf dem Weg dieser Überlegungen ans Ende – ein mögliches Ende – gelangen will, kann sich wohl nichts Besseres vornehmen, als den Ansatz des Tiefenpsychologen Gustav Hans Graber noch einmal zu durchdenken. Graber ist als einer der Väter der pränatalen Psychologie bekannt geworden – oder eher unbekannt geblieben. Er war neben Otto Rank der erste Psychologe in der Generation nach Freud, der den genetischen Gedanken der Psychoanalyse ernst genug nahm, um das Leben der In-

dividuen von der intrauterinen Stufe her zu rekonstru-
ieren. Für Graber beginnt menschliches Seelenleben
selbstverständlich in der mediterranen Weite des Mutter-
schoßes – als ein Euphorie-Kontinuum, aus dem die
geborenen Wesen mehr oder weniger jäh herausgeworfen
werden. Zu den Merkmalen der fötalgnostischen Selbst-
Entwicklung gehört – wie man heute zu wissen meint –
ein tiefenmusikologischer Aspekt, der das tonisierte
Stimmungswesen Mensch mitbildet[1], und eine plazento-
logische Dimension, die die ursprüngliche Hinordnung
des Selbst auf eine Hülle, einen Genius, einen Begleiten-
gel oder ein Proto-»Objekt« umfaßt.[2] Die für die Seelen-
kunde maßgebliche älteste Schicht des Psychischen wäre
demnach jene ungegenständliche und doch äußerst wirkliche Schwingung, die vom selbstlosen Selbst des fötalen
Altertums herkommt. Sie kann trotz zunehmender Er-
wachsenheits-Starre und steigender Vergegenständli-
chung der Welt nie völlig ausgelöscht werden. In ihr ruht
der genetische Grund von »Seele« und Sympathie. Von
dieser Schwingung jedoch und der ihr zugeordneten
»löslichen« Seinsweise werden wir, Grabers Einsichten
zufolge, mit der Geburt jäh und folgenreich getrennt.
Alle Not, mit der es Psychotherapeuten in ihren Praxen
zu tun bekommen, sind darum mittelbare oder unmittelbare Folgen unseres frühen Abschieds vom Meer.

---

1 Vgl. in diesem Band den Aufsatz »Wo sind wir, wenn wir Musik hören?«, vor
  allem Abschnitt B »In der Perkussion« S. 308 ff.; zu Fragen der fötalen Psycho-
  akustik vgl. A. Tomatis, *Der Klang des Lebens*, Reinbek 1987; die psychogene-
  tische Dimension intrauteriner akustischer und anderer Stimulation behandelt
  Ludwig Janus, *Wie die Seele entsteht*, Hamburg 1991.
2 Hierzu sind aufschlußreich: Lloyd de Mause, *Grundlagen der Psychohistorie*,
  Frankfurt a. M. 1989, sowie: Thomas H. Macho, *Zeichen aus der Dunkelheit.
  Notizen zu einer Theorie der Psychose*, in: R. Heinz / D. Kamper / U. Sonnemann (Hg.), *Wahnwelten im Zusammenstoß – Die Psychose als Spiegel der
  Zeit*, Berlin 1993.

Die Ambivalenz des Kindes[1] – und des Erwachsenen zugleich – nimmt von dem unwillkommenen Sturz in die allgemeine Nötigung, das heißt in die außenweltlichen Verhältnisse ihren Ausgang. Indem das zur Welt gebrachte Kind früher oder später von dem »Nachteil, geboren zu sein«[2], durchdrungen wird, bildet sich in ihm der Ansatz zu einer archaischen umfassenden Verneinung. Oft ist die Geburt bereits die Urszene des Nein, das sich wie ein Verstärker aus dem Ältesten an spätere aktuelle Unlusterfahrungen anschließen kann. Durch einen mächtigen Anstoß nach der Unlust-Seite hin wird das Pendel des Lust-Unlust-Prinzips in Bewegung gesetzt. Die erste aktive Stellungnahme des Kindes zur Welt wäre somit eine globale Verneinung – ja eine Verneinung vor der Verneinung, eine Verwerfung und Löschung, die ihren Schatten auf alles vorauswirft, was der Fall sein wird. Der Welt kann im Grunde nie verziehen werden, daß ihre objekthafte Präsenz sich an die Stelle der prälibidinösen präobjektiven Gelöstheit gesetzt hat.

»Die Objektwelt wird vom Kinde gleichsam als Träger der Schuld an seinem neuen unvorteilhaften Sein empfunden. Sie wird darum ›in globo‹ abgelehnt; sie (oder das Eingehen in sie) hat ja auch wirklich die Ambivalenz von Lust und Unlust verursacht.«[3]

In allen Unlusterfahrungen des späteren Lebens wird ein »unausgesprochenes Ur-Nein«[4] mobilisiert, ohne dessen dramatisierende Wirkung die Entstehung von Neurosen und anderen schweren seelischen Störungen energetisch

---

1 So der Titel von Grabers frühem Hauptwerk, Wien 1924.
2 Vgl. Emile M. Cioran, *De l'inconvénient d'être né*, Paris 1973.
3 Graber, *Die Ambivalenz des Kindes*, Wien 1924, S. 23.
4 Ibid. S. 27.

unerklärlich bliebe; im Kern psychischer Störungen finden wir stets »Überreaktionen« – das heißt mächtige
Energieverschiebungen und affektive Fehlschlüsse, die
zu Erregungen am falschen Ort führen. Der Haß, in seinen heißen Formen wie in seinen gefrorenen Masken,
speist sich somit stets auch aus nachträglichen Bündelun-
gen in Objekten späterer Erfahrung. Alle Objektbeziehungen, selbst die lustvollen, bleiben dieser Auffassung
zufolge latent urhaßgetönt, weil jedem Objekt als solchem der fatale Weltgeschmack anhaftet. Daher gibt es
kein ambivalenzfreies In-der-Welt-Sein. Auch in den
Phänomenen des positiven erotischen Seelenlebens müssen Psychologen, die vom weltlosen Rand der Welt her
auf das Dasein »blicken«[1], die Spur des Negativen wahrnehmen: was Menschen Liebe nennen, ist der Garant des
kindlichen »Urkompromisses mit der Welt«.[2]

> »Das Kind liebt nur, weil das Objekt einen geringen
> Ersatz für das eigentlich Begehrte bildet, aber der Ur-
> haß bleibt jederzeit bestehen, weil das Objekt, das von
> der kindlichen Seele her gesehen Mitschuld an diesem
> verhaßten Sein trägt, nie die volle Befriedigung schaf-
> fen kann.«[3]

Das Begehren der Seele, unaussprechlich wie es sein
mag, geht unbeirrbar auf den Zustand aus, in dem das
Begehren erloschen wäre. Dem Wünschen wohnt eine
nirvanische Tendenz inne, die sich als Tendenz zum Zustand ohne Tendenz manifestiert.[4] In der Libido selbst

1 Zu der Frage, ob es sich um ein »Blicken« oder nicht eher um ein Hören
  handelt, vgl. in diesem Band die Abhandlung »Wo sind wir, wenn wir Musik
  hören?«, S. 294 ff.
2 Graber, *Die Ambivalenz des Kindes*, S. 27.
3 Ibid., S. 28.
4 Vgl. hierzu in diesem Band »Wie wurde der ›Todestrieb‹ entdeckt?«, bes.
  S. 174 f. und 199 f.

wirkt ein Zug zum Alibidinösen, als wäre selbst die Lust ein Hindernis vor der Erlösung. Somit ist die Libido sekundär im Verhältnis zur Urtendenz, die den »Zustand ohne Einstellung«[1] anstrebt.

Es geht hier nicht darum, Grabers spekulativen Elan einer kritischen Prüfung zu unterziehen. Gewiß erübrigt es sich, nachzuweisen, daß siebzig Jahre nach dem Erscheinen des Buchs viele Thesen des Autors in elaborierteren Sprachen wiederholt und überboten worden sind – die Namen Klein, Fairbairn, Winnicott, Bion, Jacobson, Mahler, Kernberg, Kohut, Grunberger markieren Etappen auf dem Weg zu einer komplexeren Sicht ich- und objektbildender Prozesse. An Grabers frühe Intuitionen ist dennoch zu erinnern, weil sie auf eine bescheidene, fast beiläufige und doch bestimmte Weise die langgesuchte Passage zwischen Therapeutik und philosophischer Psychologie gefunden haben. Auf dieser Durchfahrt kann sich klären, was Individuen bei ihren Anfängen zu suchen haben.

Ein Einwand immerhin gegen den Graberschen Weltbegriff scheint mir unvermeidlich. Was Graber den »Urhaß« gegen die »Welt« überhaupt genannt hat, ist bei ihm fälschlich von vornherein nach dem Muster affekthafter Objektbeziehungen stilisiert, als sei das Neugeborene bereits ein formiertes Subjekt, das sich auf die »Welt« wie auf ein ablehnenswertes globales Objekt zu beziehen vermag. In Wahrheit liegt bei der »Urablehnung« noch keine »Objekt«beziehung vor. Die Kategorie Objekt und mehr noch die Idee Welt als Objekttotalität sind Hilfsvorstellungen, die der Seinsweise des Kindes auf der Schwelle vom fötalen zum extrauterinen Leben nicht entsprechen können – ein Fehler, den jeder begeht. So

---

1 Graber, *Die Ambivalenz des Kindes*, S. 29.

reden Erwachsene über etwas, was sie nicht mehr verstehen. Wer aber hätte eine Sprache für vor-ichhafte Verfassungen? Als Symptom des Nicht-anders-reden-Könnens stellt der Ausdruck »Urhaß« nicht nur eine Fehlbezeichnung dar; in seiner unvermeidlichen Mißlungenheit reflektiert er eines der ausweichendsten Probleme unserer Grammatik, sofern diese uns dazu verurteilt, über *mediale* Phänomene in einer Sprache zu handeln, die für die Artikulation *gegenständlicher* Sachverhalte geschaffen ist. Darum sprechen wir über Dinge, die uns tragen, umgeben, umfließen und durchdringen, nicht anders als über solche, die uns gegenüberliegen, mit denen wir uns konfrontieren und die wir uns vorstellen.[1]

Wie aber hätten wir uns im Gegenzug eine präobjektive Verneinung oder eine Ablehnung ohne Objektbezug zu denken? Was ist Verneinung als Verstimmung? Wie vollzieht sich umgekehrt eine präobjektive Bejahung – und wie stellen wir sie fest? Was bedeutet Bejahung als Einstimmung? In einem solchen präobjektiven Ja läge die Antwort auf die Frage nach der Möglichkeit einer integralen Selbstübernahme als nachträglicher Einwilligung ins Dasein. Was Sich-Übernehmen heißt, würde evident, wenn sich zeigen ließe, wie eine sprachfreie präobjektive und vor-ichhafte Ja-Stimmung übergeht in erwachsene Gesten der Selbstwahl. Psychotherapie ist das Unternehmen, den Zufluß von vorprädikativen »Bejahungen« zur reflektierten Einwilligung ins selbstentwor-

---

1 Die nützliche Absurdität bei der Verwechslung von Dingen und Medien erscheint prototypisch in Freuds Sprachregelung Brust = Objekt. Man darf sich fragen, ob nicht die Heilwirkung der Psychoanalyse mit Notwendigkeit aufhört, wo dieser Katagorienfehler ins Spiel kommt, d. h. bei allen präobjektalen Verstrickungen. Vgl. den seit den Tagen Ferenczis akuten Streit um das richtige Maß an Nähe des Therapeuten zum Klienten bei präödipalen Störungen.

fene Leben freizulegen. Das ist wohl der Grund, warum wirklich durchgreifende Heilungen nur zustande kommen, wenn das Archaische mit dem Aktuellen sich neu verknüpft.

Gelöstheit in einem vorgegenständlichen Sein heißt Gelassenheit: sie meint den Aufenthalt in einer Sphäre, die noch mehr eine seelische Kugel ist als eine Welt auskristallisierter fragmentierbarer Objekte. Sofern diese Seinsweise erwachsenen, im Konflikt gehärteten Subjekten noch möglich sein soll, dann nur, wenn sie sich in die Welt wie in einen Strom voranschreitender Geburt einlassen. Der Strom meines Zur-Welt-Kommens fließt stetig nach »vorn«, so wie der Zeitpfeil gelingender Therapien unbeirrt nach vorne weisen muß. In diesen Fluß steigen die glücklichen Naturen – William James nannte sie einst die *once born* – nur einmal, die problematischen Naturen zweimal und öfter. Je öfter man neu beginnen muß, desto besser weiß man Bescheid über Gründe, am Dasein Anstoß zu nehmen. Je mehr ein neuer Anfang gelingt, desto eher wird ein früheres Scheitern zum Anstoß einer anderen Geschichte.

VII

Wo sind wir, wenn wir Musik hören?

Für Wolfgang Rihm
in herzlicher Verehrung

A. Im Hinweg und im Rückweg

Die Philosophie kennt eine Verrücktheit, von der die Psychiatrie nichts weiß. Denken Sie an die ansonsten für ihre Nüchternheit berühmte Hannah Arendt, die allen Ernstes eine Abhandlung zu der Frage »Wo sind wir, wenn wir denken?« verfaßte, oder an Valentinos und Basilides, die gnostischen Theologen der Spätantike, deren Elan darauf gerichtet war, eine Antwort auf die Frage »Wo sind wir, wenn wir in der Welt sind?« zu finden. Bizarre Gedanken schließen noble Muster sowenig aus wie der Wahnsinn die Methode. Daß es aber auch vernünftige Wahnsinns-Gewinne gibt, die mehr sind als Sprachverkehrungen, dies könnte zu den Lektionen zählen, die sich aus tiefenmusikologischen Überlegungen ziehen lassen.

In den letzten Jahren ist das Ohr philosophisch ins Gespräch gekommen – als hätte dieses Stiefkind der Erkenntnistheorie mit einem Mal eine Fülle von aufmerksamen Adoptiveltern für sich interessieren können. Tatsächlich hatte die abendländische Licht- und Sichtphilosophie in ihren glänzenden Tagen zwischen Plato und Hegel zu den Realitäten des Gehörs ein eher herablassendes Verhältnis. Ihrem Grundzug nach war die westliche Metaphysik eine Augen-Ontologie, die aus der Systematisierung eines äußeren und inneren Sehens hervorging. Das Subjekt des Denkens trat als ein Seher auf, der nicht nur Dinge und Urbilder, sondern zuletzt auch sich selbst als sehende Seele sah – eine lokale Manifestation absoluter Sehkraft. Man könnte die Angehörigen der Zunft als argumentierende Visionäre bezeichnen. Vielleicht ist das seit den Junghegelianern diskutierte »Ende der Metaphysik« auch als ein Symptom dessen zu lesen, daß die mediale Bilderinflation zur Annäherung an ein Maximum führt, jenseits dessen sich die Verabsolutierung des Sehens nicht länger durchhalten läßt.[1] Das abendländische Vorurteil zugunsten des Auges auf Kosten des Gehörs betäubt nicht mehr alle Teilnehmer am Gespräch über das, was die Griechen die großen Dinge nannten. Angesichts dieses Fortschritts läßt es sich leben mit dem Verdacht, der populäre auditive Pietismus sei Teil einer erneuten konservativen Revolution, mit der ein alteuropäischer, auf Reste von Innerlichkeit pochender Menschentypus seinen Untergang in der entinnerten Medienzivilisation um einige Generationen hinauszuzögern versucht.

Die Differenz zwischen einem primär sehenden oder hörenden Weltverhältnis hat in bezug auf die aparte Frage, wo wir sind, wenn wir hören, unmittelbare Bedeutung. Um etwas zu sehen, muß der Sehende dem

---

1 Wie der abendländische Optizismus hinter sich selbst kommt und mit seiner Selbstreflexion auch seine Selbstbegrenzung vorbereitet, deutet sich an in Publikationen wie: Jürgen Manthey, *Wenn Blicke zeugen könnten. Eine psychohistorische Studie über das Sehen in Literatur und Philosophie*, München/Wien 1983; Jonathan Crary, *Techniques of the Observer. On Vision and Modernity in Nineteenth Century*, Cambridge, Mass. 1990; Thomas Kleinspehn, *Der flüchtige Blick. Sehen und Identität in der Kultur der Neuzeit*, Reinbek 1991.

Sichtbaren in einem offenen Abstand gegenüberstehen. Dieses räumliche Auseinander- und Gegenübersein suggeriert die Annahme einer Kluft zwischen Subjekten und Objekten, die zuletzt nicht nur räumlich, sondern auch ontologisch ins Gewicht fällt. In der letzten Konsequenz dessen verstehen sich Subjekte als weltlose Beobachter, die zu einem von ihnen immer schon abgerückten Kosmos ein gleichsam nur äußeres Verhältnis aufnehmen; Subjektivität wäre dann, in Analogie zu einer überwiegend theoretischen Gottheit, primär kontemplativ, sekundär handelnd. Sofern die Augenwelt eine Distanzwelt ist, geht die okulare Subjektivität mit der Neigung einher, sich als eine letztlich nicht-involvierbare Weltzeugenschaft zu interpretieren. Das sehende Subjekt steht »am Rande« der Welt wie ein welt- und körperloses Auge vor einem Panorama – olympische Kontemplation und optische Theologie sind nur zwei Seiten derselben Münze. Denkern hingegen, die das Dasein von den Tatsachen des Hörens her auslegen wollten, hätte die Fernrückung des Beobachter-Subjekts an die imaginäre Außengrenze der Welt nicht einfallen können, weil es zur Natur des Hörens gehört, nie anders zustandezukommen als im Modus des Im-Klang-Seins. Kein Hörer kann glauben, am Rand des Hörbaren zu stehen. Das Ohr kennt kein Gegenüber, es entwickelt keine frontale »Sicht« auf fernstehende Objekte, denn es hat »Welt« oder »Gegenstände« nur in dem Maß, wie es inmitten des akustischen Geschehens ist – man könnte auch sagen: sofern es im auditiven Raum schwebt oder taucht. Eine Philosophie des Hörens wäre daher von Anfang an nur als Theorie des In-Seins möglich – als Auslegung jener »Innigkeit«, die in der menschlichen Wachheit weltempfindlich wird. Daß die Liaison zwischen Ohr und Innigkeit wiederum keine exklusive sein kann, daran erinnert die Tatsache, daß Menschen sich zum Hörbaren zumeist in derselben Einstellung verhalten, wie sie im sehenden Umgang mit entfernten Dingen vorherrscht – nämlich objektivierend und zerstreut, nicht-innig, unberührt, im Modus der Selbstbewahrung und der Distanzierung. Man kann also nicht vom Hören allein schon auf das Eintreten der wachen Innigkeit schließen – sowenig wie man Menschen zu Mystikern macht, indem man ihnen vorsagt, daß sie In-der-Welt-Seiende sind.

Wo sind wir, wenn wir Musik hören? Die Frage ist bizarr genug, um den Übergang vom Vorstellen von Gegenständen zum Einwohnen in Medien zu evozieren. Einwohnendes Verhalten verrät sich aber oft nicht durch Zeichen der Anteilnahme an allem, was das Subjekt umgibt, sondern durch Versunkenheit der Subjekte in sich selbst. Ich erinnere an die sokratischen Absencen, die noch immer wie unmerkliche Fragezeichen den Beginn der europäischen Philosophie markieren. Sowohl Xenophon als auch Plato berichten, daß Sokrates die Gewohnheit hatte, plötzlich »seinen Geist auf sich selbst zu richten« und »taub gegen die nachdrücklichste Ansprache« zu werden; dabei habe er ungerührt mit seiner jeweiligen Beschäftigung fortgefahren. Einmal soll er während eines Militärlagers vierundzwanzig Stunden in völliger Gedankenversunkenheit stehend ausgeharrt haben, für jeden Appell der Außenwelt unerreichbar. Man wird solche Episoden kaum als Beweise von Musikalität gelten lassen – doch kann die Frage, wohin der Denker bei seinen Absencen versunken sei, schwerlich beantwortet werden, ohne daß die Rede wäre von einer Welt innerer Stimmen und Klänge, deren Gegenwart mächtiger sein kann als jedes äußere Geräusch. Wenn der Philosoph in eine Sphäre entrückt ist, die den gewöhnlichen Sterblichen nicht von dieser Welt zu sein scheint, so behält doch seine Versunkenheit in einen Zustand ohne äußeres Gehör einen tiefenakustisch relevanten Sinn. Dieser ist mit dem, was man Beseelung und In-sich-Sein nennt, so wesenhaft verbunden, daß man nicht angeben könnte, was Seele sein soll, wenn nicht immer auch ein selbstbezügliches Hören. Hätte Sokrates über seine Entrückungen Rechenschaft abgelegt, so hätte er über Zustände berichtet, in denen die Welt vorübergehend untergeht, ohne daß das Kontinuum seelenhafter Selbstgegenwart aufhörte. Ich höre Stimmen, also gibt mir der Gott zu denken; es flüstert in mir, folglich sorge ich mich um die großen Dinge. Vielleicht hätte sich Sokrates als einen Experten für diskrete Weltuntergänge beschrieben. Die enstatischen Trancen des europäischen Protophilosophen waren ein Schlaf der Vernunft, der nicht Ungeheuer, sondern innere Stimmen, Ideen und Theoreme gebar. Das Fernsein von allem, was sonst noch der Fall ist, schuf die Voraussetzung für das Erwachen, das staunen macht darüber, daß etwas ist.

Man braucht kein Philosoph zu sein, um die Welt in Abständen untergehen zu lassen. Jeder Sterbliche besitzt ein ausreichendes Maß an Weltuntergangspraxis – und dies nicht nur, weil er gelegentlich von apokalyptischen Launen mitgerissen wird. Menschen sind Wesen, die nicht darauf verzichten können, täglich für eine Anzahl von Stunden den Vorhang vor dem Welttheater fallen zu lassen – auch wenn sie sich bei Tag als Vernunftwesen definieren und Vernunft das Vermögen sein will, sich in einem wachen Dauerbezug zu einer immer gegenwärtigen Welt zu halten. Waren Philosophen nicht *ex officio* die Märtyrer der Illusion, permanent wachen zu können?

Man darf eine Pointe nach-metaphysischen Denkens darin sehen, daß Subjekte heute, nach jahrtausendelangen Experimenten mit Phantasmen der Dauerwachheit, sich in aktiver Resignation zu einer positiven Theorie des Nicht-immer-wach-in-der-Welt-Sein-Könnens bekehren. Eine philosophische Anthropologie neuen Typs geht von dem Satz aus, daß die Menschen die Wesen sind, die in Rhythmen des Weltaufgangs und -untergangs vorkommen – existierend, inexistierend, anwesend, abwesend. Aus der Idee der Anthropologie als Onto-Rhythmik ergibt sich ein doppeltes Programm – auf der positiven Seite eine Metaphysik der Trivialität, auf der negativen eine Ontologie der diskreten oder grauen Nichtse.[1] Unter rhythmologischem Aspekt tritt eine geheime Verwandtschaft zwischen diversen Bereichen menschlichen Lebens ans Licht, die in der Regel nie zusammengedacht werden: der Schlaf und die Dummheit, die ältesten Rückzugsräume des weltfernen Wesens, rühren an die Kulturen der Droge, der Meditation, der Spekulation – und an die Musik, die holde Kunst, die, wie es heißt, uns aus grauen Stunden in eine beßre Welt entrückt. Sie folgen einander wie Glieder eines Immunsystems zur Abwehr von infektiöser, überfordernder Welt.

Eine Passage aus Erhart Kästners Buch *Die Stundentrommel vom heiligen Berg Athos* mag andeuten, wie sich der Akosmismus der Nacht mit der weltentfernenden Kraft der klösterlichen Stille und der Ekstase des Hörens zu einem gemeinsamen Muster vereinigt.

---

1 Teile davon sind in den Arbeiten des Verfassers realisiert; unter dem Titel *Kritik der zynischen Vernunft* liegt eine implizite Metaphysik des Banalen vor; in den Frankfurter Vorlesungen sowie in den Versuchen zur politischen Kinetik und in den vorliegenden Studien zur diskreten Akosmologie erscheinen Umrisse einer Anthropologie der Abwesenheit.

»Die Stundentrommel, das hölzerne Schlagbrett, wird zum Beginn der Horen geschlagen, so zum Mitternachtsdienst, so zum Orthros, der bald danach ist, so zur Proti. Der Hammer macht auf dem Zypressenbalken schnelle hohe und tiefere Töne, je nachdem ob der Schlag in der Mitte oder mehr am Rande auftrifft. Der Mönch trägt den Balken vor sich. Während er trommelt und geht, hallt es von da und dort durch die Nacht, kommt näher, verzieht sich, wird vom dunklen Torweg verschlungen. Das ist der Gebetsruf des Athos: soviel Osten, soviel Wüste. So knöchern, so dürr; aus dem Herbarium von zehntausenden immer und immergleichen Nächten genommen. Und doch welche Fangkraft in solchem Geklöppel... Wie eine Spitze webt sich das Trommeln in den Schlaf und in den Halbschlaf hinein... wie eine elfenbeinerne Spitze heften die hölzernen Strophen sich energisch auf den schwarzen Wollstoff der Nacht...«[1]

Von hier aus ist der Weg nicht weit zu Emile Ciorans merkwürdiger Musiktheorie:

»Wir tragen in uns die ganze Musik: sie ruht in den Tiefenschichten der Erinnerung. All das, was musikalisch ist, gehört zur Reminiszenz. In der Zeit, als wir noch keinen *Namen* besaßen, müssen wir wohl alles vorausgehört haben.«[2]

Gelänge es, diesen gnostischen Aphorismus aufzuhellen, so besäßen wir den Kernsatz einer Tiefenmusikologie, die für die Tonkunst der Vergangenheit ebenso zuständig wäre wie für die zeitgenössische. Ich begnüge

1 E. Kästner, *Die Stundentrommel vom heiligen Berg Athos*, Frankfurt a.M. 1974, S. 83.
2 E. Cioran, *Von Tränen und von Heiligen*, Frankfurt a.M. 1988, S. 23.

mich damit, Ciorans Bemerkung in zwei Teilbehauptungen zu zerlegen, um diese zu amplifizieren. Erstens: vor der Individuation hören wir voraus – das heißt: das fötale Gehör antizipiert die Welt als eine Geräusch- und Klangtotalität, die immer im Kommen ist; es lauscht ekstatisch vom Dunklen der Tonwelt entgegen, meist weltwärts orientiert, in einer unentmutigbaren Vorneigung in die Zukunft. Zweitens, nach der Ichbildung hören wir zurück – das Ohr will die Welt als Lärmtotalität ungeschehen machen, es sehnt sich zurück in die archaische Euphonie des vorweltlichen Innen, es aktiviert die Erinnerung an eine euphorische Enstase, die uns wie ein Nachleuchten vom Paradies her begleitet. Man könnte sagen, das individuierte oder unglückliche Ohr strebt unwiderstehlich fort von der realen Welt hin zu einem Raum inniger akosmischer Reminiszenzen.

Musik wäre demnach immer schon die Verbindung zweier Strebungen, die sich wie dialektisch aufeinander bezogene Gebärden gegenseitig erzeugen. Die eine führt aus einem positiven Nichts, aus dem Weltlosen, Innerlichen, Schoßhaften weltwärts in die Manifestation, die offene Szene, die Weltarena – die andere aus der Fülle, der Dissonanz, der Überlastung zurück ins Weltlose, Befreite, Verinnerlichte. Die Musik des Zur-Welt-Kommens ist ein Wille zur Macht als Klang, der sich auf der Linie eines von innen kommenden Kontinuums hervorbringt und der sich selbst will wie eine nichtunterlaßbare Lebensgebärde; die Musik des Rückzugs hingegen strebt, nach dem Zerbrechen des Kontinuums, in den akosmischen Schwebezustand zurück, in dem sich das verletzte Leben, als Unwille zur Macht, sammelt und heilt. Darum gibt es in der Primärgestik aller Musik einen Dualismus von Ausfahrt und Heimkehr. Dem ersten

Pol entspricht ein adventisches Motiv, das ganz auf Exodus, Ertönenwollen und Vortreten an die Rampe angelegt ist, dem zweiten ist ein nirvanischer Zug eigentümlich, der auf Einkehr und Zuendekommen, auf Erlöschen und Ruhen zielt. Zweifellos gründet die phantastische Entfaltung der neuzeitlichen europäischen Musik in ihrer außergewöhnlichen Verkörperungskraft, die imstande war, den Kompromiß zwischen den Grundstrebungen auf jedem Stadium der kompositorischen Technik von neuem zu schließen. Die große westliche Musik hat das Hervorbrechen der Subjekte in die Welt als Ausfahrt mit großem Orchester instrumentiert; zugleich vollzog sie auf hohen Stufen melodischer Individuation Heimfahrten ins Innerste, Fernste – zurück auf die Inseln der Seligen und in die Gärten der innigen Zwei. Wo die europäische Musik als Kunst der Verkörperung im Körperlosen ihr Bestes gab, hat sie die Auflösungssehnsucht der Subjekte mit der Arbeit der Ichbildung in einem tönenden Körper glücklich ausbalanciert. Wo sie zu laut zu werden drohte, setzte sie gegen Orchester-Positivismus und Komponisten-Machismo Zurücknahme, Schmelzen, Geheimnis.

Die synthetische Energie der europäischen Hochmusik scheint im zeitgenössischen Musikbetrieb verlorengegangen zu sein – aus Gründen, von denen hier nicht zu reden ist. Es wäre sinnlos, von heutigen Zuständen aus die gute alte Zeit einer integralen Musik beschwören zu wollen, in der das jetzt Zerfallene und Ausdifferenzierte noch beieinander war. Man könnte davon sprechen, daß die musikalischen Partialtriebe autonom geworden sind; jede Subkultur hört das ihre. Auch das Ohr hat seine polymorph perverse Natur entdeckt und kommt mit einem einzigen Partner kaum noch auf seine Rechnung.

Ich unterscheide im folgenden vier Typen aktueller Musik, denen je verschiedene auditive Haltungen entsprechen.

1. Die authentische Neue Musik existiert vor allem als eine Expertenpraxis, in der es kaum um ein Singen und Spielen im Sinne der traditionellen naiven Musikalität geht, sondern um die Exploration der Klangproduktionsmittel und der kompositorischen Verfahren. Sie ist diejenige Praxis, die den Ort der Komposition oder der ersten Hervorbringung am stärksten akzentuiert. Die musikalische Libido ist in den Abenteuern der Partitur oder im Reiz der neuen Erzeugungstechniken gebunden – ihre Ausstrahlung an den Ort der Aufführung und des Zuhörens bleibt in der Regel schwach. Dafür spricht auch, daß für die Neue Musik das Kriterium des unmittelbaren Gefallens so gut wie ganz außer Kraft gesetzt ist. An seine Stelle treten technische Anerkennung und Würdigung des Metiers – vage Niveaugefühle und indirekter Applaus. Dadurch hat sich die Neue Musik von öffentlichen Hörerfolgen weitgehend abgekoppelt und sich in einsame Steigerungen zurückgezogen. Während für moderne Maler, Bildhauer und Schriftsteller Kafkas Parabel vom Hungerkünstler seit ein, zwei Generationen nicht mehr zutreffend ist, wird sie für die Komponisten der Moderne ihre Bedeutung bis auf weiteres bewahren.

2. Die *performance*-Musik versucht, sich mit offensiven Mitteln den Weg zum Publikum zu bahnen. Auch sie hält am Primat der Hervorbringung fest, indem sie die Klang- und Bühnenereignisse den Hörerwartungen aggressiv überordnet; jedoch kämpft sie bei der Zuspitzung der Darbietung immer noch um das Mitgehen des Publikums. Als Musik mit Arena-Qualitäten stellt sie

das Herausplatzen der Tongesten und das Nachvornege-
hen der Musiker unter die höchsten Prämien. Als Risiko-
musik in Aktion bietet sie das Beste und das Schlimmste,
was zeitgenössische Ohren zu hören bekommen können, gleich ob es sich um vulgären Pop-Vitalismus à la
Prince oder um aristokratischen *free jazz* handelt. Kein
Wunder, daß Komponisten Neuer Musik, wenn sie einmal aus dem Festivalreservat ausbrechen, am ehesten in
das performative Fach überwechseln.

3. Die sogenannte Unterhaltungsmusik, die eigentlich
Zerstreuungsmusik oder sedative Musik heißen müßte,
kann eines Massenpublikums sicher sein, weil sie die
Aufgabe wahrnimmt, die Hörer vor dem Risiko des Hörens von Neuem zu schützen. Wer Sedativmusik anstellt,
tut dies eben, um sich in überraschungsfreie Tonwelten
einzustimmen, gleich auf welchem Niveau. Durch ihr
Erklingen und Wiedererklingen transportiert die unterhaltende Musik die frohe Botschaft, daß das Bekannte
das Unbekannte eliminiert hat. In dieser Sicht gibt es
zwischen dem Klassik-Konzertbetrieb und der U-Musik
nur beunruhigend geringfügige Unterschiede. Beide inszenieren Musik als Medium des ältesten Konservatismus, der Harmonie und Wiederholung in immer vorher-
sagbaren Synthesen verspricht.

4. Die funktionelle Musik arbeitet Partialwirkungen
musikalischer Strukturen heraus und macht Klänge defi-
nierten Zwecken nutzbar. Traditionelle Stücke zum Mar-
schieren, zum Aufziehen von Ankerwinden oder zum
Einlullen von Kindern haben die funktionelle Tendenz
der Musik antizipiert. Die Moderne unterwirft Wirkungen solcher Art einem expliziten musik-psychotech-
nischen Kalkül. Das wird deutlich beim Einsatz von gewissen Stücken in Kaufhäusern, Operationssälen und

Lobbies sowie bei hypnotischen und meditativen Verfahren, bei Telefondiensten und dergleichen. In jedem Fall werden musikalische Einigungsformeln zwischen hörenden Subjekten und Klangumwelten eingesetzt, um Einverständnisse vorwegzunehmen. In diesen Praktiken der harmonikalen Vereinnahmung liegen die friedlichen Oasen musikgestützter Tiefenentspannung dicht neben den Klangbildern des lächelnden Totalitarismus.

Nun läßt sich ohne Aufwand zeigen, daß die beiden ersten Musiktypen *grosso modo* mit der Tendenz der progressiven Exodusmusik zusammengehen, während die sedative und funktionelle Musik sich dem Pol der Reminiszenz und des zurückstrebenden Hörens zuordnen lassen. Wo die performative Geste und der experimentelle Sinn neuer Musik am Werk sind, bleibt die Tendenz des Zur-Welt-Kommens in Tongesten – progressiv akosmisch – deutlich; solche Musik ist angstlos unterwegs vom Formlosen ins Formhafte, vom Leeren ins Komplexe, vom Stillen ins Manifeste. Sie wirft sich, geburtsmimetisch nach vorn, weltwärts, auf nie schon zugestellte Horizonte zu. Die Wege des Seins sind seltsam, vom Mutterleib nach Donaueschingen, wie ist es möglich? – doch wer sind wir, um uns darüber zu wundern, daß Verwirklichungen sind, wie sie sind? Der progressive Akosmismus als Musik kann die sogenannte Außenwelt in dem Maß tolerieren, wie er imstande bleibt, den aktuellen Weltraum mit eigenen Tönen auszufüllen. Sichhören genügt, der Rest wird sich ergeben. Solche Musik bleibt darum um den Ort der Komposition oder der Hervorbringung zentriert. Viele Komponisten Neuer Musik machen kein Hehl daraus, daß es ihnen gleichgültig ist, ob es für das, was sie herausexperimentieren, noch Hörer geben wird. Bleibt der Ort des Hörens auch leer, so liegt darin kein Grund zur Resignation. Man erzählt von dem Komponisten Edgar Varèse, er habe Sympathien für jugendliche Mopedfahrer gehegt, weil sie zeigen, wie man es machen muß, wenn man mit einem *sound* rücksichtslos herauskommt.

Sedative und funktionelle Musiken sind dagegen von vorneherein nur auf den Ort des Hörens bezogen – sie tun alles für den Hörer, auch wenn dieser nichts tut für die Musik. Stücke dieser Art wissen wenig von der Einsamkeit der Komposition vor dem Publikum. Am Ort des Hörens, auf den die unterhaltende und einstimmende Musik zielt, herrscht immer schon der regressive oder nostalgische Akosmismus vor. Man hört immer nur, was hilft, Welt und Andersheit nicht zu hören. An die Stelle des Voraushörens und des Zugehens auf neue Klangwelten setzt die Musik fürs unglückliche Ohr das große Zurück: sie bedient den Drang zum Weghören, zum Zurechthören, zum Sichheraushören aus der Dissonanz. Insofern ist die Geschichte der Musik immer auch ein Indikator für die Wandlungen des unglücklichen Bewußtseins.[1] Von der antiken Orpheus-Verehrung bis zu Schuberts Lob der holden Kunst ist der Musik die Macht zugeschrieben worden, den Realitätsbann zu lösen und die Hörer in etwas zu versetzen, was sie – voreilig oder nicht – bessere Welt nannten. In einer Zeit hingegen, in der das unglückliche Bewußtsein als Produktivkraft für Weltverbesserungen eingespannt wird, gerät tröstliche und versöhnende Musik unter den Verdacht, Opium fürs

---

1 Die bedeutendste zeitgenössische Theorie des unglücklichen Ohrs, die Musikphilosophie Adornos, beruht durchweg auf einem *double bind*: Regression ist nach ihr ständig zugleich verboten (weil die musikalische Technik sich an den vordersten Linien des historisch Möglichen orientieren muß) und geboten (weil große Musik immer vom Heimweh nach dem weltlich Unmöglichen zeugt).

Volk zu sein. Tatsächlich treten die Hersteller der tonalen Sedativa oft als zynische Fiktionslieferanten auf – wie BILD-Journalisten mit Dreiklängen. Denn was will das Volk? – nichts anderes als musikalische Weltentferner: Süßstoff, Wiederholung, Vereinfachung. Tonaler Populismus als Konsensusmaschine.

Wo also sind wir, wenn wir Musik hören? Die Ortsangabe bleibt vage – sicher ist nur, daß man beim Musikhören nie ganz in der Welt sein kann. Denn Hören in musikalischem Sinn heißt immer schon: entweder auf die Welt zugehen oder sie fliehen. Darum brechen bei der Annäherung an eine Ontologie des Ohrs die Fragen jener alten Gnosis wieder auf, die sich in der Moderne nur unter Anonymen manifestieren kann. Menschliches In-der-Welt-Sein ist nach gnostischer Einsicht als ein Sein im Hinweg oder als Sein im Rückweg vorzustellen[1] – nie als ein Insistieren und Wohnen, auch wenn Heidegger in einer späten kryptokatholischen Wendung den Menschen wieder als unheimliches Wohnwesen anzusprechen versucht hat. Die Engel stellt man zu Recht als Musizierende vor – sie klingen nur, sie hören nichts. Wären sie Hörende, so glichen sie uns. Wir aber sind zur Musik verdammt wie zur Sehnsucht und zur Freiheit. Als Kunst der Verdammten bleibt Musik, nach einem Wort von Thomas Mann, bis auf weiteres dämonisches Gebiet.

---

1 Vgl. vom Verfasser: *Die wahre Irrlehre. Über die Weltreligion der Weltlosigkeit* in: P. Sl. und Thomas H. Macho (Hg.), *Weltrevolution der Seele. Ein Lese- und Arbeitsbuch zur Gnosis von der Spätantike bis zur Gegenwart*, Zürich und München 1991, Band 1, S. 38-46.

B. In der Perkussion

1. Das sonore Cogito und der taube Fleck – oder: Descartes' Versuch, klanglos zu denken

Von einem musikalischen Raum zu sprechen ist nur sinnvoll, wenn es Grenzen des Musikalischen gibt. Ist alles, was hörbar ist, in irgendeinem Sinn als Musik zu bezeichnen, so entfällt die Grenze des Musikalischen gegenüber der Nicht-Musik. Das Reden über Musik – auch das vorliegende – hätte seinen Gegenstand verloren, es wäre selbst Musik, verschoben in die phonologische Partitur der normalen Sprache. Hören Sie? In einem völlig entgrenzten musikalischen Raum müßten Sie sich jetzt damit abfinden, daß hier ein Stück Vokal-Philosophie für Solo-Cogito uraufgeführt wird, ohne Untertitel für Hörgeschädigte.

LimaNeli Haschmu WaNschbok.
Tama Haschmu: Portolabi Paehu
Mui Pianeti
Tamiba Temibo
Temibanu Karuzu
HaifatuNeti
Haifatusolum RofuNo.
Hoi Kirwimme. Katosta Healobe Kepipi
Schamfuso...

Man kann es nicht deutlicher sagen.

Folglich stellten wir zu Recht die Fragen, was der musikalische Raum sei, wie man ihn betritt, wie man seinen Aufenthalt in ihm sichert und wie man ihn beim Austritt ins Nichtmusikalische verläßt. Eine Antwort hierauf

wäre nur möglich, wenn das Musikalische in seinem gesamten Umfang auf eine unmißverständliche Grund-
erfahrung zurückgeführt werden könnte, die, wie ein
Axiom oder ein sonores Cogito, das unerschütterliche
Fundament musikalischer Gewißheit lieferte. Von einer
solchen Grundlage jedoch ist nichts bekannt, sowenig
wie von musikologischen Absichten des Descartes.
Trotzdem scheint es mir nützlich, das cartesische Gedan-
kenexperiment zu wiederholen, um es auf einen psychoakustischen Aspekt hin zu befragen, der bisher unbeach-
tet blieb. Folgen wir dem Autor Descartes in sein
Zweifelsdelirium und beobachten ihn bei dem Versuch,
vorzustoßen in eine Selbstgegenwart, worin ein weltlo-
ses, absolut selbstgewisses Ich ohne Körpergefühl, ohne
Organe, ohne Außenwelt sich als unerschütterliches
Fundament der Wahrheit gewinnen will.

»... ich will glauben, Himmel, Luft, Erde, Farben, Gestalten, Töne und alle Außendinge seien nichts als das
täuschende Spiel von Träumen... mich selbst will ich
so ansehen, als hätte ich keine Hände, keine Augen,
kein Fleisch, kein Blut, überhaupt keine Sinne, sondern glaubte nur fälschlich, dies alles zu besitzen...
    ... ich habe überhaupt keine Sinne; Körper, Ge-
stalt, Größe, Bewegung und Ort sind nichts als Chi-
mären. Was also bleibt als Wahres übrig? Vielleicht nur
dieses Eine, daß es nichts Gewisses gibt...
    ... was soll daraus folgen? Bin ich etwa so an den
Körper und die Sinne gefesselt, daß ich ohne sie nicht
sein kann? Indessen, ich habe mich überredet, daß es
schlechterdings nichts in der Welt gibt: keinen Himmel, keine Erde, keine Geister, keine Körper, also
doch auch wohl mich selbst nicht? Keineswegs; *ich*

war sicherlich, wenn ich mich dazu überredet habe. – Aber es gibt einen, ich weiß nicht welchen, höchst mächtigen und verschlagenen Betrüger, der mich geflissentlich stets täuscht. – Nun, wenn er mich täuscht, so ist es also unzweifelhaft, daß *ich* bin. Er täusche mich, soviel er kann, niemals wird er es doch fertig bringen, daß ich nichts bin, solange ich denke, daß ich etwas sei. Und so komme ich, nachdem ich alles mehr als zur Genüge hin und her erwogen habe, schließlich zu dem Beschluß, daß dieser Satz: »Ich bin, *ich* existiere«, so oft ich ihn ausspreche oder in Gedanken fasse, notwendig wahr ist...

... Wie lange aber bin ich? Nun, solange als ich denke... Ich bin aber ein wahres und wahrhaft existierendes Ding, aber was für ein Ding? Nun – ich sagte es bereits – ein denkendes.«[1]

Der Text ist zu lesen als Muster für die Übung, auf der die idealistische Philosophie – wenn nicht Philosophie überhaupt[2] – beruht: die Übung des Wegdenkens.[3] Was

---

1 René Descartes, *Meditationen über die Grundlagen der Philosophie*, Ed. A. Buchenau, Hamburg 1954, S. 16-20.

2 Es ist nicht ausgemacht, daß die seit dem 19. Jahrhundert auftauchenden »Realphilosophien«, Materialismen oder Heterologien noch in einem traditionell akzeptablen Sinn philosophisch sind. Vielleicht hebt die Wiedereinführung des früher Weggedachten die Philosophie als solche auf. Die nachhegelsche Geste des Auf-die-Wirklichkeit-zu-Denkens, d. h. der Antiplatonismus des harten Tatsachen-, Maschinen-, Code- und Systembewußtseins wirkt *ipso facto* antiphilosophisch. Was bleibt, ist die Frage: wie ist nach-philosophische Weisheit möglich?, wie ein nicht-erlösungsorientierter *bios theoretikos?*, wie ein nicht-fundationalistisches Verhalten in Makroproblematiken?

3 Der Habitus, durch Wegdenken des entbehrlichen Äußeren ein selbstgewisses Inneres zu sichern, reicht bis zu Immanuel Kant, bei dem man in der Metaphysikvorlesung diese Amputationsphantasie findet: »Es kann ein Mensch, dem sein Leib aufgerissen worden ist, seine Eingeweide und alle seine inneren Teile sehen; also ist dieses Innere bloß ein körperliches Wesen, und von dem denkenden Wesen ganz unterschieden. Es kann ein Mensch viele von seinen Gliedern verlieren, deswegen bleibt er doch, und kann sagen: Ich bin. Der Fuß gehört ihm. Ist er aber abgesäget; so sieht er ihn ebenso an, als jede andere Sache, die er

im gegebenen Fall weggedacht werden soll, ist nicht weniger als die Welt im ganzen, sofern sie in räumlichen und sinnlichen Vorstellungen gegenwärtig ist. Das Ich der Übung erfaßt sich als irreduziblen Rest, der übrigbleibt, wenn alles Wegdenkbare weggedacht wurde. Der cartesische Ursatz *Cogito, sum* läßt sich also umformulieren: ich denke die Welt weg und gewinne mich selbst dabei. Oder: ich ziehe von meinen Vorstellungen alle Inhalte ab – was übrig bleibt, bin mit letzter Gewißheit »ich« – das heißt das tätige Prinzip des vorstellenden Lebens.

Man kann leicht zeigen, wie die cartesische Wegdenkübung um einen blinden Fleck – besser: einen tauben Fleck – zentriert ist. Der Denker meint, daß er unzweifelhaft *ist*, sofern und solange er denkt. Er bemerkt aber nicht – oder legt, wenn er's bemerkt, keinen Wert darauf –, daß sein Zusichkommen von seinem Sichhören abhängt. Es ist ihm nicht gegenwärtig, daß er seiner selbst und seines Denkens nur darum gewiß sein kann, weil ein Sichhören seinem »Sichdenken« zuvorkommt. Das cartesische Cogito setzt ein Nicht-Hören voraus, das sich für ein pures Denken hält, man könnte auch sagen: für ein Bei-sich-Sein ohne alle – wer weiß – täuschende sinnliche Vermittlung. Das Nicht-Hören gilt der Gedanken-Stimme, die durch den Denkenden wandert. Es ist, als habe der Philosoph eine Methode gefunden, Hellhörigkeit und Schwerhörigkeit auf einen Nenner zu bringen. Er starrt in den Inhalt des Gedankens, ohne je auf den Klang der Stimme in seinem denkenden

nicht mehr gebrauchen kann, wie einen alten Stiefel, den er wegwerfen muß. Er selbst aber bleibt immer unverändert, und sein denkendes Ich verliert nichts. Es sieht also jeder leicht ein, auch durch den gemeinsten Verstand, daß er eine Seele habe, die vom Körper verschieden ist.« I. Kant, *Vorlesung über Metaphysik*, Darmstadt 1964, S. 132f. Daß das Ich-denke umstandslos für Seele stehen kann: diese Naivität hat Kant in seinem kritischen Werk revidiert.

Gehirn zu achten. Nur so kann es ihm gelingen, nicht wahrzunehmen, daß sein Ich-denke-ich-Bin in Wahrheit ein Ich-höre-etwas-in-mir-von-mir-und-anderen-Reden bedeutet. Ist dies bemerkt, so verändert sich der Sinn des Cogito von Grund auf. Das minimale innere Klingen der Denkstimme ist, wenn es gehört und dadurch innig wird, die erste und einzige Gewißheit, die ich bei meinem Selbstexperiment gewinnen kann. Man könnte es ein sonores Cogito nennen. Ich höre etwas in mir, also bin ich – zumindest habe ich genug Grund zu der Behauptung, daß ich sicher bin, vom Hören in mir auf meine Existenz »schließen« zu können. Dieses Ich-höre-es-in-mir-Reden kommt nur zutage, wenn ich nichts mit mir oder meinen Gedanken vorhabe. Will ich etwas begründen, beweisen, erreichen, so verzerrt dieser Vorsatz das hörende Verhältnis zu den aktuell mich durchziehenden Gedanken. »Ich denke« dann bereits an etwas anderes als an den flüsternden Ton des gegenwärtigen Denkens. Ich wäre – wie Descartes – meiner Suche nach Gründen in solchem Grade hörig, daß ich nicht bemerke, wie innere Stimmen, gegenwärtig gewiß, in mir arbeiten. Ehrgeiz macht taub – auch in der Erkenntnistheorie. Es scheint, als gäbe es zwischen konstruktiver Ambition und meditativer Aufmerksamkeit ein radikales Ausschließungsverhältnis. Wer konstruiert, hört sich nicht; wer es in sich klingen oder reden hört, kann nicht gleichzeitig konstruieren.

Wir überzeugen uns also davon, daß die »Gewißheit« des Descartes in der Überzeugung gründet, sich konstruieren zu können. Konstruieren ist gehörloses Handeln – Selbstaufbau und Selbstgrundlegung in einem. Das Cogito ist Sichfinden im Sicherzeugen und Sicherzeugen im Sichfinden. Das ist es, was das *fundamentum inconcussum veritatis* genannt wird. In dem Augenblick, in dem sich das Konstruieren vom Hören trennt, beginnt die spezifisch neuzeitliche Wissenschaft als Aktionsprogramm einer gehörlosen Vernunft. Um Sicherheit im Absoluten zu gewinnen, opfert dieses Denken das einzige wirklich Sichere, unmittelbar Gegebene auf – das sonore Cogito als inneres Hören – das freilich eine Art von Gewißheit bietet, mit der sich schlechthin nichts anfangen läßt und mit der auch nichts angefangen werden darf, solange die musikalische Innigkeit des Sichhörens besteht. Das sonore Cogito ist das genaue Gegenteil dessen, was Descartes von dem logischen Cogito verlangt; es ist weder ein Fundament – weil es nichts trägt – noch etwas Unerschütterliches, weil es nicht fixiert werden kann. Das Gewisseste ist in Wahrheit das Unbrauchbarste. Aufmerksamkeit auf innere Stimmen und Klänge bedeutet pure Erschütterbarkeit – Verfügbarkeit für ankommende akustische Präsenzen; nicht ich gewinne durch sie ein Fundament, sondern sie unterwerfen mich ihrem Erklingen. Wer auf die Stimmen des Denkens horcht, ist in eine immer schon von Anderem zum Beben gebrachte Sphäre eingetaucht. Das Denken ist *im* Subjekt wie der Ton in der Violine – kraft eines Schwingungsverhältnisses. Menschen sind, sofern sie denken, gleichsam Musikinstrumente für Vorstellungen, die die Welt bedeuten. Wenn das »Instrument« auf sich selber acht gibt, so ist ihm klar: ich bin kein *fundamentum inconcussum*, sondern ein *medium percussum*.

Weil diese tiefenakustischen Überlegungen eine innere Aufmerksamkeit betreffen, die vor der Unterscheidung von Musikhören und Stimmenhören da ist, können wir die Bemerkungen zum sonoren Cogito auch für musikalische Phänomene fruchtbar machen. Musik ist sie selbst immer nur im Sichhören des »Instruments«, das heißt des Subjekts, sofern man es jetzt als klangempfindliches Medium versteht. Musik ist nur im hörenden Subjekt. Dieser Satz freilich bleibt allein zusammen mit seiner Umkehrung richtig: das hörende Subjekt ist nur in der Musik. Bei sich sein kann das Subjekt mithin nur, wenn ihm etwas gegeben ist, was sich in ihm hören läßt – ohne Klang kein Ohr, ohne Anderes kein Selbst. Es ist seiner selbst als eines denkenden und lebenden Wesens nur bewußt, sofern es ein von Tönen, Stimmen, Gefühlen, Gedanken durchzittertes Medium ist. Das ist natürlich kein neuer Gedanke. Seit über hundert Jahren müht sich die Philosophie auf ihrem Weg in die radikale Modernität damit ab, die idealistischen Trugbilder des Cartesianismus aufzulösen und die Schimären der absoluten Subjektivität zugunsten einer verkörperten Intelligenz zu vertreiben. Existentialität statt Substantialität; Resonanz statt Autonomie; Perkussion statt Grundlegung.

Läßt das hörende Denken sich mittels logischer Maßnahmen herbeiführen? Ist Hören überhaupt etwas, was sich herstellen oder bewirken läßt? Können wir jemals weiter gelangen als bis zu einer Bitte um Gehör? Urteilen Sie selbst.

I éja

Alo

Myu

Ssírio

Ssa

Schuá

Ará

Niíja

Stuáz

Brorr

Schjatt

Ui ai laéla – oía ssísialu
To trésa trésa trésa mischnumi
Ia lon schtazúmato
Ango laína la
Lu liálo lu léiula
Lu léja léja hioleíolu
A túalo mýo
Myo túalo
My ángo ína
Ango gádse la
Schia séngu ína
Séngu ína la
My ángo séngu
Séngu ángola
Mengádse
Séngu
Iná
Leíola
Kbaó
Sagór
Kadó

Kadó? *Cadeau?* Vielleicht kommt es darauf an, die Kunst, Geschenke oder reine Gaben anzunehmen, besser zu lernen. Der vorstehende Text bildet den letzten »Satz« des *Ango laïna*, einer Art phonetischer Kantate für zwei Stimmen aus dem Jahr 1921 von Rudolf Blümner – vom Autor als »absolutes Gedicht« bezeichnet. Das *Ango laïna* führt vor, was Dichtung nach der Emanzipation von Wortschatz, Grammatik, Rhetorik und Phonetik der deutschen Sprache sein kann. Aus den poetologischen Überlegungen des Dichters geht hervor, daß sich seine antisemantische Attacke auf das Vorbild der Neuen Musik beruft. Er möchte die poetische Sprache endlich vom Fluch des Bedeutens befreien. Die spontane Kombination von Vokalen und Konsonanten soll eine ursprüngliche Kraft der Wortbildung wiederherstellen. Entbunden von semantischer Sklaverei, tritt der Klang aus dem Schatten und gibt mit einer unerhörten Frische und Nacktheit sich selbst zu hören. Weil es an nichts Sinnvolles erinnert, kann das Gedicht an ein Gehör appellieren, in das es eindringt wie zum ersten Mal. Aber indem es appelliert, bringt es von neuem eine Bedeutung hervor: von der ersten bis zur letzten Zeile lautet seine Botschaft: ich bin nur zu hören; ich bin ein Text, der die frohe Botschaft vom Nicht-Bedeuten in die Welt setzt. So trägt das Gedicht, kokett, vielleicht auch ein wenig brav, seine Hörbarkeit vor sich her und präsentiert sie dem Publikum wie eine pikante Gabe. Für die meisten möglichen Hörer gerät es aber gerade dadurch außer Hörweite, weil für sie zunächst nur zwei Grundreaktionen offenstehen: entweder sie hören vom Lautgebilde weg, weil sie es nach kurzer Zeit als Nonsense-Text »durchschauen«, oder sie überhören die Präsenz der frischen Silben, weil sie den Text immer schon, amüsiert oder nicht, »verstehen« – was hier soviel heißt wie: sich mit der korrekten Vorstellung abgeben, daß der Text Bedeutungslosigkeit bedeutet. Was folgt daraus? Nichts anderes, als daß auch ein Gedicht wie dieses mit seiner Wette auf die reine Hörbarkeit das Hören selbst unter keinen Umständen erzwingen kann. Das Laut-Sein der Laute muß auf das Gehör-Sein des Gehörs warten – mit dem üblichen Risiko der Vergeblichkeit. Auch der auditive Imperativ der Dichtung – Höre, daß du diesmal nichts tun sollst als zuhören! – muß sich zuletzt zurück-

nehmen zu der Frage: Hörst du? Hast du gehört? Man
kann aus keiner Frage einen Befehl machen, ohne das
Hören zu vernichten. Das Lautangebot bleibt frei. Auch
die moralisierende Forderung nach einem »Neuen Hören« – die die Atmosphäre Neuer Musik lange verpestet
hat – führt nur zu der Erfahrung, daß das Ohr allein im
Modus des Angebots, sich mit dem neuen Klang selbst
zu hören, berührt werden kann.

2. Perkussion, Durchzitterung, Schweben

Die Einsicht, daß Subjektivität nicht von fundamentaler,
sondern von medialer Natur ist, hat sich nicht über
Nacht vollzogen. Ich möchte anhand von zwei eminenten Texten Hegels und Heideggers Spuren der großen
Mediendämmerung vergegenwärtigen, in deren Verlauf
sich ein resonierendes und bebendes Denken vom räson-
nierenden und konstruierenden Verstand abhebt.

Im Anthropologie-Kapitel aus Hegels *Enzyklopädie
der philosophischen Wissenschaften*, 1830, finden sich im
Abschnitt über die »fühlende Seele« einige Formulierungen, die mit den Mitteln philosophischer Psychologie den
Entwicklungen moderner Tiefenpsychologie um mehr als
hundertfünfzig Jahre vorgreifen. Hegel artikuliert zum
ersten Mal die Idee, daß eine noch völlig leere, erfahrungs-
lose, leidlose und daher unbestimmte Seele von den Vibra-
tionen des mütterlichen Mediums bestimmend und prä-
gend durchdrungen wird. In § 403 heißt es:

> »... jedes Individuum ist ein unendlicher Reichtum an
> Empfindungsbestimmungen, Vorstellungen, Kennt-
> nissen, Gedanken usf; *ich* bin darum doch ein ganz
> *Einfaches*, – ein bestimmungsloser Schacht, in dem
> alles dies aufbewahrt ist, ohne zu existieren...

... Die Seele ist *an sich* die Totalität der Natur, als individuelle Seele ist sie Monade...«

Dem schließt sich in § 405 eine logisch erregende Erklärung an:

»Die fühlende Individualität zunächst ist zwar ein monadisches Individuum, aber als *unmittelbar* noch nicht als *es selbst*, nicht in sich reflektiertes Subjekt und darum passiv. Somit ist dessen *selbstische* Individualität ein von ihm verschiedenes Subjekt... von dessen Selbstischkeit es... durchzittert und auf eine durchgängig widerstandslose Weise bestimmt wird; dies Subjekt kann so dessen Genius genannt werden.«

Was hieran dunkel geblieben sein mag, wird durchsichtig aus dem Korrollar zum selben Paragraphen:

»Es ist dies... das Verhältnis des Kindes im Mutterleibe, ein Verhältnis, das weder bloß leiblich noch bloß geistig, sondern *psychisch* ist, – ein Verhältnis der Seele. Es sind zwei Individuen, und doch noch in ungetrennter Seeleneinheit; das eine ist noch kein *Selbst*, noch nicht undurchdringlich, sondern ein Widerstandsloses; das andere ist dessen Subjekt, das *einzelne* Selbst beider. – Die Mutter ist der Genius des Kindes...«[1]

Mit dem Wort »durchzittern« deutet sich inmitten der idealistischen Konstruktion ein existentielles und tiefenpsychologisches Beben an, das sich im Lauf der psychologischen Forschung durchs 19. und 20. Jahrhundert hindurch gegen die heftigsten Widerstände zunehmend verdeutlicht hat. Ohne Teilhabe an solchen Bebungen

---

1 G. W. F. Hegel, *Enzyklopädie der philosophischen Wissenschaften*, Bd. III, Werke Bd. 10, Frankfurt a. M., S. 122–124.

gibt es keine intellektuelle Zeitgenossenschaft mehr. Was Hegel noch verkennt, ist jedoch, daß das Kind im Mutterleib keineswegs nur ein passiv durchzittertes Medium für die Beseelung durch den Muttergeist darstellt, sondern daß es durch eine frühe Entfaltung des Ohrs gleichsam spontan, prä-aktiv von sich her der Klangwelt des kommenden Lebens, als Mutter wie als Nicht-Mutter, entgegenschwebt. Die auditive Geburt des Kindes geht, wie man heute weiß, dem physischen Austritt um einige Monate voraus. In Hegels philosophischer Embryologie kommt es zu einer kühnen Verbindung zwischen dem antiken Genius-Begriff mit dem avanciertesten Stand bürgerlicher Seelenforschung, dem sogenannten animalischen Magnetismus, der auf Mesmer und seine Schule zurückgeht.[1] Hegel hört durch den modernen Genie-Begriff hindurch auf die lateinische Quelle des Ausdrucks und macht dessen psychologische Struktur transparent. Einen Genius haben heißt nach antiker Auffassung, mit dem eigenen Inneren Gefäß oder Sprachrohr eines anderen Geistes zu sein. Der Geniale ist Gastgeber einer durchtönenden Kraft und kann Außerordentliches von sich geben, sofern die Einwohnung eines hohen Geistes in einer profanen Individualität Epiphanien ermöglicht. Vor diesem Hintergrund wird die Kühnheit der Hegelschen Übertragung des Genius-Seele-Verhältnisses auf die Mutter-Fötus-Beziehung begreiflich. Mit den Formulierungen der Paragraphen 403-405 deutet Hegel die Möglichkeit eines bürgerlichen Mediumismus an. Dies

---

1 Vgl. hierzu vom Verfasser *Der Zauberbaum, Die Entstehung der Psychoanalyse im Jahr 1785*, Frankfurt a. M. 1985. Mit Mesmer kündigt sich ein mögliches Ende des hochkulturellen monotheistischen (apostolischen) Mediumismus an; tatsächlich liegt seit dem 19. Jahrhundert in der westlichen Zivilisation ein »post-moderner«, nachmonotheistischer Neomediumismus in der Luft. Vgl. auch in diesem Band S. 45 f.

freilich wäre ohne die erschütternden Wirkungen der Mesmerschen Entdeckungen unmöglich geblieben; erst infolge des Mesmerismus kam eine Entzauberung der Schoßverhältnisse überhaupt in den Bereich des Menschenmöglichen; seither liegt eine bis heute immer noch nicht ausformulierte Kritik der religiösen Vernunft in der Luft der bürgerlichen Welt. Eine demokratische Esoterik – als authentische Tiefenpsychologie – ist nach der Entdeckung der magnetischen Trance, des künstlichen Somnambulismus und des hypnotischen Rapports zumindest der Möglichkeit nach in die Welt gesetzt. Nun kann die Seinsweise des Kindes im Mutterleib öffentlich zur Sprache gebracht werden, ohne daß das Besprechen dieser Dinge die Seele aus dem Besprochenen vertreiben muß. Bei Hegel finden sich wohl auch durch Nicole Malebranche angeregte Aussagen über die natürliche Magie rein seelischer Transfusionen, die auf das Modell der fötalen Einwohnung zurückgeführt werden können. Tatsächlich war durch die Entdeckung des Hypnotismus erwiesen worden, daß diese suggestible Seinsweise mit der Geburt und dem Eintritt des Subjekts ins Erwachsenenalter nicht ein für allemal abgetan ist. Deutlich genug stellte die Anwendung des Magnetismus bei Erwachsenen unter Beweis, daß es ein anhaltendes Nachleben der fötalen Durchzitterungsebene geben kann – mag es die Zeitgenossen der ersten Hypnotiseure beim Gedanken an den möglichen Mißbrauch des magnetischen Rapports auch gefröstelt haben.[1] Was die philosophische Pädagogik angeht, so konnte sie damals wie heute an nichts anderes denken als an den notwendigen Unter-

---

1 In Thomas Manns Novelle *Mario und der Zauberer* hat dieser Schauder seinen Höhepunkt erreicht: der Mißbrauch des Rapports erscheint als psychologische Bedingung der Möglichkeit von Faschismus.

gang der magnetischen Suggestibilität; ihr Ziel war die Aufrichtung des autonomen Subjekts, das sich gegen Durchzitterungen abgeschirmt hat. Typisch hierfür ist der Passus, in dem Hegel sagt, die rein passive, das heißt fötale Seele sei »noch nicht undurchdringlich, sondern ein Widerstandsloses«. In dem Wort »undurchdringlich« vernimmt man ein Echo des cartesischen *inconcussum* – während der Ausdruck »noch nicht« den Sinn aller Selbsterziehung, das Erreichen der Unerschütterlichkeit, deutlich macht.

Nach Hegel und Mesmer hat das Klopfen an den Stellungen der undurchdringlichen Subjektivität nicht mehr aufgehört. Ein Zeitalter der Musik und der Psychologie bricht an, das die Glaspaläste der Rationalität auf ein seismisches Unten bezieht. Dem Prinzip Selbsterhaltung beginnt ein Prinzip Erschütterung[1] Konkurrenz zu machen. Junghegelianische Philosophen, Bauer, Kierkegaard, Marx vor allen, setzen den metaphysischen Diskant gewaltsam auf den Baß der Realität. Das Denken sucht mit einem Mal Wege hinaus ins Wirkliche, Lärmende, Empörende – als hätte es von irgendwoher die Kraft gewonnen, mit dem Wegdenken des Unteren Schluß zu machen. Wenn es je ein »Neues Hören« gegeben hat, dann kam es zum Zuge in Engels Berichten über die Lage der arbeitenden Klasse in England. Der nachidealistischen Philosophie wuchsen Ohren für das Himmelschreiende und Sehkräfte für das nicht länger Mitanzusehende. Was früher der Stolz der Metaphysik gewesen war, erscheint mit einem Mal nur noch wie ein eitler Oberton über dem Grundton des wirklichen Men-

---

1 Zum Motiv der Erschütterung und des Bruchs in der expressionistischen Theologie und in den philosophischen Psychosentheorien vgl. in diesem Band S. 109 f.

schenlebens. Bei Schopenhauer vollzieht sich ein Durchbruch, nach dem der Weltgrund selbst, der Wille, als
unmittelbar musikalischer vorgestellt wird. Noch bleibt
Schopenhauer im Bann einer klassischen Ästhetik befangen, sofern er der Musik vor allem die Rolle eines Heil-
mittels zuschreibt; er unterschätzt ihre in der Moderne
durchprobte Fähigkeit, an der Emergenz des Entsetz-
lichen im tönenden Medium selbst teilzunehmen.

Heideggers Neuansatz des Denkens bedeutet zugleich
ein Fortschreiten auf der Linie, auf der sich der epochale
Einbruch von Tönungen und Stimmungen ins nach-idea-
listische Grundverständnis des Daseins vollzieht. Was in
der Meditation des Descartes über das Wegdenken des
Wegdenkbaren noch wie eine methodisch kontrollierte
Leistung des Subjekts aussehen mochte, erweist sich bei
Heidegger als Passion und als Schrecknis: der unfreiwillig erlittene Entzug von Welt. In seiner Analytik der
Daseinsstimmungen wirft Heidegger die Frage auf, ob es
denn unter ihnen eine gebe, in der sich dem »Enthül-
lungssinne nach das Nichts offenbart« – und beantwortet
sie bejahend, indem er darauf hinweist, wie die Gesichts-
züge des Seienden in der »tiefen Langeweile« zu nichts
zerfallen. Entscheidend bleibt, was Heidegger in seiner
Beschreibung der Angst ausführt.

»... Zwar ist die Angst immer Angst vor..., aber
nicht vor diesem und jenem. Die Angst vor... ist immer Angst um..., aber nicht um dieses und jenes...
In der Angst – sagen wir – ›ist es einem unheimlich‹.
Was heißt das ›es‹ und das ›einem‹? Wir können nicht
sagen, wovor es einem unheimlich ist. Im ganzen ist
einem so. Alle Dinge und wir selber versinken in eine
Gleichgültigkeit. Dies jedoch nicht im Sinne eines blo-

ßen Verschwindens, sondern in ihrem Wegrücken als
solchen kehren sie sich uns zu. Dieses Wegrücken des
Seienden im ganzen, das uns in der Angst umdrängt,
bedrängt uns. Es bleibt kein Halt. Es bleibt nur und
kommt nur über uns – im Entgleiten des Seienden –
dieses ›kein‹.

Die Angst offenbart das Nichts.

Wir ›schweben‹ in Angst. Deutlicher: die Angst läßt
uns schweben, weil sie das Seiende im ganzen zum
Entgleiten bringt. Darin liegt, daß wir – diese seienden
Menschen – inmitten des Seienden uns mitentgleiten.
Darum ist im Grunde nicht ›dir‹ und ›mir‹ unheimlich,
sondern ›einem‹ ist es so. Nur das reine Da-sein in der
Durchschütterung dieses Schwebens, darin es sich an
nichts halten kann, ist noch da.«[1]

Gewiß ist auch Heideggers Durchschütterung kein unmittelbar musikalischer Augenblick im Sinne der Musik,
die gemacht wird – so wenig wie Hegels passiv durchzittertes Kindsein einen solchen bedeutet hat. Und doch
handelt diese Theorie der Angst von einer Vor-Stim-
mung des Subjekts als *medium percussum*, durch die das
Selbst seine Klangkörpereigenschaften verrät. Darüber
hinaus hat das Hinausgehaltensein des Daseins ins
»Nichts« eine direkte tiefenmusikologische Konsequenz: Heideggers Angst deutet auf eine Katastrophe
des Hörens, die für die Entstehung von Musik mitver-
antwortlich ist; der ursprüngliche Hörunfall ist die Folie,
auf die alles spätere Wiederhören von Musik gesetzt
wird. Wenn uns nämlich während der »seltenen« Erfahrungen großer Angst die Gegenwärtigkeit des Nichts

1 Martin Heidegger, *Was ist Metaphysik?*, in: *Wegmarken*, 2. Aufl., Pfullingen
1978, S. 110.

aufgeht, so ist mit dem Seienden im ganzen auch sein
Laut verschwunden und entzogen. Das Da-sein in der
Welt bedeutet immer schon ein Ausgesetztsein in eine
Sphäre, wo Nicht-Musik erstmals möglich ist. Wer geboren wurde, ist aus dem tiefenakustischen Kontinuum des
Mutterinstruments herausgefallen. Die scharfe Durchschütterung der Angst entspringt dem Verlust jener Musik, die wir *nicht* mehr hören, wenn wir in der Welt sind.
Eine genaue Lektüre von Heideggers dunkler Rede läßt
erkennen, daß die Angst, von der die Rede ist, keine
andere sein kann als die vor dem Tod der angeborenen
Musik, die Angst vor der furchtbaren Stille der Welt nach
der Trennung vom mütterlichen Medium. Alles, was
später gemachte Musik sein wird, kommt her von einer
auferstandenen und wiedergefundenen Musik, die vom
Kontinuum auch nach seiner Zerstörung zeugt.[1] Wieder-
gefundene Musik ist Anknüpfen an das Kontinuum nach
seiner Katastrophe. Wenn der Herzschlag und das visze-
rale Rauschen des primären Musikinstruments nicht
mehr zu hören sind, tritt der Ernstfall der Daseinspanik
ein. Dort nämlich nur, im leeren Schweben »in der
Welt«, öffnet sich eine unheimliche stille Weite, in der das
akustische Kontinuum der *musique maternelle* aufgehoben ist; nur durch einen gefährdeten akustischen Ariad-
nefaden bleibt das entbundene Einzelwesen noch auf die
mitnehmende Kraft bezogen, die der ersten, der inneren,
der gemeinsamen Klangwelt eigen war. Man versteht,
wieso es Heideggers Überzeugung sein konnte, daß unter der Geräuschkulisse des betriebsamen Dahinlebens
die alte Panik »schläft«: das normalerweise Schlafende

---

1 Ich deute hiermit, analog zu der naturphilosophischen Differenz zwischen
  natura naturans und *natura naturata*, eine tiefenmusikologische Differenz
  zwischen *musica musicans* und *musica musicata* an.

besitzt die Authentizität des Schrecklichen, das, wenn ich standhalte, zu mir als einem »Existierenden« führt. Darum kann Heidegger nicht genug betonen, daß uneigentliches Leben im Lärm und im Gerede dahingeht, während zur Vereigentlichung die Angst vor einer furchtbaren Stille gehört.

> »diese ursprüngliche Angst wird im Dasein zumeist niedergehalten. Die Angst ist da. Sie schläft nur. Ihr Atem zittert ständig durch das Dasein.«[1]

Zu ihrem Wesen rechnen eine »eigentümliche Ruhe«, eine »gebannte Ruhe« und der Drang, die »leere Stille«[2] zu übertäuben. Man könnte das Hören der Stille, weil es ein Sichhören des Daseins in der Innigkeit des Unheimlichen einschließt, ein panisches Cogito nennen. Ich höre nichts mehr, also bin ich da. Das Dasein in der Stille der Welt ist eine Saite, die unter ihrer eigenen Spannung vibriert. Mag sein, daß die Meditierer aller Zeiten Stille und Schweigen gesucht haben, weil das Sichhören des Daseins beim Verstummen des Lärms hilft, die Saite zu spannen. Daher feiert die Musik nicht nur das Wiederanknüpfen am Kontinuum, sondern erinnert, wenn sie mehr ist als Sedativ oder Narkose, auch immer an die kosmische Stille der Existenz.

---

1 Martin Heidegger, *Was ist Metaphysik?*, S. 116.
2 Ibid. S. 111, 113, 112.

VIII

Wie rühren wir an den Schlaf der Welt?
Vermutungen über das Erwachen

> Das gegenwärtige religiöse Erleben ist wieder allgemein (»katholisch«) und abgründig geworden. Es äußert sich in allem Erleben als Fehlen eines Grundes.
>
> Vilém Flusser, *Der Boden unter den Füßen...*

> Der Schlaf ist im Grund nur die beständigste deiner Enttäuschungen.
>
> Henri Michaux, *Eckpfosten*

Wieder sorgt ein Morgen dafür, daß es mich geben wird. Eine helle Brise geht durch das Halbdunkel; im Zimmer erscheinen die Vorzeichen eines Etwas, das sich durch Geräusche von Tätigkeiten melden läßt. Dieses Sein – oder wie immer das, was sich da rührt, sonst heißen könnte – verhält sich kaum anders als Eltern, die sich keine Mühe mehr geben, leise zu sein, wenn für die Kinder die Zeit zum Aufstehen gekommen ist. Die Geräusche werden angreiferisch, um nicht rücksichtslos zu sagen. So mag die Welt im übrigen sein, was sie will, sicher ist nur, daß sie etwas ist, das seinen Betrieb vor mir beginnt. Die Lichtfliegen lassen sich an den Augenlidern nieder, sie werden nicht aufhören, ihr Quälgeisterwerk wahrzunehmen, bis sie die Augen dazu gebracht haben, ihren Widerstand gegen den Tag aufzugeben. Ich bin durchdrungen von der Ahnung, worauf die Szene hinauswill. Zu oft habe ich, was bevorsteht, durchgemacht, als daß ein Mißverständnis über den Ausgang der Sache möglich wäre. Ich weiß, was sie vorhaben – sie wollen mich, daran ist kein Zweifel, wieder zu mir bringen. Längst habe ich verstanden, daß in der Nacht die dunkel gekleideten Bademeister zwischen den Schlafwannen auf und ab gehen und gegen Morgen, oder wenn sie sonst meinen, es sei genug, den Stöpsel herausziehen. Während das Schlafwasser abläuft, kommt langsam der Körper wieder und fühlt sich als eine vage Tendenz, die bald dieses und jenes tun soll – man wird es handeln nennen, wenn man erst wieder auf den Füßen steht. Ich müßte krank sein, wenn ich aus der Wiederkehr des Körpers keine Schlüsse ziehen wollte; man bleibt nicht lange in einer ausgelaufenen Wanne liegen; ist der Körper erst wieder da, als Anhaltspunkt und als Aufgabe, so kann auch ich nicht weit sein; nach meinem Eintreffen lassen der erste Gedanke, die erste Geste nicht lange auf sich warten. Aus dem wannenwarmen Dunkel steigen Vorformen der Persönlichkeit auf. Niemand muß mir sagen, daß das Ziel der Übung in der Senkrechten besteht; auch an diesem Morgen ist etwas in mir bereit, dem Gattungsschicksal zu entsprechen, das uns zu riskanten Wesen machte, auf zwei Beinen und mit freien Händen – den Kopf für kühle Übersichten an der höchsten Stelle günstig placiert. Niemand wird sagen können, ich sei dem Appell zur Menschenwürde heute morgen nicht nachgekommen. Das Unwahrscheinliche – es vollzieht sich jetzt, der aufrechte Gang, nun ist's Ereignis, mein Dastehen auf nicht mehr als zwei Beinen ist vollendete Tatsache, von jetzt an wird es mir ein Leichtes sein, den Weg der Menschheit zur Höhe des Bewußtsein in kurzer Fassung zurückzulegen. Es müßte ein Klingelton zu hören

sein, einmal, zweimal, beim dritten Mal schon würde ich
den Hörer aufnehmen, ein Anrufer dürfte nach einer
Person meines Namens fragen, und ich wäre imstande –
ich versichere es –, zu diesem Zeitpunkt die Worte »das
bin ich« hervorzubringen, ohne jedes Pathos, im Ton
eines sattelfesten Welteinwohners, der keine schwache
Minute kennt. »Sie sprechen mit dem, den Sie suchen,
worum geht es?« könnte ich sagen, als sei jede Vermu-
tung, ich sei auch nur für Momente weltfern gewesen,
abgeschmackt. Ich würde dem frühen Anrufer zu verstehen geben, daß ich diese Planstelle der Schöpfung be-
harrlich innehabe, auch zu einer Stunde, wenn andere,
hohlere, von Abwesenheit angenagte Wesen noch nicht
in der Lage wären, ihre Identität mit sich selbst zu vertreten. Aber auch wenn kein Klingeln mich zu verfrühten
Aufschwüngen der Selbstbehauptung veranlaßt – es wird
kein Zurück mehr geben und ich gehe als ein Zimmer-
durchquerer alter Schule den ersten Verrichtungen entgegen; natürlich braucht das Selbstbewußtsein ohne
Anruf von außen länger, bis es mich findet; das Dasein
bleibt noch eine Weile formlos und familiär. Sollte ich
etwa stolz darauf sein, ein soeben dem Bett Entsprungen-
er zu sein? Ich kann die Nacht hinter mir nicht repräsentieren wie eine bedeutsame Vergangenheit, eher be-
nehme ich mich wie ein Flüchtling, der apathisch aus
dem Boot steigt, allenfalls wie ein routinierter Passagier,
der, ohne den Blick zurückzuwenden, die Fähre verläßt,
um seinen Aufgaben an Land entgegenzueilen. Am Sieg
der Vertikalen ist nicht mehr zu zweifeln.

Jetzt ist es Mittag – zum Tag und zur Tätigkeit gibt es
keine Alternative mehr. Meine Wachheit ist wie eine
Dogge, die locker neben ihrem Besitzer trabt. Ich sitze
am Schreibtisch, als wäre er ein Orchesterpult, zu einem

Aktivwortschatz von fünfzigtausend Zeichen habe ich Zugang, die Urteilskraft sickert bis in die feinsten Ritzen, kein Problem ist vor der Kenntnisnahme durch mich sicher, das Gehirn arbeitet wie die Fernschreiberzentrale der UNO. Umgeben von Monitor, Telefon, Zeitschriften und Bücherwänden genieße ich meine Einkreisung durch eine zu Informationen aufbereitete Wirklichkeit. Der Problemkosmos umlagert meinen Schreibtisch, nicht weit von der Höchstform. Wie ein Bischof amtiere ich in einer Kathedrale aus Schwierigkeiten. Im Lauf von wenigen Stunden rede ich über die Leitungen mit mehr Menschen, als ein Buschmann in seinem Leben zu Gesicht bekommen wird, und doch kommt mit jedem Partner eine Art von Berührung zustande, ein paar Minuten gemeinsamer Wirklichkeit gehen auf – jenseits von Nähe und Fremde. Für unsereinen heißt dasein sich wachhalten lassen von allgemeinen Fragen. Täusche ich mich? Es kommt mir vor, als hätten sämtliche Tatsachen und Wahrheiten es auf diese hellen Momente abgesehen – die Mittagswachheit wirkt magnetisch. Alle Probleme kommen zu ihr und schmeicheln ihr, als wollten sie auf ihrem Rücken reiten.[1] Ist nicht Politik wirklich, wie die Griechen sagten, ein Kind der Aufmerksamkeit und der Sorge? Das heißt es, heute ein Mitglied des Allgemeinen Standes[2] zu sein: wer etwas von der Menschheit weiß, wird, möglicherweise gegen seinen Willen, ihr Agent oder ihr Beamter. Wer hat behauptet, Beamte seien geistesabwesend und dumpf? Und wenn das Gegenteil wahr wäre? Gibt es nicht tatsächlich Ämter, die den Verstand machen? Vor dem Kopf des Weltbeamten stehen die Sorgen der Menschheit an und

---

1 Vgl. F. Nietzsche, *Also sprach Zarathustra*, III, *Die Heimkehr*.
2 Vgl. G. W. F. Hegel, *Grundlinien der Philosophie des Rechts*, § 205.

drängen auf ihre Lösung. Wer könnte es uns verübeln,
wenn irgendwann am Nachmittag die Augen müde werden? Der Blick wandert zum Fenster – nicht als ob dort
etwas Besonderes zu sehen wäre, sondern weil das stän-
dige Sichbereithalten für die großen Themen apathisch
macht; ein Bedürfnis nach Pausen kommt auf, und in den
Pausen der Zweifel. Was ist es, was uns zur Tüchtigkeit
zwingt? Welche Grausamkeit am Grund der Welt macht
soviel Umsicht, soviel Verwaltung nötig? In der Wachheit des Weltbeamten schimmert eine Spur von Resignation; seine Augen starren an den Horizont, als sähen sie
in der Ferne einen Graben, in dem die Verlierer von Jahrtausenden beieinanderliegen.

Gegen Abend stellt sich eine Entfernung ein; es ist, als
hätte man eine lange Bahnfahrt hinter sich und bemerkte
mit einem Mal, daß die Landschaft eine andere geworden
ist. Wie soll ich es beschreiben? Unter Kollegen, wo
Ideen nicht viel wert sind, würde ich vielleicht sagen, es
war ein langer Tag. Einen Freund könnte ich fragen, hast
du nicht das Gefühl, daß die Welt hinter einer Kurve
verschwindet? Ich kenne keine Probleme mehr, ich sehe
nur noch Reize. Wie konnte Schönheit so wichtig werden? Nun gibt es viel mehr waches Leben als ernste
Themen, um es auszufüllen. Ich treibe auf dem Zeitfloß
der Grenze entgegen; die Wolken, die Passanten, die
Leuchtreklamen nehme ich wahr, die Blätter der Pappel
vor dem Fenster zittern, wir sind Gleichzeitige. Ich bin
wach wie während eines Alarms, auch wenn ich erwarte,
daß nichts geschehen wird. Auf eine Weise, die ich kaum
verstehe, schwebe ich in Lebensgefahr. Was mich auf
dem Sprung hält, ist eine Drohung, so undeutlich, daß es
ebensogut ein Glücksversprechen sein könnte. Seit zehn
Minuten sitze ich reglos da wie in der Nähe eines alten

Meisters. Nun begreife ich, daß die Schwärze des Himmels einen Maßstab gibt, um seine Ferne zu ermessen.
Mein Zimmer ist ein Zwischenboden des Alls, die Wände
sollten nicht zu ernst genommen werden. Die Tür verspricht am meisten, weil die Geliebte durch sie kommen
könnte. Ist es eine Folge von Überreizung, wenn mir der
Raum leerer vorkommt als sonst? Vielleicht ist dieses
Wachsein in mir der Rest, der übrigblieb, als ich, vor
langer Zeit, es aufgab, auf die Verlorene zu warten. An
ihrer Stelle kamen die unzähligen Eindrücke. Ach, die
ganze Welt kann bei mir herein, weil sie nicht zurückge-
kommen ist. Seit wir zwei sind, ist bei mir zu viel Platz
für Erfahrungen; zu lange schon geht das so; das Wort
Weltbild gibt nur eine konfuse Vorstellung von dem Aufwand, der nötig ist, um den leeren Raum, den unsere
Trennung hinterließ, notdürftig vollzustellen. Ich wache, weil ich nur ein Rest bin von zweien. Käme sie jetzt
herein, ich bin sicher, die Welt würde in einer Sekunde
untergehen. Irgend etwas sagt mir, daß sie kommt; etwas
anderes in mir weiß doch, sie kommt nicht. Der Versuch,
beides zu glauben, führt in die Erschöpfung. So zer-
schellt zuletzt auch dieser Tag am Block der Unent-
scheidbarkeit. Der Schlaf, ich weiß, löst kein Problem, er
wird den Problematischen entwaffnen. Wo sind die Themen, die auf der Tagesbühne dringend waren? – sie gehen
mich nichts mehr an. Ich kann nicht mit Gewißheit sagen, ob ich je verstanden habe, was ein Problem ist. Die
Welt hält mich nicht länger hier – sie geht aus mir fort, wie
eine Schwester mit Flügelhaube und weiten Gewändern,
die hinter sich das Licht ausmacht. Was kann ich anderes
tun, als gutgläubig sie gehen zu lassen? Daß ich ein Weltkind bin, trotz allem – zeigt es sich nicht daran, daß mein
Vertrauen ausreicht, um den Weltuntergang ohne Panik

hinzunehmen? Bis morgen bin ich unsterblich. Die Welt,
sie wird doch wiederkommen – wie ein alter Stern und
ein neues Versprechen; sie wird kommen als eine junge,
unberührte, nie dagewesene, zusammen mit bekannter
und wiedergefundener, und beide Male wird das erfah-
rene Herz sagen, so ist sie immer, ich kenne sie, sie war
doch die Erste, die mich berührt hat. Wie sollte ich mit
ihr nicht die Affäre meines Lebens haben?

1. Lichtung – Luxus – Alarmbereitschaft

Was wir Welt nennen, gibt es nur für Wesen, die nicht in
jeder Sekunde darauf gefaßt sein müssen zu fliehen.
Wenn ein solches Wesen, das Welt hat, den Kopf hebt, ist
es getragen von der sicheren Erwartung, daß der Horizont nicht plötzlich an einer Stelle zerreißt. Es kommt
kein Feind, es kommt keine Beute. Die Wächter sind auf
ihren Plätzen, kein Alarmzeichen hat Hinweise auf Gefahr gegeben. Es darf mit dem Stillestehen der Welt bis
zum nächsten Ereignis gerechnet werden. Nun schaut
das Weltwesen auf und genießt die früheste Theorie: das
Feld sehen und nicht fliehen müssen. Kein Angreifer ver-
letzt den Sichtkreis des Tieres, das aufgeschaut hat; keine
bewegte Gefahr zwingt zu Handlungen, kein Notruf
zum Eingreifen[1]; bis zum nächsten Hunger wird einige
Zeit vergehen. Im offenen Horizont bietet sich ein Feld
von Sichtbarkeiten dar, die sich durch Zusehen nicht ver-

---

1 Über den Zusammenhang zwischen Aufmerksamkeit auf Bewegungen und der
  Entwicklung von Alarmsprachen vgl. Udo L. Figge, *Bewegung – Entstehung
  und Entwicklung einer Verbklasse*, in: *Entgrenzungen, Studien zur Geschichte
  kultureller Grenzüberschreitungen*, Würzburg 1992, S. 65 ff. Man findet dort
  Sätze wie: »Vorsicht, da kommt ein Auto! ist eine Art menschlichen Leopar-
  denalarms.« (S. 72)

ändern. Was sich verändert, sind die Augen, die angesichts des Ruhighaltens aller Dinge sich weiter öffnen als sonst. Es ist, als hätten sie ein wenig überflüssige Sehkraft übrig, die sie verschwenden wollen. Ein unbekannter Glanz tritt in die Augen, und wenn es auch übertrieben wäre, zu sagen, daß die Blicke feiern, so sind sie doch heller als bei den Tieren. Die leben auf einer Skala zwischen Furcht und Gleichgültigkeit, manchmal sind sie auf blinde Weise lustig. Wir hingegen haben Zugang zur Lichtung. Mit der Heiterkeit, die in die Augen der frühen Weltbetrachter steigt, beginnt die Geschichte des Luxus. Nichts wird je wieder so großzügig sein wie die erste Verschwendung von Aufmerksamkeit an die Dinge, die das geschützte Menschentier umgeben, ohne daß sie Gefahr oder Nutzen darstellen; nun nimmt die Heiterkeit in ihm überhand. Die Lust steigt aus dem Bauch in die Augen und verwandelt sich in Blicke. Das heitere Wachen macht den Menschen zum Mäzen des Universums. Er hat ein aufmerksames Leuchten zu vergeben, von dem alle Anteilnahme an Gelungenem, ja an allem Seiendem überhaupt herkommen wird. Die Welt kann Kosmos, Juwel, schöne Gegenwart werden, weil eine Sehkraft etwas für sie übrig hat. Welt ist nun alles, wovor wir nicht mehr fliehen.[1] Die Steine ruhen, die Pflanzen strahlen Beständigkeit aus, von den Vögeln ist nichts zu fürchten, die Erde wird sich nicht entziehen; nachts machen die Sterne durch Glitzern auf sich aufmerksam, als

---

1 Man darf in diesem Kontext die Geburt menschlicher Hochgefühle aus den Erfolgserfahrungen der frühen Werfer und Jäger nicht übersehen. Rudimente dessen überleben bis heute im Schützenstolz und in den z. T. immer noch spektakulären Torschützenorgasmen. Darin wiederholen sich archaische ichbildende Hochgefühle angesichts des besiegten Objekts. Von den späteren Ableitungen solcher Hocherfahrungen her werden die metakosmischen Metaphysiker des Orients und Griechenlands eines Tages die Besiegbarkeit von Welt, Leben und Tod überhaupt postulieren.

wollten sie die luxurierenden Blicke nachahmen, die zu
ihnen aufschauen, um Figuren zu lesen. Die Tatsache,
daß sie den Blicken von Beobachtern preisgegeben sind,
scheint die Dinge selbst kaum zu bekümmern. Sie bleiben bei ihrer Art zu sein, sie kommen, bleiben und
gehen, wie es ihnen eigentümlich ist. Dinge sind somit
Wesenheiten, die weniger Fluchtneigung an den Tag legen als ihre agilen Betrachter. Ihre Stabilität ist der Stoff,
aus dem unsere Sicherheit, sie zu kennen, gemacht ist.
Ihr gutmütiges Sichsehenlassen schafft einen Boden von
Vertrauen, auf dem sich Wachen in Wissen verwandelt.
Auf ihm geht das alarmbereite luxuriöse Tier hinüber ins
menschliche Feld. Dort wächst die Welt heran als alles,
worin wir uns auskennen. Menschwerdung geschieht
kraft einer Metamorphose der Tierwachheit ins menschliche Mitwissen von den Dingen und ihrem Inbegriff, der
eines Tages Welt heißen wird.

Der Luxus macht Menschen möglich, und in ihnen die
gewußte Welt. Weil Menschen von Anfang an die Tiere
sind, die sich gegenseitig verwöhnen und freistellen; weil
sie seit jeher füreinander wachen und sich mehr Sicherheit geben als je ein Lebewesen genießen konnte, halten
sie sich seit der Zeitendämmerung die äußere Welt vom
Leib. Die Menschheit entsteht durch eine Sezession von
der Alten Natur. Man könnte von einer Geburt des Menschen aus dem Geist der Vigilanz sprechen. Während der
Urhordenzeit wächst die Gattung heran in einem Brut-
kasten von Aufmerksamkeit, Empathie, Mitwissen und
emotionalen Überschüssen. Gegen die Welt als Gesamt-
heit der Gefahren stellen wir am Anfang unsere gemeinsame Intelligenz. Gemeinsam klug sein: der Stoff, aus
dem die Gattung ist. »Gott«, »Liebe«, »Erleuchtung«,
»Weisheit«: spätere Namen für das von Anfang an inten-

sive Wunder, daß waches Leben sich von anderen wachen Leben gesichert und angeregt weiß. Wir tauchen im Mitwissen der Nächsten. Durch das gemeinsame Wachsein der Menschengruppen beginnt das Abenteuer, daß Menschen zu Förderern empfindlicherer, einfallsreicherer, »höherer« Menschen werden konnten. Aller Luxus kommt aus dem Wachen der anderen. Was wir Kultur nennen, ist die späte Folge davon, daß vor Hunderttausenden von Jahren ein Tier – wacher als alle übrigen – mehr Abstand als alle anderen um sich legte. In dem Umweltabstand, den die kollektive Wachheit der alten Horde garantierte, begann das Überflüssige, das Reizvolle, das Riskante zu blühen. Der Mensch wurde zum theoretischen und leichtsinnigen Tier. In der theoretischen Gattung wurden die Häute empfindlicher, als ratsam war, die Frauen schöner als nötig, die Gehirne weltoffener als sicher. Wenn die ersten Menschen das erste Wort für Welt[1] hervorbringen, ziehen sie eine unmerkliche Linie um alles, was es gibt, damit sie etwas haben, was die Augen des Luxustieres als das Ganze – ihr Ganzes – mit ihrer überschießenden freien Sehkraft auffassen können.

Daß es den Weltaufgang beim Menschen gibt, setzt das prekäre Weltoffenwerden voraus, das sich in der Luxusentwicklung des Aufmerksamkeitstieres *homo sapiens* vollzieht. Aus dem Urkommunismus der Aufmerksamkeit[2] konnte sich, dank der riskantesten aller Evolutio-

---

1 Hier sind die Wortwurzeln aufschlußreich: griechisch *kosmos*, »Kleinod«; lateinisch *mundus*, Rundgrube; russisch *mir*, »Dorf«; germanisch *wereld*, »Menschenalter«.

2 Ich möchte nicht verschweigen, daß in der menschlichen Evolution wohl mit mehreren Aufmerksamkeitsquellen zu rechnen ist. Auf eine davon deutet René Girards bedeutende Theorie der mimetischen Rivalität, die für das Phänomen Aufmerksamkeit dreifach erklärungskräftig scheint: sie beschreibt erstens die z. T. morbide Aufmerksamkeit des Rivalen in bezug auf das von einem anderen

nen, der Individualismus des späten Welt- und Selbstbewußtseins herausbilden. Insofern ist Kultur, »höhere«
wie frühe, immer schon ein Abkömmling von Mäzena-
tentum – das heißt ein Effekt der Begünstigung des
Menschen durch den Menschen.[1] Das Urmäzenat besteht in dem gegenseitigen Geschenk an Wachsamkeit,
durch das sich das für unwahrscheinliche Entwicklungen
günstigste Klima stabilisieren konnte. In späteren Zeiten, die wir heute Antike nennen, wird das Urgeschenk
Aufmerksamkeit unter dem Titel Freundschaft zu einem
Menschheitsthema – was auf ein Problematischwerden
von Intimität in den alten großstädtischen und imperialen Verkehrswelten hindeutet. Nicht machtgeschützte
Innerlichkeit nämlich schafft die optimale anfängliche
Hochkulturatmosphäre – wie Walter Benjamin in einer
gefährlichen Bemerkung über spätbürgerliche Kultur
suggerierte[2] –, sondern aufmerksamkeitsgeschützte Intimität. Noch in Platos idealer Polis liegt der Zusammenhang zwischen Hochkultur und Wächteramt vor Augen.

Wenn es plausibel ist, die »Menschheit« insgesamt als
Produkt ihrer revolutionär-luxuriösen Steigerung von
Aufmerksamkeit zu verstehen, so liegt auf der Hand, daß

wie von ihm begehrte Objekt; sie deutet die faszinierte Aufmerksamkeit, die
von den Mitgliedern einer krisengeschüttelten Gruppe dem ermordeten Sün-
denbock, d. h. dem nunmehr numinosen Opfer von Gewalt entgegengebracht
wird – Ursprung des Heiligen; und sie begründet die Aufmerksamkeit, mit der
in vormodernen Gesellschaften die allgemeine Achtung vor den krisenverhü-
tenden Nachahmungs-Verboten sichergestellt werden soll. Vgl. René Girard,
*Des choses chachées depuis la fondation du monde, Recherches avec Jean-
Michel Oughourlian et Guy Lefort*, Paris 1978; außerdem: R. G., *Das Heilige
und die Gewalt*, Frankfurt a. M. 1992.

1 Diesen generalisierten Begriff des Mäzenats als menschheitsbildender Begünstigung des Menschen durch den Menschen hat m. W. Dieter Claessens in
seinem Buch *Das Konkrete und das Abstrakte*, Frankfurt a. M. 1980 eingeführt, dem die vorliegende Skizze viel verdankt.

2 Gefährlich, weil nicht frei von selbstmörderischem Einverständnis mit der
Rache der Barbaren an den Verfeinerten.

menschliche Subjektivität nicht einfach von der Gege-
benheit des ichhaften Selbstbewußtseins her begriffen
werden kann, sondern nur aus der Urkoalition zwischen
der Wachheit des Individuums und der Wachheit seiner
Mitwachenden. Die kleinste Einheit von Selbstbewußtsein ist bereits eine Dyade: das Selbst und sein Wächter,
oder auch: das wachende Individuum und das von ihm
behütete andere Selbst. Daß dies auf alle nicht völlig
mißlungenen Mutter-Kind-Beziehungen vom spezifisch
menschlichen Typus gattungsweit zutrifft, braucht hier
nicht ausführlich erörtert zu werden; auch Väter sind in
kultur-evolutionärer Sicht vor allem als Wächter über die
Lebenschancen ihrer Kinder von Bedeutung; dies
scheint sich ebenfalls fast von selbst zu verstehen. Einigen Kommentar hingegen verdient das unbegriffene Verhältnis von Selbst und Wächter unter psychologischem
Aspekt; es ist nicht zureichend bekannt, daß in ihm die
Schlüssel zur Geschichte von Geist, Subjektivität und
Seele verborgen sind. Die abendländische Selbständig-
keitsideologie, die von den Stoikern bis zu den Liberalen
unserer Tage reicht, hat eine sinnvolle Erörterung der
ursprünglichen Wachheitsteilung in den intimen Dyaden
und Triaden verhindert; zu Unrecht hat sie von vorneherein das Individuum als das auf sich selber achtge-
bende Subjekt auf den Sockel gehoben. Damit deutet sie,
mehr unfreiwillig als bewußt, auf die Tatsache hin, daß
die typischen erwachsenen Städter und Staatsmenschen
seit zwei- oder dreitausend Jahren gezwungen sind, in
einer permanenten Selbsterhaltungssorge zu leben, in
sich gebannt wie in eine Glaskugel – in anhaltender Entfernung von der Lösung in der altmenschlichen Wach-
gruppensolidarität. Noch Michel Foucaults Wiederentdeckung der spätantiken »Techniken« des *souci de soi*

steht im Halbschatten dieser frühindividualistischen Ver-
blendung.

Gleichwohl gehört die antike Tendenz zur Umstellung
der Aufmerksamkeit von der Gruppenwachheit auf
Selbstbeobachtung[1] zu den Bedingungen, unter denen
die erste Entdeckung des Geistes in den Hochkulturen
der Achsenzeit, namentlich im griechischen Philosophieren, möglich wurde. Das Denken kann sich erst
dann zu einer Kultur der Argumente, also zur Philosophie, entfalten, wenn eine neuartig kanalisierte Selbstaufmerksamkeit die Individuen freisetzt für die Sorge
um dichteres oder »logisches« Anschließen von Gedanken an ihre Vorgänger – dann schlägt die Stunde des
»Textes« und der »inneren Konsequenz«. Es kann Philosophie und rationale Weltbilder erst von dem Tag an
geben, an dem im Bewußtsein der Denkenden mehr Aufmerksamkeit darauf verwendet wird, die Sätze unterein-
ander verbunden erscheinen zu lassen, als darauf, sie den
Hörern plausibel zu machen oder den Tatsachen entspre-
chend zu formulieren. Von da an entstehen nicht-narra-
tive große Texte als Hinlenkungen des Bewußtseins auf
die folgerichtig auseinander »hervorgehenden« Sätze bei
gleichzeitiger Ablenkung von den Umständen und den
Bezügen. So beginnt die Geschichte der Metaphysik als
Siegeszug einer geistesabwesenden Konzentriertheit auf
argumentativ zu entwickelnde Wahrheiten. Der Blick
der Philosophen geht auf Strukturen aus, die sich nur
dem linearen, dem »folgerichtigen« Denken zeigen –
nicht den freischwebenden synchronen Wahrnehmun-
gen der Wächter, die auch weiterhin ausharren in der
altmenschlichen Habachtstellung des Bewußtseins ange-

---

1 Vgl. Heraklits »Ich beriet mich bei mir selbst« – bis hin zum Augustinischen
»Noli foras ire, redi in teipsum«.

sichts des ereignisträchtigen Weltfeldes vor der Stadt-
mauer. In der philosophischen Rede verschwindet tendenziell jede Spur von wächterhaftem Lauern auf Beute
und Gefahr; ihr Glück ist das Schmelzen der Seele angesichts des Offenbarwerdens immerwahrer Strukturen
und Wesenszüge. Das Mathesis-Abenteuer nimmt von
hier seinen Ausgang. Es ist der Triumph der Stadt, des
Tempels und des Philosophengartens, daß dort Reden
entstehen konnten, die alle Aufmerksamkeit auf ihren
inneren oder logischen Fortgang zu ziehen vermochten,
ohne daß ein Alarm oder ein Einspruch von außen den
Zusammenhang der Sätze zerreißen durfte. Seit es die
großen Texte gibt, oszilliert die luxurierende Kontem-
plativität des städtischen Wachheitstieres zwischen der
schweigenden synchronen Anschauung des Gesamtum-
stands »Welt« und dem kritisch vernehmenden Nach-
vollzug tiefer Reden über die Struktur des Ganzen. An
diesem Befund hat sich bis in gegenwärtige Zeiten nichts
Wesentliches geändert; auch heute erfahren wir Intelligenz in ihren wachesten Formen als ein Schweben zwischen sprachfreien Hinsichten auf Gesamtlagen, namentlich in der Kunst, und präzisem Mitgehen mit
kohärenten weltdeutenden Texten. Dabei wird Wachsein
von uns schon mit Selbstverständlichkeit als Leistung des
Individuums allein in Anschlag gebracht – als hätte dieses ganz aus seinem Eigenen den Übergang vom Wachen
zum Wissen vollziehen können. Daß aber auch unser
aufmerksames Schweben zwischen Umstandsbewußt-
sein und Textmitvollzügen ein Wachen ist, das den unbemerkten Mäzenaten unsichtbarer Mitwächter unendlich
viel verdankt – dies ist ein Gedanke, der auch dem hell-
sten Bewußtsein entgehen muß, solange es in der individualistischen Benommenheit, die nur für sich selber zu
wachen meint, verbleibt.

Gehen wir vor den individualistischen Schein zurück, so entdecken wir sofort die Spuren einer älteren Wachheitsordnung, in der stets mehrere ungleichartige Intelligenzen kombiniert sein müssen, damit so etwas wie menschliches Leben, und das heißt zunächst und über lange Zeit: Leben in Horden und Völkern, möglich wird. Dies trifft für die maßgeblichen Volksgruppen hochkultureller Zeiten in besonderem Maße zu. Man könnte Hochkultur in psychohistorischer und religionsphilosophischer Sicht charakterisieren als eine Formation der menschlichen Intelligenzgeschichte, die sich auszeichnet durch die Metaphysizierung des alten gemeinsamen Hordenwachens. Ethnische Schutzgeister verwandeln sich nun in weltwissende Hochgötter. »Gott« ist nicht länger nur ein Energiefeld oder ein guter Hirte seiner Menschenherde. Aus dem frühen Götterplasma verdichten sich jetzt durchdringende, verknüpfende, abwägende und ausgleichende Höchstintelligenzen, die sich als immergeöffnete Weltaugen in überlegener Distanz und innerster Intimität dem Seienden im ganzen gegenüber – und seinem lebenden Zentrum zunächst – in Stellung bringen. Man könnte von einer kognitiven Revolution des Göttlichen sprechen, das sich von einer Wirkmacht zur Bewußtseinsmacht wandelt.[1] Wie unter einem evolutionären Zwang setzen die frühen geschichtemachenden oder staatenbildenden Völker, namentlich Ägypter, Griechen, Perser, Juden und Römer, in ihren volksbildenden Perioden wachende Gesamtintelligenzen

---

1 Dazu gehört vor allem der Vergeltungsrationalismus, der in den frühen Hochkulturen eine in Form von »Schicksalen«, im Theologenjargon: von »Tun-Ergehen-Zusammenhängen« wirkende sittliche Weltordnung unter göttlichen Gewährleistungen denkbar macht. Dieser Vergeltungsgedanke fungiert als Brücke zwischen Reichs-Rationalität und Erlösungsrationalität.

über sich[1], die den Weltzusammenhang als ganzen durchschauen und regieren; solche Völker müssen von da an lernen, unter der prekären, meist verhüllten Gegenwart von urteilsmächtigen Wachheitsgottheiten zu leben. Durch den Versuch, diese Gottheiten der menschlichen Vorstellung näher zu bringen, wird die priesterliche und philosophische Intelligenz der Völker auf unerhörte Weise in Anspruch genommen. Die altmittelmeerischen Theologien lassen Versuche erkennen, die Welt unter die Monarchie von Prinzipien zu stellen, die durch Allaufmerksamkeit und Allwissen den Zusammenhang aller Dinge gewährleisten. Am unverblümtesten spricht die alte rabbinische und prophetische Theologie den Judengott als Wächter, Führer und Richter seines bevorzugten Volkes an. Aber auch in den ägyptischen Göttern Horus, Re und Aton, im olympischen Zeus und dem kapitolinischen Jupiter treten Züge machtvoller Weltzeugenschaft unverkennbar an den Tag. Wo die Idee erstarkt, daß der Gott als allgegenwärtiger und immerwacher Weltzeuge den Zusammenhang der Dinge immer schon in sein zusammenfassendes Wissen aufgenommen hat, können sich menschliche Intelligenzen dazu ermutigt fühlen, in der Nachahmung des göttlichen Wissens Weltauslegungen von neuartiger Tragweite zu versuchen. Jedes menschliche Wissen und jede menschliche Wachheit wird in dieser Formation überragt von einem Wächter im Weltgrund, der alles, was hier in der Vorderbühne des Seienden geschieht, mitweiß und ganz durchdringt. War die Vorstellung von einem weisen und immerwachen Gott erst einmal durchgesetzt, so mußte es naheliegen, das ausgreifend weltbetreffende Denken – das nun mehr bedeutet als ein vorsprachliches Gewahrsein des Ge-

[1] Vgl. unten Abschnitt 2.

samtumstands – als eine Form der Präsenz des mitwissenden und urteilsmächtigen Gottes im menschlichen Bewußtsein aufzufassen. Die exemplarischen Denkenden wären dann nicht, wie die Modernen versucht sind zu meinen, bloß Spekulierer auf eigene Faust. Sie wären vielmehr, mit allem, was in ihren illuminierten Köpfen vorgeht, Filialbewußtseine des weltwissenden Gottes und Wachheitslokale des absoluten Zeugen, der sich aufsplittert und auseinanderlegt in so viele perspektivische Selbstauffassungen, wie es Augen und Seelen gibt. Was in den Denkenden wissend wach ist, wäre dann nicht nur das alte sensitive und animalische Leben, das sich mittels höherer Sprachsymbole erweiterte Aussichten verschafft hätte; das Wache in uns wäre vielmehr das göttliche Wissen über den *status quo* des Weltprozesses, das sich in uns als seinen Brennpunkten individualisiert hat. Das »göttliche Wissen« läßt sich, in durchgehaltener anthropologischer Perspektive, als die metaphysizierte Intelligenz der in die Geschichte aufbrechenden Völker interpretieren. Die an den Himmel oder in den Weltgrund versetzten Intelligenzen, die die Völker aus sich projizieren, sind zugleich die Sicherheitsfundamente, durch deren klärendes Wirken das Großweltrisiko für Subjekte in Hochkulturen erträglich gemacht werden soll. Wie könnte ich mich anders darauf einlassen, daß ich jetzt selbst ein Fenster aufs Unermeßliche und unmenschlich Große hinaus bin? Nur wenn versprochen ist, daß das Wache in mir eine Intelligenz ist, die schon immer die Welt durchdrungen hat, kann ich den Mut fassen, mich als Bühne für weltbetreffende Gedanken, ja als Weltauge überhaupt zu akzeptieren. Was unter psychologischem Aspekt als Ego erscheint, ist unter ontologischem eine Hier-Jetzt-Stelle kosmischer Offenheit. Treibt man die

Überhöhung des Wächterbewußtseins – wie in gewissen
indischen Systemen – ins Extrem, so ist der Schluß unvermeidlich, daß in den Meditationen der wahrhaft Denkenden, ja potentiell in jedem menschlichen Bewußtsein
»das Universum selbst« die Augen aufschlägt – vorausgesetzt, daß das Universum insgesamt gleichsam
menschwärts und wissenwärts unterwegs ist.[1] Menschliches Wachen, das zum Wissen wird, wäre dann ein
Relais des Absoluten, das bei uns durchkommt. Das
Schilfrohr, das denkt, ist das Schilf, in dem alles Nicht-
Schilf zu sich kommt. Das Wachende im Erwachten ist
stets die größere Intelligenz, die die meine als Fenster für
ihr Durchblicken gebraucht.[2] Auch auf dieser Ebene, wo
der andere, der durch und »über« mich wacht, nur noch
in hoher Metaphysizierung aufgefaßt wird, läßt sich die
altmenschliche Urkoalition der Aufmerksamkeiten und
die ursprüngliche Teilung der Wachheiten in der menschenbildenden Dyade samt ihren sozialen Erweiterungen deutlich wiedererkennen. Nur ist jetzt aus der
Einbettung jedes Bewußtseins in ein intimes Milieu mit-
wissender Gefährten die steile metaphysische Beziehung
zwischen dem Meditierer oder Denker und dem in ihm
sich wissen lassenden weltüberblickenden Gott geworden. Aber mehr denn je ist in dem metaphysizierten
Wissen und Wachen des Gottes »durch mich« das alte
Prinzip verwirklicht, daß nur durch das Mäzenat des wa-

---

1 Vgl. hierzu den 1901 zuerst erschienenen Klassiker der kosmosmystischen Bewußtseinsforschung: Richard Maurice Bucke, *Cosmic Consciousness. A Study
  in the Evolution of the Human Mind.* New Jersey 1961, 1989.

2 Vgl. Heraklit: »Wenn man – nicht auf mich, sondern – auf die Auslegung (Logos) hört, ist es weise beizupflichten, daß alles eins ist.« (Fragment 41) In der
  frühen Philosophie ist der Habitus: Wahreres und Wacheres durch den eigenen
  Mund reden lassen, noch sehr ausgeprägt. In späterer Zeit wird dieser »Enthusiasmus« gedämpft durch skeptischen Rückzug von Großthesen und durch
  akademische Routinen. Vgl. im Kapitel »Wozu Drogen?« S. 124 ff.

chenden Anderen mein eigenes Bewußtsein freigesetzt
wird für die Möglichkeit, seine Aufmerksamkeit heiter
an den Zusammenhang der Dinge zu verschwenden.[1] So
streng sich der Gott der Metaphysiker oft geben
mochte – seine entscheidende Bedeutung für die
menschliche Bewußtseinsevolution lag doch in seinem
Einverständnis mit dem Luxus großer Blicke; mit denen
»überwacht« er in den Denkenden seine Welt. Das *sophon* als das weise Göttliche ist ein Index für das Maß an
Begünstigung durch »Über«wachung, die die Intelligenz
des einzelnen erfahren muß, damit sie heiterer und
ernster werden kann als die des Primitiven, der er war.

2. Sich dem Gemeinschaftlichen anschließen[2] – Zur politischen Ontologie des Wachraums nach Heraklit, Zarathustra und Jesaia

Als tagaktive Lebewesen neigen Menschen von alters her
dazu, das Licht, das das Weltfeld als ihren Aktionsraum
ausleuchtet, mythisch zu überhöhen. Zu einer radikalen
Metaphysizierung des Tages kann es aber erst kommen
nach der achsenzeitlichen Wendung zum rationalen

---

1 In jüngster Zeit scheint sich das metaphysische Muster »in meiner Intelligenz
  wirkt die göttliche durch« zunehmend vom metakosmisch-theologischen ins
  kosmologische Feld zurückzuverschieben; für den Ideenhistoriker, der die Bewegung vom paganen »Kosmotheismus« (Jan Assmann) zum metakosmischen
  Monotheismus vor Augen hat, muß das wie eine Umkehrung (oder Wiedergut-
  machung?) der religionsgeschichtlichen Haupttendenz wirken. Vgl. Todd Si-
  lers Buch *Breaking the Mind Barrier – The Artscience of Neurocosmology*, New
  York 1990, in dem der Autor die Idee entwickelt, daß der Kosmos seine krea-
  tiven Kräfte in unsere Gehirne legt, damit unsere Gehirne sie an ihre Schöpfun-
  gen weitergeben.
2 Vgl. Heraklit, *Fragment No. 3*, Stuttgart, 1983, S. 245. Der folgende Abschnitt
  verdankt viel den Anregungen, die Martin Buber in einer Rede aus dem Jahr
  1956 gegeben hat: *Dem Gemeinschaftlichen folgen*, in: M. B., *Logos, Zwei
  Reden*, Heidelberg 1962, S. 31-72.

Weltbild, in dem die Weltüberwachung durch die Überwachheit des weisen und »von allem getrennten«[1] Gottes auf Dauer gestellt werden soll. Der bedeutendste Agent und Zeuge dieser Wendung ist, was die engere europäische Tradition angeht, Heraklitos von Ephesos. In den Fragmenten seiner Lehre lassen sich die Spuren eines Prozesses entziffern, den man als eine hochkulturelle Wachraum-Revolution beschreiben könnte. Heraklit betritt und eröffnet eine Zone dauernder Wissens-Helligkeit, die wie ein höheres Stockwerk über die wechselvolle Hell-Dunkel-Welt der sterblichen Zustände gesetzt wird. In diesem oberen Stockwerk artikuliert sich das Abenteuer der Verallgemeinerung; diese will gegen den Konkretismus des kleinräumigen Alltags eine neue Lehre setzen, deren Grundmotiv lautet: Zusammengehören im begriffenen Großen. Um das Große zu sein, ist der Zusammenhang der Dinge immer schon das Größere, das Größte. Nichts anderes ist der Kosmos der kooperierenden Polaritäten. Für die westliche Hemisphäre beginnt damit die Zeit des Weltgedankens – die Zeit der logischen und moralischen Brückenschläge vom Engen ins Weite, vom Häuslichen ins Ungeheure, vom Anfassen des Zuhandenen zur Aussicht aufs Ganze. Diese Tiefenbewegtheit der Intelligenz beim Exodus ins Größere ist es, die das Philosophischwerden der Welt selbst anstößt. Das Licht der höheren Zone entspringt dem Logos, von dem gesagt wird, er verwalte das All. Dem Logos gemäß denken heißt in eine gesteigerte Wachheit als dem logischen Fühler einer erweiterten Zugehörigkeit zu großen Zusammenhängen eintreten; diese neue Logos-Wachheit verhält sich zum Wachsein der schlechten Vielen *(hoi polloi kakoi)* wie zu einem anderen Schlaf.

1 Vgl. Heraklit, *Fragment No.* 108.

Heraklit hat das Bild einer Menschenmenge vor Augen, die auch bei Tag nicht wach werden will, sofern ihr Erwachen nicht das *koinon*, das Gemeinschaftliche, das Allgemeine, den Logos-Tag erreicht, sondern in »privatem Denken«, in Ammenmärchen, Kinderspielzeug, Besessenheit steckenbleibt. Nie zuvor ist mit solcher Schärfe von der »Idiotie« der Menschen gesprochen worden, die das weite Allgemeine nicht fassen, weil sie von armseligem Eigenem voll sind. Heraklit denunziert den zivilen Somnambulismus, der sich als städtisches Leben ausgibt. Auch die Vielwisserei *(polymathie)* der Dichter und Sänger ist vor seinem Sarkasmus nicht sicher. Selbst den klugen Pythagoras bezichtigt Heraklit der schlimmen »Eigenweisheit«, die dem *koinon* den Rücken kehrt. Sein schärfster Haß aber richtet sich gegen die Schamanen und Zauberlehrlinge der Volkskultur, die als Alogiker auftreten und im Dunklen und Ungemeinschaftlichen schwelgen; er nennt diese »Magier, Bakchen, Mänaden und Mysten« die »in der Nacht Umherwandernden« *(nyktipóloi)*; ihnen droht er mit höllischen Dingen nach dem Tode. Man könnte sich vorstellen, daß auf sie die böseste von Heraklits Bemerkungen geht, wonach sich die Schweine im Kot waschen. – Was bedeutet dagegen der heraklitische Tag? Er ist das göttliche Weise *(sophon)*, das sich als Wissen des aus Gegensätzen gemachten Einen in ununterbrochener Helligkeit bei sich selbst aufhält. Ein solches Weises ist allein der Gott – nicht umsonst spricht Heraklit als Theologe des Apollon. Er, der von allem Getrennte und doch alles Zusammenzwingende, ist ein Tag jenseits von Tag-Nacht, ein Licht jenseits von Entflammen und Erlöschen, ein Logos jenseits von Ausgesprochenheit und Verborgenheit, eine Wachheit jenseits von Wachen und Schlafen – wobei der

Ausdruck »jenseits von« immer auch bedeuten könnte:
»*durch*« beides hindurch oder »*in*« beidem.[1]

Ich möchte nun zeigen, daß der heraklitische Logos-
Tag seinem Wesen nach den metaphysizierten Wachraum
der griechischen Polis bedeutet – und über diese hinaus
auch den Tagessorgen-Raum der gesamten späteren europäischen und Welt»politik«. Die Entdeckung oder Verkündung des Logos-Tages markiert die Heraufkunft der
politischen oder polishaften Ontologie; denn das Sein der
Stadt kann erst mit der Eröffnung des *koinon*, des in öf-
fentlicher heller Rede gefundenen Gemeinsamen, aufgehen. Das Gemeinsame benennt hier die Bedingung einer
Ordnungsintelligenz, die als »Gesetz«, *nomos*, über die
Stadt und ihre Mitglieder wacht. Für dieses taghafte, wachende Bewußtsein vom Gemeinschaftlichen stellt sich
die Nacht notwendigerweise als Widersacher dar. Nacht
ist der Zustand, in dem jeder einzelne Bürger das *koinon*
verläßt, um in seine »eigene Welt«, in seine Idiotie, in
seine Traumgespräche mit den Toten hinabzusteigen. Die
Schlafenden sind anomisch, apolitisch, amathisch, alogisch. Schlafend versinken die Bürger in den Hades unter
der Stadt. In einem dunklen Fragment Heraklits, das Clemens von Alexandria überliefert hat, deutet sich eine erste
Kritik der politischen Nacht an.

»In der Nacht entzündet der Mensch ein Licht für sich
selbst, sterbend, seine Sehkraft ist erloschen; dennoch
lebendig, rührt er an den Toten im Schlaf, seine Sehkraft ist erloschen; im Wachen rührt er an den Schlafenden.«[2]

1 Es scheint eine dialektische Ordnungsregel zu sein, daß die helle Seite der
  Opposition zugleich die Einheit von Hell und Dunkel vorstellen muß; so ist
  die Versöhnung zwischen Apollo und Dionysos selbst apollinisch; der Kompromiß zwischen Horus und Seth horushaft.

2 *Die Vorsokratiker*, Bd. I, Stuttgart 1987, Fragment 91.

Wenn Welt das ist, wovon im Wachraum städtischer Ge-
meinschaftlichkeit die Rede sein kann, dann liegt auf der
Hand, warum in der Stadtnacht die Welt unterzugehen
droht. Die Menschen hören auf, Bürger zu sein, und
versammeln sich zu ihren Toten; am privaten Ort geben
sie das Gemeinsame preis; sie schlafen, sie meinen, sie
wälzen sich hin und her, sie träumen. Jeder für sich, keiner für die Stadt – mit einer Ausnahme, an der alles
hängt: der weise Gott und sein vikarischer Mitwisser, der
Philosoph, halten den städtischen wachen Weltraum offen, auch wenn die bestialische Privatheit der vielen zu
obsiegen scheint. Der Gott über der Stadt und der Philosoph in ihr heben die Nacht mitsamt ihrer Tendenz, das
Allgemeine zu vernichten, auf. Daher kann die Stadt
ganz sie selbst nur sein im Denken ihres wachesten und
wunderlichsten Bürgers – des Philosophen, der das Gesetz, die unsichtbare Harmonie, den *logos* des Ganzen
meditiert und bekräftigt. Es könnte der Fall eintreten,
daß in einer Stadt von Schlafwandlern, Betrunkenen und
feuchten Seelen nur noch ein einziger Bürger das Allgemeine und Gemeinsame vor Augen behält; dann träfe zu,
wovon Fragment 112 spricht: »Gesetz ist es auch, dem
Willen eines einzelnen zu gehorchen.«

Weil die heraklitische Lehre vom *koinon* eine Seins-
lehre darstellt, die für die Agora und den Tempel, nicht
für die Sektengärten und Eremitenklausen gilt, ist im
Denken des Logos-Philosophen wenig zu verspüren
vom Geist der Muße oder des Verklärungskampfes.
Ephesos ist noch nicht Athen, aber auch nicht die theba-
nische Wüste. Die Tiefe Heraklits ist nicht so sehr akade-
misch-luxuriös oder religiös-numinos als politisch-tra-
gisch; sein Denken hat die Strenge eines Stadtdienstes auf
Tod und Leben. Als Deuter der Welt bleibt er zugleich

immer Wächter der Stadt – und Interpret des Krieges *(po-lemos)*, ohne den zu seiner Zeit kein *Polis*-Leben denkbar war. Auch in der Weltwachheit des Metaphysikers von Ephesos bleibt ein Funke von stadtsoldatischer Alarmbereitschaft gegenwärtig. Wer den städtischen Wach- und Wahrheitsraum offenhalten will, der muß auch bereit sein, die Mauer zu verteidigen. Vielleicht heißen die Menschen bei den Griechen der *Polis*-Zeit überhaupt nur die Sterblichen, weil sie bereit sein sollen, im Kampf für ihre Stadt ihr Leben zu verlieren. Hierin entspricht selbst Heraklit, der eigenwillige, der mächtigsten griechischen Norm: »Die im Kampf Getöteten werden von Göttern und Menschen geehrt.«[1] Wir wissen nun: Die Stadt ist die Weltform; die Welt aber ist der Inbegriff von allem, was ernst ist, weil sie der Schauplatz von Ausscheidungskämpfen um Schicksalslose ist. Die Lehre vom Sein der Menschen als Sterbliche-Sein-für-die-Stadt ist ernst genug, um die Frage nach den Stadtmärtyrern und ihrem Lohn bei dem immerwachen Gott zu stellen. Vielleicht bezieht sich auf sie das dunkle Bruchstück:

> ». . . stehen sie auf aus dem (Todes)-schlaf und werden im Wachen Wächter über Lebendige und Tote.«[2]

In Heraklits Denken entfaltet sich der Urkommunismus der Aufmerksamkeit auf eine spezifisch hochkulturelle Weise. Die Stadt, so scheint der Epheser zu wissen, kann sich als Form von Welt überhaupt nur erhalten, wenn sie auf ihre Weise den Übergang vom Wachen zum Wissen vollzieht. Dies impliziert, daß das stadtgeborene Wissen, auch wo es theoretisch oder ästhetisch luxuriert, nie ganz

---

1 Ibid., Fragment 117. Es ist ein Verdienst von Cornelius Castoriades, die politische Ontologie der Sterblichkeit als ein Motiv griechisch inspirierter Zivilität herausgestellt zu haben.

2 Ibid., Fragment 119.

aufhören darf, ein gefahrenbewußtes Wachen, mithin eine politische Sorgen- und Alarmbereitschaft zu sein. Der Wachraum der Stadt ist ein von Konvivialität getragener Friedensraum, der sich gegen den Krieg und den Wahnsinn immer von neuem absetzen muß. Daher beobachtet Heraklit mit Zorn alle Tendenzen, die zur Zerstörung der gemeinschaftlichen Wachwelt führen: den Hang der Menschen zur Nacht der Privatmeinungen; das Auftreten von Zauberern und Trancekünstlern, die abgeschlagene ländliche Ekstasegottheiten in die Stadt einschleppen, um die Helle der Reden auf der Agora unmöglich zu machen; den Durchzug der Drogen- und Illusionsmeister, die unter dem Vorwand, magische Erleuchtungen anzubieten, die Bürger in immer tiefere und bösartigere Absencen weglocken, bis sie für die Ziele städtischen Zusammenlebens ganz verloren sind. Wo solche Kräfte das Ruder übernehmen, ist es vorbei mit den Idealen des *Polis*-Lebens, worin Bürgerfreiheit eine Funktion von Bürgerweisheit ist; dann gilt der Hauptsatz der ältesten politischen Ontologie: »Verständigsein ist die wichtigste Tugend« *(sophronein aretè megíste)* (Fragment 109) nicht mehr. Aus der Nacht steigen die okkulten Kräfte auf und holen sich einen Bürger nach dem anderen. Bis wohin das geht, zeigen die religiösen Wiederverzauberungsbewegungen der römischen Kaiserzeit; dann freilich ist der Stadtgeist ohnehin längst abgelöst worden durch die Imperium-Programmatik der Gottkaiser. Wenn Heraklit in manchen schweren Sätzen vor der Hybris warnt, so tun wir gut daran, diese Äußerungen als Abwehrthesen zum Schutz des *Polis*-Wachraums zu verstehen. »Hybris soll man noch viel mehr löschen als ein Großfeuer« (Fragment 100). Hybris bedeutet die Verirrung, aufgrund nachtseitiger Inspirationen durch Privatdämonen Führungsansprüche in der Stadt anzumelden. Sie bereitet die Überschwemmung des Öffentlichen durch die Abzeichen und Machtworte eines in letzter Instanz idiotischen, ungemeinsamen und exzessiven Zauberwillens vor. Sie desintegriert die Urkoalition menschlicher Intelligenzen, die sich zum guten gemeinsamen Leben zusammentun sollen, und stellt das Ausagieren des Wahnsinns als öffentliche Möglichkeit dar. Hybride Illusionshändler bedrohen die Stadt aus ihrer eigenen Mitte und wirken daran mit, daß zuletzt »jeder Mensch in seiner Nacht« bleibt. Wer könnte abstreiten, daß diese Beobachtungen nicht nur für die Verfallsphase der antiken mittelmeerischen *Polis*-Kultur von Bedeutung sind? Sie betreffen ebenso und mehr noch die Konstruktion und Zerstörung von politischen Wachwelten im Zeitalter der bürgerlichen Nationalstaaten und ihrer heutigen Nachfolger.

Es wäre irreführend, die Wendung zur politischen Ontologie des Wachraums nur als eine Angelegenheit der griechischen Stadt und ihres philosophischen Genius zu interpretieren. Überall, wo Völker die Hochkulturschwelle überschreiten, beginnen sie die Welt als das über den Staat oder das Reich gewölbte Ganze auszuleuchten; dann bilden sich Ansätze zu alternativen politischen Wachraumbestimmungen, die in Schichten und Bruchstücken zum Teil bis heute in Kraft geblieben sind. Neben dem »griechischen Erwachen« bleibt auch der Augenaufschlag zum Sein in Großwelten, der sich in den Geschichtsvölkern des alten Orients vollzog, im höchsten Maße nennenswert. Wie Jan Assmann in seinem nicht genug zu bewundernden Buch, *Ma'at – Gerechtigkeit und Unsterblichkeit im Alten Ägypten*, gezeigt hat, besaß auch das pharaonische Ägypten in dem Konzept der Ma'at, der verknüpfenden Gerechtigkeit, ein tiefsinniges Modell, das den moralischen Zusammenhang zwischen Menschen eines großen »Reiches« ausleuchtete. Nur durch eine gedächtnisstarke Besonnenheit läßt sich für das Bewußtsein der Ägypter der Zusammenhang der Menschen im Weltganzen, vor allem der zwischen dem Volk und den Fürsten, im Fluß halten; die Ma'at entspringt einer anhaltenden lebendigen Anstrengung des Aneinander-Denkens und Füreinander-Handelns. Kraft der Ma'at bleibt die Gesellschaft als Wachraum einer vertikalen Solidarität geöffnet; sie erzeugt, vorausdenkend und zurückdenkend, einen Äther moralischer Aufmerksamkeit, die von unten nach oben und von oben nach unten fließen muß, damit die Pole des ungleichen sozialen Großzusammenhangs in einer gemeinsamen Gerechtigkeitsanstrengung zusammengehalten werden. Eine Königsgrabinschrift aus dem 7. Jahrhundert sagt:

> »Wie schön ist es, zu handeln für den Handelnden.
> Glücklich ist das Herz dessen,
> der handelt für den, der gehandelt hat.«[1]

Als ein Fluidum aktiver moralischer und kommunikativer Anstrengungen zeitigt die Ma'at für diejenigen, die sie vollbringen, lebenspendende Wirkungen. In dem ägyptischen Begriff vom Fortleben im Jenseits prägen sich Züge dieser metaphysizierten Reichsintelligenz aus. Denn was dort »fortlebt«, ist die verewigte Resultatform des guten, moralisch wachen Lebens im Kosmos der Ma'at. Eine ma'aterfüllte Sprache schafft zwischen den Irdischen den Gemeinsinn, der die Gewalt verbannt und Menschen zu Förderern von ihresgleichen macht. Zer-

---

1 Vgl. Jan Assmann, *Ma'at – Gerechtigkeit und Unsterblichkeit im Alten Ägypten*, München 1990, S. 66.

fällt die menschliche Rede, so desintegriert sich der Reichsäther Solidarität. Daher ist es nicht verwunderlich, daß in den großen ägyptischen Klagen – etwa in dem *Gespräch des Lebensmüden mit seinem Ba* – in den bittersten Tönen von der Verwilderung der Gesellschaft durch Kommunikationsverlust die Rede ist.

Wenn sich das »ägyptische Erwachen« zur Welt der vereinigten Reiche vor allem in der großartigen Entdekkung des Prinzips Solidarität als verknüpfender Gerechtigkeit artikuliert, so zeigte die Spitze des iranischen Erwachens auf die Entdeckung und Propagierung des Prinzips Entscheidung. In einer Welt, deren Grundform der Krieg zwischen Gut und Böse ist, kommt alles auf die Wahl der richtigen Seite an. Indem Zarathustra das Offene der Welt als Schauplatz eines noch unentschiedenen Prinzipienkampfes ausdeutet, treibt er die Metaphysizierung von Alarmbereitschaft als Stil des wachen Daseins scharf voran. Persepolis, nicht Jerusalem, entwickelte die schärfste Antithese zur eleatischen und athenischen Theorie. Zugleich zeigen sich in Zarathustras Lehre von Ahura Mazda, dem Weisen Herrn, der im Kampf mit den widersacherischen Kräften Ahrimans jede Unterstützung durch Gutgewillte braucht, Ansätze zu einem neuartig dynamischen und expansiven Weltbegriff; dieser konzipiert das Weltganze als einen Großraum, der von *Vohu Mana* (gutes Denken) im Kampf gegen die trüben, wahnsinnigen und böswilligen Geister allmählich durchdrungen werden soll. Zur iranischen Fassung von Weltwachheit als Entschiedenheit für das Gute gehört also auch die Idee, die Welt durch »Weltmission« allererst herzustellen; das ist die einzige und undelegierbare Aufgabe der Weisheits»partei«. »Welt« als Wachraum des iranischen Tagesbewußtseins konstituiert sich durch die doppelte Aufrufung zum Kampf auf seiten des »Weisen Herrn« und zur Mission bei denen, die diesen bislang verkennen.[1] Die Frage, ob die Lehre Zarathustras wirklich die Reichsreligion der expansiven Achämenidenherrscher von Persepolis war, kann hier ausgespart bleiben. Zukunftsträchtig wird die neuartige Konzeption, daß die Welt im ganzen erst durch Endkampf und Endgericht zu einer völlig verwandelten und definitiven Gestalt gebracht werden wird. Ihre »Reform« wird in die endgültige Ausgestaltung münden – eine Vorstellung, die nach ihrer Umformung durch die judäochristliche Apokalyptik weltgeschichtemachende Folgen zeitigen wird, bis hin zu den kommunistischen und faschistischen Millenarismen und zu den US-amerikanischen Phantasmen vom New World Order. In zarathustrischer Sicht wird einst die umgestaltete letzte Welt ausdehnungsgleich sein mit dem von der Weisheit des Gottes ausgeleuchteten Seinsfeld schlechthin. Aber schon im Vorhof solcher reichseschatologischen Welt-Konzepte gilt der iranische König als Schutzherr des Lebens, und somit als ein Machthaber, der für die Erhaltung und Regeneration der Welt verantwortlich ist. Königsweisheit und Weltwächteramt konvergieren in ihm politisch wie theo-ontologisch. In diesem Punkt können

---

1 Vgl. die zarathustrische Verspredigt Yasna 44 aus dem *Avesta*, der heiligen Schrift des Parsismus:
»11. Danach frag ich dich, o Ahura, antworte mir richtig:
Ob sich wohl die Aramati (fromme Ergebenheit) zu denen hin ausbreiten
 wird,
denen, o Mazda, deine Daena (Religion) verkündet wird?
Ich ward von dir dazu von Anfang auserwählt,
und alle anderen werde ich mit der Feindseligkeit des Geistes betrachten.«
(Zitiert nach: Mircea Eliade, *Geschichte der religiösen Ideen. Quellentexte*, hg. v. G. Lanczkowski, Freiburg 1981, S. 53 - 54. Ein Hymnus über die Geburt des Propheten verkündet, »daß sich von jetzt an die gute mazdäische Religion über alle sieben Weltteile ausbreiten wird«.)

wir in Zarathustra einen »Zeitgenossen« des *Polis*-Denkers Heraklit erkennen. Sein Impuls ist auch auf gewisse Weise »gleichzeitig« mit der upanishadischen Krise des altindischen Geistes; diese leitet die rationalisierende und meditierende Aufhellung und Ablösung der altvedischen Ritual-, Trance- und Opferkultur ein; freilich wird die indische Erlösungsfixierung auch später jeden Ansatz zu einer politischen Ontologie des Wachraums ersticken – sofern wir von den eher undeutlichen Reichsideen der Ashoka-Könige absehen. Zu einem Ontologen der religionsreichshaften Wachwelt wird Zarathustra insofern, als sein System ein »gutes Denken« lehrt, das hell, nüchtern, entschieden und alarmbereit auf die Bewahrung von *Asha*, rechter Ordnung, ausgeht. Der steht *Aêsma*, der Wutrausch, die rasende Verworrenheit des bösen Geistes gegenüber. Somit bedeutet der Zoroastrismus eine Lehre der Weltaufhellung durch die Anschließung der richtig Entschiedenen an ihren Weisen Herrn. Wie dieser selbst ursprünglich frei das Gute gewählt hat, so sollen auch die Seinen, die Urwahl wiederholend, sich für das Gute entscheiden. Zum ersten Mal in der Geschichte des Denkens, so scheint es, wird hier der »freie Wille« zu einem Faktor erhoben, der über den Weltsinn mitentscheidet.

Es läßt sich hieraus ein wichtiger Aufschluß über die Riskantheit des Kulturübergangs vom wachen zum rational wissenden Leben gewinnen: Weil wesentliches Wissen in der Hochkultur nie nur ein ruhiges Überzeugtsein durch Unveränderliches sein kann, wie es der eleatische Idealtypus von metaphysischer Kontemplation uns vorspiegelt, sondern – in Persien mehr als irgendwo sonst – immer auch ein Element von Alarmwachheit zugunsten einer umkämpften Ordnung in sich enthält,

muß sich der Wissen Suchende nicht nur über die Grund-
wahrheiten belehren lassen, sondern sich auch für das,
was er nun weiß, entscheiden und »engagieren«. Wo sich
Weltdeutungen und Wissensformen einer Kultur in großer Nähe zum moralischen oder politischen Alarm artikulieren, dort gerät in die wissende Rede ein manischer
Zug; die Wissenden treten dann als vom Wissen Ergriffe-
ne und Getriebene auf. Besonders im nahen Orient
wird die Verkündung von »Wahrheit« oft eine Sache von
Hocherregten, die sich auf einem Spektrum zwischen
manischen und panischen Zuständen bewegen. Von Persien bis Palästina reicht eine geistige Sphäre, in der manische Semitheoretiker aus dem Alarm einen Beruf machen
konnten – kulminierend im altjüdischen Nabi- oder
Kultprophetentum, dann wieder bei den Schriftpropheten und in der späteren apokalyptischen Panik-Kul-
tur der Makkabäer- und Jesus-Zeit. Während das indische Denken in seinen sublimsten Formen auf das
nicht-wählende Gewahrsein des kosmischen Umstands
zielt, legt der iranische Geist den Sinn von Wachheit vor
allem als Entschiedenheit aus. Im indischen Sinne kann
nur »erwachen«, wer zu Lebzeiten »stirbt« und durch
Einschmelzung in den Weltgrund göttliche Unpartei-
lichkeit erlangt – zwar im höchsten Grade »wissend«,
aber alogisch und apolitisch. Iranisch hingegen ist das
Motiv einer erleuchteten Parteilichkeit, die vor Hand-
greiflichkeiten nicht zurückschreckt – das gute Denken
hat Muskeln und unterscheidet Freund und Feind. Hier
liegt eine Ansatzstelle von Entwicklungen, die bis zur
westlichen Mystik der Aktion führen werden. Nicht Natur, sondern Entscheidung begründet den Unterschied
zwischen dem guten und dem bösen Geist.[1] Das Sichan-

1 Das fernste Echo dieser Entdeckungen klingt nach in Schellings Schrift *Über*

schließen an den Weisen Herrn impliziert also eine Geste
des freien Sichöffnens für das gute Prinzip, das, soweit
sein eigenes Lager reicht, als Lehrer und Heerführer in
einem wirken muß.

Auch bei Zarathustra begegnet uns die antiorgiastische
Option; bei ihm, wie beim jüdischen Propheten Hosea,
reinigt eine hochkulturelle Nüchternheit den Wachraum
der guten Ordnung von den Blutopfer- und Tranceprak-
tiken altreligiöser Benommenheit. Dazu stimmt wohl,
daß es von den alten iranischen Göttern, jetzt als Daevas
oder Dämonen gedeutet, heißt, sie seien ins Lager des
wutrasenden bösen Prinzips eingetreten. Auch daß Zarathustra ermordet worden sein soll durch in Wolfsfelle
gehüllte Angehörige eines altarischen Besessenheits-
kults, paßt in dieses Bild; die volkstümliche Rache des
Rauschs an der heiligen Nüchternheit begleitet die prekäre Geschichte der höheren politischen und reichsreli-
giösen Seinslehren bis in die jüngste Zeit. Satanismen
sind meistens deklassierte Kulte, die durch Feme zum
Gegenangriff übergehen. Als Religionen des Ressenti-
ments spielen sie auch mit bei der Entstehung dessen,
was eines Tages »Faschismus« heißen wird. Noch in
den faschistoiden Neopaganismen des 20. Jahrhunderts
manifestiert sich ein seit dem Altertum nur zu bekannter gewaltbereiter Mutwille, der die Wiederaufheizung
überholter Besessenheiten im Sinn hat.

Vom 8. Jahrhundert vor unserer Zeitrechnung an traten im alten Israel mahnende und drohende Visionäre
auf, die in den historischen Krisen ihres Volkes den Sinn

---

das Wesen der menschlichen Freiheit, 1809: es gibt kein Sein vor dem Willen,
sofern der Mensch *ex origine* Tat, Wahl und Handlung sei; freilich ist Schellings
Böses, auch wenn es wesenhaft Geist ist, kein iranisches Prinzip mehr, sondern
ein christlicher Effekt aus der Selbstbevorzugung des Geschöpfs vor dem
Schöpfer.

von Wachsein neu bestimmten. Es charakterisiert die zu-
sammengesetzte Struktur des nachantiken europäischen
Weltbegriffs, daß der Beitrag des jüdischen Prophetismus
zur Auslegung der hochkulturellen Wachwelt bis heute
seine Virulenz behauptet. Neben Rom und Athen steht
auch der Name Jerusalems für den Entwurf einer »Welt«,
deren Bewohner das Ganze des Seins in einer unverkenn-
baren, zunächst nur ihnen eigenen Wachheitstönung auffassen. Durch die weltgeschichtlichen Wirkungen des
Christentums sind Motive der jüdischen »Ontologie« –
namentlich das messianische Element und die apokalyptische Spannung auf den Untergang des *status quo* hin –
zu Faktoren der planetarischen Ökumene, oder wie man
die Sphäre judäochristlicher Präsenz sonst nennen mag,
geworden. Im jüdischen Prophetismus wird der Sinn von
Wachheit weder als griechischer *logos*-Tag noch als zo-
roastrische Entschiedenheit für das gute Prinzip aufgefaßt; der jüdische Wachraum ist in seinem wichtigsten
Moment geprägt von der Idee des Bundes mit einem le-
bendigmachenden Sein, das sich in dem stets prekären
Gottesnamen verbirgt; daneben bedeutet jüdisches Wachen immer auch Warten auf das Kommen eines Retters,
in dem sich die Hoffnung auf den Anbruch einer besseren Welt erfüllte. Ohne Zweifel ist das jüdische Bundes-
bewußtsein eine der tiefsten Umschöpfungen, die dem
menschenbildenden Kommunismus der Aufmerksamkeit in hochkultureller Zeit widerfuhren; es bezeugt den
Versuch, eine unbedingte Treueverabredung zwischen
Gott und Volk über die labile Sphäre bloß menschlicher
Treueabsichten zu setzen. Selten ist der Zusammenhang
zwischen dem gesellschaftlichen Wachsein und seiner
theologischen »Über«wachung in einen so klaren Begriff
gefaßt worden. Der Bund (hebräisch: *berith*) ist der epo-

chengemäße Ausdruck für die Notwendigkeit, mit einer theologischen Mahnformel vorzugehen gegen die Verwahrlosung der Aufmerksamkeit in der Masse und gegen die mörderischen Brüche der Versprechungen des gemeinsamen Lebens. Jüdische Wachheit in ihrem zweiten Aspekt, als Warten verstanden, meint: vorbereitend mitwirken am Näherkommen der messianischen Zeit, in der die sittliche Weltordnung Gegenwart geworden sein wird. Das wartende Wachen, zu dem die prophetische Rede aufruft, ist vom Geist des »sittlichen Futurismus«[1] durchdrungen. Dieser stellt den Gläubigen einen Zustand vor Augen, in dem die kühnen moralischen Bestimmungen des Deuteronomium nicht mehr mißachtet, sondern von allen Übriggebliebenen mit erleuchteter Freiwilligkeit befolgt würden.

Der bedeutendste der alten Schriftpropheten, Jesaia, geboren 765 v. Chr., gestorben nach 700, bestimmt jedoch den Sinn von Wachheit im Blick auf die Zukunft seines Volkes zunächst auf eine viel massivere und dunklere Weise: als Gefaßtsein auf das Unheil, das über das untreue Volk hereinbrechen wird, wenn es sich nicht auf der Stelle an seine ursprüngliche »Verfassung«, seinen religiösen Treuebund erinnert.

> Ihre frechen Gesichter klagen sie an, / wie Sodom reden sie ganz offen von ihren Sünden. / Weh ihnen, sie bereiten sich selber ihr Unglück. (*Jesaia*, 3,9)

Was in den Übersetzungen der prophetischen Bücher oft wie eine »Strafe« des strengen Richtergottes an den Untreuen und Ungerechten erscheint, meint in Wahrheit eine Art von standrechtlicher Selbstvernichtung derer,

---

1 So: Klaus Koch, *Die Profeten, I: Assyrische Zeit*, 2. Aufl., Stuttgart 1987, S. 12.

die, den heiligen Instruktionen zum Trotz, unweise und
ungerecht zu leben fortfahren. Der Gottesname liest sich
wie ein religiöser Titel für einen dem Volksleben inne-
wohnenden geschichtsbildenden Vergeltungsmechanis-
mus, der die Bösen ausmerzt und die Frommen segnet.
»Gott« ist das Fluidum oder Agens einer moralischen
Selektion, der zufolge die Taten in Form von Fluch und
Segen zu den Tätern oder ihren Angehörigen zurückkeh-
ren. Wie es dir ergeht, so bist du selbst gewesen. Darum
wird den Sündern Israels so oft der verdiente Untergang
vorhergesagt; mit der Geistesgegenwart eines Scharf-
richters wird der gottgesandte Feind über die trägen
Seelen herfallen:

> Darum entbrennt der Zorn des Herrn gegen sein Volk;
> / ...
> Er stellt ein Feldzeichen auf / für ein Volk in der
> Ferne,
> er pfeift es herbei vom Ende der Erde / und schon
> kommen sie eilig heran.
> Kein Müder ist unter ihnen, keiner der stolpert, / kei-
> ner der einknickt und schläft.
> Bei keinem löst sich der Gürtel von den Hüften / noch
> reißt der Schuhriemen ab.
> Ihre Pfeile sind scharf / alle ihre Bogen gespannt...
> Wohin man blickt auf der Erde: / nur Finsternis voller
> Angst; / das Licht ist durch Wolken verdunkelt.
> (*Jesaia* 5, 25 - 30)

Im Licht der Texte erscheint der älteste Schriftprophetis-
mus als der Versuch, die Wechselfälle der jüdischen Geschichte durch eine Theologie der Ausmerzung zu be-
wältigen. Für Jesaia stellt das Volk Israel eine Menge dar,
aus der durch standrechtliche, besser gottesurteilhafte

Ausrottung ein *Rest* herausgehoben wird; dieser macht kraft seines schieren Überlebens den Anspruch auf Verschonung durch den göttlichen Garanten von Gerechtigkeit sichtbar. Der altjüdische Prophetismus bedeutet somit eine Metaphysizierung des Selektionsprozesses, der Völker an der Hochkulturschwelle, besonders im vorderen Orient, in Kämpfe auf Leben und Tod verwickelt. Der Gott des alten Judentums ist ein Gott der Schlachten – sein Wirken zeigt sich vor allem anderen im Kriegsglück oder -unglück seines Volkes. Freilich manifestiert sich der theologische Genius des Judentums darin, daß er wie bei keinem anderen Volk zu einer moralischen Verinnerlichung von Niederlagen imstande war. Ausmerzungen verinnerlichen zu können wird zum Geheimnis des völkischen Überlebens. Daher kann sich in Jerusalem nie eine Theorie griechischen Stils ausbilden, auch keine Versenkungskultur indischen Typs, wohl aber eine theologische Form von Alarmwachheit, die sich zu höchster Sensibilität für die Frage nach dem Recht auf Überleben steigert. Auf der judäochristlichen Linie wird alle Theologie tendenziell zu einer Theologie der Auslese; der Ausdruck Auserwählung ist ein Deckname für das panische Bewußtsein davon, daß nur wenige von denen, die sich auf den Weg gemacht haben, durchkommen werden. Was dieses Denken wachhält, ist die quälende Frage, wer noch leben darf, wenn alles, was geschieht, das Werk einer ausmerzenden und verschonenden Gerechtigkeit ist.[1] Das Recht auf Verschonung

---

1 Erst später wandelt sich die Qualspannung, mit der gefragt wird, ob man selbst gerettet werde, in die Sorge über den sicheren Untergang der vielen, ja der allermeisten anderen. Hiervon legt die Apokalypse des 4. Esra ein beredtes Zeugnis ab. Dort fragt der Prophet, über seine eigene Erwählung glücklich erschrocken, immer wieder seinen Gott: was tust du mit all den anderen? was haben sie verbrochen?, und Gott antwortet stereotyp: überlaß das mir; das

bleibt in der Sicht der frühen Schriftpropheten das Eigentum einer sehr kleinen Gruppe von Gerechten – Jesaia spricht sie ein ums andere Mal unter dem Titel »der Rest Israels« an.

> An jenem Tag wird, was der Herr sprossen läßt, für alle Israeliten, die entronnen sind, eine Zierde und Ehre sein; die Früchte des Landes sind ihr Stolz und Ruhm. Dann wird der Rest von Zion, und wer in Jerusalem noch übrig ist, heilig genannt werden, jeder, der in Jerusalem in das Verzeichnis derer, die am Leben bleiben sollen, eingetragen ist... (*Jesaia* 4, 2-3)

> Weh dem sündigen Volk, der schuldbeladenen Nation, / der Brut von Verbrechern, den verkommenen Söhnen! Sie haben den Herrn verlassen, den Heiligen Israels haben sie verschmäht...
> Fremde verzehren vor euren Augen den Ertrag eurer Äcker, / verödet wie das zerstörte Sodom ist euer Land. Die Tochter Zions steht verlassen da / wie eine Hütte im Weinberg,
> wie eine Wächterhütte im Gurkenfeld...
> Hätte der Herr der Heere nicht einen Rest für uns übriggelassen, / wir wären wie Sodom geworden, wir glichen Gomorra. (*Jesaia* 1, 4, 7-9)

> An jenem Tag wird Israels Rest – und wer vom Haus Jakob entkommen ist –, sich nicht mehr auf den stützen, der ihn schlägt (d. i.: den König von Assur), sondern er stützt sich in beständiger Treue auf den Herrn, den Heiligen Israels.

Selektionsgeheimnis geht über deinen Verstand. Adorno, gleichsam der fünfte Esra, wird angesichts des Holocausts das Überleben selbst als eine Art metaphysischer Schande deuten. Vgl. *Minima Moralia*, No. 6, »Antithese«.

Ein Rest kehrt um zum starken Gott / ein Rest von Jakob. Israel, wenn auch dein Volk so zahlreich ist / wie der Sand am Meer – / nur ein Rest von ihnen kehrt um.

Die Vernichtung ist beschlossen, / die Gerechtigkeit flutet heran.

Ja, Gott, der Herr der Heere, vollstreckt auf der ganzen Erde die Vernichtung, die er beschlossen hat.

(*Jesaia*, 10, 20-23)

Das jüdische Wachsein nach Jesaia hätte demzufolge seinen Brennpunkt in der Sorge darum, bei der Zahl der Geretteten zu sein, die für den nächsten Lebensversuch des Volkes aufgespart werden. *O when the saints go marchin' in, I wonna be in that number.* Das Wissen vom Gesetz der Auslese, die, moralisch tief genug gedacht, Selbstselektion der Gerechten bedeuten soll, übersetzt sich in die Hoffnung darauf, aufgrund eines radikal frommen Leben verschont zu bleiben. Der Sprung ins bedingungslos gehorchende Gottvertrauen soll vor der Ausmerzungspanik retten; im Schlachthof »Geschichte« sehen die Propheten für wenige Gerechte, die Zadiks, einen schmalen Ausweg in die Zukunft offen. Der Wachraum zieht sich zusammen auf den engen Zeittunnel, an dessen Ende für eine streng begrenzte Zahl von Auserwählten das messianische Licht leuchtet.

Nach der christlichen Wende hat sich das Prinzip »Welt als Selektions-Tunnel« überwältigend durchgesetzt. Die Ausdeutung der Welt als Spielraum der Heilsgeschichte hat den metaphysizierten Selektionsterror eher gesteigert als gedämpft. Nach der Gnadenlehre Augustins von 397 ist es nicht einmal ein »Rest«, der aus der selbsterworbenen Vernichtung der sündigen Masse da-

vonkommt; die christliche Wachheit wird im Weltentwurf des Bischofs von Hippo vollends auf Furcht und
Zittern gestellt; der Erbsünde wegen kann kein Leben-
der, auch wenn er sich vor Sorge um die eigene Errettung
völlig hingäbe, seiner Erwählung zum Heil gewiß sein;
ob ich zur Seligkeit bestimmt bin, kann ich auch als
Mönch oder Priester zu Lebzeiten nicht wissen.[1] So
mündet der Wachraum der augustinisch-christlichen
Welt in einen Erlösungstunnel, durch den nicht einmal
der Rest eines noch so sehr dezimierten Volkes hindurch-
paßt. Nur erwählte einzelne erreichen – kraft einer uner-
forschlichen Begnadigung – die andere Seite; ihre Lose
werden ausschließlich aus der Lostrommel der Kirche
gezogen, die insofern keine auserwählte, wohl aber eine
Vorauswahlgemeinschaft darstellt; daher *extra ecclesia
nulla salus*. Die ekklesiologische Formel »Gemeinschaft
der Heiligen« meint nicht das real existierende Volk der
Kirchenmitglieder, sondern nur die unerkennbare Selektion der Wenigen aus ihrer »Mitte«.[2] Das Gemeinschaft-

---

1 Es ist das Verdienst von Kurt Flasch, diesen Grundtext abendländischer Theologie in der deutschen Erstübersetzung von Walter Schäfer ediert und kommentiert zu haben: *Logik des Schreckens, Augustinus von Hippo, De diversis
quaestionibus ad Simplicianum I 2*, Mainz 1990. Ich denke, man wird im Jahr
1997 dieses Buch als Festschrift zur 1600-Jahrfeier des christlichen Terrorismus
neu herausbringen müssen.

2 Das verkennt sogar Erik Peterson, wenn er in seinem Kommentar über den
Begriff der Kirche im Römerbrief (Kap. 9 bis 11) des Paulus schreibt: »Dem
fleischlichen Israel steht nun das pneumatische Israel in der Ekklesia gegen-
über« (vgl. E. P., *Die Kirche aus Juden und Heiden*, in: *Theologische Traktate*,
München 1951, S. 254). Vielmehr hat die paulinische Universalismus über
Jahrtausende hinweg zu dem Mißverständnis beigetragen, die Exklusivität des
Heils mit der Inklusivität der Kirche zu verwechseln. In Wahrheit beruht auch
die Idee der Kirche auf einer Metaphysik der Selektion – ins Gattungs- und
Weltweite gewendet. Augustins Gnadenlehre hat hierin wenigstens den Vorzug
der Deutlichkeit. Erst auf dem Boden der Neuzeit vollzieht ein »progressiver«
Klerus eine Wendung zum religiösen Menschenrechtsgedanken hin; die Moderne erträgt die paradoxe Selbstverständlichkeit der gesamten älteren judäochristlichen Theologie: die Selektivität Gottes, nicht länger. Die Ironie dieses

liche hat sich nun völlig in etwas Negatives: die Verdammungswürdigkeit aller aufgrund der Erbsünde, und etwas Unbegreifliches: das Geheimnis der Ungerechtigkeit bei der Begnadigung der Wenigen, aufgelöst; vom *koinon* bleibt nichts als die allen Menschen gemeinsame Zugehörigkeit zum »Klumpen des Verderbens«, *massa perditionis*, aus dem einzelne nach völlig unbegreiflichen Regeln herausgehoben und gerettet werden. Offenkundig erhält sich von der philosophischen Stadtweltwache Heraklits bei Augustinus nur ein Stumpf; sie überlebt als das bischöfliche Amt, sich mit düsteren Hintergedanken um eine Herde von höchstwahrscheinlich Verdammten kümmern zu müssen.

Im Rückblick auf diese frühhochkulturellen Auslegungen des In-der-Welt-Seins durch geschichtsmächtige Völker wird ein jahrtausendeübergreifendes Kontinuum diverser politischer Deutungen von »Sein« im Risikoraum Welt erkennbar. Deren Erbe macht sich bis in den aktuellen Zivilisationsprozeß hinein geltend; es betrifft die heute Lebenden unter der einen oder anderen Form in wechselnden Graden von Verbindlichkeit, gelegentlich noch mit tödlichem Ernst. Wie aber aus den regionalen Deutungen wachen Daseins in den Hochkulturen eine weltkulturelle Auslegung des Sinns von Wachheit auf dem Niveau der Modernität und im planetarischen Horizont entwickelt werden könnte: dies gehört zu den ungelösten Problemen, an denen sich die weltdeutenden Intelligenzen unserer Zeit abzuarbeiten haben.[1] Gewiß scheint im Augenblick nur, daß alle Weltdeutungen auf der Linie der klassischen städtischen und imperialen On-

---

Vorgangs springt ins Auge: bei den Verdammten dieser Erde mußten die Theologen Nachhilfeunterricht in Menschlichkeit nehmen.

1 Vgl. unten Abschnitt 4: »Weltwache im Zeitalter der Einen Erde«.

tologien an die Grenze ihrer Leistungsfähigkeit gestoßen
sind. Mit stadt- oder reichsherrschaftlichen Weltauslegungen läßt sich ein Wachraum von planetarischer
Spannweite, wie ihn die gegenwärtige Weltsituation er-
fordert, nicht mehr ausleuchten; deswegen sind die zur
Zeit noch vorrangigen US-amerikanischen Konzepte
vom zivilisationspolizeilichen Wächteramt der »Stadt auf
dem Hügel« allenfalls provisorisch sinnvoll, in der Sache
jedoch veraltet; sie gehen über die Möglichkeiten des
nordatlantischen prophetischen Imperialismus[1], der dem
19. und 20. Jahrhundert seinen Stempel aufgeprägt hat,
nicht hinaus. Offenkundig ist aber auch, daß die Kulturkreise der Erde jetzt in einem quasi endzeitlichen Alarm
aufeinanderstoßen, in dem sie sich als eine Ökumene
weltweiter Risiken begreifen lernen. Ob aus diesem
Alarm ein nachhaltiges Wissen über die Regeln planetarischer Koexistenz hervorgehen kann: wer möchte das
angesichts der fatalen Tendenzen im allgemeinen Weltlauf als sichere Option in Aussicht nehmen? Aber wer
könnte umgekehrt von vornherein ausschließen, daß
sich in künftigen Lernprozessen eine neue Weltwachheit
ein neues Corpus von Grundsätzen des Lebenswissens
schaffen wird?

---

1 Exemplarisch verkörpert in der Theologie Reinhold Niebuhrs, der sich zu
einer christlich-pragmatischen Synthese von »imperialistischem Realismus«
und prophetischem Radikaldemokratismus bekannte. Die jüngste Form des
politischen Prophetismus auf der Linie des US-amerikanischen christlichen
Reichsdenkens begegnet in Cornel Wests Buch: *The American Evasion of Phi-
losophy. A Genealogy of Pragmatism*, The University of Wisconsin Press
1989.

3. Weltpause

Er predigte im Schlaf. Wach weiß er nichts davon. Über
den Schlaf wird man noch so viel erfahren, daß niemand
mehr Lust haben wird, wach zu sein.

Elias Canetti, *Die Provinz des Menschen*

Auf dem Weg des Bewußtseins vom gemeinsamen Wachen zum exklusiven und systematischen Wissen verfällt das Denken zunehmend der Versuchung, sein Zittern in der Alarmbereitschaft abstellen zu wollen zugunsten der großen Sicherheit, die aus Wesenserkenntnissen und letzten Einsichten entspringt. Metaphysik des griechisch-abendländischen Typs läßt sich charakterisieren als der ein Weltalter überspannende Versuch, Welt und Leben in ihrer Ganzheit zum Tag und zur gesicherten Vorstellung zu machen. Als nachtloses Denken will Metaphysik den Tag reformieren und ihn daran hindern, das Intervall zwischen zwei Nächten zu sein; auch das Wissen soll mehr werden als eine erhärtete These zwischen zwei Ungewißheiten. Es soll ein Gewißheitskontinuum entstehen, das alles mit allem verknüpft und jedes in sonnenklarer Evidenz vorstellt. Der metaphysische Reformtag entpolarisiert das Sein und rückt alles, was ist, in dauernde Helligkeit. Welt überhaupt hört auf, ein Rhythmus von Kommendem und Gehendem zu sein. Sie verwandelt sich zur Zusammenkunft der Dinge, die in einem immerwährenden Plenum tagen. Ihr versammelndes Prinzip ist der weise Gott, den die Tradition gedankenlos den allwissenden nennt – von dem wir jetzt wissen, daß er eine Intelligenz meint, die als Garant der

Weltvernunft über den Imperien aufging – allwachend, allesbeobachtend, allesbezeugend, allesverknüpfend. Sein Weltwissen enthält die enttäuschungsfreie, nicht-schwankende, leidlose, transluzide Ansicht aller Dinge. In der Seinsversammlung, die sich vor dem Auge des absoluten Mitwissers präsentiert, ist tatsächlich alles, was der Fall ist, mit triumphaler Vollständigkeit zusammengefaßt. Weniger als dies würde unter metaphysischem Vorzeichen nicht verdienen, Welt zu heißen. Die Vollständigkeit der Vollversammlung des Seienden im Sein ist jedoch nicht so sehr unter dem Aspekt der Perfektion bedeutsam, sondern als Anzeichen dessen, daß das Gegenwärtige über das Abwesende, das Enthüllte über das Verborgene gesiegt hat; was nur gewesen und vergangen ist und was noch nicht war und vielleicht erst kommt, wird jetzt zum Unsein und Unding. Wenn die Welt alles ist, was im Seinstag wohldefiniert und zusammengefaßt beieinander steht, ist Abwesenheitslosigkeit als ontologischer Grundsatz durchgesetzt. Sein bedeutet jetzt Nichtfehlenkönnen. Kein Wesen kann zu nichts zerfallen, kein Ding verliert je sein Gesicht; in dauernder Beleuchtung aufgestellt, hat es für immer ein Aussehen, das es vollkommen charakterisiert. Worum die Formel der katholischen Fürbitte für die Verstorbenen betet, *et lux perpetua luceat eis*, ist immer schon vollendete Tatsache für die Wesen des metaphysischen Seinstags. So wie die Toten, die in ein positives Jenseits gelangt sind, nie wieder sterbend vorgestellt werden können, so sind die Essenzen und Strukturmomente des »Seins« als Größen zu denken, die immerseiend, immerleuchtend, immererscheinend »wesen« – unfähig zu Verfall und Untergang. Die verklärten Toten und die metaphysisch aufgefaßten Wesen (Substanz, *essentia*) haben gemeinsam, daß sie in die Unwandelbarkeit versetzt sind, wo sie, pausenlos seiend, vom Kommen und Gehen des sogenannten Vergänglichen nichts mehr zu fürchten haben. Das ewige Licht schafft die Synthese von Sein und Tod. Weil überlebendig gedacht, sichert es vor den Wechselfällen des Lebens; weil übertot verfaßt, ist es vom Tod nicht berührbar. Daher gibt es in der Flamme des ewigen Lichts kein Flackern – seine Helligkeit nimmt weder ab noch zu. Es entnächtigt das Sein und enttödlicht das Leben. Wie ein stiller Reaktor oder eine domestizierte Sonne durchstrahlt es alles Dauernde in endgültiger Gleichmäßigkeit.

Wie gezeigt führen diese Konzeptionen ewigen Lichts nie zu einer erhöhten Wachsamkeit des Daseins, sondern zu einer epochalen Lichtnarkose; diese begleitet den metaphysischen Illusionismus von Anfang an; bis in die wieder virulent gewordenen Erleuchtungsbegriffe der neureligiösen Meditierer von heute bleiben die lichtnarkotischen Phantasmen in Kraft. Der lange Marsch der hochkulturellen Menschheit auf die Stellungen des stärksten Wissens bringt uns daher nur in paradoxer und scheinhafter Weise einer erhöhten Weltwachsamkeit näher. Zwar sind die Entwicklungen, die zu metaphysischen Weltbegriffen führen, untrennbar vom Expansionismus der frühen Völker und Reiche und lassen sich ohne eine explosive Vermehrung von Verkehrsfähigkeiten und -kenntnissen nicht denken. Ohne erhöhte Weltdurchdringung keine erweiterten Weltbilder. Aber es scheint, als hätte das Bewußtsein der logischen Pioniere auf das politische und geographische Ungeheuerwerden der Welt nur mit einer Notwehr antworten können, indem es seine Energien in Strategien metaphysischer, imperialer und soteriologischer Weltverarbeitung investierte. Nun will es überall Spuren der Großen Ordnung und Einfahrten zu Wegen der Erlösung sehen. Die Monstrosität des Gesichts von Sein überhaupt in weltgeschichtlicher Zeit zwingt die Menschen dazu, den Blick von der herzzerreißenden Zweideutigkeit des Kommenden und Gehenden abzuwenden. Es ist, als sei die Nacht zu dunkel geworden, und der Tod zu trostlos und gewaltig. Für die Denkenden wird das Wachbleiben im Puls der altmenschlichen Polaritäten unerträglich – die Amplitude schwingt zu weit in die Extreme aus. Wer jetzt für die sich mehr und mehr enthüllende gewußte Welt noch ganz wach sein wollte, der müßte Bewußtsein als Verhängnis erleben. Die wunderbaren Abkömmlinge der altmenschlichen Aufmerksamkeit: Liebe, Hilfe und Treue, sind den Extremen der Gewalt und des Terrors nur noch gewachsen, wenn ihre Träger harmlos und ungeschichtlich bleiben. In geschichtlicher Zeit sind die Glücklichen immer auch die Weltfremden, die Verschonten, die am Rand Gebliebenen. Für die anderen gilt das Gesetz des Hartwerdenmüssens. Für sie ist nicht wahr, daß die Liebe stark ist wie der Tod. Ihnen liegt es nahe, sich in die Weisheit oder den Zynismus zu retten; darum arbeitet der Stoiker an seiner inneren Statue, der Spiritualist an seinem Lichtkörper, der Zyniker an seiner Vorurteilslosigkeit. Es scheint, als könne man jetzt das Nächtliche nicht mehr kommen und die Toten nicht mehr gehen lassen, ohne sich dessen zu vergewissern, was weder kommend noch gehend ist, sondern dauernd und immer anwesend: das Sein und das Nichts. So wäre Metaphysik dieses Typs eine Antwort des Denkens auf den *pavor nocturnus* der Weltgeschichte. Der Weltterror liefert die Motive, uns totzustellen in Gott, im Stein, in der letzten Formel. Wo die Geschichte zu heiß wird, dort soll Geschichte, ja Zeit überhaupt *eigentlich* nicht mehr sein. In diesem Punkt berühren sich metaphysische Motive mit solchen der Apokalyptik; wie jene die wahre Erkenntnis im ewigen Tag des nichtsfreien Seins ansiedelt, so kennt diese – nach der Offenbarung des Johannes 21, 23-25 – im messianischen Jerusalem »weder Sonne noch Mond, die ihr (der Stadt) leuchten, denn die Herrlichkeit Gottes erleuchtet sie, und ihre Leuchte ist das Lamm... Ihre Tore werden den ganzen Tag nicht geschlossen – Nacht wird es dort nicht mehr geben...« »... und sie brauchen weder das Licht einer Lampe noch das Licht der Sonne.« (22, 5) – Das Wachen im ewigen Licht annulliert die Alarmwachheit, die uns zu den Zeiten der alten Erde zwingt, die Tore nachts zu schließen und die Mauern zu besetzen. Mit der letzten Gefahr würde auch die feind- und gefahrenbezogene Aufmerksamkeit enden und in reine, feiernde Theorie übergehen. Erst dann wäre Aufmerksamkeit zum »natürlichen Gebet der Seele«[1] geworden. Dergleichen könnte erst unter einem neuen Himmel auf einer neuen Erde geschehen – in einer messianischen Welt, wo Schmerz und Angst das Wachen nicht mehr überwältigen. Hier aber, wo Betäubungen gebraucht werden, ist die Einheit von Wissen und Wachen in der Erleuchtung seit langem zerfallen. Übriggeblieben sind zwei einander entfremdete Bewußtseinsstümpfe – hier wissenloses Wachen, dort wachheitsloses Wissen. Die Besten unter den Krüppeln der einen Sorte gewinnen Nobelpreise; den anderen, den Zauberern und Versenkern, folgen die Glückssucher, die von nichts Wirklichem mehr etwas hören wollen. In der Mitte agieren die Künstler als Zwischenkrüppel, als vage Wächter des Ganzen, getrieben von punktuellen Erleuchtungen.

---

1 Vgl. Walter Benjamin, *Franz Kafka*, in: ders., *Angelus Novus. Ausgewählte Schriften*, Bd. 2, Frankfurt a. M. 1966, S. 263.

Modernität ist gegründet in einer Ontologie des Experiments, durch das die sich ernüchternde Menschheit des Westens sich aus der Benommenheit durch die Phantasmen der Tag- und Licht-Metaphysik herausarbeitet. Nachdem das frühe 19. Jahrhundert die Nacht wiederentdeckt und zur Alliierten des bedrohten alten Inneren gemacht hatte, hob die moderne Technik die altmenschheitliche Dunkelfurcht insgesamt auf; eine Zivilisation, die mit allem experimentiert, muß sich auch vor der Dunkelheit nicht länger fürchten; sie fand einen Weg, die metaphysischen Illuminationen in elektrische Installationen zu übersetzen. Es könnte daher der Eindruck entstehen, als sei das Weltalter der Nachtdenunziation im Prinzip vorüber. In Wahrheit haben Romantik und Technik gemeinsam nur einer Kolonisation der Dunkelheit in die Hände gearbeitet. Auch das Abwesende, Dunkle ist vom Tag her experimentell aufgebrochen und funktionalisiert worden – das Prinzip Nachtarbeit setzt sich allenthalben durch, von der Traumforschung[1] bis zum zirkadianen Weltverkehr. Die metaphysische Tendenz, die Nacht in den Tag, die Abwesenheit in die Anwesenheit, die Nicht-Welt in die Welt hinein aufzuheben, bleibt auch auf der Linie wissenschaftlicher und romantischer Versuche zur Rehabilitierung der »anderen Seite« ungebrochen in Kraft. Der Fundamentalpositivismus im Grundentwurf der westlichen »Welt« setzt sich in nachmetaphysischen Denkstilen pragmatischer und realistischer Art übermächtig fort. Kein Jenseits ist mehr vor der Vermessung sicher; längst ist die Nacht zum parakosmischen Tag geworden; der nachtsympathische Zug der modernen Psychologien und Parapsychologien

---

1 Symptomatisch hierfür die Arbeit des Psychologen Stephen LaBerge, *Hellwach im Traum*, München 1991.

exekutiert nur den Grundzug des Positivismus zur ontologischen Entmachtung des Abwesenden nun auch an
den bisher suspekten und okkulten Daten.[1]

Ein Denken, das seine Angewiesenheit auf wache Zustände nicht überspielte, verstünde unmittelbar, daß es
nichts anderes sein kann als das Dabeisein beim Aufgehen der Welt – und bei ihrem Entzug. Es würde wissen,
daß es die Welt selbst ist, die in ihm die Augen öffnet,
und daß es wiederum die Welt ist, die in uns schläft –
schlafen will, schlafen muß. Es ist nicht so, daß wir es
sind, die, wenn wir schlafen gehen, eine Auszeit nehmen, wie Boxer, die sich in ihre Ecke setzen und ganz
dieselben sind wie in der vorherigen Runde. Der Schlaf
ist das Aus der Welt; er ist das diskrete Nichts, in dem das
Sein für uns ausgesetzt und abgewandt ist. Im Schlaf ist
Weltlosigkeit »gegeben«; die Erscheinungen sind gefällt;
aus dem dunklen Weltstumpf treiben im Traum parakos-
mische Nebentriebe, aus denen selten etwas weltlich
Haltbares wird. Entscheidend ist: Nicht wir machen eine
Pause, wenn wir schlafen, sondern die Welt hat Pause,
wenn der Schlaf uns vorübergehend von ihr entfernt. Wir
kommen in Rhythmen von Wach- und Schlafzeiten vor.
Zeichnen wir die Pausen ins ontologische Gewebe der
Welt ein, so löst sich der positivistische Block auf, der den
Zwang verkörpert, das Nichtsein aus dem Leben auszu-
sperren, und der nichts zugibt außer ein vorgeburtliches
Nochnichtsein und ein Nichtmehrsein nach dem Tod –

1 Daß es neben der jenseits-positivistischen Esoterik, die weitverbreitete fusio-
näre und transzendierende Sehnsüchte in eine psychoreligiöse Verblödungsin-
dustrie kanalisiert, auch seriöse Ansätze zu einer reflektierten Hermetologie
gibt, beweist unter anderem das Werk von Heinrich Rombach, vor allem *Der
kommende Gott – Hermetik – eine neue Weltsicht*, Würzburg 1991. Rombachs
Versuche zu einer negativen Theologie der Selbstaufstufung schwanken zwischen freigeistiger Meta-Hermetik und parakatholischer Hypermetaphysik.

beides verdrängt und blockiert durch das Kontinuum des
imaginären permanenten Tags, der alles umfaßt, was der
Fall ist. In Wahrheit ist unser »Aufenthalt« in der Welt ein
ständiges Pulsieren zwischen Dasein und Fortsein. Gäbe
es die Unterbrechungen, die regelmäßigen wie die kata-
strophischen, des Daseins nicht, so könnte die Welt
überhaupt nie als etwas, was da ist, aufgehen; nie käme es
zu Neubeleuchtungen aller Dinge, nie zu einem neuen
Epochenmorgen. Durch ein ontologisches Verständnis
der Pause[1] kommt das nichtsfreie Kontinuum-Konzept
der Metaphysik zu Fall – der falsche Weltversicherungs-
tag geht zu Ende. Weltpausen sind Ermöglichungen von
Welt durch Nicht-Welt – ähnlich wie die Nullen in der
Zahl 10101 den Wertausdruck artikulieren. Wenn die
Welt aussetzt, bildet sie die Vokale, um die sich die Konsonanten des Seienden gruppieren. Verstünden sie sich
richtig – was wären dann Menschen anderes als Weltsil-
ben, in denen diskrete Nichtse und konkrete Profile
vereinigt sind? Die Einheit der Gattung spricht in Universalien[2] der Weltlosigkeit. Diese bringen das föderative
Nichts zum Klingen, das zwischen den Geburtlich-
Sterblichen vermittelt wie eine tiefste Erinnerung an das,
was allen *nicht* positiv gegeben ist. Erinnerungen an diese
Nächte, die diskreten Nichtse, die Pausen des Ganzen,
die Verluste des Halts sind das wirkliche Gemeinschaftliche der Gattung. Wer war darauf gefaßt, daß das *koinon*
auf der negativen Seite erscheint? Die Pause stellt gegenüber der Konkurrenz der Klänge den tieferen *consensus*
dar. Dieses Bundesnichts ist der Weltfrieden, für den die

---

1 Umrisse davon finden sich in dem Essay von Thomas H. Macho, *Die Kunst der
  Pause. Eine musikontologische Meditation*, in: *Merkur*, 503, 1991/2, Stuttgart
  1991, S. 135-146.
2 Vgl. vom Vf. *Zur Welt kommen – Zur Sprache kommen. Frankfurter Vorlesungen*, Frankfurt a. M. 1988, S. 144-176.

Menschen der metaphysischen Zeiten ihr höchstes Wort einsetzten: Gott. Wer könnte vergessen, daß dieser Ausdruck, wenn er selbst in die Welt geriet, seit jeher zu einem Teil der positiven Pest wurde? Es scheint, das Beste an der Theologie wäre immer nur ihre kluge Sorge gewesen, ihr Grundwort von der Infektion durch das empirische Denken fernzuhalten. Daher kann es auch keinen »Dialog der Religionen« geben, wenn unter Religionen positive *doktrinale* Systeme zu verstehen sind, sondern nur eine ökumenische Bewegung, die sich darauf einigt, in einer neuen Weiträumigkeit gemeinsam zu wachen; andernfalls wird eine Monster-Ökumene entstehen, die Richtwerte für heilige Umweltbelastungen ausgibt. Könnte man das Wort Gott endlich streichen, so wäre das, was von ihm übrigbliebe, das der Welt selbst zugehörige Aus – ihre Pause, ihr diskretes Nichts. Daß auch das Ganze etwas ist, was ohne sein Verschwinden und Wiederkommen nicht sein kann – das zeigt den Rang des Unscheinbarsten an. *Es* stirbt – *es* erscheint – *es* gibt etwas – *es* gibt nichts. Die Pause der Welt schafft den »Grund«, auf den sich ihre Klänge, ihre Bilder, ihre Positive wie unauffällige Figuren setzen können. Wer aus der Nacht der Pause zur Welt kommt, erfährt das Positiv anders: die Welt ist alles, wovon auffällt, daß es der Fall ist.

4. Weltwache im Zeitalter der Einen Erde:
Scienza nuova des Weltbürgertums

> Die Zeit ist aus den Fugen; Schmach und Gram,
> Daß ich zur Welt, sie einzurichten kam.
>
> Shakespeare, *Hamlet* I, 5

Das Schicksal der Erdenbewohner hängt heute – mehr als
in der Zeit der Städte und Reiche – von höheren Metamorphosen der Aufmerksamkeitskoalitionen ab. In dem
Maße, wie sich ältere Muster imperialer Weltüberwachung als unzulänglich erweisen, tritt die Notwendigkeit
einer evolutionär gesteigerten Qualität von Weltwache in
den Horizont. Erwachsenes Leben im Übergang zur
Sorgentotalität der kommenden Welt von Welten müßte
eines sein, das sich in einer neuen Arbeitsteilung der
Weltwache neu bestimmt. Vielleicht wird der Sinn von
Erwachsenwerden überhaupt erst heute seinem allgemeinen Inhalt nach deutlich, da sich das menschheitsbil-
dende Drama des Übergangs vom Haus in die Welt, von
der familiären Horde in die planetarische Koexistenz in
seiner Unumgänglichkeit allen enthüllt. Paideia oder Erziehung war bisher die Anstrengung, das verspielte, sen-
sible, lusthungrige und neugierige Kind des Kleingrup-
penwesens Mensch herauszuführen in das Weltklima der
Städte und Reiche mit ihren erweiterten Aussichten, ihren schweren Kämpfen und ihrer harten widerwilligen
Arbeit gegen sich selbst. Erwachsen nannte die Tradition
den Menschen, der gelernt hatte, seine Erfüllungen in
glücklosen Sphären zu suchen. »Der nicht geschundene

Mensch wird nicht erzogen.« Wo Philosophien oder Weltauslegungen hochkulturellen Typs entstanden, waren sie immer auch Schulen des Erwachsenwerdens im Sinne eines Umzugs der Seele ins Größere, Härtere, Abstrakte.[1] Solche Umzüge als ein Ding der Möglichkeit zu beschreiben, war die Aufgabe der alten Ganzheitslehren; sie lebten aus dem metaphorischen Elan, die sich entgrenzende Welt, ihrer beängstigenden Großräumigkeit und Seltsamkeit zum Trotz, als etwas Heimatliches darzustellen; Welt ist, so sagen die alten weisheitlichen Stimmen, das größere Zelt, das umfassende Haus, das kosmische Dorf. Weil noch im Größten Haus- oder Heimatverhältnisse herrschen[2], brauchte nach der Lehre der ersten Pädagogiken das Herz der Welt in uns nie völlig gebrochen zu werden; das anfangs Herzzerreißende des Erwachsenwerdens ließ sich als ein Streß deuten, der bei der Passage in den Wachraum der Reichs- und Stadtwelten auftreten muß. Sokrates, der Geburtshelfer für Erwachsene, bestätigt zuerst den Wehencharakter der Beschwerden, die beim Durchbruch der Seele in die politische und logische Großwelt aufkommen. Den Individuen im Übergang war aber stets versprochen, im Weltherz könne das Kinderherz, wie geschunden auch immer, aufgehoben bleiben. Daher galt eine noch so erweiterte Welt als das Haus des erwachsenen Geistes.

Für diese Projektion von Heimatlichkeit aufs Welt-

---

1 Zur Theorie des Umzugs vgl. in diesem Band den Abschnitt »Metoikesis – Umsiedlung der Seele«, S. 80 ff.

2 Vgl. G. W. F. Hegel, *Vorlesungen über die Geschichte der Philosophie I*, Theorie Werkausgabe, Frankfurt a. M. 1971, Band 18, S. 174-175: »Was uns heimatlich bei den Griechen macht, ist, daß wir sie finden, daß sie ihre Welt sich zur Heimat gemacht; der gemeinschaftliche Geist der Heimatlichkeit verbindet uns ... Wie die Griechen bei sich zu Hause, so ist die Philosophie eben dies: bei sich zu Hause sein, – daß der Mensch in seinem Geiste zu Hause sei, heimatlich bei sich.«

ganze hat mit der ökologischen Erdkrise, die zugleich die erste Menschheitskrise ist, der letzte Test begonnen. Diese gegenwärtige Krise der Weltlichkeit reicht tiefer als die, unter deren Druck die Erlösungsreligionen und die ältere Apokalyptik entstanden waren. Denn für die aktuelle Menschheit wird ihr reales gemeinsames Haus im Augenblick seiner Zerstörung zum ersten Mal insgesamt und richtig sichtbar. Beim Versuch der Völker, in es umzuziehen, entdecken sie es als etwas, das schon unaufhaltsam in Verwüstung begriffen ist. Diese Krise der Weltlichkeit stellt das Haus-Sein-Können der Erde und das Wohnen-Können der Menschheit prinzipiell in Frage. So wird der Wohnzweifel der frühen Weltflüchter, der Gnostiker und Mönche jetzt zur Sache von allen Mitgliedern der Gefahrenökumene. Die Allgemeine Haustheorie oder Ökologie ist zur zeitgemäßen Form der Lehre von den letzten Dingen geworden. Es ist dieser planetarische Hauszweifel, diese endzeitliche Wohnungsnot des halbaufmerksamen Tiers, was den gegenwärtigen Weltmoment logisch, politisch und existentiell markiert. Die Krise der Haus-Welt-Gleichung gibt den zeitgenössischen Wachheiten ihre unverkennbar gegenwärtige Qualität. Der Alarm im Haus, als Wissen und als Wachheit, ist unsere Zeit in Gedanken gefaßt.

Im ökologischen Endübergangs-Streß entsteht sowohl durch uns als auch vor unseren Augen eine neue internationale Arbeitsteilung der Weltwache. Die paradoxe Aufgabe, in ein Welthaus einzuziehen, das gerade durch unseren Einzug zerfällt, muß zunächst innerhalb jeder Gesellschaft die hochkulturelle Arbeitsteilung zwischen den Philosophen und den Politikern aufheben.[1]

---

1   Einen ähnlichen Gedanken brachte m. W zuerst Alexandre Kojève zum Ausdruck in seiner Doktrin, daß nach dem »Ende der Geschichte« auch der Weise

Die alte Lehre von der Weltweisheit verwandelt sich in eine planetarische Fakultät der Weltwache – in eine neue mobile Universität. In dieser Hinsicht ist Lester R. Browns 1974 begonnene Initiative des World-Watch-Instituts, 1776 Massachusetts Ave. NW, Washington D. C. 20036 USA, universitärer als alles, was die akademischen Denker seit 1945, ja seit 1914 hervorgebracht haben; dort hat der Weltgeist bis auf weiteres eine seiner Adressen.

Was wir die Eine Erde nennen, bedeutet die geologische Monade, die von den Mitgliedern der Gattung anfangs als Heimat und Mutter, dann zunehmend als Grab, Arbeitsstätte und Bühne, zuletzt als Ressource und Biotop begriffen wurde. Sie steht heute den nicht-berauschten Gattungsmitgliedern als eine im Bild anschaubare Größe vor Augen. Sie ist die Trägerin einer noch undurchdenkbaren Komplexität. Weil die Erde jetzt als die Basis-Eins für alle Horden, Völker, Nationen und Kulturkreise im Ernst entdeckt ist, kann weltweit ein neuer Intelligenz-Zyklus in Gang kommen, der über die regionalen Klassiken, vielleicht sogar über den Teufelspakt der Intelligenz mit dem mundialisierten Kapital hinausführt.

In diesem Zyklus erzeugen sich neue Verschränkungen zwischen Wissen und Wachen – Verschränkungen, die dem Weltwachgeist der erweiterten internationalen und interrationalen Beziehungen entsprechen. In den globalisierten Wachräumen werden die Hauptdimensionen multirationaler Intelligenz erkundet und etabliert – als Neue Politik, als Neue Universität, als Neue Anthro-

---

zur Übernahme von Aufgaben in der politischen und ökonomischen Welt frei ist – die alte Arbeitsteilung zwischen kontemplativer Weltauslegung und praktischer Weltbearbeitung wäre in den Vereinten Staaten des homogenen und universalen Weltbundes aufgehoben.

pologie. In sämtlichen Aspekten dieser *Scienza nuova*
des Weltbürgertums reflektieren sich Facetten einer
Zweiten Erziehung, die das Menschenkind nicht nur aus
dem Kinderzimmer in die Hauptstadt versetzt, sondern
auch von dort in die Nervenzentren des Weltverdich-
tungsprozesses. *Ci vuol filosofia.* Philosophie aber wird
künftig mehr zu leisten haben als während ihres metaphysischen Zyklus, in dem sie – außer für die rationale
Sicherung der Weltform überhaupt – für das mentale Fit-
neßtraining von politischen und logischen Machtmen-
schen herhalten mußte. Philosophie nach dem Ende
ihres regional-metaphysischen Hauptzyklus ist wieder,
wie bei ihren achsenzeitlichen Ansätzen, Übergangshilfe
in ein unheimliches Wachsen und Erwachen, Medium
des Exodus in transklassische Weltformen.

Am Ende unseres Durchgangs durch die Formenreihe
weltloser Zustände sehen wir den Unterschied von Manie und Pathos in den Stilen philosophischer und politischer Weltwache etwas deutlicher als zuvor. In der
Manie, wie Plato sie präsentierte, war von Anfang an eine
Raserei des Heimwehs am Werk, das die Welt überfliegen
wollte, um irgendeinem höheren oder tieferen Sein-
Nichts näherzukommen. Im Anspruch auf schönen
Wahn ließ sich die herrische Seite der alten Metaphysik
sehen. Als solche Höhenflugtendenzen sich in die Men-
schenrede über die großen Angelegenheiten einmisch-
ten, hatte die Stunde der Megalomanie geschlagen – sie
ist der Wahnsinn derer, die vom Großen nur reden, um
etwas zu haben, was sie im Stich lassen und überfliegen
können. Im Pathos spüren wir hingegen das Gewicht der
Welt – und die Seele als Weltwaage senkt sich tief, wenn in
sie hineingelegt wird, was die Griechen *ta megala* nannten, die großen, die unumgänglichen, die nicht-über-

fliegbaren Dinge. Wenn Menschen erwachsen werden, ist immer Seelenerweiterung im Spiel. Was die Inder *mahatma*, große Seele, nannten, müßte von Rechts wegen ein Beiname jedes erwachsenen, das heißt hinreichend weit zur Welt gekommenen Lebens sein. Der griechisch-europäische Titel für den Erwachsenen könnte lauten: Megalopath – der, den die großen Dinge in Mitleidenschaft ziehen.

Wer könnte übersehen, daß es eine megalopathische Krise ist, die der heutigen Intelligenz das Leben schwermacht? Die Bewohnbarkeit der kommenden hyperkomplexen Welten ist nicht erwiesen, die Lenkbarkeit der politischen Evolutionen kaum mehr als ein frommer Wunsch. Was zeichnet sich ab? – ein Jahrhundert der Überstunden, der Zweifel, der Massenflucht. Aber klagen gilt nicht, und es ist unanständig, sich klein zu stellen. Die Pflicht, glücklich zu sein, gilt in Zeiten wie unseren mehr denn je. Der wahre Realismus der Gattung besteht darin, von ihrer Intelligenz nicht weniger zu erwarten, als von ihr verlangt wird.